Johann Leonhard Hauschild

Juristische Abhandlungen von Bauern und deren Frohndiensten,

auch der in Rechten gegründeten Vermuthung ihrer natürlichen Freyheit

Johann Leonhard Hauschild

Juristische Abhandlungen von Bauern und deren Frohndiensten,
auch der in Rechten gegründeten Vermuthung ihrer natürlichen Freyheit

ISBN/EAN: 9783337413576

Hergestellt in Europa, USA, Kanada, Australien, Japan

Cover: Foto ©Suzi / pixelio.de

Weitere Bücher finden Sie auf **www.hansebooks.com**

Johann Leonhard Hauschilds

B. R. D. und Rechtsconsulentens zu Dreßden, auch Markgräflich Brandenburg=
Bayreuthischen Hofraths und Fürstl. Sachsen=Weymarschen Raths

juristische

Abhandlungen

von

Bauern und deren Frohndiensten,

auch der

in Rechten gegründeten Vermuthung

ihrer natürlichen Freyheit,

ingleichen

von verschiedenen irrigen oder guten Vorschlägen

zu einer

Verbesserung der Justiz,

theils anjetzo verbessert, theils ganz neu herausgegeben

und mit einem

zureichenden Register

versehen.

Dreßden und Leipzig,

bey Johann Nicolaus Gerlach Wittwe und Sohn. 1771.

Vorrede.

von denen Bauern und ihren Frohn-Diensten, auch der in Rechten gegründeten Vermuthung ihrer natürlichen Freyheit, so weit solche nicht durch Gesetze oder Verträge eingeschränket, und sie dadurch zu gewissen Diensten verbunden worden, handeln, und dabey die Meynung einiger Neuern von einer Vermuthung einer ungemessenen Dienstbarkeit derer Bauern gegen ihre Herrschaften widerlegen sollen.

Hiervon nun machen diejenigen Abhandlungen den Anfang, welche theils zu Festsetzung der wahren und richtigern Meynung geschrieben sind, theils deren nützlichen Gebrauch vor Gerichte zu zeigen, die Absicht haben, und hingegen diejenigen, welche als Streitschriften wider die Vertheydiger der Vermuthung einer ungemessenen Dienstbarkeit und Widersacher der natürlichen Freyheit gerichtet sind, machen zusammen den Beschluß der ersten Abtheilung.

I. Die Untersuchung von Bauern und Frohnen, und deren ursprünglicher Bedeutung, ist gleichfalls das I. Stück von meinen im Jahr 1744. zu Dreßden in 8vo herausgegebenen Beyschriften von Bauern und Frohnen.

II. Das Gewissens-Bedenken über die Frohnen nebst der Betrachtung darüber stehet in eben den nur jetzt erwehnten Beyschriften N. IV.

III.

Vorrede.

III. und IV. Die unter diesen Nummern befindlichen Abhandlungen von der rechten Art und Weise, wie im Nahmen der Bauern die Klage am besten einzurichten, und wo dieselbe in Chur-Sachsen am sichesten anhängig gemacht werden, erscheinen in dieser Sammlung jetzo zum erstenmahl im Druck.

V. Die Widerlegung der von einigen Rechtslehrern und besonders von Herrn Johann George Estorn behaupteten Vermuthung einer ungemessenen Dienstbarkeit der Bauern in zweifelhaften Fällen ist nichts anders als das ehemals von mir in Dreßden, 1738. in 8. herausgegebene Opusculum pro libertate naturali in causis rusticorum, doch nicht bloß übersetzt, sondern gänzlich umgeschmolzen und in eine bessere Ordnung gebracht, auch mit einigen Zusätzen vermehrt.

VI. Die Prüfung der Estorschen Commentation und Vergleichung derselben mit seiner Vorrede befindet sich schon unter denen oberwähnten Beyschriften von Bauern und Frohnen, N. III. so wie

VI. die Vertheydigung des Opusculi wider eine Wittenbergische Recension eben daselbst, N. II. und sind beyde von daher allhier nur aufs neue wieder abgedruckt. Hingegen

VIII. Die Widerlegung einer Reinecciußischen wider gedachtes mein Opusculum gerichteten Streitschrift ist jetzo zum

* 3   ersten-

Vorrede.

erstenmahl gedruckt, und findet man die Veranlassung dazu im Eingang derselben.

Hierauf folgen in der II. Abtheilung diejenigen Schriften beysammen, welche die so häufigen Klagen über die Gebrechen der Justiz betreffen, und von vielen ertheilten Vorschlägen zu einer Verbesserung derselben handeln. Insbesondere aber

IX. die Abhandlung von der eigentlichen Beschaffenheit derer gemeinen Klagen über die Verderbniß der Justiz hat ehemals obgedachten meinen Beyschriften von Bauern und Frohnen statt einer Vorrede gedienet.

Sonst aber hatte ich schon im Jahr 1749. in 8. allhier zu Dreßden eine kleine Schrift drucken lassen, unter dem Titel: Prüfungen verschiedener Vorschläge zur Verbesserung der Justiz, und darinn 5 dergleichen Consilia als verwerflich dargestellet. Hierauf gab ich im Jahr 1756. dieselbe mit der Widerlegung von noch 5 andern dergleichen vermeynten guten Rathschlägen vermehrt heraus, unter der Aufschrift: Irrthümer in Beurtheilung der Justizgebrechen und bey Vorschlägen zur Verbesserung in einigen geprüften Consiliis. Und dieses leztere ist also

X. als eine Prüfung irriger Rathschläge zur Justizverbesserung in diese Sammlung mit eingerückt worden.

XI. Die

Vorrede.

XI. Die Gedanken über des Herrn von Oskierka Entwurf einer Verbesserung des Justizwesens können als eine Fortsetzung des vorhergehenden angesehen werden, die ich jetzo zum erstenmal in Druck ausgehen lasse, und

XII. der Anhang enthält verschiedene Grundsätze, welche bey Entscheidung streitiger Dienstsachen zum Grunde zu legen, und also mit der ersten Abtheilung ihre Verbindung haben.

Endlich will ich nur noch gedenken, daß der Herr Verleger dafür gesorget hat, diese Sammlung in einem bequemen Format drucken zu lassen, also, daß man nach Belieben solche mit meiner im Jahr 1741. zu Leipzig in Langenheimischen Verlag herausgekommenen Gerichtsverfassung der Teutschen vom 8ten bis zum 14ten Seculo zusammen binden lassen kann.

Verzeichniß
der hierinn enthaltenen Schriften.

Erste

Erste Abtheilung

von

denen Bauern

und

ihren Frohndiensten

auch der
in Rechten gegründeten Vermuthung
ihrer natürlichen Freyheit,

so weit solche nicht durch Gesetze oder Verträge eingeschränket, und sie zu gewissen Diensten
verbunden worden,

wider die Meynung einiger Neuern von einer Vermuthung einer
ungemessenen Dienstbarkeit derer Bauern gegen
ihre Herrschaften

X

I.
Untersuchung

von Bauern und Frohnen, und deren ursprünglicher Bedeutung.

§. 1.

Bauer, in den alten Zeiten Bur oder Gebur, [1] kömmt her von Buen oder Puan, einbauen oder bewohnen, und heißet also vom ersten Anfange her ein Einwohner oder Einbauer, der sich auf dem Lande feste gesetzet, und dasselbe angebauet, oder darauf einge-bauet. Damit ich auch diese Bedeutung des Worts: Buen oder Puan nicht ohne Bezeugnisse vor einbauen oder bewohnen vorgebe, so will ich mich auf den Scribenten des 8ten Seculi, den Keronem, berufen, welcher die Regulas S. Benedicti aus dem Latein in Altteutsch übersetzet oder erkläret, und dabey das Puan also gebrauchet [2]. Otfried im 9ten Seculo nimmt Buen ebenfalls vor einwohnen oder bewohnen [3]. Und Nothkerus Tertius oder Labeo, Scribent des 11ten Seculi, der den Psalter Davids ausgeleget, erweiset sich nicht weniger gleichstimmig [4]. Ja er nennet auch eine Region, Landschafts-Di-

A 2 strict

[1] Im Sachsen-Spiegel der Ludovicischen alten Texte Lib. I. Art. 13. Der Barmester is wol tuch ouer den Bur ꝛc. ꝛc. Eyn Burmester ist wohl getuch ouer den Bur ꝛc. In Herrn Reichshofrath Gärtners Codice Lipsiensi: Der Burmeister ist wol gezug über den Gebar. Der Scribente des 9ten Seculi, Otfried, hat es ausgedruckt Evang. Lib. II. c. 14. v. 116: Thaz fruma thie gibura fuaren in thia sciuren, i. e. Daß die Nutzungen oder Früchte die Gebauern fahren in die Scheuren.

[2] In interpretatione regulæ S. Benedicti, Theotisca, beym Schilter Tom. I. Thesaur. Antiquit. Teut. in Prologo, p. 17. hat er die Worte: In cujus regui taberna-

culo si volumus habitare, übersetzet: In des Ribbes Huse ibu uuellemes puan, und Cap. LXI. ad habitandum, Za puanne, i. e. zu bewohnen.

[3] Evangel. Lib. I. c. 3. vers. 13. nennet er Adamum den ersten Menschen, habitatorem mundi, Buenter in uuorolti Bauenden oder Bauer in der Welt. Lib. II. Cap. 11. vers. 92. Thaz buit al tharinne, i. e. Das bauet, wohnet alles darinnen.

[4] Beym Schilter im Ps. XLVIII. verf. 2. Mit oron des herzen fernemet alla buara dero uuerlte, i. e. Mit Ohren des Herzens vernehmet alle Bauern, Einwohner der Welt.

strict oder was sonst Gau hieß, gleichsam die Gebauerte, nemlich gebauerte Länderey oder Region [5]). Wir lesen bey ihm Geburen vor Einwohner oder Nachbarn, [6]) und könnten wir den schon angeführten und andern Autoribus noch viele Beweißstellen beysetzen, es wird aber hieran gnung seyn, zumahl ich sonst noch eines und das andere, so damit Verwandschaft hat, zu Behauptung meines Grundsatzes anzeigen wollen.

§. 2.

Nemlich Bur oder Bauer hieß auch vormahls so viel, als ein Wohn-Häußgen, [1]) und in Lege Alemannorum [2]) wird eine Viehhurde oder Viehstall Burica pecorum genennet. Wir finden in Caroli III. Constitution de expeditione Romana [3]) die Buringos angemerkt, deren Benennung so viel, als Bauergebohrne, eingebohrne Bauern, Nachkommen der Bauern bedeutet [4]). Demnach kann ich die Bauern, ihrem ersten Ursprunge nach, nicht anders beschreiben, als daß sie diejenigen Einwohner gewesen, welche in einem Lande sich feste gesetzet, darinnen gewohnet, und sich angebauet, [5]) oder ihre

---

5) Psal. CV. v. 2. *Provincia* (*s. sicut alemannia*) *ist diu innscnaft, regio* (*s. sicus sinregoune*) *ist diu gebiurda manige regiones mugen sin in einero provincia.* i. e. Provinz (scilicet wie Alemannien) ist die Landschaft, Regio (scilicet wie Turgow in der Schweitz) ist die gebauerte, manche Regiones mögen seyn in einer Provinz.

6) Psal. XLIII. v. 14. *Du babest uns keseuez in iteuuiz unsiren geburen.* i. e. Da hast uns gesetzet zum Überwitz unsern Bauern, Einwohnern, Nachbarn. Item Psal. LXXVIII. v. 4. *Uuir sin uuorten iteuuiz unserem Geburen.* i. e. Wir sind worden ein Überwitz unsern Bauern, Einwohnern, Nachbarn.

1) Wir haben die Bedeutung noch in dem Worte: Vogel-Bauer, i. e. Vogel-Häußgen, und siehe Schilters Glossar. Teut. p. 143.

2) Tit. XCVII. (vel. 98.) *de eo qui buricas in silva porcorum* (Herold *pecorum*) *incenderit.*

3) Beym Goldasto in Constit. Imper. §. 7. p. 208. *præcipimus ut singuli Buringi 10. cum 12. funibus de cannapo solidos dominis suis impendant & insuper somarium cum capistro concedant,* i. e. Wir befehlen, daß jede 10. eingebohrne Bauern mit 12 Hanff-Seilen ihren Herren die Gülten entrichten, und darüber ein Laft-Thier mit der Halffter hergeben. Es ist besagte Expeditio Romana Anno 881. geschehen, jedoch scheinet in fine der Constitution bey Bemerkung der Ausfertigungs-Zeit ein Irrthum zu seyn.

4) Ing Ingi, bedeutet ursprünglich in compositionibus eine Dependenz, oder Abstammung oder Nachkommenschaft, e. g. Carolinger, Lotharinger, das ist, Caroli oder Lotharii Nachkommen, die von Carolo oder Lothario abstammen oder hergekommen. Also auch Bur-ingi, die von Bauern abgestammt oder eingebohrne Bauern.

5) Im Sächß. Land-Recht Lib. III. art. 44. heist es: Da sie auch die Döringischen Herren schlagen und vertrieben

ihre Buren, Buricas, Bauerhütten bewohnet. Alle Teutschen werden vom
Tacito⁶) so beschrieben, daß sie schlechte Wohnungen, und zwar von einander
entlegen, auch wohl im Winter unterirdische Höhlen gehabt, welche mit Mist
bedeckt gewesen, allwo sie nicht weniger ihre Früchte verwahret. Solchemnach
waren damahls lauter Bauern, jedoch wurden sie nicht eher so besonders kenntlich, als bis sich einige absonderten, und Burgen anlegten, auch mit Einführung der Monarchischen Regiments-Art immer mehr Unterschied entstunde.

§. 3.

Burg von *Burgen*, wie Berg von *Bergen*, welche beyde so viel heißen,
als verbergen,¹) bedeutet eine Verbergung, allermaßen eine Burg von
den Buricis oder Bauer-Häusern sich dadurch unterscheidete, daß, da diese frey
offen, und auch wohl von einander entlegen waren, eine Burg dagegen in zusammen gesetzten Häusern oder Wohnungen, um sich darinnen zu verbergen
und zu verwahren, bestanden, ohne mit einer Mauer oder Befestigungswerke
umgeben zu seyn, immaßen dabey die Burgwarten oder Burgwachen,
nemlich Thürme, wo Wache gehalten wurde, waren²). Davon hat man die
Inwohner, oder die dabey gewohnet, und zu einer Burg gehöret, Burger
genennet. Der Nahme einer Burg ist alt, welches Tacitú Teutoburgum und

A 3 Asci-

ben, liessen sie die Bauern sitzen an-
geschlagen, und bestätigten ihm den
Acker zu solchen Rechten, als noch die
Lassen haben. Und davon kommen
die Lassen her.

6) German. Cap. XVI.

1) Vid. Schilt, Glossar. Teut. sub V.
Bergen, Burgen und Burg. Man saget
auch noch hinter dem Berge halten, i. e.
verborgen halten.

2) Jul. Cæsar de B. G. Lib. 5. Cap. 21.
Oppidum Britanni vocant, cum sylvas im-
peditas vallo atque fossa munierunt, quo
incursiones hostium vitandi causa convenire
consueverunt. Es saget auch Luitbran-
dus oder Liutprendus lib. 5. cap. 12. beym
Murator. Rer. Ital. Scriptor. Tom. II. p.
450: *Ipsi (Burgundiones) domorum con-*
gregationem, quæ muro non clauditur,
burgum vocans. Justinianus in L. 2. §. 4.
C. de Officio Præfect. Prætor. Africæ &c.

Scus ex *clausuris & burgis* ostenditur,
wie weit nemlich der Römischen Republic
Gränzen ante invasionem Vandalorum
& Maurorum gegangen. Gothofredus
in Not. 2. ad dict. legem: *Vegesius lib. 4.*:
Castellum parvum burgum vocat. Paulus
Orosius in *Valentiniano, crebra per limi-*
tem habitacula constituta burgos vulgo apel-
lat. Warta, bey den *Gallis* garde, und
bey den Italienern *vardia*, observatio,
specula, wie Schilter in Glossario Teut.
dargethan, und also heißet Burgwarte
ein auf einer Burg hoch ausgestellte Wache. Man kann demnach vom Anfange
her unter gesamten zusammen gesetzten
Häusern eine Burg, und unter einem dabey erhöhten Ort oder Thurm, wo die
Wache gehalten, die Burgwarten sich vorstellen, ob gleich nachher solche Burgwarten und die Castella einer Stadt auch
bloß Burge benennt.

Aſciburgium zu erkennen giebet. Wir finden Dorf und Burg bey dem Otfried[1] im 9ten Seculo benennet, aber von dem Nahmen Stadt, Städte, treffen wir noch nichts an, und nach der Zeit haben die Einwohner die Benahmung der Bürger von Burg behalten, die Burgen und Burgwarten aber ſich verlohren, und iſt dagegen der Nahme Stadt, Städte, aufgekommen, inmaßen denn auch aus vielen Burgen oder Burgwarten große Städte entſtanden, als e. g. Hamburg, Magdeburg, Merſeburg, Naumburg und andere auf burg ſich endende Benennungen zeigen. Sonſt könnte man auch wohl Städter, wie Bürger, ſagen, es iſt aber außer denen vor der Stadt wohnenden ſo genannten Vorſtädtern nicht gewöhnlich, nachdem die Einwohner der Städte den Nahmen der Bürger behalten. Und ſo haben ſich die Bürger von den Bauern geſondert, welches vornemlich ſeit Henrici I. Zeiten, da wider die Ungarn und Sclaven Städte angeleget, und Marggrafen zu Vertheidigung derer Gränzen verordnet worden, immer mehr zugenommen.

§. 4.

Ich gehe nunmehr fort, die urſprüngliche Bedeutung der Frohnen zu bemerken. Es iſt faſt unglaublich, wie blind die Hiſtorici und JCti einander in der Beſchreibung der Frohnen gefolget. Alle und auch die klügſten haben Frohn vor heilig, oder Frohndienſte vor heilige Dienſte ausgegeben, als weshalben man faſt in allen Büchern nichts anders lieſet. Man läßt dahin geſtellt ſeyn, ob das alte *Frono, Fron* oder *Wron*, nachdem es zu einem andern Wort geſetzet, e. g. in Frohn-Leichnam, Frohn-Leichnamsfeſt und dergleichen, durch heilig ausgedruckt werden könne. Wenn Otfried im 9ten Seculo den Engel Gabriel bey der Verkündigung Mariä *Boto frono*, Frohn-Bothen, ferner anderswo das Kind Jeſu, *thaz Kind frono*, das Frohn-Kind, Chriſtum als Prediger, *Gotes frono*, den Frohn Gottes, die heil. Schrift, *Giſcrip frono* genennet, ſo hat Schilter[2] ſolche und andere dergleichen Stellen vor heilig erkläret. Dieſes findet aber ſeinen Widerſpruch in ſolchen Dingen, die mit Frohn zuſammen geſetzet, und dergleichen Erklärung nicht zulaſſen, als Acker-Miſt-Frohne, und Frohn-Tanz, dergleichen die Bauern in dem Städgen Langenberg, unweit Gera, halten müſſen, wo der Frohn-Knecht den erſten Vorgang hat[2]. Wer wollte hier ſagen, daß Acker- und Miſt-Dienſte oder der Bauer-Tanz von daher ſo benahmet, weil ſie heilig wären?

1) Lib. IV. 31. 30. *In thorfon job in bargin,* i. e. in Dörffern und in Burgen.
3) Im Gloſſar. Teut. p. 331.

2) Davon ſiehe D. Ephraimi Gerhardi Diſſert. de ſervitut. in faciendo conſiſtentibus Cap. III. §. 8. p. 27.

wären? Wer wollte auch aus gleichmäßigen Ursachen der Frohn-Veste, welche ein Gefängniß ist, eine heilige Benennung zuschreiben? Was der Frohnbothe im Sächsischen Landrechte gewesen, und was er, dem Nahmen nach, bedeutet, davon habe ich anderswo [3]) ausführlich gehandelt. Indeß haben die Römischen Rechts-Gelehrten, welche ad speculum Saxonicum glossiret, [4]) die Schwachheit begangen, den Frohnbothen nach der Benennung vor einen heiligen Bothen oder Knecht Gottes, sowohl in der Glossa zum Sächsischen Weichbild [5]) das Weichbild-Recht vor Frohn-Recht, dieses aber vor ein heilig Recht zu erklären, denen hernach die Scribenten Haufen-weise gefolget, wie denn, so viel mir beywohnet, der Herr Hofrath von Leyser [6]) der erste gewesen, welcher die Explication des Worts: Frohn vor heilig in Zweyfel gezogen.

§. 5.

Man hat auch das *Fron* verschiedentlich pro Dominico, seu publico, vel communi angenommen, wovon man die Stellen in Schilters gedachten Glossario [1]) beysammen findet. Da die Frohnen denen Herren, oder der Republic auch von allen gleich durch geleistet, so mag gedachte Erklärung von daher entstanden seyn, und kann sie noch eher, als wenn man das *Fron* oder *Wron* vor heilig deutet, passiren. Denn es enthält allerdings in der wahren ursprünglichen Grund-Bedeutung active oder passive etwas gemeinsames oder allgemeines, das auch pro publico angenommen werden kann, und mag es wohl manchmal per Dominicum mit ausgedruckt werden, jedoch darf man leztern Falls nicht eine Significationem activam, sondern nur passivam verstehen, wie e. g. Herren-Dienste nicht darum, daß sie Herren thun, sondern viel-

---

3) In meiner Gerichtsverfassung der Teutschen von 8ten bis zum 14ten Seculo, pag. 80. Not. 8.

4) So offt ich Römische JCtos benenne, verstehe nicht eben Italiener, sondern Civilisten und Canonisten, und es weisen die Glossen ad Speculum Saxonicum, daß deren Verfertiger dergleichen gewesen, und da lieset man in der Gloss. ad Lib. III. art. 56: Ein Fron-Both heißt so viel, als ein heiliger Bothe, oder Knecht GOttes, darum, daß er ein Knecht und Diener des Gerichts GOttes ist, und er mag die Leuth ohne Sünd wol

peinigen und tödten . . Siehe nun wol zu, du Fron-Both, oder Scharffrichter, daß du den Nahmen mit der That habest, und sey gerecht, da du wirst heilig genannt.

5) Gloss. ad Art. IX. des Sächsischen Weichbilds: Frohn-Recht, und das bedeutet so viel, als heilig Recht, denn Frohn heißt nach dem Sächsischen also viel, als heilig, und heißt so viel, als GOttes Recht.

6) ad ff. Spec. 216. Medit. 7. Corolar. Vol. V. & VI. pag. 1074.

1) d. p. 311.

vielmehr, weil sie denen Herren gethan werden, also heißen. Nach dem Sächsischen Land-Rechte [2]) mag ein Frohn-Bothe befrohnen einen jeglichen Mann, und sein Guth mit Recht, da ihm das zu thun mit Urtheilen zugegeben wird. Ferner anderswo [3]) nach den beyden alten Texten der Ludovicischen Ausgabe, oder auch nach denen beyden vom Herrn Reichshofrath von Gärtner edirten Codicibus Lipsiensi & Quedlinburgensi soll der frohn-Bothe, wo der Richter sein Gewette auf eines Mannes Eigen nicht abpfänden mag, es mit einem Creutze frohnen, daß er nach der Schöppen-Urthel auf das Thor stecken soll. Es heißet auch im Sächsischen Weichbild: [4]) So einem Mann sein Gewehr gesetzt und befrohnt wird, als offt er aus und eingehet, als offt muß er dem Richter wetten die Befrohnung sey denn mit Recht benommen und abgetragen; und im Schwaben-Spiegel: [5]) Auf welchen Guth der Richter sein Gewette nicht findet, das so klein ist, so soll der Frohn-Botte ein Creutz auf das Thor oder auf das Hauß stecken, und soll es damit frönen 2c. 2c. Desgleichen heißet es in dem von Zobeln seinem edirten Sachsen-Spiegel bepgefügten Magdeburgischen Schöppen-Urthel Part. I. cap. 6. Distinct. 9: allso das der Richter gebiethen soll, das sie halten bey 14 Tagen, darnach bey drey Tagen, darnach bey Liechtes, thun sie des nicht, man fronet ihr Gewere 2c. An allen solchen Orten bedeutet das Befröhnen, so viel, als in Geboth und Verboth legen, oder bestricken, mit Kummer und *Arrest* beschlagen. Dahero auch in der Straßburgischen Gant-Ordnung de anno. 1618 [6]) der *Arrest*- und Fröhnungs-*Process* bemerkt.

§. 6.

Bey Erkennung solchaner genauen Bedeutung kann ich die Erklärung des Worts: Frohn, vor heilig in keinem Stücke annehmen, sondern auch bey denen schon erwehnten Schilterschen Stellen heißet *boto frono* ein allgemeiner gebothener oder gebiethender Bothe, das Frohn-Rind ein allgemeines Gebiethungs-Rind, Gottes-Frohn, Gottes allgemeiner gebothener und befehligter, oder auch gebiethender, und die Frohn-Schrift eine allgemeine Gebiethungs- oder Verbiethungs-Schrift. Wo auch *Frone* pro Substantivo oder pro Domino zu nehmen, wie besonders

Pot-

2) Lib. III. art. 56.
3) Lib. II. art. 41.
4) Art. 54.

5) Cap. 125.
6) Beym Schilter im Glossar. Teut.
p. 307.

Potgießer [1]) verschiedener Stellen erwehnet, so mag dadurch gar wohl ein Gebiethender, oder Zwang-Herr, *Exactor* verstanden werden. Hierinnen möchte wohl ein besserer Grund der wahren Bedeutung enthalten seyn, und so sind auch Frohnen oder Frohn-Dienste diejenigen gewesen, welche allgemein aufgebothen, angesagt, und gefordert, auch vom gesammten Landvolke mit Bewilligung geleistet worden. Von solcher allgemeinen Dienstleistung heißen sie auch in Bayern [2]) Schaarwerck, und sonst [3]) werden sie nicht unrecht pro Angariis gehalten, obschon sich diese so weit nicht erstrecket, wie aus folgenden zu erkennen.

§. 7.

Aug, *Ange*, *angen*, ein altes Celtisches Wort, bedeutet etwas nothwendiges, oder einen Noth-Zwang. Bey denen Gallis heißet das Wort *Anger*, eben, was *charger*, beladen, und beym Otfried im 9ten Seculo *operari*, bearbeiten. Bey eben diesem wird gelesen *Ango* pro *angustia*, Angst, und *Angen* vor ängstigen. *Angarium*, ein Nothstall, und einen nicht trengen weder mit Herbergen, (*Albergariis*) noch mit Engern (*Angariis*) noch mit keinem andern Dienst, stehet in Jure Argentoratensi, woraus denn zur Gnüge erhellet, daß Angariæ operas indictas & coactas, gebothene, befrohnte oder in Bestrickung genommne Dienste bedeutet, immaßen auch alles, was wir bisher von den Angariis gesaget, beym Schilter [1]) seinen unlaugbaren Beweiß hat. Es darf uns bey solcher Ableitung keinen Scrupel machen, daß wir die Angarias auch im Codice repetitæ prælectionis Justiniani, und zwar im Morgenländischen Reich antreffen. Denn man eignet solches Wort auch den Völkern zu, welche es, wie andere Celtischen Wörter, ebenfalls mit gehabt hatten, nachdem sie von einerley ältesten Muttersprache herkamen, immaßen denn, nach Schilters Meynung, da besonders die Angariæ bey den Persern im Gebrauch gewesen, die Celtische und Persische Sprache älter, als die Griechische und Lateinische wäre [2]). Es sind aber bey den Morgenländischen Kaysern die Angariæ solche Dienste gewesen, welche in cursu publico, gleich als unsere Posten zu Fortschaffung reisender Personen oder gemeinsamer Bedürfnisse gebrauchet worden, worbey schlechterdings die allgemeine Landstrasse gehalten werden müssen [3]). Ein Gespann

mit

1) de statu Servorum Lib. I. Cap. IV.
§. 42. p. 217. seqq.
2) vid. Speidel voc. Frohn, Frohn-Dienste rc.
3) ibid.

1) In Glossario Teut. voc. Ang. und Ango.
2) S. Glossar. Teuton. voc. Angwerk.
3) L. 5. C. de cursu publico & Angar. &c. B

mit einem Wagen, der auf ſolcher allgemeinen Landſtraſſe gieng, hieß verẽdus, und ein Nebengeſpann, ſo zu Seiten oder auf andere Wege gebrauchet wurde, paraveredus *). Die Paraveredi hatten nicht leicht ſtatt, auch die Præſides, Rentmeiſter oder andere, die von der Republic jährlich Beſoldungs-Einkünfte bekamen, durften ſich, zu deren An- oder Ausfuhre, dergleichen nicht gebrauchen ⁵), und die Duces oder Anführer der Miliz, wenn ſie in ihrer Provinz waren, zu ihren militariſchen Expeditionen ebenfalls nicht, als worzu ſie vielmehr ihre eigene Pferde haben müſſen ⁶). Solche Veredos und Paraveredos muſten die Landleute oder Bauern ſchaffen und unterhalten ⁷), auch die Ställe bauen laſſen, außer daß der vierte Theil der veredorum ex publico ærario getragen wurde ⁸). Doch durften auch diejenigen ruſticani, welche ſonſt ihre *Capitationem* und *Annonam*, Kopf- Steuer- und Getreyde-Zinſen präſtirten, zu dergleichen oneribus nicht gezogen werden ⁹). Und da war es denn meiſtens mit denen Angariis im Morgenländiſchen Reich ſo beſchaffen, als mit denen Vorſpanndienſten in unſern heutigen Aemtern, oder wenn die Bauern Pferde zur Poſt ſpannen müſſen, nur kann dieſer Unterſcheid nicht übergangen werden, daß unſere Bauern vor die Spannung zur Poſt ihre Bezahlung, bey den andern Vorſpannungen in denen Aemtern aber, wo ehemahls die Unterthanen nach den Hufen-Receſſen ſolche Dienſte gegen Bewilligung eines Hufengelds ausgekauft, vor einen Tag auf 4 Pferde einen Meißniſchen Gülden oder weniger bekommen, jedoch bey den Angariis ehemahls nichs gegeben worden.

§. 8.

*) vid. du Freſne Gloſſ. voc. veredus & paraveredus. Im Additamento primo ad Leges, ſive Capitularia Ludovici II. de ao. 855. Cap. IV. beym Muratori in Rer. Italic. ſcriptor. Tom. I. Part. 2. pag. 159. ſind die Paraveredæ unter die Præſtanda bey des Kayſers oder ſeiner Legatorum Reiſen mit benennet, und Muratorius hat in ſeinen Notis no. 4. beygefügt: Sunt eqvi publici, quos ad curſum, & uſum Principis miniſtrabant Populi, per quos ille iter faciebat. Erant eum rheda, erant & ſine rheda. Nunc appellamus *Cavalli da Poſta*, eorumque mentio eſt in Codice Theodoſiano, apud Procopium, Caſſiodorum, aliosque. Atque hinc originem habuit Italica vox *Palafreno*, ut erudite oſtendit Menagius in

Originibus Italicæ Linguæ. A *vebo & rbeda*, Feſto monente, dicti ſunt *veredi*, hoc eſt eqvi curſus publici, atque a *veredus* efformatus eſt *paraveredus*, in Codice quoque Theodoſiano memoratus interdum. In Lege Bajuvariorum Tit. I. Cap. VIII. de Colonis & Servis Eccleſiæ dicitur: *Parafredos donens*, hoc eſt, dent, quæ vox, ut vides, jam accedit ad Italicum *Palnfredo*.

5) L. 2. 9. d. Tit. C.

6) L. 20. d. Tit. C.

7) per L. 18. & 19. d. Tit. C.

8) per L. 7. d. Tit. C.

9) Dieſes beweiſt L. 1. C. ne ruſtiani ad ullum obſequium devocent.

§. 8.

Bey den Servis ecclesiarum oder Clericorum in Bayern sind die Angariæ, als Landfuhren, und die Paraveredi oder Parafredi als Bothschafftlaufer im Brauch gewesen. Dieses befindet sich in lege Bajuuariorum [1]; Doch ist auch in einem Synodo Anno 754 [2] verbothen, die Servos Ecclesiarum vel Episcoporum, vel clericorum, durch die Richter oder exactores publicos mit so verschiedenen Angariis belegen zu lassen. Und bey dem du Fresne [3] trift man davon ein mehrers an, als wo auch einige die Angarias pro injusta coactione gehalten. Solchemnach begreife ich die Angarias gar wohl unter aufgebothenen Spanndiensten, eben wie die Frohnen in denen alten Zeiten operæ omnibus indictæ & exactæ waren, welche dem ganzen Haufen des Landvolks abgefordert worden, und sonsten auch petitiones, preces, Beethen, Beethdienste, i. e. gebethene oder aufgebothene Dienste hießen [4]. Beethen allein gesetzt [5], bedeuten noch mehr petitiones oder exactiones precariæ, als Dienste, und hat es eine General-Bedeutung, welche auch die Tributa, Steuern und andere auferlegte Abgaben in sich begreifet, woher sich denn solche Benennung auf die Dienste nicht einschränken lassen, und man also lieber

B 2 die-

1) Tit. I. Cap. XIV. §. 4: nach welchem die Coloni und Servi ecclesiæ auf 50 Meilen fahren, sonst aber auch Parafredos geben, oder selbst gehen sollen, wohin sie gebriffen worden.

2) Bey Herrn D. Georgischen in Corpore Juris Germ. ent. p. 495. c. 7. Ecclesiarum servos vel episcoporum vel clericorum a judicibus vel actoribus publicis in diversis angariis fatigari divina prohibemus autoritate. Dieses ist auch bey demselben cap. CCXC. p. 1687. enthalten.

3) sub voc. Angariæ.

4) Bey eben dem du Fresne voc. preces: Preces etiam dictæ Corvatæ quæ a tenensibus quasi precario exigebantur: Es sind auch daselbst Charten angeführet, wo preces von Diensten genommen: Datur firma precum ad congerendas segetes, - - excepto, quod singulis annis pro eadem terra, 5. solidos mihi dabuns, similiter tres preces de una Caruca & tres preces in Autumno, prima videlicet cum uno homine,

secundum cum duobus hominibus: tertia uero die cum tot hominibus, quot in eadem terra cotidie metentes inventi fuerint. Caruca heisset hier ein Gespann oder bespannter Wagen, vid. Gothofr. ad L. 38. §. 8. D. ædilit. edicto.

5) Siehe Schilters Glossarium Teutonicum voc. Batin und Beed, Beete, beym Du Fresne voc. petitio. Siehe chartam Imperatoris Friderici de anno 1152. Exactiones, tallicas, quas quidam precarias vel petitiones nuncupant, sive hospitationes, regia censura penitus interdicimus. Siehe ein gleiches in charta Conradi II. de anno 1145. bey demselben sub voc. Precaria Questa &c. In Frankreich heißen die Frohn-Dienste bis dato noch corvées, vermutlich von Corvatis oder Curvatis, von denen Carolus M. de villis & curtis Imperatoria Cap. III. in Herrn D. Georgischens Corpore Juris Germ. antiq. p. 607. füget: Ut non præsumant judices nostram familiam in eorum servi-

dieſelben Frohnen benahmet, welches jedoch zur Zeit des geſertigten Sachſen- und Schwaben-Spiegels, und vermuthlich, ſo lange die JCti Romani in Teutſchland noch nicht geherrſchet, wenigſtens nicht ſo ſehr in Gebrauch geweſen. Bey ſothanen Beethen nun konnte wohl ein Herr gebiethen, von ſeinen Bauer-Gemeinden fordern, oder ſie zu Dienſten anheißen laſſen, es beruhete aber auch in der Bauern oder Unterthanen Willkühr, was oder wie viel ſie davon bewilligen, und thun wollten. Denn ſo ſaget das Sächſiſche Landrecht davon ⁵): Er, der Richter, mag auch kein Geboth, noch Heerfarth, noch Bethe, noch Dienſte, noch kein Recht auf das Landvolk ſetzen, es verwillige denn das Landvolk ingemein darein.

§. 9.

Es waren aber zu der Zeit die Herren eben nicht ſo begehrlich, und die Unterthanen bewilligten leicht Beethfuhren, wenn das Bedürfniß vorfiel ¹). Denn

---

ſervitium ponere. Non corvadas, non materiam cædere, nec aliud opus ſibi facere cogant. i. e. Die Richter ſollen ſich nicht anterſtehen, anſere Leute zu ihren Dienſten zu ziehen. Sie ſollen keine Frohn-Dienſte auflegen, noch Materialien zu hauen, noch andere Arbeit vor ſich zu thun erzwingen. In der Origination ſolchen Worts: Corvatz, *Corvées* ſind die Gelehrten bey dem du Freſne im Gloſſario voc. *Corvatz*, auf verſchiedene Meynungen gefallen. Cujacius hat ſie vor quaſi *corpées*, opera corporalia, gehalten, und die Benennung davon ableiten wollen, andere aber von *Curvando*, bücken, noch andere haben *operas quaſi corrogatas* darunter verſtehen, und daß ſie davon ſo benahmet, meynen wollen, wie im beſagten Gloſſario zu leſen. Allein, ich halte dafür, man habe nicht Urſache, ſo entfernte Dinge, die alle den Urſprung der Grund-Bedeutung im Lateine ſuchen, zum Grunde zu legen, ſondern es kommt vielmehr auf die Origines der Teutſchen oder Alt-Fränkiſchen Sprache an. Da haben wir nun *Chor*, in latinitate medii ævi, *Chora*, in compoſitis, wie e. g. bey *Carme-*

dia, oder *Cormedia, Cor* oder *Cur* oder auch ſonſt *Kur*, heute zu Tage die Köhr, i. e. die Ausleſung oder Wahl, und *Weſte, Wette, vadium Guadia*, vor Gelobungen, und alſo *Corvates operas*, nach der Kühr des Herrn gewettete oder gelobte Dienſte, welches mit der Sache ganz wohl übereinkömmt. *In villa de Jokbam ſunt 16. Coſarii, quorum quilibet habet 5. acras, & hæ ſunt eorum Conſuetudines: Ducunt braſium - - - quilibet tres preces, & quando rogantur per ſervientem Curiæ, debent facere, ſive aliud facere quod expedit domino per 3. dies.* Sie führen Brauwerk, Malz, jeder ſoll 3. Beethen thun, das iſt, wenn durch den Hoff-Diener dieſes, oder was anders, das dem Herrn Nutzen ſchafft, gebethen wird, ſollen ſie 3. Tage es thun.

6) L. III. art. 91.

1) Von Erneſto II. Ertz-Biſchoffen zu Magdeburg und Biſchoffen zu Halberſtadt, Churfürſt Erneſti zu Sachſen Sohne, erzählet Winnigſtadius in Chron. Halberſtadt. §. 39. In Caspar Abels Sammlung etlicher alten Chronicken pag. 367.: Es hat ſich begeben, nachdem

Denn alle solche Dienste machten kein Recht, und ehe die JCti Romani in Teutschland die Oberhand bekamen, wuste man von einem Possessorio summariissimo in rebus incorporalibus gar nichts ²). Die Gerichtbarkeit war zu der Zeit ein ganz ander Ding, als jezo ³), und es konnte wohl ein Herr ein Paar streitende Bauern zu vergleichen suchen, als welches auch der dritte Bauer zu thun vermochte, wenn die streitenden sich darüber vereinigten, weil alle streitende willkührliche Richter erwehlen durften, oder sie giengen auch wohl vor die Land- oder andere Frey-Gerichte, bis die Privilegia de non evocandis subditis solche Wege verschlossen, und auf Eintritt der Römischen Rechte die Landgerichten aufhörten, auch die denen Herren in Lehn gereichte Jurisdiction über ihre Bauern, dieselben ihnen mehr als vorher unterwarf, oder sie, die Herren, mehr Zwang wider ihre Bauern erlangten, nicht weniger die JCti Romani mit ihrem Possessorio summariissimo cum ratione possidet, quis possidet, darzu kamen. Denn nunmehr that es nichts mehr, ob

B 3

er (Ernestus) zu Halle angefangen, das neue Schloß die Moritzburg zu bauen, unterdeß aber zu etlichen andern Bischöffen ihre Kirchen und Häuser zu besehen verreiset war, daß der Hauptmann von Giebichenstein den Bauern aus selbigen Gerichte zu Herren-Diensten entbiethen lassen, Wagen anzuschmachen, und ihrem gnädigen Herrn zu solchem Bau-Holz, Kalk, Steine, und was mehr nöthig, herbey zu fahren. Da sind etliche hundert Wagen zusammen gekommen, so geführet haben, was jedweden befohlen. Als aber der Bischoff wieder heim gekommen und solches erfahren, ist er sehr zornig worden, hat den Hauptmann vor sich fordern lassen, und ihn zur Rede gesetzt, wer ihm erlaubet, in seinem Abwesen, und ohne Befehl, die armen Leute also mit Frohn-Diensten zu beschweren, und ihm dadurch einen bösen Nahmen zu machen? Er wollte von seinem väterlichen Erbtheil S. Mauritio ein Hauß bauen, ohne armer Leute Schweiß und Blut, das sollte er wissen, und darum die armen Leute bald wieder zusammen fordern, und einem jeden seine Fuhren bis auf den äussersten Heller bezahlen, denn er begehre nicht, daß sie ihm sollten vorarbeiten und Häuser bauen. Woraus wir erkennen, daß sich die Bauern der angebiessenen Dienste erwegert, der Herr aber solche nicht einmahl verlangt.

2) Ich habe es in der von mir edirten Gerichtsverfassung der Teutschen vom 8ten bis zum 14ten Seculo §. 3. seqq. p. 5. seqq. aufgeführt.

3) Der Glossator ad Art. 58. lib. I. Sächs. Landr. saget: ob man gleich einem ein Lehn-Guth leyhete, darum würde er dennoch kein Richter. Also ist das Richterliche Amt oder die Jurisdiction, so jezo denen Lehn-Gütern anklebet, damals noch nicht gewesen, doch, da hernach die Erbherren, mit der Jurisdiction über ihre Leute beliehen, und von den JCtis Romanis ein anderer Gerichtsgebrauch eingeführet wurde, kam dieselbe auf, und gab denen Herren, je länger, je mehr Gewalt, Dienste aufzulegen.

ob der Herr clam, vi oder precario die Dienſte erhalten, oder ob ſie freywillige Beethen, oder ſchuldige Dienſte geweſen, ſondern wenn ſi? einmahl gethan
waren, legte man ihnen auf, ſolche ferner zu thun, bis im Petitorio ein anders ausgeführet. Von Seiten derer Herren war leichte zur Poſſeſs zu gelangen, ſchwer aber von Selten der Unterthanen ſich deren wieder zu entledigen,
weil der neue aus dem Jure Civili und Jure Canonico zuſammen geſetzte Proceſs
unendlich wurde, wie zugleich umſtändlicher gezeiget werden ſoll, wenn ich nach
Gottes Willen zu meiner Gerichts-Verfaſſung der Teutſchen vom 8ten bis
zum 14ten Seculo gleichſam den andern Theil ediren, oder was die JCti Romani in Deutſchland vor Veränderung gemacht, und was vor Uebel ſie mit
dem Guten zu uns gebracht, der Wichtigkeit der Sache nach, beſchreiben
kann *). Es wäre auch zu weitläuftig, wenn ich hier von den ehemahligen
Bauerkriegen, und von dem Religions- und 30jährigen Kriege handeln, oder
was der für Veränderung gemacht, oder wie inſonderheit von daher die Bauergüter wüſte worden, die Gerichts- und Lehnherren dieſelben zu den Ritter-gü-
tern gezogen, darnach aber ihre übrigen Bauern mit befrohnen laſſen, und
von daher, accedente præſcriptione, den Bauern von Zeit zu Zeit mehr Beſchwerung zugezogen. Es iſt dieſes ein in Praxi beſtändig vorkommender Beweiß, daß die Bauern je länger je mehr von ihrer vorigen Freyheit verlohren,
mithin

---

*) Ich habe Anfangs an gründlicher
Ausführung deſſen, was in gedachter
Gerichtsverfaſſung vorgetragen, immer
ſelbſt gezweiffelt, inmaßen ſich noch niemand dergleichen Syſtema zu ſchreiben
unterfangen, die theils fabelhafften, theils
dunkel vorgebrachten Particular-Materien
aber niemanden deutliche Begriffe machen.
Daher auch der Herr Geheimbde Rath
Thomaſius in Diſſert. de occaſ. concept.
ac Intent. conſtitut. Crim. Carolinæ §. 2.
anno 1711. anzuführen gewuſt, daß wir
uns nicht einmahl einer Hiſtorie der
neuen Reichs-Geſetze von den Zeiten
Maximiliani I. der rühmen könnten, geſchweige, daß wir die alten teutſchen Geſetze deren Gelegenheit und Bewegungs-
Urſache wiſſen wollten. Der Herr Profeſſor Mantzel in Roſtock geſtehet anno
1736. noch in Diſſert. an & quatenus Juri
Rom. competat prærogativa præ vet. Jur.

Germ. &c. Cap. III. §. 53. Conſtitutiones
Imperatoriæ usque ad tempora Friderici III. & Maximiliani I. magna obſcuri-
tate laborant. Der Herr Profeſſor Polac,
damals anno 1711, zu Frankfurth, ſaget
in Syſtemate Juriſprud. civ. german. Antiquit. Lib. IV. Cap. II. §. 1. ad margi-
nem: Verus modus proceſſus antiquiſſimi
ignoratur; Sonſt aber im Texte: Quo-
modo proceſſus in Judiciis Germanicis an-
tiquiſſimis fuerit inſtitutus, non æque li-
quet ob deficientia illorum temporum documenta. Id unicum ex morum illorum ſim-
plicitate ſatis certum eſt, de ſimplici &
plano probabiliter lites eorum fuiſſe ſopitas.
Die alten Conſtitutiones Imperii ſind
uns obſcur, ſo lange wir den alten Proceſs nicht wiſſen, und da ich mich denſelben durch mein erwehntes Werk in ein
Licht zu ſetzen unterfangen, gleichwohl
vorher niemand von denen Herren Gelehrten

mithin diejenigen gewaltig irren, welche vorgeben, als hätten sich die Bauern gegen vorige Zeiten in mehr Freyheit gesetzet, und wären sie darzu durch das Jus Romanum unterstützet worden, allermaßen vielmehr die Civilisten und Canonisten mit ihren Rechtslehren und besonders mit ihrem Possessorio summarissimo denen Bauern von Zeit zu Zeit mehr Freyheit entnommen, und sie je länger je mehr gegen vorige Zeiten mit Diensten belästiget.

lehrten sich daran gemacht, sondern sie immerfort die Unwissenheit bekennet haben, so wird es mir niemand verübeln, wenn ich gestehe, Anfangs an der Ausführung meines Vorhabens gezweifelt, und dabey nur alles versucht zu haben; dahingegen mir es hernach besser gelungen, als ich erst selbst gemeynet. Die Herren Verfasser der Göttingischen gelehrten Zeitungen vom Jahr 1741. im 97sten Stück, pag. 840. haben zwar angeführet, als ob wir verschiedene Scribenten von dieser Materie hätten, sie werden aber doch wohl keine andere damit gemeynet haben, als welche Particular-Materien abgehandelt, da nemlich einer etwa von Wehe-Geld, ein anderer vom Zweykampf, oder von den Febden, oder von den Treugis, oder von dem Au-

stregis neuerer Zeiten, oder von einer andern Particular-Materie geschrieben. Nachdem ich aber darunter keinen gefunden, der damit seine Absicht auf das Systema der Gerichts-Verfassung gerichtet, sondern dieselben immer die mehresten Dinge blos als einen Unfug betrachtet, so habe ich auch keinen einzigen zu einem Anführer gebrauchen können, und mich daher an andere Beweiß-Quellen halten müssen, welches denn gedachte Herren Verfasser der Göttingischen Zeitungen gebilliget, niemem Buche vor allen andern Scribenten den Vorzug in dieser Materie zugesprochen, auch die Herren Verfasser der allerneuesten Nachrichten von Juristischen Büchern c. Part. 17. pag. 47. dasselbe mit ihrem Lobspruch beehret haben.

II. Ge-

II.
Gewiſſens - Bedenken über die Frohnen.

EXTRACT

aus M. Johann Erhard Kappens kleinen Nachleſe einiger zur Erläuterung der Reformations-Geſchichte
nützlicher Urkunden.   P. l. p. 279 ſeq.

LXXV.

Heinrichs von Einſiedel von ihm ſelbſt beſchriebene Erzehlung ſeiner
Anfechtung wegen der Frohne, als ſollte dieſelbe denen Unterthanen
zur Unbilligkeit auferlegt und unrecht ſeyn, und des ihm von D. Mar-
tin Luther ſowohl mündlich, als auch 1539 durch Georg. Spalatinum ſchrifftlich ertheilten Unterrichts und Troſts, wobey auch ein
Schreiben an letztern eingerückt iſt, in welchem der von Einſidel ſich
deſſen Rath um mehrern Berichts und Troſts willen ausbittet, aus
H. von E. autographo.

Herr D Cyprian hat in dem andern Theil ſeiner nützlichen Reformations-
Urkunden p. 348. ein Bedenken Spalatini von alten und neuen Frohnen, an einen Freund geſtellet, aus dem Autographo eindrucken laſſen.
Dieſer Freund iſt unſer Heinrich von Einſiedel, deſſen eigenhändigen Auf-
ſatz von der Frohne nebſt andern dahin gehörigen Briefen und Bedenken
Lutheri, Spalatini, Melanchthonis wir zu Prießnitz angetroffen haben, und
tragen wir kein Bedenken, ſolche unſerer Nachleſe einzuverleiben, nachdem
belobter Herr D. Cyprian uns bereits hierinnen vorgegangen iſt. Dieſe und
andere Urkunden zeigen zur Gnüge, was unſer Heinrich vor ein zartes Gewiſſen gehabt hat, und wie wohl er ſich in der heiligen Schrift und den daraus
her geleiteten Theologiſchen Wiſſenſchaften umgeſehen gehabt. Wir wünſchen,
daß ſich dieſes unvergleichliche Exempel eines ſo gewiſſenhaften als gelehrten
von Adel unſere Zeiten zu einer ruhmwürdigen Nachfolge dienen laſſen
mögen:

Vor

Vor vilen Jaren habe ich bekummernis vnd anfechtung gehabt, als solte die frone den vnderthan zur vnpilligkeit auferlegt vnd vnrecht sein, Der halben habe ich vor etzlichen jaren den Erwirdigen vnd Hochgelahrten Hern Martinum Luther, der heiligen schrifft Doctor, seliger gedechtnis, zu Wittenbergk personlich besucht, vnd seinen radt in diesem meinem Obliegen gebethenn,

Daruff haben sein Erwirden mir diesen radt, wie ich vngeferlich behalten, gebenn: Das ich die alte frone, wie die von meinen Eldern vf mich kommen, solte pleiben laßen, dan auch die frone zu zeitten vmb vorbrechung willen der Leute zu straf auferlegt wurde, aber durch vortrege vf sie komen, vnd weil es alte frone weren, solte ich mich in deine nichts bekumern, vnd meinen Leuten sunst in andern sachen erlichen guten willen erzeigen zc. zc.

Vnd wiewol mir solcher des Ehrwirdigen Hern Doctors zc. seligen radt inn meinem Hertzen gantz trostlich gewest, So seint doch die gedancken immer also gemach wider in mich geschlichen, das die frone ein vnrechte sache were. Demnach hab ich den Erwirdigen Herrn, Georgium Spalatinum, Magistrum &c. seligen anno 1539. als er gleich nach wittenbergk gereißet, mit fleis gebethen, sich mit dem Hern Doctore Martino weiter dauon zu vnderreden, welchs er also gethan, vnd des Hern Doctors seligen Bedenken mir nachfolgender meinung zugesant hat.

1539.

Von der frone saget der Erwirdige vnd Hochgelarte Her Martinus Luther, Doctor also: Wan die frone alt sei, vnd von euren Eldern vnd voreldern auf euch gewachsen, vnd nicht durch euch aufgebracht, So habt ir keine vrsache Euch daruber gewissen zu machenn, Er wolte auch nicht gern, were auch nicht gut, das man das jus, das ist das recht, die frone zu thun ließ fallen vnd abgehen.

Dan der gemeine man müste mit bürdenn beladen sein, wurde auch sunsten zu muthwillig, wue ir aber woltet, so kontet vnd mochtet ir aus gutwilligkeit den armen vnd vnvormogenden etzliche frone nachlassen.

Hiruff hab ich an den Hern Magistrum Spalatinum &c. meinen lieben hern vnd gefattern seligen, ein weitern bericht gestalt, vnd seinen radt gebeten, wie volget:

Von der frone hat es die gedanken bei mir, das dorff · · · ist etwan des Capittels zu Aldenburgk gewest, vnd durch ein

C   Wech.

Wechſel an meine voreldern kommenn. Die zeit werden ſie wenigk frone gethan haben. .

Wiwol ſie ins ampt aldenburgk etliche frone haben thun müßen, die meinen voreldern ſampt der Oberkeit auch ſeint vberweiſt wurden, zu deme werden ſie itzundt des leihegelts vorſchont.

Sie haben auch die frone, wie die itzo ſtehet, weit vber rechts vorwerte zeit gethan, vnd ſeint auch durch ein Churfürſtlichen ſchidt, bald nach der aufruhr aufgericht, geweiſet, die frone obgemelt zu thun, welchen ſchidt ſie auch angenommen haben, vnd hat ſich dieſe Dorffſchaft ſintmals kegen mir horen laßen, das ſie vormoge ſolches Churfl. ſchides die frone willig thun wollen, damit aller vnwill zwiſchen jnen vnd mir moge abeſein.

Dergleichen gedengk ich, das mit etlichen andern Dorffern durch meine vorfahren auch gehandelt, das ſie gleich andern zu fronen vf ſich genommen. Dargegen inen das leihegelt erlaßen, wie wol ich inen meins wiſſens keine naue frone auferlegt, ſondern habe die alſo funden.

Nutze hat es die geſtalt, das etlich dorffſchaft zuſamen gehoren, ein forbergk zubeſchigken, vnd wen ſie das beſchigkt haben, werden ſie von mir nicht weiter angelangt; es werden auch die Ecker nicht erweitert, So acht ich auch das ein pferdner mit XV. tagen mit den pferden, vnd XII. tage mit der handt vnd hinderſeſſer mit XVIII. tagen mit der handt zur frone des jares dauon komen.

Solte man nutze einen aber zweien aber mehr etwas hirinne nachlaſſen, So wurde den andern, ſo die ecker mit beſchigken, aber die frone mit thun helffen, deſter mehr burden auferleget, aber ein vnwillen erreget.

Nutze hat der Her Doctor Martinus ꝛc. vf mein muntlichs anſuchen mir hiuor gerathen, weil die frone vor alters herkommen vnd durch vorſchulte ſachen der vnderthanen, aber aus andern vrſachen auferlegt were, zubeme das der gemein man itzt zu freuel were, vnd müſte hartt gehalbenn ſein, ſo ſolte ich ſolche frone pleiben laßen, vnd fleis haben, das ich inen kein nautze frone vfflegt, vnd inen ſunſt guten willen erzeigen.

So weis ich mich zu erinnern, was ſein ehrwirden jungſt vf euer anſuchen meinethalben beſcheen, auch geratten.

Aber nichts deſto weniger bit ich freundlich in deme auch euren treuen freuntlichen radt, umb mehrers berichts vnd troſts willen.

Hierauf folget des Hern magiſtri Spalatini &c. ſeligen bedengken.

LXXVI.

Georgii Spalatini Bedenken von der alten Frone.

Dieses Bedenken ist zweymahl vorhanden, einmahl von Heinrichs von Einsiedel, das andere mahl von Spalatini eigner Hand, und stehet dieses letztere nach seinem Bedenken von der Ohren-Beicht, welches hernach folget.

Von alter Frone.

Von alden fronen vnd biensten gesellt mir eur bedencken vnd vertrestung wol, Vnd stym̄ mit euch gantz vnd gar vbereyn, vnd beuor mit dem Erwurdigsten, Hochgelarten Herrn Martino Luther Doctor, vnserm lieben vater, und eben aus hernach verzeichten grunden vnd vrsachen,

Zum ersten, das ir berurte frone nicht aufgebracht. Sondern auf euch kommen, solchs auch durch Churfurstl. vnd Furstl. Schilde bestettiget, vnd durch die leut williglich angenommen, vnd gewilliget,

Zum andern, das es auch die hohe notturfft erfordert, frib, ordnuñg, vnd eynickeit zu erhalten, den gemeyn pofel im Zaum zu halten,

Zum britten, das das wol ein grossere last war, das Joseph, der heillige Gottes man, den funfften vber das gantz königreich in Egypten auffsetzt, vnd anricht. Vnd Gott bennoch im solche ordnung nur wol liess gefallen. Wie man denn solchs clerlich im ersten buch Mose lisst am XLIten Capitel.

Zum vierden, Wo Ir aber ie eur gewissen nicht kontet stillen, vnd zufrieden stellen, so mochtet ir dem vnvermogenden zuweilen aus gutem erlichen willenn ein linderung thun vnd erzeigenn. Vnd mit Inen also durch die finger sehen.

Zum funfften, Doch wolt ich nicht gern, daß ir in gemeyn die alte auf euch ererbte frone gar abtetet. Dann es wurde denn pofel nur verwenen vnd frecher machenn.

Zum sechsten, Darumb wolte ich zuuor denen, die nicht darumb bitten, die alde frone nicht erlassen. Sondern dieselben in Gottes namen lassen bleiben. Dann wie die alde Hochgelarten schreiben, alle newerung bringen beschwerung mit inen, vnd wie in eynem griechischen spruchwort steet. Vetus malum ne moveas. Man soll alde beschwerung nicht ruren und erregen.

Zum sibenden, Dergleichen beschwerung, last vnd purden sind vil in politzeyen. Wer wolt nun dieselbigen alle abschaffen. Dann do wolt ein grosser schrecklicher wust vnd zerruttung auß werden. So sagt doch ie Sant Peter in seyner ersten epistel, das Wir allen menschlichen ordnung sollen vnterthan vnd vnterworfen seyn,

C 2 Zum

Zum achten, So hat man dergleichen laſt vnd purden nur ſer in vil auch andern landen, nation vnd volckern, vnd vil groſſer, ja auch in diſen landen.

Derhalben wolt ich in Gottes namen mein hertz vnd gewiſſen zufriden ſtellenn, vnd do diſe oder dergleichen beſchwerung mir furſtelen, ein liebes troſt-pſalmlen zur handt nemen, vnd mit dem lieben konyg David ſprechen.

Dirige in conſpectu tuo Domine viam meam. Oder Deduc me in ſemita mandatorum tuorum, Oder Redde mihi lætitiam ſalutaris tui & ſpiritu principali confirma. Dann ſo reyn wirts nymmer mer hie auf erden zugeen, biß wir in vnſer grublen vnder die erden kommen. Ja in das cimiterium, das iſt das rechte dormitorium, das iſt Schlafhaus. Dann Cimiterium græce, latine dormitorium iſt der Kyrchhof, der liebe Gotsacker. Den gebe endtlich Gott mit allen gnaden Amen. Dann es iſt ie ein troſtlich wort Pauli Cupio diſſolvi & eſſe cum Chriſto. Qvamdiu enim hic ſumus, peregrinamur a Domino.

LXXVII.

Heinrichs von Einſiedel Schreiben an M. Georg. Spalatinum, darinnen er ſeine Zweifel wegen der Fronen eröffnet, aus ſeinem autographo.

An den Herrn Magiſtrum Spalatinum ſeligen.

Euren bericht von der alden frone habe ich entpfangen, vnd iſt mir gantz troſtlich, indeme, das der her Doctor Martinus mit euch vbereinſtimmet. Wie ich dan dies ſein muntlichen radt und bedengken etwan von jme ſelbſt angehort, vnd ir mir ſein bedencken in ſchriften kurtzlich vorfaſt auch zu geſchicket habet.

Gleichwol wollen meine gedangken zu zeitten mich aus dem rechten wege führen, vnd mir den zweiffel machen, als ob die alde frone nicht rechte ſein müſten.

Vnd fallen mir zu gemüthe die Exempel der heiligen ſchrift Exodi I. vnd Lib. I. Reg. 12. Desgleichen etzliche ſpruch der propheten, als Eſ. 58. diſſolve colligationes impietatis, ſolve faſciculos deprimentes, Dimitte eos qvi confracti ſunt, liberos & omne onus diſrumpe, vnd dergleichen.

Vnd ob ich gleich diſe gegenwürffe habe, das die angezogen Exempel der heil. ſchrift von nauen auffſetzen melden, vnd die propheten freilich von offentlichen vordrügken vnd vnrechten reden.

Item das die alde frone, ſo vber vorwerte zeit herkomen, in der heiligen ſchrift nirgents verbottenn wirdet, wie euer voriger treuer vnderricht anzeiget.

Seit vnderthan aller menschlichen ordnung vmb des hern willen, 1. Pet. 2. vnd zum Römern am 13. So gebet nuhe iderman, was ihr schuldig seit 2c.

Zum andern, was got durch sein heiligs wort nicht sünde noch böse heist, daraus sol man auch keine sunde machen.

Zum britten, das die itzigen Christlichen lerer der heiligen schrift die oberkeit solcher frone halben nicht straffen, sondern die als vor billich vnd recht pleiben laßen, welchs sie nicht thun wurden, da die frone in h. schrifft verboten, aber vnrecht were.

Zum vierdten, weil mich got in der oberkeit stande vorsehen, darinne ich meinem Landessfürsten mit ritterdinsten vorhaft, vnd meine armen leute zu fride vnd irem gedeihen zu schützen pflichtig, So müße auch wiederumb etwas sein, dauon solchs alles erhalben werde. Vnd mir wolle auch nicht geziemen, alte frone ane vorwissen meiner Lehensfürsten abzuschaffen.

Zum funfften, wue solche frone nachgelassen würde, das andern vnderthanen hieburch bose Exempel gegebenn, vnd sie gegen ire oberherren vorbittern würde,

Zum sechsten, wann auch gleich meinen leuten nachlaßung der frone beschehe, das sie boch damit nicht gereichert würden, wie auch die frone itzo inen nicht zu vorterben gereichet.

Zum Siebenden wue ich durch des Sathans List vnd meine gedancken dahin gebrungen, das ich die alte frone vor vnrecht hielte, solt ich wol weiter, da Got vor behüte, getrieben werden, das ich die zinsse vnd andere der Oberkeit gebuhre auch vor vnrecht achtenn mochte, welchs der widerteuffer falsche Opinion vnd lere ist, daher sie vnder anderem auch wollen, das kein Christ im stande vnd ampte der oberkeit sein moge.

Aber diese vnd bergleichen gegenwürffe seint mir oftmals zu wenig gegen obgemelten meinen gedancken, die mich von Got meinem Herren gerne abbringen wolten, also, das mir zu zeiten nichts dan gebet vnd ruffen zu gotlicher Hülffe vbrigt ist.

Nachdem ich auch aus eurem vorigen Ratschlage vormargket, auch in des hern doctors Martini &c. auslegung vber den 51. vnd 130. psalm gelesen. Das es in diser welt ane anfechtung des Sathans vnsers eigen fleisches vnd gebengkens so rein nicht abgehet. Sondern das man bis ins letzte stündlein mit hulf des heiligen Geists barwider zu kempffen vnd zu streiten hat, welche beyde psalmen gantz trostlich zu lessen. So habe ich auch in bissen gedancken vnd anfechtung eurem bebengken vnd rathe nach, ofte ein trostpsalmlein vor mich genomen, Aber zu zeiten fallen mir bise gebangken vor, das, was der her Doctor Martinus in beider psalmen auslegung schreibet, sei von anfech-

C 3   tung

tung der allbereit begangner Sünde gemeint.　Wue aber an der frone etwas
vnrechts were, muſte es vor abgeſtalt werden, ane das were der vorſatz nicht
gut.　Welcher vorſatz die ſünde zu dempffen mit hülff des Almechtigen doch
alwege in einem Chriſten ſein ſoll.

Nutze iſt ytze gewißlich wahr, das das heilig wort Gottes allein rein vnd
warhafftig iſt.　Aber mein vnd aller menſchen gedangken vnd wahn diſer geſtalt aber dergleichen, do kein gottes wort von iſt, ſeint irrig vnd vorfuriſch.

Derhalben bedencke ich, das eines ſtetten gebets vnd ruffens in den nahmen vnd vf das vordinſt vnſers Hern Jheſu Chriſti zu Got dem barmhertzigen
Vatter, besgleichen der entpfahung des hochwirdigen Sacraments des leibs
vnd bluts Chriſti hoch von noten.　Den vmb des bluts, leidens vnd ſterbens
willen vnſers hern Chriſti (der vnſer gnaden ſtul iſt) wirt Got ein zubrochen
geiſt vnd zerſchlagens hertz nicht vorachten.　Wie 51. pſalm vnd anderswo in
den propheten der barmhertzige Got ſelbſt von ſich reichlich vorkünbigen vnd
rühmen leſt.

Vber das were ich auch bedacht in meinem Teſtament *) den dorffſchaff-
ten, den ich mich bedungken ließ durch meine vorfahren etwas auferlegt ſein,
etzlich jerlich einkommen zu teſtiren, vnd zu vormachen, zur gegenſchantz, ab
etwas zu vil geſcheen were, welche jerliche nutzung ſie, wan Steuer folge aber
anders durch die oberkeit angelegt, gebrauchen, auch dem armut vnder ihnen
davon leihen vnd vorſtrecken mochten, Doch das ſie darüber gebürliche rechnung mit meiner erben wiſſenſchaft jerlich halten ſolten ꝛc.

Ich were auch wol bedacht ſolchs den leuten anzuzeigen, vnd ſie zu vor-
mahnen, das ſie die frone, wie die vf mich kommen, gutwillig thun wolten,
Dan weiter ſolten ſie, wie mein Teſtament geben würde, nicht beſchwert werden, Vnd ſo etwas von meinen vorfahren, als ich doch nicht hoffet, zuvil
gegen inen geſcheen were, So ſolten ſie diſe jerliche nutzung zur gegenſchantz
haben ꝛc.　Ich weis aber nicht, ab es ergerlich aber gut were, Das man inen
ſolchs vormelbet aber anzeiget.

Dieweil dan eines fromen gelartzen mannes radt in ſolchen vnd dergleichen ſachen ſer troſtlich, So hab ich eures treuen radts weiter gebrauchen wollen, mit freuntlicher bitte, Jr wollet mir in deme allem mit eurem fernern
freuntlichem radt vnd vnderricht troſtlich erſcheinen ꝛc.

LXXVIII.

*) Es iſt ſolches auch würcklich geſchehen.

LXXVIII.

Von Alden vnd Nauen Fronen Magiſtri Georgii Spalatini anderweit bedengken.

Dieſes iſt das von Herrn D. Cyprian bereits heraus gegebene vnd oben erwehnte Bedenken. Wir haben eine Copey von Heinrichs von Einſiedel Hand, welche am Ende etwas vollſtändiger iſt, als das Cyprianiſche Exemplar, wie daſelbſt angemerkt worden.

Nach fleiſſiger erwegung vnd Betrachtung der fronen halt ichs nochmals dauor, das man ſich pillig des vorigen troſtlichenn berichts halte. Angeſehen das derſelbige nicht bloß, ſondern mit Gottes wort becleidet, vnd nicht alleine von mir, ſondern auch von dem Erwirdigen hochgelarten hern doctore Martino Luthero hergewachßen. Vnd man kan auch das nicht thun, dan das man ſolge vilmerh dem bericht, ſo von andern herfleuſt, den eygen gedancken. Darumb beruhe ich wie vor auff dem vorigen bericht, beide meiner ſelbſt vnd hochgedachten herren Doctoris Martini Luthers meinung. Seinds alde fronen vber menſchen gedechtniß, vnd vor euer ankunfft vnd haußhaldung erwachßen, So wolt ich diſelben laſſen gehen in Gottes nahmen, vnd meinen vnderſaſſen ſunſt erlichen vnd günſtigen willen erzeigen, worinne ich vmmer mochte.

Weren aber von euch in vnd bei euer haußhaltung die albe frone, auch zinſe von holzern, mehr Jagdinſt ꝛc. vnd wie es vmmer mehr namen hetten, von nauem vber die albe fronen, laſt v. beſchwerung auffgebracht, geſaßt vnd den leuthen aufferlegt, da hieß es den billich, wie Gott im Eſaia LVIII. ſagt, Solve colligationes iniquitatis &c. Desgleichen mit der Lehen wahr, die eßliche Lehenherren izt ſo hoch treiben, das man darüber im Himmel claget, Wie gewißlich Got ſolch gebeth erhoret, vnd viel lehen Herren nuhr wehe thun, vnd ſie ſehr vnd hart drügken wirbet. Dan es iſt yhe zuvil, das man die Lehen-wahr ſo hoch treibt, das vil witbin vnd weiſſen erbloß müſſen werden. So ſeint eßliche alſo geſchickt, das ſie die buſſe auch nuhr vfs gelt ſetzen, vnd nicht wolten, das ein pauer ſolt zu Narung kommen aber darbei pleiben.

Eßliche bringen die vnderthanen ſo oft ſie wollen, vber hergebrachten alben brauch zu jagen. So es doch in vorzeitten nur ſelden ſoll geſcheen ſein. Eßliche nehmen von den leuten holz-hůnerzins, darumb das inen etwo erleubet iſt geweſt in den holzern zu graßen. Nuhe aber werden ſie fertig, geben dem zinß einen andern nahmen, laſſen die leute nicht graſen ꝛc. in den holzern. Nehmen aber gleichwol den zinß vfs ſtrengeſt ꝛc.

Wer

Wer wil vnd kan auch solche naue beschwerung, frone vnd last alle erzelen.

Wo nuhe solche naue frone naulich auf die leute geleget weren, So machte man pillich ein linderung, beuor wue das gewissen mit seinem piß nicht wolt nachlassen.

In den alden aber vnd von andern aufgesatzten fronen stellet ich mein hertz mit Gottes hülffe zufriden.

Dartzu beweget mich gewaldiglich, vber hieuor angezogen gotliche schrift das Exempel des grossen Ertzuaters Joseph, der, wie Genesis am XVIIten stehet, macht den fünfften teil vber der Egipter feld durch aus dem pharao zu geben, Ausgenomen der prister feld, das war nicht Eigen dem Pharao.

Izum andern, So seindt solche ordnung Pollicei-Ordnung, die Got zu itzerzeit, gelegenheit lest gehen. So sagt auch Sant Peter in seiner ersten Epistel am andern Capittel: Seit vnderthan aller menschen Ordnung.

Izum dritten, So ist der gemeine posel zam-loß, frech vnd rauch vnd muß hart gehaltenn sein, Sonst solt er wohl alles vnglück anrichten. Dan so saget Konigk Salomon am 26. Ca. seiner Sprüche, Das dem Roß ein geissel, dem Eßel ein zaum, dem Narren eine rute vff den rugken gehort, sonst thut ir keiner gut.

Ztum vierden, wan gleich ir die alte fronen würdet abthun, so würde doch der Sachen damit nicht geratten, sondern wol mehr zuruttung vordacht vnd vngehorsam, auch wohl den andern beschwerliche einführung gemacht. Denn dießem Exempel würde doch nicht iederman folgen, wolt nuhr Got, daß man mit den neuen fronen, glimpflich vnvormergklich linderung vnd losung konte machen.

Ließ mir auch nicht entkegen sein, das ir den armen leuten jerlich etwas vormachet in eurem Testament vnd letzten willen, welchs man ihnen zu entrichtung vorfallender Steuer zu gute mochte folgenn, doch in alwege itzt vnuermeldet, Den es mochte die leute mutwillig vnd euch vordechtig machen.

Ztum andern, wan euch solche gedangken einfallen, So nemeth die heilige schrift vor euch vnd leset einen Psalm aber sunst etwas, den dis ist das einige rechte Trostbuch, wie Paulus Ro. XV anzeiget.

Ztum dritten, So ist dennoch yhe Gottes barmhertzigkeit grosser, dann aller menschen lebenn, wie im LXIIten psalm stehet, vnd wie Sanct Johannes in seiner ersten epistel am 3. Ca. sagt. Wen vns vnßer hertze straffet, so ist Got vil grosser dan vnser hertz.

Ztum vierden, So habt ir pillig zuflucht zu got in solcher beschwerung der gewissen zum liben gebeth vnd entpfahung des heiligen Sacraments vnd

der

her absolution eures seelsorgers, auch fleissiger anhorung Gottes worts, Ane
zweiffel Got werde durch diße christliche gotliche mittel eurem gewißen vnd
hertzen, wo nicht gentzliche ruhe vnd fride, doch vfs wenigste gute selige linderung geben, Den es ist yhe war, wie im Job stehet am 7. Ca. das der mensch
muß immer im streit sein, darumb heist auch got ein her der herscharen, das
er vnd sein armes heuflein stetigs zu felde müßen liegen.   Aber Got lob, vnd
wie pau. 1. Corinth. 15. sagt, Das vns Got den Sieg durch Christum hatt gegeben, vber das, wie S. Pau. 2. Chor. 2. sagt, wir Got pillich dangken,
darumb das er vns allezeit Sieg giebt in Christo.

Zum letzten, So solt ihr auch bei euren Sonen darob sein, vnd sie treu-
lich dahin weissenn, Sich an den alten hergebrachten fronen benügen zu
laßen, vnd die vnderthanen nicht mit einigen neuerungen zu beschweren, Sondern des Ro. Keiser Tiberius loblichen vnd rumlichen Exempel folgen, von
welchen Suetonius schreibet, das, do etzliche seine rethe Im angelegen waren,
steuer vnd auffsetze auf die leute zu legen vnd treiben, Jnen dieße antwort het
geben, Er wols nicht thun, den einem getreuen frommen Hirten gebuhret die
schaffe nicht zu schinden, sondern zu scheren.

Das were eben gnug, Got gebe euch in euren Gewißen selige linderung,
Dan zu gantzer Ruhe lest vns der Sathanas in dißer vnruhigen welt, ja auch
in vnserm vnruigen Blut vnd fleisch nimmermehr kommen ¹).   Dan hie ist
nichts anders dan ein pilgram vnd wanderschafft bis zu vnd in den todt. Wie
David, paulus vnd petrus darvon schreiben.   Dort aber ist vnßer libes hei-
mat vnd vater landt, dohin wir vns billig shenen.   Den hie wirdets doch nicht
peßer werden, dorten aber schier.   Das gebe Got der barmhertzige vnßer liber
Vater durch seinen einigen Sohn, vnsern liben Herren und Heilant JEsum
Christum, Amen.

Betrachtung
über voriges Gewissens-Bedenken.

§. 1.

So weit gehet der Eindruck in M. Johann Erhard Kappens kleinen Nachlese nützlicher Urkunden, wie Eingangs gedacht.   Daraus erscheinet
nun 1), wie das Dorf, weswegen Heinrich von Einsiedel sich solche Gewissens-
Scru-

---

1) So weit stehet dieses Bedenken in   genden Worte haben sich in des von Ein-
P. Cyprians Urkunden, die hierauf fol-   siedel Copey gefunden.

D

Scrupel gemacht, sonsten in das Capitel zu Altenburg gehöret, und zu der Zeit wenig Frohnen gehabt, jedoch einige in das Amt Altenburg gethan, welche, nebst der Oberkeit, da dasselbe durch Wechsel an seine, des von Einsiedel, Voreltern gekommen, an sie mit überwiesen worden. Und obgleich Heinrich von Einsiedel gesaget, als wenn er davon nur diese Gedanken hätte, und durch das Wörtgen: etwa, seinen Bericht an Spalatinum auf bloße Vermuthungen gegründet zu haben scheinet, so ist doch wegen der geäußerten heftigen Gewissens-Triebe, warum er die Frohne nicht vor recht halten wollen, vielmehr zu glauben, daß er aus den Urkunden von dem angeführten Zustande Gewißheit gehabt haben müsse, maßen auch sonst dieses Wort damahls bey gewissen oder würklich existirenden Sachen statt ehemals gebrauchet worden. Und dieses ist ein klarer Beweiß, daß die Bauern gegen vorige Zeiten sich nicht in mehrere Freyheit gesetzet, wie einige fabuliren wollen, sondern, daß sie von Heinrichs von Einsiedel Voreltern mit mehrern Diensten beschweret worden, als sie gethan, da sie in das Capitel und Amt zu Altenburg gehöret haben.

§. 2.

Es gedenket 2) Heinrich von Einsiedel, daß die Bauern die Frohnen, wie sie damahls gestanden, weit über Rechts-verwehrte Zeit gethan, auch durch einen Churfürstl. Schied, bald nach der Aufruhr, aufgerichtet, gemeldete Frohne zu thun angewiesen, welchen Schied sie, die Dorfschaft, angenommen, und gegen ihm höhren lassen, daß sie vermöge solchen Churfürstl. Schieds die Frohne willig thun wollten, damit aller Unwillen zwischen ihnen, und ihm, dem von Einsiedel, abseyn möge.

§. 3.

Was hat denn also hier unser Einsiedel vor einen Aufruhr gemeynet? Keinen andern, als den Bauertumult. Sleidanus ¹) meldet vom 1524sten Jahre: *Mense Novembri, cæperunt a suo Domino, Comite Lupfio, Suevo, diffidere homines rusticani, propter onera, quibus gravari se nimium, querebantur: idem & alii deinde vicini faciebant, in suum quisque magistratum.* Er setzet hinzu, wie einige Controversien damahls gestillet worden, jedoch aber solcher Aufstand sich nicht geleget, und dieser der Anfang der grösten und gefährlichsten Bewegungen gewesen wäre, welche hernach durch einen großen Theil von Teutschland gegangen. Denn freylich sind hernach nicht nur in Schwaben, sondern auch in Franken und Lotharingen die Bauertumulte oder Bauerkriege entstanden.

§. 4.

¹) Comment. de Statu religionis Lib. 4. Edit. de anno 1610. p. 100.

§. 4.

Unter denen zwölf Anforderungen derer Bauern in Schwaben, welche sie im Druck ausgehen lassen, sind freylich unbegränzte Ausschweifungen mit enthalten, die nicht gegründet gewesen. Es heißet aber auch hier: *Sunt bona mixta malis*, und Sleidanus [2] gedenket, wie sie, die Bauern, darunter sich mit beklaget: *Gravari se multis incommodis, quæ cumulentur indies magis atque magis: Cupere ergo, ut eam rem principes moderentur ex æquitate & Evangelii præscripto, neqve plus oneris imponant, quam antiquitus fieri consueverit: velle etiam, ut quæ quisque bona, fundos & agros teneat beneficio & concessu principis aut magistratus, eorum nomine non gravetur amplius, quam pactum sit initio.* Hierinnen steckt nicht das mindeste Unrecht des Begehrens, und wenn die Bauern heut zu Tage an den ordentlichen Gerichten darauf klagen, so werden sie auch dabey geschützt. Ob es nun wohl zu der Zeit mit denen Gerichten noch nicht in eine rechte Verfaßung gekommen war, so konnte doch auch die Selbsthülfe der Bauern, zumahl es darbey an grausamen Excessen nicht fehlete, keinesweges statt finden, und hierwieder richtete häuptsächlich Dr. Luther seine Responsion ad articulos rusticorum, wobey er denn teste Sleidano [3] in seiner Vermahnung an die Nobiles hinzu gefüget: *Is autem est hodie rerum status, ut hunc vestrum dominatum homines non possint nec velint, neque sane debeant ferre diutius.* Und ferner anderswo: [4] *Postulata proposuerunt XII.* (scil. rustici) *e quibus aliqua sunt ita rationi & æquitati consentanea, ut merito vos pudere debeat.*

§. 5.

Wir erkennen hieraus satsam, daß die Bauern in den alten Zeiten nicht so viel Beschwerungen gehabt, als sie nachher bekommen, nachdem sie nur verlangt, daß ihnen nicht mehr Lasten aufgebürdet werden möchten, als von Alters her gewöhnlich gewesen. Die Bauerkriege sind gleich in die Zeiten eingefallen, als nunmehr die JCti Romani in Teutschland die Oberhand erlangt hatten, und nicht nur mit ihrem Possessorio summariissimo neue Beschwerungen leicht einführen konnten, sondern auch dieselben, wie der Bauern ihre Gravamina [5] zeigen, in Delictis die vorher determinirten Strafen nicht behalten,

D 2 viel-

[2] d. Comment. lib. 5. p. 199.
[3] d. lib. 5. p. 125.
[4] p. 126.
[5] Von daher heißet es in der Bauern Gravaminibus beym Sleidano p. 119: *In multis etiam pecuniariis requirere se majorem æquitatem: novas quotidie ferri le-* ges, *& pecuniam ab ipsis extorqueri sæpe non emendationis causa, verum in ea re plerumque & odium & favorem atque gratiam intervenire: petere ergo, ut juxta formulas olim* (scil. ante introductum Jus Romanum) *descriptas, non autem ex affectibus* (ex arbitrio) *irrogetur pœna.*

vielmehr aber ihre pœnas arbitrarias eingeführet hatten, und daher die Gerichts-herren ex consiliis JCtorum Romanorum einen Bauer vor den andern, in einerley Verbrechen, mehr oder weniger, bestrafen konnten. Doch diß ist gnung zu einem abermahligen Beweiß, daß dererjenigen Einbildung falsch und erdichtet, welche vorgeben, als ob die Bauern sich in neuern Zeiten gegen dem, was sie vormahls gethan, in mehrere Freyheit gesetzet.

§. 6.

Indessen ist der Bauern Aufruhr unter Churfürst Johanne Constante, und Herzog Georgio anno 1525 [6]) getilget, folglich der obgedachte Churfürstl. Schied bald nach anno 1525 errichtet, als die JCti Romani schon angewachsen gewesen, welche die Bauern nach dem Possessorio summariissimo zu den Diensten angewiesen.

§. 7.

Heinrich von Einsiedel führet [3]), wie schon gedacht, an, daß seine Bauern die Frohnen über Rechts-verwährte Zeit gethan hätten, und so wohl Dr. Luther, als Mag. Georgius Spalatinus haben den Gewissens-Rath gegeben, es bey den alten von seinen Voreltern hergebrachten Frohnen zu lassen, nur aber keine neue aufzubringen. Nach Dr. Luthers und Spalatini Urtheil [7]) wird bis dato in denen Rechten gesprochen, und es kann also ein Herr oder dessen Advocat wegen derer über Rechts-verwährte Zeit hergebrachten Frohndienste in seinem Gewissen ruhig seyn. Aber wie siehet es mit dem Possessorio summariissimo aus, wenn man gewiß weiß, daß die Possess ad temporis lapsum nicht auslanget, und sonst nichts zu einem Befugnisse anzuführen hat? Wenn alle Herren und ihre Advocaten unsers Heinrichs von Einsiedel Gewissen hätten, so würden wir nicht so viel Processe zwischen Herren und Unterthanen haben. Aber, ob gleich manche Doctores [8]) unser Possessorium summariissimum,

weil

---

6) Siehe Sächsische Merkwürdigkeiten Lib. III. Part. 2. Class. 2. §. 7. pag. 690.

7) So gehet es in Regula, und wenn es bloß auf einen Beweiß durch Zeugen ankömmt. Wenn aber ja einmahl Unterthanen neuere Dienste zuerkannt würden, so geschähe es auch wohl ex interpretatione pacti, und wenn diese Interpretation irrig ergriffen würde. Denn ex pactis dubiis können Unterthanen neue Dienste nicht auferleget werden, und geschähe es, so wäre allemal ein Fehler dabey,

welcher von dem Advocaten oder Urtheils-Verfasser herkommen könnte.

8) Dnus de Berger Elect. Process. Possessor. §. 2. p. 75. *Unde etiam judicium possessorium summarium vulgo asinarium audit. Uti enim asinus, cum solo incubat, nullam reddit suæ possessionis causam: ita is quoque, qui jam possidet hoc solo tuendus est, quod possideat.* Daher auch manche dafür gehalten: Remedia possessoria in conscientia valde esse periculosa. vid. Schilter Exerc. XIII. §. 12. ad ff. ibique alios.

weil es gar keine Ration, als das factum possessionis annux, admittiret, Asinarium betiteln, und daß die Remedia possessoria in conscientia sehr gefährlich, statuiren, so bekümmert sich doch darum niemand mehr, oder macht sich daraus einen Gewissensscrupel, sondern ein jeder, daferne er nur eine jährige Possess hat, und wenn auch die Sache selbst eine heimliche Räuberey betrifft, da e. g. etwa ein Diebischer Schäfer heimlich etwas behütet, und hernach zum Zeugen gebrauchet wird, suchet dabey geschützt zu werden, und wird auch dabey geschützet, bis im Petitorio ein anders ausgeführet, worbey er noch seinen Widerpart den Vortheil abgewinnet, sich im Petitorio nicht eher einzulassen, als bis dieser sich des Possessorii völlig entbrochen.

§. 8.

Wenn nun endlich der Bauer, oder wer die Possess verlieret, dem erkannten Possessori vel quasi - possessori, wie die Possessores rerum incorporalium vel jurium eigentlich heißen, alle Schäden und Unkosten gut thut, hernach aber im Petitorio wieder gewinnet, und also die Schäden und Unkosten des Possessorii ihm wieder ersetzet werden sollten, so läßt doch der Richter solche gemeiniglich wegfallen, weil die JCti Romani hierzu wiederum die ration erfunden, daß derjenige, der gerichtlich bey der Possess geschützet, Auctore Prætore possidire, mithin als ein Possessor bonæ fidei, nach den Civilrechten, die fructus perceptos lucrire.

§. 9.

Man kann sich kaum die Möglichkeit vorstellen, wie die Jureconsulti Romani einen Possessorem ihres zu uns Teutschen mit gebrachten Summariissimi, pro possidente Auctore Prætore erkennen mögen, da doch die Prætores Romani nach den Interdictis 9) niemanden bey der Possess schützten, außer dem,

D 3   der

---

9) Vid. L. I. init. & §. 9. ff. uti possidet. L. I. init. & §. 20. & 29. ff. de Aqua cottidian. L. I. init. & §. 9. ff. de Rivis. L. I. init. & §. 6. ff. de Fonte. Und besonders hat der Prætor denjenigen, qui vi, clam vel precario possidebat, zur Restitution angehalten, per L. I. ff. Quod vi, aut clam. item L. 2. ff. de Precario. Dahero man wohl ausruffen muß: O! quantum Prætor Romanus distat ab illo. (Judice nostri possessorii.) Man nennet indessen die Possessores beatos wegen der Vortheile, welche sie haben. Petrus Muller hat in der Dissert. Beati possidentes, ausführlich davon gehandelt, und Sect. II. membr. 2. §. 2. de fructibus possessionis acquirendis umständlich disputiret, alle Streitfragen aber, die er vorgebracht, und wo er denen Possessoribus bonæ fidei, ex Legibus die fructus perceptos oder consumtos geeignet, reden insgesamt de fructibus rerum corporalium, und schicken sich weder die leges, noch rationes de possessoris cultura & cura, industria, melioratione, diligentia & opera, de fructuum consumtione,

der nec vi, nec clam, nec precario poſſidirte, hingegen aber bey unſerm heutigen Summariiſſimo nicht einmahl de qualitate poſſeſſionis gefraget, ſondern die Ration, poſſidet, quia poſſidet, vor hinlänglich erachtet wird. Daher ein Auctore Prætore Romano poſſidens, und ein heutiger Poſſeſſor noſtri ſummariiſſimi, wie Himmel und Erde, oder wie gewiß und ungewiß differiren. Hierinne liegt eine ſtarke Grundurſache, warum ſich niemand ein Gewiſſen macht, ex nuda poſſeſſione annua etwas zu behaupten. Denn wie will ſich ein ſolcher Poſſeſſor einbilden, daß er unrecht thue, oder Gewiſſenloß mit ſeinem Nächſten handele, da ihn ja der JCtus nicht nur ohne Anhörung des Gegentheils bey den Poſſeſſ-Verirereyen ſchützet, ſondern ihm auch noch gar alle Nutzungen davon als rechtmäßig zuſpricht. Die alten JCti Romani haben alſo die meiſte Schuld, wenn hierinnen Gewiſſenloß gehandelt wird, und es mag ein jeder es in conscientia verantworten, was er thut. Unſer Heinrich von Einſiedel, nebſt Dr. Luthern und Mag. Spalatino, war nicht alſo geſinnet, und der erſte hatte zu thun, nur ſein Gewiſſen wegen der alten Frohnen zu befriedigen.

§. 10.

Ich komme nunmehro 4) auf einen harten Gewiſſenspunct, welcher darinnen beſtehet, daß unſer Heinrich von Einſiedel ſich vorſtellte: *Non remittitur peccatum, niſi reſtituatur ablatum.* Und weil ihm diß im Gewiſſen Angſt machte, er auch, daß mit der Frohne ſeinen Bauern zu viel geſchehen,

glaub-

de dominio præſumto, oder von andern ſolchen Dingen auf die quaſi-poſſeſſiones jurium, ſeu rerum incorporalium. Carpz. Lib. I. reſp. 18. tractiret wiederum nichts anders, als wie ein victor in poſſeſſorio ſummariiſſimo die fructus lucrire, juſſu ſcilicet prætoris, adeoque bona fide poſſidens. Dnus de Berger in Elect. Proceſſ. Poſſeſſ. §. 39. führet ein gleiches an, auſſer daß er Pfanntuchs Wiederſpruchs mit gedenket, und Carpzoven mit ihm zu vergleichen ſuchet, daß nehmlich der Victor in ſummariiſſimo, probata mala fide, im Petitorio zur Reſtitution angehalten werden müßte, weil ex victoria in Poſſeſſorio Summario, nur eine Præſumtio bonæ fidei entſtünde, welche per probationem contrarii elidiret werden könnte. Aber eben dieſer Auctor hat

vorbergedachter maßen daß Poſſeſſorium ſummarium ein aſinarium ſelbſt genennet, weil ein Poſſeſſor ſo wenig, als der Aſinus, dum ſolo incubat, cauſam poſſeſſionis angeben darf. Bey welchen Umſtänden man daſſelbe dafür nicht anſehen kann, daß der Victor in demſelben a cauſa victoriæ eine præſumtionem bonæ fidei erlangen könnte. Das ganze Uebel iſt daher gekommen, weil die JCti Romani den Judicem noſtri ſummarii mit dem Prætore Romano vergleichen, welcher doch gedachter maßen den, qui nec vi, nec clam, nec precario poſſidiret, dabey nur geſchützet, excepto unico interdicto de Cloacis in L. I. init. ff. uti poſſidet, & L. I. §. 7. ff. de cloacis, ob communem utilitatem.

glaubte, so war er darauf bedacht, ihnen in seinem Testament etwas zu vermachen, und damit denselben den verursachten Schaden zu ersetzen. Wahr ist es, daß nach göttlicher heiliger Schrift [10] Zachäus, einer der obristen Zöllner, nicht nur dem, den er betrogen, es zwiefältig wieder, sondern noch überdiß den Armen die Helfte seiner Güther zu geben versprochen. Es war dieses ein Hauptstücke seiner wahren Reue und Buße, und darauf sagte der Welt Heyland, daß seinem Hause Heyl wiederfahren. Ob nun wohl das Exempel zur Nachahmung zu schwer seyn möchte, so kann ich doch, wo facultas restituendi vorhanden, mir eine wahrhafte Reue nicht vorstellen, ohne die Restitution dessen, um was ich meinem Nächsten unrecht gethan, und wo die wahrhafte Reue ermangelt, da ist auch weder wahre Buße, noch Vergebung der Sünden, und spreche ich einen solchen, oder der wohl gar einen falschen Eyd zu seines Nächsten Schaden wieder besseres Wissen und Gewissen leistet, wenn er gleich zehen mal Cubachs Gebetbuch [11] durchlieset, die Seligkeit ab, woferne er dabey nicht an die Restitution gedenket, und damit seine Reue wahrhaft macht.

§. II.

Der Bauer, als der leidende Theil ist moraliter allezeit glückseliger, als welcher ihn mit Unrecht drücket. Ich sage mit Unrecht, und verstehe also nicht jede Auflegung der Frohnen, oder anderer Beschwerungen, die er schuldig ist, sondern nur solche Bedruckungen, wo es wohl gar der Herr oder dessen Advocate besser weiß. In solchem Fall gehe ein Christlicher Herr, der
seinen

---

10) Luc. Cap. 19. v. 1-10.

11) Michael Cubach hat pag. 747. ein von Mag. Joh. Jacob Rüden gefertigtes Gebeth eines, der wegen seines falschen Eydes in seinem Gewissen beschwehret ist, eingerücket. Wenn der Auctor es nach des vorher gedachten Zöllners Gebeth, nehmlich, daß der Bethende dasjenige, um was er seinen Nächsten durch einen falschen Eyd betrogen, nur einfach wieder geben wolle, eingerichtet hätte, so könnte ich mir einen wahren buß fertigen Sünder, der würcklich auf die Restitution bedacht wäre, es geschehe nun solches gleich quocunque modo, sub specie donationis, vel mutui, noch vorstellen. Aber so mag einer den Eyd gegen seinen Herrn brechen, oder er mag durch einen

falschen Eyd seinem Nächsten abgewinnen, was er will; Nur Cubachs Gebeth aus rechter Andacht gelesen, und mit solcher Bußandacht zum heiligen Abendmahl gegangen, so ist alles wieder gut. Es glaube es, wer da will, ich glaube es nicht, zumahl Gott selbst ein mehrers zu einem buß fertigen Sünder erfordert beym Ezechiel Cap. 33. v. 14. & 15: Und wenn ich zum Gottlosen spreche, er soll sterben, und er bekehret sich von seiner Sünde, und thut, was recht und gut ist, also, daß der Gottlose das Pfand wieder giebet, und bezahlet, was er geraubet hat, und nach dem Wort des Lebens wandelt, daß er kein böses thut, so soll er leben, und nicht sterben.

feinen Unterthanen wieder die Rechte Gewalt angethan hat, in sich, und ent-
schlage sich aller Absichten, die auf eine Verfolgung und Mißbrauch der Uber-
macht gerichtet. Was er hierinnen zu viel gethan, verbüße er mit gut thun,
und erlasse eher etwas an der Schuld seines Unterthanens, der ihn darum
bittet, als daß er mit Zwang mehr fordert. Allenfals auch, wenn die Sache
so zweifelhaft, daß sie zu Recht auszumachen, mag derselbe nicht auf das
Recht, oder diejenigen, so es sprechen, schmählen, daferne ihm der Rechts-
spruch abfällt, sondern leiste demselben willig ein Genüge, und übe überhaupt
mehr die Barmherzigkeit, als herrschsüchtigen Eigenwillen aus. Ist der
Herr in einem Leibeigenschaftlichen Lande, wohl, wenn er überdiß mit Wins-
beckio [12]) einem Scriptore von Friderici Barbarossæ Zeiten sagen kann: *Miu
eigen Lúte lasse ich fri*. i. e. *Mein eigene Leuthe lasse ich frey*.

§. 12.

Ist einer des Herrn Consulente, so rathe er weiter zu nichts, als worzu
Landes-Gesetze, Pacta, oder eine Verjährung Unterthanen verbinden. Dieses vertheydige er, und so weit er die Absichten dahin richten kann, mag er
sich auch des Possessorii summariissimi gebrauchen. Der Unterthan oder Bauer
hingegen werde nicht ungedultig über seine Beschwerungen, sondern sey gehorsam, und denke, es sey besser unschuldig leiden, als übels thun. Wird das
Joch ihm zu harte gemacht, so suche er ohne Bitterkeit des Herzens Richter und
Gerechtigkeit, und erwarte getrost der Rechtshülfe. Sein Consulent, oder
Advocat, verspreche ihm nicht mehr, als die Rechts-Præsumtion pro libertate
naturali an die Hand giebet, oder auch so weit er wieder die Verjährung aus
der Interpretation oder von einer Interruption Beweiß zu haben gedenket, und
in so ferne assistire er seinen Ellenten mit Treue und Sorgfalt, ohne der Streitsachen halber einen Personal-Haß bey sich einzulassen. Kommen Vergleichs-
Vorschläge vor, sey weder dieser, noch des Herrn Consulent selbigen zuwie-
der, sondern ein jeder erkläre die Sache, wie sie ist, berede jedoch unter falschen oder ungewissen Scheingründen seine Principalen zu nichts, zumahlen,

wo

12) In Parænesi ad Filium pag. 39. In
Schilteri Thesauro Antiquit. Teuton.
Tom. II. und obgleich die Manumissiones
oder Freylassungen nicht mehr vor verdienstlich gehalten werden, so kann man
sie doch vor eine Würkung eines wahren
Christenthums ansehen, und ein solcher
dominus manumittens bewahret sich vor
die peccata post mortem, welche, wenn
er gleich Zeit Lebens sich löblich verhält,
dennoch sonsten bey einem abweichenden
Successore nicht aussen bleiben. Indessen
erfordere ich nicht eben eine absolute Ma-
numission, sondern retento aliquo obsequio, eine bessere Verfassung.

wo es auf remissionem jurium ankömmt. Advocaten können ihren Clienten, die sich ihrer Discretion ergeben müssen, vielen Schaden zuziehen, und die Herren haben gar über ihre Bauern eine Macht, ja eine Gerichtsmacht, welche sie alltäglich in Schaden versetzen kann. Urthels-Verfasser aber haben wohl zu bedenken, daß, obwohl ihre Urthel auch, wenn sie ungerecht sind, hier auf dieser Welt ungekraft bleiben, dennoch in der Ewigkeit alles Unrecht durch einen untrüglichen Richter gerichtet werden soll. Wenn sie also aus andern Bewegungsursachen, als aus Ueberzeugung des Rechts, oder auch nur aus Negligenz Schaden thun, wie wollen sie das verbüßen? Wie können sie bey Gewissensunruhen im Stande seyn, auf eine Restitution zu denken, dessen, was sich nicht mehr restituiren läßt? Geschiehet es aber, daß ein unschuldiger Theil in Schaden versetzet wird, es sey nun durch Advocaten, Herren oder Richter, und es geschehe, durch was vor Beystand es wolle, so wiederhole ich anhero: Non remittitur peccatum, nisi restituitur ablatum. Irre ich, so will ich vor mich geirret haben, und ich denke wenigstens nicht unrecht zu thun, wenn ich es vor mich glaube, jedoch so, daß ich die Restitution nicht vor verdienstlich, sondern vor die ohnausbleibliche Würkung und nothwendige Frucht einer wahren Reue und Buße ansehe, als worauf mit Ergreifung des Verdienstes Christi Vergebung der Sünden, mithin auch durch die Gnade Gottes die ewige Seeligkeit erfolget [13]).

§. 13.

Daß ein Advocat denen Herren, nach Befinden, mit gutem Gewissen dienen kann, will ich nicht abredig seyn, aber mit besserm Gewissen mag er den Bauern, als solchen, welche nicht active, sondern passive und defensive gehen, dienen. Ich gebe indessen zu, daß oft auch bey den Bauern viel Boßheit mit unterläuft, zumal wenn erlittenes Drangsal, öftere Zunöthigungen, und daher entstehende Rachgierde sie mit reizen, und sich zur Freyheitsliebe gesellen [14]). Dahero thun eben Herrschaften oder deren Pachter nicht wohl, daß sie, wenn ihre Bauern manchmal etwa wegen eines Puncts eine Beschwerde führen, gleich mit dem größten Eyfer hinter drein seyn, und es bey

---

[13] Unter der vorhergedachten Restitution verstehe ich auch einen Vergleich, als wodurch einer das vorher mit Unrecht erworbene per remissionem alterius erlangen, und vermittelst der Aussöhnung in den Stand einer wahren Reue und Buße kommen kann.

[14] Wenn ein Pachter, Verwalter oder Gerichtshalter die Bauern recht zu knelpen, und dabey selbst seinen Vortheil zu machen gedenket, so läßt einer den andern Rügen, nehmlich solche schlechte Rügen, wie die Bauern da oder dort ungehorsam gewesen wären, machen, oder der

E

bey aller Gelegenheit die Bauern empfinden laſſen. Denn ſie, die Bauern, werden dadurch mehr aufgebracht, über alles, was ihnen zweyfelhaft dünket, ihren Rechts-Conſulenten um Rath zu fragen. Da kann nun dieſer nicht umhin, bey mancher Entdeckung ſeine Rechts-Meynung zu ſagen, und wenn zuvor etwa nur ein kleines Proceßgen geweſen, ſo gehet es auf des Herrn oder Pachters bewieſenen Eyfer erſt recht an. Allein diß iſt grundfalſch, wenn einige derer Bauern Klagen vor Muthwillen mit erachten wollen, allermaßen dieſelben allezeit die Unkoſten lieber erſpahren möchten, als daß ſie aus Muthwillen Proceſſe wieder ihre Hertſchaft anfangen ſollten.

§. 14.

Ehe noch unſere neue Proceß-Ordnung heraus gekommen, gieng der Bauern Geſuch beym Advocaten erſt gemeiniglich dahin, wie ſie nur ein Bittſchreiben verlangten, und man ja nicht einen Proceß machen möchte, maßen ſie dergleichen mit ihrer Herrſchaft nicht aushalten könnten. Fragte man, ob ſie das Bittſchreiben um einen Vorbeſcheid verlangten, ſo war die Antwort, ja, und was nun hierauf beym Vorbeſcheid nicht verglichen, noch entſchieden, wurde per Decretum in das Appellations-Gerichte gewieſen, und ſo, oder wenn auf die Bittſchreiben bey Commißionen rechtliches Erkenntniß eingeholet worden, ſind vormahls meiſtens der Bauern Proceſſe angegangen. Jetzo bey unſrer neuen Proceß-Ordnung höret man von denen Bittſchreiben nicht ſo viel mehr, nachdem die Proceſſe um drey Vierthel gegen die vorigen Zeiten gar

gerne

der Pachter und Verwalter nöthigen ſeynen, den Gerichtshalter, zu deren Unnehmung, und da gehet denn manchmal eine Menge ſolcher Rügen, worauf die ſinguli vernommen, zu 10. 20. 30. und wohl 40. oder mehr Stücken, auf einmahl an ein Rechts-Collegium, oder meiſtens an einen einzeln Doctorem fort, Rügen-Deciſa einzuhohlen. Hier gehet es nun durcheinander, und bald iſt einer, wohl verdienter maßen, bald aber ein anderer, wenn der Verfaſſer des Deciſi denen Relationen der Rügenmacher zu viel getrauet, unſchuldig beſtrafet. Bis in ſo weit lege ich den peſſum conſcientiæ auf die Rügenmacher, aber mit was vor Gewiſſen eſt ein Verfaſſer derer Deciſorum erkennen möge: Es iſt wieder Cajum weiter nichts vorzunehmen, jedoch iſt er die cauſirten Unkoſten zu erſtatten ſchuldig, kann ich nicht begreiffen. Denn, daß Cajus Anlaß zur Rüge gegeben hätte, iſt wohl ein geſchminkter Vorwand, wenn aber die eigentliche ration wäre, weil ſonſt der Gerichtshalter dergleichen Rügen ad decidendum dem Herrn Deciſen-Verfaſſer nicht weiter zuſchicken würde, daferne er ihm nicht wenigſtens mit denen Unkoſten bedächte, ſo kann ich gedachten Herrn Verfaſſer aus der Schuld nicht laſſen, und ob die wenigen Groſchen vor dergleichen deciſ, ihm das Gewiſſen ſo geſchwind heilen können, daß er darüber keinen Kammer ſich macht, überlaſſe ich

gerne abgekürzet. Nichts deſtoweniger wollen ſie ihnen manchmahl zu lang
werden, allermaßen ſie gemeiniglich in Poſſeſſorio ſummariiſſimo ſuccumbiren, und alſo, pendente lite petitorii, die Dienſte thun, und dennoch dabey
die Proceß-Unkoſten aufwenden müſſen.

§. 15.

Ich habe einen Caſum gehabt, wo auf angeſtellte Klage, die Bauern,
da ſie von Leuten, die des Proceſſes nicht kundig, verhetzet worden, ſich heraus gelaſſen: Sie wollten weder Proceß führen, noch Dienſte thun. Worauf ich ihnen verſetzet: Sie müßten den Proceß führen, und ſo lange er
dauerte, auch die Dienſte thun, oder den Proceß aufgeben, und ſolche Dienſte
immer thun. Ob ich nun wohl alſo, zumahl, pendente petitorio, auch das
Poſſeſſorium abſonderlich erörtert war, ex conſcientia nicht anders rathen, und
reden können, ſo wurde doch von ſolchen Bauern und ihrem Verhetzer die
Sache dahin verdrehet, als ob ich ſie, die Bauern, zu Dienſten, die ſie nicht
ſchuldig wären, anhalten wollte, und alſo auf des Herrn Seite wäre, oder es
mit ihm hielte, aus welchen Urſachen ſie mich, als ihren geweſenen eignen Advocaten, Höchſten Orts anklagten. Bey denen verſchiedenen darauf erfolgten
gütlichen Terminen, wollten ſie indeſſen von nichts abgehen, und beſtunden
gleichwohl darauf, dennoch keinen Proceß zu führen. Und da verfielen ſie nun
auf lauter Unfug der Selbſthülfe, bis deren einige durch Geld- und andere

E 2

Bußen,

ich ihm zur eigenen Ueberlegung. Wenn
ich was zu ſagen hätte, ſo würde ich dergleichen Rügen- und Deciſis-Werk, wo
die Sachen nach den Rechten behörig
nicht unterſuchet werden, Einhalt thun,
und ſprechen, daß der Rügenmacher zuförderſt, wobei er der geforderten Prä-
tenſionen befugt ſeyn wollte, darthun,
oder wenigſtens, da ihm der Bauer nichts
zugeſtehet, eine quaſi-poſſeſs, maßen
dieſer Rügen-Modus noch ſchlimmer, als
das Poſſeſſorium Summariiſſimum iſt,
beybringen müßte, ehe auf den geklagten
Ungehorſam was erkannt werden dürfte,
oder ich würde ſonſt die ganzen Rügen
mit ſammt den Decilis caſſiren, und nicht
den Bauer, ſondern den Rügenmacher
oder Gerichtshalter in die Reſtitution der

Unkoſten condemniren. Indeſſen iſt das
bewährteſte Mittel darwieder, wenn nur
die Unterthanen nicht unvermögend ſeyn,
daß der Bauern Advocatus, wenn eine
Menge ſolcher Rügen contra ſingulos einkommen, im Nahmen der Gemeinde die
præjudicirlichen Puncte zuſammen nehme,
und eine ordentliche Klage wieder die
Herrſchaft, oder deren Pachter anſtelle,
und ſo oft dergleichen Rügen-Werk
kommt, ſo oft auch demſelben alſo begegne.
Denn manches wollen hernach die Beklagte von der Gemeinde nicht haben, was
ſie doch durch eine Rüge von einem einzigen Manne geſuchet, und gehet im Proceß fort, ſo findet ſich gemeiniglich doch
der Ungrund der Dinge beym Ausgange.

Bußen, auch Vestungsbau abgestraft worden. Einige andere, jener Litis Consorten, warteten indessen den Proceß ordentlich ab, und dadurch wurde die Sache in statu noch erhalten, welche sonst ob contumaciam verlohren gegangen wäre, weil sie, die abweichenden, keinen Proceß mehr haben wollten, und sich nur immer mit Bittschreiben an den Höchsten Ort immediate wendeten. Nach ungefähr 5. bis 6 Jahren, maßen die Sachen auch darüber eine Zeit lang gar ins Stecken gerathen, kamen solche Leute wieder zu mir, und baten mich sehr, das geschehene zu vergessen, und ihnen den Proceß vollends auszumachen. Die am meisten schuld hatten, waren darüber abgestorben, und sie erkannten nunmehr ihre Fehler wohl, da ich ihnen denn wiederum assistiret. Daraus ist hauptsächlich zu bemerken, daß diejenigen, welche denen Bauern die Processe, als eine Folge des Muthwillens zurechnen, sehr unüberlegt urtheilen, hiernächst die Bauern durch angenehme Vorbildung, des Processes überhoben zu seyn, in einen Gewissens-Irrthum nach dem andern gerathen können, und endlich ein Advocate wegen gewissenhafter Handlungen nicht allezeit gesichert, daß sie nicht böse ausgeleget werden könnten. Doch bleibet bey allen Anfechtungen diß allemahl das Beste, wenn man getrost sprechen kann: Conscia mens recti famæ mendacia ridet.

III.

III.
Kurze Anweisung
zur beßten Abfassung der Rechtlichen Klagen derer
Bauern wider ihre Gerichtsherrschaften in Dienst-Sachen,
und wie dabey die ihnen zukommende Vermuthung
der natürlichen Freyheit nutzbar zum Gebrauch zu machen.

§. 1.

Auf die Frage, ob bey derer Bauern oder Unterthanen mit ihren Erb-
oder Gerichtsherrschaften habenden Streitigkeiten und Processen jene
die Vermuthung ihrer Freyheit wider die Dienste vor sich haben, und
actionem negatoriam darauf gründen und anstellen können, muß man mit
Unterschied antworten. Denn in so weit Unterthanen durch Landes-Gesetze
oder aus vorhandenen Verträgen und Pactis, oder durch ein verjährtes Herkommen gleichsam als ex conventione tacita, ihrer Herrschaft Dienstleistungen
schuldig sind, in so weit kann eine Vermuthung vor der Bauern oder Unterthanen Freyheit, und eine darauf gegründete actio negatoria nicht statt finden.
Ist jenes aber nicht, oder auch Gerichtsherrschaften gehen bey Erforderung
derer Dienste in quali et quanto weiter als in Landes-Gesetzen und Pactis fest-
gesezt, oder sonst hergebracht ist, so gründen sich Unterthanen mit Recht dawider auf ihre natürliche Freyheit. So sind z. E. in Chur-Sachsen die Bau-
Dienste ingleichen daß diejenigen Unterthanen-Kinder, die sich zu Fremden
vermiethen wollen, zweyjährige Vor-Dienste der Herrschaft schuldig sind,
durch die Landes-Gesetze vorgeschrieben. Jedoch mangelt auch hierbey, wenn
die Herrschaften unter dem Nahmen der Bau-Dienste darunter nicht gehörige
Dienste, oder von derer Unterthanen Kindern auch, wenn sie sich zu Fremden
nicht vermiethen wollen, zweyjährige Zwang-Dienste fordern, es gleichwohl
an Streitigkeiten nicht. Hierbey nun, wenn man die in den Gesetzen oder
Verträgen bestimmte und gemessene Schuldigkeit einräumet, jedoch wider die
noch über dieselbe beschehene herrschaftliche Anmasung klaget, so giebt die Vermuthung der natürlichen Freyheit allerdings einen sichern Grund zur Negatorien Klage ab, und wenn hierauf die beklagte Herrschaft die Anmasung ne-

E 3   giret,

giret, so wird durch Rechtlichen Ausspruch derselben so fort die Enthaltung bey
Strafe, oder wenn sie selbige zugestehet, und ein Befugniß dazu vorschützet,
der Beweiß desselben auferlegt, und Klägern der Gegen-Beweiß dawider
vorbehalten.

Ob nun wohl die Vermuthung der natürlichen Freyheit nicht statt findet,
so weit die Bauern oder Unterthanen aus vorhandenen Pactis oder Verträgen
Dienstleistungen schuldig sind, so ist es doch nicht anders zu verstehen, als
wenn die streitig gewordenen Arten derer Dienste in dergleichen Pacto oder
Vertrag ganz unzweifelhaft enthalten und ausdrücklich benietet. Denn wenn
die Herrschaft exceptive ihre Dienst-Anforderung auf eine bloß willkührliche
und extensivische Auslegung des Erb-Registers oder sonstigen Vertrags gründen will, so kann dieses die actionem negatoriam respective talem auf keine
Weise hindern.

§. 2.

Zu einiger Erläuterung dieser negatorischen Action will ich jetzo einen
Fall ausführen, wo Landes-Gesetze und Pacta zusammen kommen. Es hat
ein Gerichtsherr nach dem Erb-Register seines Dorfs das Recht, daß die Unterthanen den Rittersitz nach der Churfächf. Landes-Constitution, ingleichen zu
Freud und Leid, bewachen sollen. Es finden aber die Unterthanen sich dadurch
beschwert, daß die Herrschaft nicht nur noch über die Fälle der Landes-Constitution, und über die Fälle, die zu Freud und Leid gerechnet werden können, wenn
und wie es ihr beliebet, sie zu Bewachung des Rittersitzes erfordern läßt,
sondern auch bey denen Landes-Constitutions-Fällen den vor die Wache geord-
neten Käse und Brod ihnen vorenthält und entzieht. In solchen Fall wird
vor die Unterthanen die Negatorien Klage mit Beruffung auf die Vermuthung
der natürlichen Freyheit am besten folgendergestalt einzurichten seyn:
Kläger gestehen zu, die Rittersitz-Wache nach der 51sten Churfächf. Landes-Constitution Part. II. bey gemeinen Kriegsläuften, oder da Mordbrenner
Schaden thäten, oder Herr Beklagter abgesagte Feinde härte, und in solchen
Fällen gegen Gebung Käses und Brodes, sowohl auch besage des Erb-Regi-
sters, in Fällen der Freude oder Leides da die Herrschaft Hochzeiten oder
Kindtaufen, oder Begräbniß hält, schuldig zu seyn, es maßet sich aber Herr
Beklagter an, die Kläger 1) auch außer besagten Fällen und wann oder wie
es ihr beliebet, zur Rittersitz-Wache anzustrengen, sowohl 2) ihnen bey den
Fällen der Landes-Constitution den Käse und Brod zu entziehen.

Wenn denn aber Kläger hierwieder in der Præsumtione libertatis naturalis sich befinden, und Beklagten diesfalls kein Befugniß zugestehen, als fordern

dern sie hierauf dessen Einlassung und bitten vor Recht zu erkennen, daß Beklagter die Kläger außer denen Landes-Constitutions- ingleichen denen Freud- und Leid-Fällen, bey herrschaftlichen Hochzeiten, Kindtaufen oder Begräbnißen, wenn und wie es ihm beliebet, zu Bewachung des Rittersitzes, anzuhalten, ingleichen auch bey denen von ihnen in den Landes-Constitutions-Fällen geleisteten Rittersitz-Wachen, die geordnete Lieferung des Käses und Brodes zu entziehen nicht befuget, sondern dessen bey einer nahmhaften Strafe sich zu enthalten, und die verursachten Schäden und Unkosten zu erstatten schuldig. Fasset der Bauern Advocatus deren Klage anders ab ohne Einräumung der schuldigen Rittersitz-Wache und ohne sich distincte heraus zu lassen, als e. g. daß Beklagter bey Leistung der Rittersitz-Wache in den Fällen der Landes-Constitution denen Wächtern Käse und Brod zu liefern schuldig und sonst die Kläger zu Bewachung des Rittersitzes anhielte, worzu sie nicht verbunden wären, und bäten sie daher, Beklagten bey Bewachung des Rittersitzes in denen Fällen der Landes-Constitution zur Lieferung des Käses und Brodes anzuhalten, sie auch außer solchen Fällen mit der Rittersitz-Wache verschonen zu lassen, oder Beklagten in solche Verschonung cum restitutione expensarum & damnorum zu condemniren, so würden die Kläger nach Beschaffenheit mit ihrer Klage gleich gänzlich oder angebrachter maßen abgewiesen, oder allenfalls mit einem schweren Beweiß beleget werden.

§. 3.

Ich will hier die Sache noch mit einem Casu erläutern. Entweder sind an einem Gerichtsorte keine Erb-Register vorhanden, worinnen die Unterthanen zu Tragung der Unkosten in peinlichen und Inquisitions-Fällen verbunden wären, es haben aber dennoch die Gerichtshalter bey Vorfällen dergleichen immer eingetrieben, oder sie sind durch Erb-Register oder Recesse in peinlichen Fällen zu den Unkosten verbindlich gemacht worden. Erstern Falls nun kann man zwar von Seiten der Unterthanen wider die Anforderung der peinlichen und Inquisitions-Kosten, nachdem besage Churfürst Augusti Ausschreiben de 20. 1555. im Cod. August. Tom. I. pag. 50. die Tragung der Unkosten ordentlicher Weise, wo kein anderer alter und beständiger Gebrauch und Herkommen ist, denen Obrigkeiten obliegt, in genere actione negatoria und mit Beziehung auf die Vermuthung der natürlichen Freyheit klagen, und es wird wohl dem Beklagten, wenn herrschaftlicher Seiten nicht in continenti aus einem Erb-Register oder Receß ein Befugniß dazu dargeleget werden kann, dessen Beweiß auferleget, aber es ist mit dergleichen Klage nicht wohl gethan, weil bey solcher generalen Klage der Beklagte den Beweiß seines Befugnisses mit

mit allen vorgekommenen Fällen in diſtincte unterſtützet, und daher die Klä=
ger in Gefahr ſind, daß Beklagter von der ganzen Klage entbunden wird.
Dahero der Kläger beſſer thut, wenn er die Specialfälle benennet, oder da er
ſich zu etwas ſchuldig befindet, ſolches einräumet, und wegen der übrigen Puncte
in ſpecie auf negatoriſche Art klaget. Ich habe bey dem hieſigen hohen Ap=
pellations = Gerichte in einer dergleichen peinlichen Unkoſtenſache Nahmens der
Gemeinden zu Plankenſtein und Conſ. wider ihren Gerichtsherrn, Herrn
Hanß Dietrich von Schönberg vor verſchiedenen Jahren folgende Klage
angeſtellet:

Klägere ſagen zu Anbringung ihrer Klage, wie ſie

I. Zwar einräumen, daß ſie in peinlichen Fällen, wenn die erkannte pein=
liche Strafe an den Delinquenten exequiret wird, die peinlichen Unkoſten, ſo
man ſonſt auch das Henkergeld nennet, dem Herkommen nach, zu entrichten
verbunden; es maßet ſich aber Herr Beklagter an, von denen Klägern 1) in
denen peinlichen Fällen, wo eine peinliche Strafe erkannt, und exequiret wird,
auch über das Henkergeld die Inquiſitions = Koſten, ſowohl 2) peinliche Unko=
ſten, oder das ſo genannte Henkergeld nebſt denen Inquiſitions = Koſten, wenn
die peinliche Leib = und Lebensſtrafe an denen Inquiſiten nicht exequiret, ſon=
dern ſelbige in Bau = Zuchthauß = oder andere Strafe verwandelt wird, oder
Inquiſit vor der Execution verſtirbet, oder auch wenn Inquiſit ſich loßgeſchwo=
ren, zu begehren, auch 3) in andern Unterſuchungsfällen, die keine peinliche
Beſtrafung nach ſich ziehen, wenn ein Inculpat entweder durch die geführte
Defenſion von Erſtattung der Unkoſten ſich loßwürket, oder Inquiſit es nicht
im Vermögen hat, ſolche ſelbſt zu bezahlen, nicht weniger 4) bey Viſitationen,
welche die Gerichten wegen Muthmaßung eines Delicti anſtellen, ingleichen
5) wenn todte Cörper gefunden, und von denen Gerichten aufgehoben werden,
und 6) in Summa bey allen Inquiſitionen, wo die Gerichten der Unkoſten=hal=
ber ſonſt ſich nicht erhohlen können, die allenthalben aufgewendeten Unkoſten
zu fordern, und Kläger zu deren Bezahlung anhalten zu laſſen; Hiernächſt
unterfängt ſich

II. Herr Beklagter 1) in peinlichen Fällen über die peinlichen Unkoſten
die Klägere zu Bewachung der Deliquenten umſonſt und ohne Entgeld zu
zwingen, auch 2) ſie in andern Fällen, die nicht peinlich und vielmehr oft=
mahls nur geringfügig, und etwa Schlägereyſachen ſeyn, zu beſagter Bewa=
chung umſonſt und ohne Entgeld anſtrengen zu laſſen, immaßen, denn

III. Herr Beklagter die Mitklagenden Burkhardswalder vor kurzer Zeit
zwey Arreſtanten Michael Günther und Peter Diezen bewachen laſſen, da ſie
denn

solche Wache bis der Gerichtshalter die Arrestanten losgelassen, verrichten, selbige mit Kost versorgen, auch vor den Gerichtshalter vieles aufwenden,
und ihre dabey verdiente Gerichtsgebühren borgen müssen, gestalten deren
Forderung nach der Beylage sub A. 115 Rthlr. 11 Gr. 2 Pf. so jedoch allenfalls hoher Moderation submittiret worden, beträgt. Wenn dann Klägere
was den 1sten und andern Punct betrifft, in præsumtione pro libertate naturali sich befinden, und Beklagtem hierunter nirgends ein Befugniß zugestanden wird, auch quoad 3) die im Arrest gehabten Personen, zumahl sie dazu
unvermögend gewesen, hernach ohne Abforderung einiger Unkosten des Arrests
entlassen worden, gleichwohl, obschon die Uebertragung dergleichen Unkosten
ad onera jurisdictionalia gehöret, Herr Beklagter doch disfalls in Güte Abtrag
zu thun sich verweigert, als sind Klägere zu klagen bewogen worden, fordern darauf Einlaßung und bitten in denen Rechten zu erkennen und auszusprechen:

Daß Herr Beklagter in denen peinlichen Fällen, wo eine peinliche Strafe
erkannt und exequiret wird, auch über das Henkergeld, Inquisitions-Kosten,
sowohl peinliche Unkosten oder das sogenannte Henkergeld nebst denen Inquisitions-Kosten, wenn die peinliche Leib- und Lebensstrafe an denen Inquisiten
nicht exequiret, sondern selbige in Bau-Zuchthauß- oder andere Straffen verwandelt wird, oder Inquisit vor der Execution verstirbet, oder auch, wenn Inquisit sich
loß geschworen, zu begehren, sowohl in andern Untersuchungsfällen, die keine peinliche Bestrafung nach sich ziehen, wenn ein Inculpat entweder durch die geführte
Defension von Erstattung der Unkosten sich loß würfet, oder Inquisit es nicht
im Vermögen hat, solche zu bezahlen, nicht weniger bey Visitationen, welche
die Gerichten wegen Muthmaßung eines Delicti anstellen, ingleichen wenn
todte Cörper gefunden, und von denen Gerichten aufgehoben werden, und in
summa bey allen Inquisitionen, wo die Gerichten der Unkosten halber sich sonst
nicht erhohlen können, die allenthalben aufgewanden Unkosten abzufordern,
und Klägere zu deren Bezahlung anhalten zu lassen, auch in peinlichen Fällen,
über die peinlichen Unkosten, desgleichen in andern Fällen die nicht peinlich
und vielmehr oftmals nur geringfügig und etwan Schlägereysachen seyn, sie
zu Bewachung der Deliquenten umsonst und ohne Entgeld zu zwingen, nicht
befugt, sondern er sich dessen allen bey einer nahmhaften Strafe zu enthalten,
und ermeldten Klägern den beym 3ten Punct liquidirten Aufwand und Gebühren, nebst allen bey diesem Proceß caussirten Schäden und Unkosten zu bezahlen
schuldig.

Hiermit war der Beklagte, wenn er ſich nicht gleich condemniren laſſen wollte, gezwungen, das beym 1ten und andern Puncte libellirte Anmaßen und Unterfangen zu affirmiren, und exceptive ſich auf ein Befugniß zu beruffen, worauf unterm 9ten Febr. 1732 ein Urthel publiciret wurde, des Inhalts: dieweil Beklagter auf den erſten und andern Klage-Punct geantwortet, und deren geſtändig, darneben aber ſich auf ein Befugniß berufen, ſo iſt er ſolches in Sächſ. Friſt zu beweiſen ſchuldig, dagegen Klägern ſein bedingter Gegen-beweiß, ſowohl beyden Theilen die Eydes-Delation billig vorbehalten wird, ferner darauf ſowohl des 3ten Klage-Puncts halber zu beſchehen was Recht iſt.

Auf des Beklagten durch Zeugen und alte Inquiſitions-Acten geführten Beweiß, und der Kläger Gegen-Beweiß, wurde in ſo weit, als Beklagter in Special-Fällen, die Verjährung ausgeführet, eine Abſolutoria, in ſo weit aber dergleichen nicht dargethan, und auch wegen des 3ten Klage-Puncts in etwas eine condemnatoria publiciret, dieſes Inhalts:

Daß Beklagter dasjenige, ſo ihm bey dem Iſten Klage-Puncte und deſſen 1ſten, ingleichen bey dem andern Membro was diejenigen Inquiſiten betrift, welchen die ewige Landes-Verweiſung zuerkannt, und an ſolchen voll-ſtrecket, mithin auch diejenigen Fälle, da neben jener an ihnen der erkannte Staupenſchlag zur Execution gebracht worden, ferner bey dem

IIern Klage-Puncte und deſſen 1. und 2ern Membro wegen der darinnen libellirten Wachen, bey allen in denen Gerichten zu Schönberg und darzu ge-hörigen Dorfſchaften und deren Gerichten Gefangenen, dasjenige, ſo ihm zu erweiſen auferleget, und er ſich angemaßet, zur Nothdurft beygebracht, dero-wegen Beklagter dieſfalls, als auch nunmehro bey dem

IIIten Klage-Puncte, in ſo weit dieſer auf die von denen mit klagenden Burkhardswalder Unterthanen ſtreitig gemachte Bewachung derer Gefange-nen und deren Liquidation fol. 7b. geforderten Wach-Koſten gerichtet, von der erhobenen Klage zu entbinden, geſtalten Wir ihn davon entbinden und loßzehlen, hingegen hat derſelbe derer übrigen im gedachten 1ſten Puncte und deſſen 2. 3. 4. 5. und 6ten Membris enthaltenen Fällen halber, dasjenige, ſo ihm zu erweiſen obgelegen, wie recht nicht erwieſen, dieſem nach deſſen Prin-cipalen zu Bezahlung derer libellirten peinlichen Koſten oder des ſogenannten Henkergeldes nebſt denen Inquiſitions-Koſten, außer denen obgemeldeten Fällen, inſonderheit, wann die Leib- und Lebensſtrafe an denen Inquiſiten, nicht exequiret, ſondern ſelbige in Bau- Zuchthauß- oder andere Strafe ver-

verwandelt wird, die Inquisiten vor der Execution verstorben, sich loß geschworen, sowohl in andern Untersuchungs-Fällen, die keine peinliche Strafe nach
sich ziehen, ingleichen derer aufgewandten Unkosten, wann die Inquisiten entweder von Erstattung dererselben loßgesprochen, oder solche zu bezahlen nicht
vermögend sind, ferner bey Gerichtlichen Visitationen und Untersuchung derer
bey ein und andern Verbrechen entstandenen Vermuthungen wegen derer todt
gefundenen Cörper, deren Aufhebung, Section und diesfalls nöthigen, als
auch allen andern Untersuchungen und angestellten Inquisitions-Processen, au-
zuhalten nicht befugt, sondern sich dessen allen bey 20 Thlrn. Strafe zu enthalten, auch dahero bey dem IIIten Klage-Puncte denen mit klagenden Burkhardswalder Unterthanen, die ihnen zur Ungebühr wegen Michael Günthern
und Peter Naumannen abgeforderte und auferlegte fol. 6. seqv. liquidirte Unkosten sub No. 1. 2. 3. 4. und 5. jedoch mit Weglassung der dabey angesetzten
71 Rthlr. 20 Gr. — vor die geleisteten Wachen, und zwar zusammen an
38 Rthlr. 3 Gr. — als auf so hoch dieselben gemäßiget, hinwieder zu erstatten
schuldig, er könnte und wollte denn, daß besagte Unkosten und Fuhren insgesammt oder zum Theil nicht aufgewendet, entrichtet und geleistet worden, er
auch solche zu erlegen, und die Fuhren zu verrichten ihnen selbst oder durch
seine Gerichte nicht angesonnen, schwören, als auf welchem Fall er mit deren
Erstattung nicht unbillig zu verschonen. Endlich sind beyderseits aufgewandte
Unkosten aus bewegenden Ursachen gegen einander zu compensiren, immaßen
Wir sie hiermit compensiren und aufheben. V. R. W.

Dieses Urthel wurde auch beyderseits eingewandter Leuterung und Ober-
Leuterung ungeachtet, unterm 16. Mart. und 31. August 1737. confirmiret,
und darmit musten die Kläger, was sie diesfalls schuldig waren.

§. 4.

Ich könnte noch mit vielen Exempeln beweisen, wie nutzbar vor Unterthanen die Vermuthung vor die natürliche Freyheit zu gebrauchen, und auch
in Sachen, wo die Unterthanen, in einem Stücke zu etwas obliget, die
Herrschaften aber dergleichen Obligation auf was mehres extendiren. Es ist
aber meine Absicht nicht, mit vielen Exempeln weitläuftig zu seyn, sondern
genung, daß ich hiermit besagte Nutzbarkeit solchen Gebrauchs gezeiget, dahingegen es ganz anders beschaffen, wenn man mit Verlassung gedachter Vermuthung anders libelliret. Eben in peinlichen Unkosten-Sachen, hatte ein
sonst berühmter Advocate also libelliret, daß den Klägern der Beweiß der
Befreyung auferleget ward, in welchem Zustande die Sache ein anderer Ad-

F 2   vocate

vocate übernahm, der aber den Beweiß verſäumte, und obgleich da der Kläger eine Gemeinde war, das beneficium reſtitutionis in integrum ſtatt hatte,
ſo verſahe er es doch zum andern mahl und verſäumte beſagten Beweiß,
mithin verlohren die Bauern ihre ſonſt gerechte Sache, und wurden indiſtincte peinliche und Inquiſitions-Koſten zu tragen ſchuldig.   Hätte der
erſtere Advocatus beſſer, und wie ſich nach der Actione negatoria mit Berufung auf die Vermuthung von der Bauern Freyheit gebühret, libelliret, ſo
hätte er nur den 1ſten Gerichts-Termin abwarten dürfen, und da hierauf dem
Beklagten der Beweiß des Befugniſſes auferlegt worden wäre, ſo hätte
derſelbe auch ohne Gegenbeweiß und ohne Interrogatorien auf die Beweiß-
Zeugen-Artickel, woran doch ſonſt wegen der nöthigen Ausführung auf alle
Special-Fälle und die Verjährung jeder Art viel gelegen, hernach allenfalls
ohne Gefahr alles ferner hingehen laſſen mögen.   Es würde zwar auch dieſes von der ſchlechten Beſorgung des Advocatens derer Bauern gezeiget
haben, jedoch würden dieſe als Klägere, auf ſolche Art ſo weit Beklagter
das Befugniß dargethan, verlohren, im übrigen aber doch etwas gewonnen
haben.   Hieraus iſt leicht abzunehmen, was vor ein groſſer Unterſchied der
Klagen und was es vor die Bauern vor ein Vortheil, die Præſumtion vor
ihre natürliche Freyheit bey ihren Proceſſen zum Gebrauch zu machen,
deſſen Verlaſſung aber ihnen höchſt gefährlich ſey.

IV.

IV.

Ursprünge

derer verschiedenen höchsten Justitz-Collegien in Chur-
sachsen nebst beygefügten practischen Anmerkungen, vor
welchem die Klagen derer Bauern anhängig zu
machen am rathsamsten sey.

In dem vorhergehenden Abschnitt ist kürzlich ausgeführet, wie Advocaten derer Bauern in ihren Dienst-Streitigkeiten wider die Ge-
richts-Herrschaften in Einrichtung derer Klagen mit Berufung auf
die natürliche Freyheit am sichersten zu Werke gehn. Nunmehr
aber will ich auch, weil mehrere höchste Gerichte, welche concurrentem Jurisdictionem haben, vorhanden sind, aus langer practi-
scher Erfahrung bemerken, welches davon nach jedesmaliger Beschaffenheit der Sache am nützlichsten zu erwählen sey, um die Sache
daselbst anhängig zu machen. Vorhero aber will ich eine kurze Nachricht vorausschicken, wenn eigentlich in vorigen Zeiten diese verschiedenen höchsten Gerichte des Landes entstanden, und was sie für
einen Ursprung haben.

§. 1.

Was es in mittlern Zeiten mit Haltung derer Gerichte und der ehema- Die Hal-
ligen Proceß-Art vor Beschaffenheit gehabt, habe ich in meiner tung der
Ao. 1741. edirten Gerichts-Verfassung der Teutschen vom 8ten bis Gerichte
zum 14ten Seculo angezeiget, und da findet man eben keine Justiz-Räthe von Kayser
dabey, ob gleich die Fürsten zu ihren Reichs- und Domestic-Negotiis, der- liani I. Jus-
gleichen nebst einem Notario, Protonotario, des Hofs offenbaren Schreiber, stizreforma-
nach der Zeit Canzler, meistens von geistlichen Prälaten, gehabt, auch zu mation an-
ihren Austregis und zur Sühne bey denen Fehden Räthe gebrauchet haben.
Indessen, ohne darauf, ob die Regierung vor denen Hofgerichten, oder diese
vor jener als Justiz-Collegia, in der heutigen Verfassungs-Art, älter, mich
etwas

etwas einzulaſſen, ~~kann man wohl mit Gewißheit behaupten, daß ſie eher nicht~~ ihren Anfang genommen, als da vom Kayſer Maximiliano I. mit Einſtimmung der Reichsſtände Ao. 1495. alle Fehde-Rechte abgeſchafft und zugleich die Ordnung der Römiſchen Königl. Majeſt. Cammer-Gerichts zu Worms errichtet, um daſelbſt das Recht zu ſuchen, wenn jemand an einen Reichsſtand einen Anſpruch gehabt. Bey ſolcher Cammer-Gerichts-Ordnung Part. II. §. 2. wurde zugleich verſehen, wie Churfürſten, Fürſten und Fürſtenmäßige in Sachſen wieder ſie ſelbſt, auf eines Klägers Geſuch, neune ſeiner Räthe an ſeinem Hofe niederſetzen, ſolche aus dem Adel und aus den Gelehrten nehmen, zu ſolcher Sache abſonderlich verpflichten, und darüber. inprima Inſtantia erkennen laſſen ſollten, mit Vorbehaltung der Appellation an das Reichs-Cammer-Gerichte vor den gravirten Theil, wie ich auch ſchon in der Vorrede zu meinen Beyſchriften von Bauern und Frohnen Nota 18. pag. 13. angemerkt [1]).

§. 2.

Was in der Königlich. Cammer-Gerichtsordnung de 20. 1495. verſehen.   Nach der Königl. Cammer-Gerichts-Ordnung de Ao. 1495. §. 1. war das Cammer-Gericht zu beſetzen mit einem Richter, der ein geiſtlicher oder weltlicher Fürſt, oder Freyherr wäre, imgleichen mit 16 Urtheilern aus dem Reich Teutſcher Nation, wovon der halbe Theil Rechts-Gelehrte und Erwürdigte i. e. Doctores oder Licentiati Juris, der andere halbe Theil aber auf das geringſte aus der Ritterſchaft gebohren ſeyn ſollen. Ferner nachdem Hpho wie Prälaten, Grafen, Freyherrn ꝛc. ꝛc. iſt, wenn Prälaten, Grafen, Herren, Ritter oder Knechte, oder des Reichs-Freye, oder Reichsſtädte, Churfürſten, Fürſten oder Fürſtenmäßige in Anſpruch nehmen, dahin Vorſehung getroffen, daß dergleichen Kläger den Churfürſten, Fürſten, oder Fürſtenmäßigen um Pflegung des Rechts für ſeinen Räthen, der erforderte Churfürſt oder Fürſt aber neune ſeiner fürtrefflichen Räthe an ſeinem Hofe aus dem Adel und aus denen Gelehrten zu Recht niederſetzen, jedoch der Beamte, der etwa zur Klage Anlaß gegeben, dazu nicht mitgenommen werden ſollen. Darunter ſollte der Beklagte in Beyſeyn des Klägers oder ſeines Anwalds, einen Richter ernennen, da denn dieſer die andern 8. Räthe, von dieſen aber der älteſte Rath gedachten ernannten Richter auf dieſe Sache beſonders zum Rechtſprechen zu verpflichten hätte, mit Erlaſſung ihrer gegen Herrn Beklagten habenden Pflicht. Wollte aber der Churfürſt, Fürſt oder Fürſtenmäßige auf ſolche Weiſe das Recht nicht annehmen, ſo ward die Sache an das Cammer-Gerichte gewieſen, oder geſchahe vor Klägern ein gravirlicher Spruch, ſo konnte dieſer dahin appelliren.

[1] S. in dieſer Sammlung den IX. Abſchnitt.

Bis

Bis auf diese Zeit nemlich bis 1495. hatten die Fehde-Rechte, welche ich in meiner Gerichts-Verfassung der Teutschen vom 8ten bis zum 14ten Seculo vom 29. bis 37sten §. pag. 90 seq. umständlich beschrieben, den wichtigsten Theil der Rechtshandlungen mit ausgemacht, indem sie dasjenige waren, wodurch einer, dem zu seinem Rechte nicht geholfen wurde, sich selbst Recht verschaffen und dessen Erlangung erzwingen durfte.

Weil nun zu der Zeit mit vorhergedachter Cammer-Gerichts-Ordnung Ao. 1495. der absonderlich errichtete Königl. Landfriede im Reich publicirt, und darmit die fernere Uebung der Fehde-Rechte ganz aufgehoben, hingegen die Rechtssuchung wieder Churfürsten, Fürsten oder Fürstenmäßige an die Reichs-Cammer oder an das Suchen bey Churfürsten, Fürsten und Fürstenmäßigen und deren Rechtspflegung vor den Räthen an ihren Höfen gewiesen, auch, daß sie deren neune, die zur Helfte aus dem Adel und zur andern Helfte aus Gelehrten oder Doctoribus und Licentiatis Juris niedersetzen sollen, verordnet, so trifft man hier den Ursprung der Regierungen und Hofgerichte in der heutigen Verfassung an. Denn hatten gleich die Churfürsten und Fürsten vorher Canzler und Räthe, maßen Hr. Johann Gottlob Horn in seiner Sächß. Hand-Bibliothek im 6ten Theil No. I. ein zuverläßiges Verzeichniß von den Alt-Thüringischen, Meißnischen und nachmaligen Chur- und Herzoglich-Sächß. Hof-Canzlern und Protonotarien vom 13ten Seculo her, ediret, wobey im 13. und 14ten Seculo unter der Benennung der Notarien, Protonotarien oder der Hofs öffentliche Schreiber oder Oberster-Schreiber, lauter geistliche Personen und sehr wenige unter dem Prædicat eines Canzlers, vielmehr derselben aber wohl Doctores oder Licentiati Juris, als Canzler, im 15den Seculo vorkommen, so hatten doch überhaupt die Fürsten und ihre Räthe mit Rechtssprüchen in den Partheyensachen nichts zu thun, außer wo sie etwa bey Austregis oder ex compromisso partium, mehren Theils auf gütliche Handlungen etwas mit thaten, wie ich denn die Rechts-Entscheidungen der Streitsachen in gedachter meiner Gerichts-Verfassung der Teutschen bis zum 14den Seculo angezeiget.

§. 3.

Mit denen in Teutschland am Kayserl. Hofe, und bey benen Chur- und Justitzver- Fürstl. Höfen Ao. 1495. nunmehr schon stark sich befindenden Doctoribus oder änderung Licentiatis Juris Romani, als gelehrten Räthen, geschahe die große Justitz- durch die Veränderung. Da der alten Teutschen Kampf-Gerichts- und Fehde-Pro- Römischen ceße abgeschafft werden sollten, so mußten andere Gerichten zum Rechtsprechen lehrte und aufkommen, und da findet man eine alte Ordnung des Chur- und Fürstl. Ober- erste Chur- Hofgerichts zu Altenburg und Leipzig, wie sie Churfürst Friedrich der Weise fürstl. und

und

Fürstlich- und sein Bruder Johannes Constans, ingleichen Herzog George errichtet und Sächsische von wegen seines Vaters, Herzog Alberti Animosi vor ihre, (außer denen gemeine ben ihrer landestheilung Ao. 1485. nicht mit gebrauchten, sondern der erstern Oberhof- Vater, Ernesto, als ältesten Prinzen allein gehörigen Churlanden) übrigen ha-
Gerichts- bende landes-Portiones errichtet, und nicht nur alle ihre schrifsäßige Un-
Ordnung. terthanen, sondern auch ihre eignen Streitsachen wegen ihrer Cammer-Güter besagtem Ober-Hofgerichte unterworfen und vor selbigem selbst Recht zu neh-men sich erkläret, auch Ober-Hofrichter und Beysitzer zu ihren eignen Sachen der Pflicht entlassen. Erwehnte Ober-Hofgerichts-Ordnung hat der hier zu Dreßden gewesene Rector Christian Schöttgen in der Diplomatischen Nachlese der Historie von Ober-Sachsen, im ersten Theil No. III. p. 18 seq. bekannt, und dabey die Anmerkung gemacht, als wäre sie zwischen Ao. 1490. und 1500. verfertiget worden. Diese Meynung ist so unrecht nicht, doch setze ich deren Errichtung in das Jahr 1495. oder doch in ein nächst folgendes, weil mit der Reichs-Cammer-Gerichtsordnung de Ao. 1495. zu erst die Fehde-Rechte gantz abgeschafft, später aber, als bis 1500. sie darum nicht gefertiget seyn kann, weil Herzog Albertus als vom Kayser ernannter Stadthalter der Frießländer, abwesend seyn muste, und die Regierung in Meißen immittelst seinem ältesten Sohne Herzog Georgio aufgetragen hatte, auch derselbe daher die Ober-Hof-gerichts-Ordnung von wegen seines Herrn Vaters mit errichtet, gleichwohl Ao. 1499. nach Setzung seines andern Sohnes Herzog Heintrichs zum Vice-Stadthälter in Frießland, nach Meißen zurücke gekommen, wie denn daraus und da Herzog Albertus das folgende Jahr 1500. gestorben, schlechterdings folget, daß gedachte Ober-Hofgerichts-Ordnung 1495. oder zwischen demsel-ben und dem 1499sten Jahre errichtet worden seyn muß. Sonsten muß man, weil Herzog George in dem der Stadt Annaberg ertheilten Begnadigungs-Briefe de Ao. 1515. in Johann Gottlob Horns historischen Hand-Bibliothek von Sachsen 4ten Theils p. 430. das Ober-Hofgerichte seiner Vätern und sein Ober-Hofgerichte benennet, daraus erkennen, daß besagtes Ober-Hofge-richte zu Leipzig damahls immer noch Chur- und Fürstlich Sächsisch gemeinsa-mes, und vermuthlich bis auf Churfürst Johann Friedrichs Gefangenschaft die Chur Ao. 1547. an Herzog Moritzen Albertinischer Linie gekommen, und dieser Ao. 1548. darauf die im Cod. August. Tom. I. p. 1379. befindliche neue Ober-Hofgerichts-Ordnung publiciret, dergleichen gewesen.

§. 4.

Ob die Da man nun den Ursprung der Chur- und Fürstlich-Sächsischen Hofge-
landesr- richte nach der heutigen Verfassungsart, oder wie der Vicecantzler Hugo zu
seinem

ſeinem Buche de ſtatu Regionum Germaniæ Cap. 4. §. 28. angemerket, daß
die Fürſten des Reichs ihre Hof- und Landgerichte nach dem Modell des Kayſerlichen Cammergerichts angeordnet haben, von 1495. her deriviret, ſo iſt zu
fragen, ob nicht der Hof- und Juſtitien-Rath oder Chur- und Sächſ. Lan-
des-Regierungen älter ſeyn, als die Hofgerichte? Es iſt nicht zu läugnen,
daß nicht nur zur Zeit der errichteten Hofgerichts-Ordnung Churfürſt Friderjcus
Sapiens und deſſen Bruder Johannes Conſtans zu ihrer Regierung, ſondern
auch Herzog Albertus oder Herzog George zur Fürſtl. Regierung, ja auch
deren Chur- und Fürſtl. Vorfahren ihre Cantzlar und Räthe oder heimliche
Räthe gehalten, aber mit dem Unterſchiede, daß ſie nichts zu Recht entſchieden,
ſondern bey Vorfällen manches vergleichen, oder was nicht zu vergleichen geweſen, wie und wo es zu erörtern, angewieſen, jedoch bey Auſtregal-Hand-
lungen, und ſonſt in ſogenannten Actibus jurisdictionis voluntariæ ihre official-
Verrichtungen gehabt, Actus jurisdictionis contentioſæ aber, andern hergebrachten Gerichten überlaſſen oder dahin gewieſen. Da nun die Churſächſiſchen zur Landes-Regierung verordneten Räthe, Hof- und Juſtitien-Räthe
heißen und ſind, und deren Collegium alſo doppelten Reſpectum repræſentiret,
ſo kann man auf die Frage nicht anders antworten, als daß die Landes-
Regierung oder Hof- und Regierungs-Räthe, ſo weit ſie nur mit Actibus voluntariæ Jurisdictionis beſchäftiget, contentioſa aber an andere Richter zur
Entſcheidung gewieſen, älter, als die ſogenannten Hofgerichte, ſo weit ſie aber
zugleich Juſtitien-Räthe worden, und auch contentioſa entſchieden, jünger ſeyn.
Was eigentlich Regierungs- und Juſtiz-Sachen und wie weit beyde von einander unterſchieden ſeyn, hat der Königl. Großbritaniſche und Churfürſtl.
Braunſchweig-lüneburgiſche Geheimde Juſtizrath, Herr David Georg
Strube in ſeinem Ao. 1733. edirten gründlichen Unterricht von Regierungs-
und Juſtiz-Sachen, ingleichen in ſeinen Neben-Stunden dritten Theils
de Ao. 1750. in der 13ten Abhandlung pag. 52. ſeqq. vortrefflich und mit un-
wiederleglichen Beweiſen ausgeführt. Es iſt aber in Churſachſen die Landes-
Regierung mit dem Appellations-Gerichte als dem höchſten Gerichte combi-
niret und dergeſtalt vereiniget geweſen, daß bey der Landes-Regierung die
immediaten Klagen, und die Termin- oder andere Anhaltungs-Schreiben
übergeben, auch alle Expedienda darauf daſelbſt expediret, ſowohl die Termine zur Güte daſelbſt gehalten, jedoch ſo weit darauf nichts verglichen, die
Sachen durch zweymahl in jedem Jahre zuſammengekommene Appellations-
Räthe unter der Direction eines Präſidenten verſprochen, die abgefaßten
Urthel aber bey der Landes-Regierung wiederum publiciret, nicht weniger die
Leuterungen oder reſpective Ober-Leuterungen daſelbſt eingegeben worden.

G　　Die

rung oder
die Hofge-
richte in
Sachſen
älter und
was beyde
in vorigen
Zeiten ver-
handelt.

Die Berichte auf die Appellationes in allen bey andern Judiciis anhängigen
Sachen ſind bey der Landes-Regierung eingegangen und die Appellationes
auf deren Annehmung daſelbſt juſtificirt, darauf aber iſt es mit dem Verſpre-
chen und Publicirung der Urthel, wie bey den immediaten Sachen gehalten
worden, bis die neue Appellations-Gerichts-Ordnung de Ao. 1734. eine und
andere Aenderung getroffen.

§. 5.

Wie und
wann das
Appella-
tions-Ge-
richte ent-
ſtanden.

Auf die Frage, wie alt das Churſächſiſche Appellations-Gerichte ſey oder
wie und wenn es entſtanden, iſt zu antworten, daß es vor Ao. 1495. nicht
geweſen. Denn es hat nicht eher ſeinen Anfang nehmen können, als bis zu
Handhabung des Friedens und Rechts im Reiche die Doctores oder Licentiati
Juris utriusque oder JCti Romani mit gänzlicher Abſchaffung der Fehde-Rechte
und Einführung der neuen Cammergerichts-Ordnung die Oberhand bekommen. Wer ſich die Mühe geben will, die vom Dattio de Pace Imperii publica lib. IV. Cap. I. eingeſchaltete Hiſtoriam Cameralis Judicii in Comitiis
Wormatianis Ao. 1495. habitis, mit Fleiß zu durchleſen, wird finden, daß
ſchon lange vor dem 1495ſten Jahre JCti Romani am Kayſerlichen und derer
Fürſten Höfen geweſen, auch von ihnen an der neuen Reichs-Cammergerichts-
Ordnung mit denen Ständen gearbeitet worden, ob ſie gleich erſt Ao. 1495.
zu Stande und zur Publication gekommen, mithin zur ſelbigen Zeit, ob ſchon
die alten teutſchen Rechte nirgends expreſſe aufgehoben, dennoch nach den
gemeinen Kayſerlichen Rechten i. e. nach dem Jure civili zu richten, die Urtheiler mit angewieſen worden. Wie es vorher nach der Teutſchen Verfaſſung
mit dem Urthel-Schelten, und damit verknüpften Provocationen an einem
höhern Richter zugegangen, habe ich in meiner Gerichts-Verfaſſung der
Teutſchen vom 8ten bis zum 14ten Seculo §. 41. 42. & 43. p. 123. ſeqq. umſtändlich ausgeführt, und da waren keine Appellations-Gerichte oder beſondern Appellations-Räthe nöthig.
    Aber in gedachter alter Chur- und Fürſtl. Ober-Hofgerichts-Ordnung zu
Altenburg und Leipzig in Schöttgens und Kreyſigs diplomatiſcher Nachleſe
Iten Theils pag. 37. iſt einem durch Urthel beſchwerten Theil nachgelaſſen, an den Chur- oder Fürſten, nach Sachſen-Recht, ſich zu
berufen und zu appelliren, dergeſtalt, daß ſolcher beſchwerte Theil
alsbald an ſelbigen Tage, da das Urthel geſprochen, das Urthel
ſtrafe, und vor dem Hofgerichte ein beſſeres finde, und in das
Gerichte ſchreiben laſſe, mit Bethe und Begehr, beyde Urthel an
den Chur- oder Fürſten zu ſchicken, eines davon zu bekräftigen.

Bis

Bis hieher gehet die Disposition nach dem alten Sachsen = Recht, sodann aber ist ferner alternative gesetzet: Oder daß der beschwerte Theil nach Ordnung der Kayser = Rechte in zehen Tagen *appellire*, und seine *Appellation vollführe.*

Eben dergleichen Willkühr nach Sachsen = Recht die Urthel zu strafen, oder nach Kayser = Recht an Ihro Churfürstl. Durchl. zu appelliren und im letztern Fall die Appellation zu justificiren, ist noch in Churfürst Mauritii Ordnung des Churfürstl. Ober = Hofgerichts zu Leipzig de Ao. 1548. im Cod. August. Tom. I. p. 1287 und in eben desselben Churfürstens Ordnung des Hofgerichts zu Wittenberg de Ao. 1550. p. 1342 et 1343. nachgelassen. Demnach hat zwar Anfangs einem Parth frey gestanden, bey denen Hofgerichten nach Sachsenrecht ein beschwerliches Urthel zu strafen, und ein anderes auszusprechen, beyde aber an den Provocations = Richter zu bringen, um eines davon bestätigen zu lassen, oder wider ein Urthel zu appelliren, und auf die Appellation ein neues Urthel zu erwarten. Dahero siehet man, daß von der Zeit an, aus Willkühr der Partheyen, die Appellation nach den Römischen Rechten eingeführt, woher auch zum Erkenntniß über deren Justification Urthel = Sprecher verordnet werden müssen. Es ist zwar andem, daß derer Chur = und Fürsten zu Sachsen Privilegium de non evocandis subditis et de non appellando weit älter. Maßen schon Churfürst Fridericus Bellicosus, als Marggraf zu Meißen und Landgraf zu Thüringen, ehe er noch die Chur Sachsen würklich erhalten hatte, besage derer vom Pabst Martino V. im Monath Decembris 1421 ertheilten und von Hornen in seinem Friderico Bellicoso No. 255 et 256 beygebrachten Diplomatum, seine Eingesessne und Unterthanen von auswärtigen Gerichten und Eingriffen der geistlichen Gerichtsbarkeiten in weltlichen Sachen, besonders da etwa ein Förderer Geldes oder Gutes der Geistlichkeit jura cessa geoeben, und von daher die geistliche Gerichtsbarkeit einer Cognition in weltlichen Sachen sich anmaßte, befreyet, ferner auch als Churfürst, bey Kayser Sigismundo nach dem Hornischen Dip'omate N 272. ein Privilegium de Ao. 1423. ausgewürket, vermöge dessen seine und seiner Erben Leute, Edle, Grafen, Herren, Ritter, Knechte und Unterseßne in dem Churfürstenthum zu Sachsen und andern seinen Landen und Fürstenthümern gesessen, für keinen andern Richter oder Gerichte, noch sonst zu Rechte, denn allein vor dem obgenannten Herzog Friedrichen und seinen Erben, oder ihren Amtleuten in denen Gerichten, darinnen sie gesessen sind, und darein sie gehören, um einigerley Sache willen pflichtig seyn sollen, zu stehen und zu antworten, sie thun es denn von ihren guten Willen, worbey nichts als die beyden Fälle ausgenommen seyn, wenn entweder Kläger und Beklagter aus freyen Willen sich an andere

bere

dere Gerichte oder an Arbitros gewendet, oder wenn dem Kläger wiſſentlich
Recht verſaget, oder gefährlich verzogen würde, als in welchem letztern Fall
die Kläger ihre Rechte vor dem Kayſer oder deſſen Hofgerichte ſuchen mögen.

Allein dieſes alles hat wohl einen guten Grund wieder die Eingriffe frem-
der Gerichte geleget, dabey aber iſt ein Appellations-Gerichte nicht erforder-
lich geweſen, ſondern alle Gerichtshändel ſind nach der Art, und nach der
Teutſchen hergebrachten Urthelsſcheltung, ſtatt der Appellation, wie ich ſie in
meiner Gerichts-Verfaſſung der Teutſchen vom 8. bis zum 14den Seculo, ſchon
gedachter maßen, ausgeführt, tractiret und auch wider die Fürſten ſelbſt ehe
zu den Fehden, als zu den Klagen am Kayſerlichen Hof, gegriffen worden,
bis mit Aufhebung der Fehden und mit dem perpetuirlichen Landfrieden, auch
veränderter Gerichts-Verfaſſung, alles eine andere Geſtalt bekommen, und
daher auch die Appellationes nach Ordnung der Kayſer Rechte zu gehen angefangen, ſo wohl dabey deren Juſtification und ein Rechtsſpruch darüber erfordert worden. Dahero obgleich nach des Churfürſtens Friderici Bellicoſi Privi-
legiis die Evocation derer Unterthanen an fremde Gerichte verſchloſſen geweſen,
und ſeit dem auch nicht einmal an die Kayſerlichen Gerichten eine Appellation
gegangen, dennoch das Chur-Sächſ. Appellations-Gerichte älter nicht ſeyn
kann, als wie es ſeit 1495. mit Einführung der Römiſchen Rechte erfor-
derlich geweſen.

Es könnte auch anfangs wohl geſchehen ſeyn, daß bey denen Landesre-
gierungen der Chur- und Fürſten zu Sachſen, die nach Kayſer-Recht einge-
wendeten Appellationes wider beſchwerliche Urthel angenommen, daſelbſt ju-
ſtificiret, und durch angewieſene Urthelsſprecher die Sachen verſprochen worden. Die Menge der Teutſchen Urkunden, welche Horns Lebens- und Helden-
geſchichte Friderici Bellicoſi beygefügt, geſtattet nicht, dafür zu halten, als
ob vor Churfürſt Friderici Sapientis erſten Zeiten noch alles in Lateiniſcher Sprache ausgefertiget worden wäre, und wenn gleichwohl in denen Sächſ. Merkwürdigkeiten pag. 441 behauptet wird, daß Fridericus Sapiens zuerſt die hoch-
teutſche Sprache beym Cantzley-Stylo, der ſonſt ordentlich Lateiniſch ſeyn
müſſen, eingeführt hätte, ſo muß man es doch wohl von denen contentioſis
oder Proceſſen verſtehen, weil es in dem Edicto des Kayſers Rudolphi 1 oder
Habspurgici de Ao. 1274 beym Goldaſto in Conſtit. Imperial. p. 311 heißet:
Omnia Mandata, edicta et privilegia, pacta dotalia, contractus et id genus
alia ſcripta, et Inſtrumenta, in Teutonica lingua, et non ut antea, in latina
concipiantur, folglich was unter Actus voluntariæ juriſdictionis zu begreifen,
auch ſchon vorhero teutſch ausgefertiget werden können, wie wohl die Geiſtlichen
über

über ihre Ausfertigung mit Charten in Latein, und auch ihre Proceſſe lateiniſch zu führen, gehalten, wovon der von Hornen in ſeiner hiſtoriſchen Hand-
bibliothek p. 240 beygebrachte Extract gewiſſer Privatacten de Ao. 1521 ſeq.
beſaget, da L. Balthaſar Hund, Plebanus zu Strehla wieder etliche Dorfſchaften ſeinen angefangenen Proceß anders nicht, als Lateiniſch, führen wollen,
bis Herzog George ein anderes und deſſen Führung im teutſchen verordnete.

Man findet im Cod. Auguſt. Tom. I. p. 1215 ſeq. ein vom Churfürſt
Auguſto vor ſich und die Herren Vettern ausgewürktes Privilegium Kayſers
Ferdinandi I. de Ao. 1559. daß die Urthel auf die Appellationes und Leuterungen mit gehabten Rath der gelehrten und erfahrnen Landräthen geſprochen worden. Sonſt aber iſt darinnen des Churfürſtens Auguſti Vorbringen refe-
ret, wie Kayſer Sigismundi Privilegium vorhanden, daß niemand des Hauſes Sachſen Unterthanen vor andere Gerichte ziehen und laden ſollte, welches
auch auf die Appellationes, daß dieſelben niemand von ihren Gerichten an andere Orte fürnehmen ſollte, jederzeit verſtanden worden wäre.

Demnach iſt aus allem zu ſchließen, daß des heutigen Churſächſiſchen
Appellations-Gerichts-Verfaſſung eher nicht, als nach Ao. 1495. oder mit
dem Ober-Hofgerichte ſeinen Anfang genommen, hernach aber beſonders unter Churfürſt Auguſto I. ſeine verbeſſerte Ordnung erhalten.

§. 6.

Bey alle dem hat das Ober-Hofgerichte, beſage des Freund-Brüderlichen
Haupt-Vergleichs vom 22. April 1657 hypo Fürſtl. Regierung ꝛc. wie er
in Glaſens Kern der Geſchichte des hohen Chur- und Fürſtl. Hauſes zu Sachſen, Beylage No. 10. p. 1349 beygebracht, und nach der Freund-Brüderlichen
Vereinigung wegen des Ober-Hofgerichts zu Leipzig vom 11. Januarii 1660
im Cod. Auguſt. Tom. I. p. 1322, nicht nur mit der Churfürſtl. ſondern auch
benebenen Fürſtl. oder jetzo ſogenannten Stiftsregierungen zu Wurzen, Merſeburg
und Zeitz juris dictionem concurrentem, nemlich man kann wider Churſächſ.
Schriftſaſſen bey der Churfürſtl. Regierung klagen und an ein Amt zum Verfahren und Einholung der Urthel bey den Dicaſteriis Commiſſion auswürken,
oder beym Ober-Hofgerichte die Klagen anbringen und Urthelsſprüche erwarten. So viel aber die ſtiftiſchen Schriftſaſſen betrifft, ſind ſolche bey denen
Stifts-Regierungen oder beym Ober-Hofgerichte zu belangen, und eben die
Schriftſaſſen, welche bey der Churſächſ. Landesregierung zu ſtehen gehalten,
können auch immediate beym Churſächſ. Appellations-Gerichte verklaget werden, und alſo erſtreckt ſich die Ober-Hofgerichts-Juriſdiction gewiſſermaßen
weiter, als der Churſächſ. Landesregierung, nemlich auch auf die Churſächſ.

(Marginalie rechts:) Wie weit der Lan-
desregie-
rung und
Oberhof-
gerichts-
Jurisdicti-
on ſich er-
ſtreckt, ob.
beyde con-
currentem
jurisdicti-
onem ha-
ben.

ſtiftl-

stiftischen Schriftsassen und Aemter, welche letztere sonst nur dem Ober-Hofgerichte und denen Stifts-Regierungen, keinesweges aber der Chursächs. Landesregierung und Appellations-Gerichte, außer nur in casu appellationis, untergeben seyn. Und so gehet es in regula, es giebet aber Ausnahmen und
Fälle, wo die Sachen anders wohin, als e. g. an das Cammer-Accis-Steuer-
oder Kriegs-Collegium gewiesen, oder manches wie e. g. nach denen Manda-
ten vom 25. Sept. 1630. und 1. May 1660. im Cod. August. Tom. I. p. 1319
et 1326 bis zur Mannsfeldischen Sequestration gehörigen Partheysachen, oder
sonst manche Oerter, wie die von Hornen in seiner ofterwähnten Handbibliothek p. 430. beygebrachte Urkunde de anno 1515. von St. Annaberg besaget,
auch p. 432. von Schneeberg ein gleiches erwehnet, vom Ober-Hofgerichte
eximiret, und an den Churfürsten oder Dero Regierung gewiesen.

§. 7.

Mehreres
de juris-
dictione
concur-
rente der
obern
Justizcol-
legien.

Demnach haben die Chursächs. Landesregierung, so wohl auch die Stifts-
regierungen mit dem Ober-Hofgerichte zu Leipzig, oder so viel den Churcreiß
betrifft, mit dem Hofgerichte zu Wittenberg concurrentem jurisdictionem,
das ist so viel gesaget, kein Judicium von diesen letzteren erkennet extra casum
appellationis die Landesregierung über sich, und nimmt von derselben keine
Verordnung an, außer daß sie in casu appellationis ihre Berichte an die Landesregierung einsenden, und wenn daselbst die Appellationes zur Justification
angenommen, und bloße Remissorial-Befehle mit denen beym Appellations-Gerichte gesprochnen Urtheln, außer dem aber und wenn die Appellationes nicht
angenommen werden, bloße Rejections Befehle erwarten. Es ist also eben
nicht allezeit wohlgethan, wenn man bey der Landesregierung etwas mehreres gedachte andere Judicia betreffend, suchet, z. E. Ich weiß mich zu erinnern, wie bey
einer aus dem Ober-Hofgerichte an das Appellation-Gerichte gediehenen Sache ich von Appellanten als dem Principal selbst Vollmacht erhalten, ein anderer Rechts-Consulente aber dergleichen von dem Advocaten der vorigen Instanz hatte, und da er mir nicht weichen wollte, bis er hohen Orts dazu angewiesen wurde, so suchte er endlich seinen Aufwand und Gebühren, dergestalt,
daß er bey der Landesregierung dieselben moderiren ließe, und zugleich bey derselben eine Verfügung an das Ober-Hofgerichte, ihm dazu zu verhelfen, aus-
brachte, da er mir denn nachmals selbst klagte, daß das Ober-Hofgerichte
darauf nichts verfügte. Desgleichen ist mir ein Casus bekannt, da ein Advocatus, als eine von ihm bediente Sache aus dem Ober-Consistorio per appel-
lationem an die Landesregierung eingesendet gewesen, und derselbe bey der
Landesregierung zugleich Befehl, ihm zu seinem Verlag und Gebühren zu ver-

ver-

verhelfen, mit ausgebracht, bey dem Ober-Consistorio aber darauf eher etwas nicht erhalten können, bis er auf der Landesregierung Verfügung nicht mehr provociret, sondern das Ober-Consistorium, als welches ebenfalls extra casum appellationis und außer dem, daß es weiter nichts, als rejections- oder mit Appellations-Gerichts-Urtheln remissorial-Befehle agnosciret, die Landesregierung pro superiore nicht erkennet. Indessen hat es besonders in den neuern Zeiten dieser Materie halber zwischen denen Collegiis noch Mißhelligkeiten gegeben, welche zum Theil noch nicht völlig abgethan seyn dürften, und möchte wohl am rathsamsten seyn, alle Anlaßgebung dazu zu vermeiden zu suchen. Wiewohl ich aber bisher weitere Anzeigung von der Concurrenz der Obergerichten gethan, so will ich doch fernerhin lediglich beym Appellation-Gerichte, Landesregierung und Ober-Hofgerichte zu Leipzig verbleiben, und wo einem Kläger in der oder jener Sache zu klagen, am vorträglichsten sey, anmerken, immaßen denn denen Unterthanen, als Klägern, der rechte Gebrauch der Election des Judicii zu statten kommen kann.

I. Observ.

Wenn der Unterthanen Rechtsconsulente vor seine Principale die Erörterung einer Streitsache wider deren schriftsäßige Gerichtsherrschaft per Processum Rescriptitium vor gefährlich hält, so thut er besser und sicherer, wenn er die Anhängigmachung bey der Landes-Regierung vermeidet, und seine Klage vielmehr gleich beym Appellation-Gerichte oder beym Ober-Hofgerichte, oder was den Chur-Creyß betrift, beym Hofgerichte zu Wittenberg, anbringet. *Von Erwehlung des Appellationsgerichts in causa possessorii.* Der Unterthanen Streitsachen nehmen gemeiniglich daher ihren Anfang, weil die Gerichtshalter, auf neuerliche von der Herrschaft oder deren Bedienten gemachte Prätensionen, denen Unterthanen zu deren Leistung sogleich Auflage thun. Da kommt es nun darauf an, daß man darwieder appelliren muß, worbey man sich aber nach Unterschied der Zeit, immaaßen einmal mehr, als zu andern Zeiten, wieder die Gerichtshalter Gehör zu finden, der Gefahr aussetzet, daß die Appellation rejiciret, und dem Gerichtshalter sein willkührlich Verfahren frey gelassen werde. Denn die Gerichtshalter nebst dem, daß sie eines Judicii Stelle repräsentiren, geben gemeiniglich auch Defensores ihrer Gerichtsherrschaften ab, und mit ihren Vorwand als ob sie pflichtmäßig berichteten, finden sie Glauben, also, daß bey der Landes-Regierung die Appellation schlechterdings rejiciret, und denen Gerichtshaltern die Willkühr gelassen, oder wohl gar die Unterthanen zu denen Herrschaftlichen Prätensionen anzuhalten noch besonders anbefohlen wird. Dahero ein Rechtsconsulente besser thut, wenn er Zeugen de possessione praesentanea seiner Clien-

ten

ten haben kann, daß er das appelliren unterläßt; hingegen aber gleich Artickel über die Possess vel quasi und de turbatione abfasset, und sich einen rotulum verschaft, nach welchen er eine Possessorien- und Turbations-Klage wieder die Herrschaft oder wider dieselbe und ihren Gerichtshalter zugleich, als turbatores possessionis bey den Appellation- oder Hofgerichte anstellet.   Kann man deshalb Zeugen haben, die freywillig in ein anderes Judicium mit gehen, so gehet es an, sie zuförderst abhören zu lassen, und die Klage nach denen habenden Gezeugnissen desto accurater zu fertigen.   Außerdem und wenn man besorget, es möchte die Herrschaft durch ihren Gerichtshalter vermittelst Berichts-Erstattung die Sache bey der Landes-Regierung anhängig machen, und daher die Unterthanen in Gefahr gesetzet werden, machet man sogleich die Possessorien- und Turbations-Klage, und bringet unverweilet beym Appellations-Gerichte, oder bey den Hofgerichten Citationes aus, um allda die Litispendenz und Prævention zu erlangen.   Also procedirte ich in causa derer Anspänner zu Starbach, Johann Gottlob Lantzschens und Consorten Klägerer an einem, contra Hrn. Carl Leonhard Marschalln von Bieberstein auf Choren ꝛc. Beklagten am andern, und dessen Gerichtshalter daselbst Hrn. Gottfried August Haupten Mit-Beklagten 3ten Theils.   Es hatte gedachter Beklagte 1754. neuerlich angefangen, durch Mit-Beklagten denen Klägern vermittelst Strafauflagen, die Leistung prätendirter Klötzer-Fuhren an die Burg- und Schneidemühle zu injungiren, worgegen aber die Kläger ihre possessionem momentaneam von 1. 2. 3. 4. 5. und 10 Jahren, und pro colorando possessorio, von 20. 30. und mehr Jahren, von erwehnten Klötzer-Fuhren, wenn sie vorgefallen, befreyet zu seyn, und daß die Herrschaft die Klötzer durch ihr eigen Geschirre, oder durch gedingte Fuhrleute an die Schneidemühle führen lassen, darthun konnten.   Auf die übergebene Klage und ausgebrachte Citation übergab ich mit einem Supplicat ebenfalls beym Appellations-Gerichte abgefaßte Bescheinigungs-Artickel de possessione & turbatione, und weil ein Zeuge unter dem Amte Nossen wohnete, zwey andere aber unter des Beklagtens und Mit-Beklagten Gerichtsbarkeit, so suchte und erhielte ich zu deren Abhörung Befehl an das Amt Nossen, worauf denn den ausgelößten rotulum beym Verfahren beybrachte, und auf das absolvirte Verfahren ein Urthel erhielte, des Inhalts:

daß Klägers Principalen bey der libellirten Possess der Befreyung von Anführung derer Klötzer-Fuhren zur Burg- oder Schneidemühle, so lange bis Beklagter und Mit-Beklagter in Possessorio ordinario oder Petitorio ein anders ausgeführt, zu schützen.   Es ist auch Beklagter und Mit-Beklagter aller Turbation disfalls bey 20 Rthlr. Strafe sich zu

ent-

enthalten, sowohl Klägern die verursachten erweißlichen Schäden, nebst
denen Unkosten nach vorgängiger deren Liquidation und Unserer Ermäßigung zu erstatten schuldig.
Ich liquidirte die Unkosten, und bekam vermöge getrofnen Accords 30 Rthlr.
und weil die Schäden das fernere processiren nicht verdienten, so war diese
Sache auf solche Weise am kürzesten und am besten vor die Unterthanen abgethan, maßen sie sonsten bey Devolvirung der Sache an die Landes-Regierung
wegen des gänzlichen Verlustes in Gefahr gestanden, oder wenn man sie auch
gewonnen hätte, dennoch keine Unkosten restituirt erhalten haben würde.

II. Observ.

Nur gedachtes Observatum hatte keine Sache betroffen, wo die Kläger von
ihrer Possess vor angestellter Klage Bescheinigung haben konnten, sondern weil die Zeugen anders nicht, als auf Befehl zu haben, und deren zwey
unter des Beklagten Gerichtsbarkeit stunden, die freywillig vor andere Gerichten nicht mit giengen, hatte man es also machen müssen. Sonsten habe ich
zuförderst denen klagenden Unterthanen gefertigte Bescheinigungs-Artikel mit-
gegeben, welche die Zeugen mit an ein Amt oder ander Judicium genommen,
und wenn sie den rotulum gebracht, habe ich die Possessorien- und Turbations-Klage an das Appellations-Gerichte desto zuverläßiger abfassen können,
und wenn ich besagten rotulum auch bis zum Termine behalten, dennoch in
Termino beym Verfahren die libellata in continenti darmit bescheiniget.
Also handelte ich in Sachen der Gemeinde zu Naustadt, Klägers an einem,
wider Herrn Carl Werner Ernst von Miltiz Beklagten am andern und Hrn.
George Gottlob Zeibig, als Gerichtshalter zu Scharffenberg, Mit-Beklagten dritten Theils, wegen Turbation eines gewissen Grasholens, und wurde
darauf unterm 8 Febr. 1755. folgendes Urthel publiciret:

Daraus soviel zu befinden, daß Kläger bey der libellirten Possess währenden Frühjahres bis zu alt Walpurgis und so lange Beklagtens Schäfer seiner Principalen eigne Wiesen und Raseflecke behütet, auf Beklagtens Raseflecken und Wiesen, durch ihre Weiber, Kinder und Mägde,
vor ihr Rindvieh, Gras holen zu lassen, so lange bis Beklagter in petitorio ein anders ausgeführt, zu schützen, und Beklagtens und Mitbeklagtens Principalen, aller fernern Turbation bey 20 Rthlrn. Strafe sich
zu enthalten, nicht weniger lezterer mit allen weitern Verfahren bey
denen Gerichten zu Scharffenberg, wider Klägers Principalen anzuste-
hen, auch selbige mit Abforderung derer aufgelaufenen Gerichtsgebühren

(Randglosse:) Anderer Casus wo eine Possessorien- u. Turba-tions-Kla-ge beym doben Ap-pellations-Gerichte angestellt.

H   zu

zu verſchonen, ſo wohl beyde die durch dieſen Proceß verurſachten Unkoſten, nach vorgehender deren Liquidation und Unſerer Ermäßigung,
Klägern zu erſtatten ſchuldig.

Hieraus erhellet, worinne die litigiöſen Puncte beſonders beſtanden.

III. Obſerv.

**Ein Ca-
ſus, wo u.
wie ein Ge-
richtshal-
ter durch der
Intriguen-
hafter Vert-
fahren, die
Untertha-
nen um ih-
re Gerecht-
ſamen ge-
bracht ha-
ben, doch
ihnen bey
dem hohen
Appellati-
ons - Ge-
richte zu
den ihrigen
wieder ver-
holfen
worden.**

Es kömmt bey dergleichen Streitſachen immer vor, daß der herrſchaftliche
Gerichtshalter der Gerichtsherrſchaft Begehren auf alle Weiſe unterſtützet, wozu er den Vorwand ſeiner Pflicht mißbrauchet, und wenn er bey
der durch der Landes-Regierung damit Beyfall erlanget, ſo ſuccumbiren die Unterthanen, es mag die Sache beſchaffen ſeyn, wie ſie wolle.

Es hatte Ao. 1756. ein lediger Menſch Kern genannt, unter dem Gerichtsherrn zu Königsfeld in dem Dorfe Weibitz ſich angekauft, und ſeinen
Vater und Mutter zu ſich genommen, ihm, bis er ſich verheyrathet, ſtatt
Knechtes und Magd beyzuſtehen, oder weil der ältere Bruder unter anderer Gerichtsbarkeit das väterliche Guth hatte, wovon die Eltern einen Auszug
bekommen, dieſem Sohne auf dem neuerkauften Guthe alles zum beſten mit
einrichten zu helfen. Auf Kerns Verantwortung, daß ihm ſeine Eltern, als
Knecht und Magd beyſtänden, ließ der Gerichtshalter es dabey bewenden, for-
derte jedoch von ihnen, als vom Knecht und Magd die Kopfſteuer ab, welche
Kern auch entrichtete. Nachher verlangte man herrſchaftlicher Seiten von
denenſelben Haußgenoſſen-præſtanda, und ob wohl Knecht und Magd, zugleich aber auch Haußgenoſſen zu ſeyn, contradictoriſch war, des Gerichtshalters zur Landesregierung erſtatteter Bericht auch unterm 15. Nov. 1756. refutiret wurde, ſo behielte doch der Gerichtsherr und deſſen Gerichtshalter die
Oberhand, und büßte Kern nebſt der Sache auch viele Unkoſten ein. Dieſe
Sache ließ ſich füglich anders nicht tractiren.

Aber, als ebenfalls Ao. 1756. der Gerichtsherr, der Obriſt-Lieutenant
Hr. Carl Ludolph von Zanthier indiſtincte, wie ihm beliebte, zum Dienſtzwang
Kinder, und deren Väter zu ihrer Geſtellung abforderte, vernahm der Gerichtshalter, Herr Johann Chriſtoph Wermann die letztern, und gab jeglichen gleich darauf einem Beſcheid, womit ihnen die Geſtellung ihrer Kinder
bey einer nahmhaften Strafe angeſonnen war. Die beſondern Auflagen erfolgten darauf, und es fanden ſich die Leute genöthiget, Hülfe zu ſuchen.
Zu appelliren, und die Sache an die Landesregierung zu bringen, war bedenklich, und kam ich daher mit einer Klage wieder den Gerichtsherrn und Gerichtshalter, als Beklagten und Mitbeklagten beym Appellations-Gerichte ein, da
mir denn die Unterthanen auf oben beſagte Art einen Zeugen-rotulum ver-

ſchaff-

schafften. Als der Gerichtshalter die Appellations-Gerichts-Citation erhielte, schickte er gleich mit Verschweigung der aus dem Appellations-Gerichte ergangenen Citation zur Landesregierung einen Bericht, und weil in meiner Principalen Namen eine Protestation wieder solchen Kinderdienst-Zwang eingeleget, von andern Dorfschaften aber, denen ich nicht mit diente, appelliret war, nahm er daher Gelegenheit, und suchte, durch Nachberichte die Beschleunigung der Resolution, erlangte auch auf solche Weise unterm 29. Decemb. 1756. ein Rescript des Inhalts:

Uns ist vorgetragen worden, was ihr in Sachen, die von denen nach Königsfeld gehörigen Unterthanen streitig gemachte Gesindeschaue zum Dienstzwang betreffend, sub datis den 7. 10. und 20. hujus unterthänigst einberichtet. Nachdem wir nun, die an Uns von der Gemeinde zu Oberfrankenheyn, ingleichen Christian Losen und onf. eingewandte Appellation rejiciret haben; so ist hiermit Unser Begehren, ihr wollet die Appellanten darmit abweisen, und der Fol. 37. Vol. G befindlichen Protestation umgeachtet, ferner denen Rechten gemäß verfahren, hierwieder auch kein appelliren weiter attendiren.

Dieses war nun der Hauptgrund des gegenseitigen Vorwands, nebst der Syndicats-Anfechtung beym Verfahren auf die beym Appellations Gerichte übergebene Klage, ich aber hatte noch alte Acten, wo die Unterthanen ehemals schon im Petitorio obtiniret, und beantwortete das gegenseitige Einbringen folgendergestalt:

Kläger findet die gegenseitigen Exceptiones vor ganz unerheblich. Denn so viel Mit-Beklagten betrifft, so ist er ein Mit-Turbator possessionis, und beweisen es gleich die gegenseits selbst producirten Acten sub G. fol. 3. et 5. ja es bestehen die ganzen Acten in lauter Turbationibus, wie denn dieser Gerichtshalter Fol. 13. 18 26. und 28. Hrn. Beklagten in seinen Turbationibus bergestalt beygestanden, daß er auch wider die neue Proceß-Ordnung ad Tit II §. 3. Decis. abzufassen, und diejenigen, die ihm zu seinem Beginnen nicht assistiret, noch Kinder, die sich zu fremden nicht vermiethet, sondern sich bey ihren Eltern zu Hause aufgehalten, gestellet, willkührlich eignes Gefallens zu bestrafen, und ihnen Unkosten aufzubürden, sich angemaßet, wie er denn auch bergleichen nach denen Gesinde-Protocolls-Acten Fol. 12. 15. 17. 18. 22. 31. 33. 34. et 36. gethan, also, daß Hr. Beklagter und Mitbeklagter mit ihrem turbativischen Vornehmen ein besonderes Gewerbe getrieben, vor Hrn. Beklagten Strafe, und vor Mitbeklagtem Unkosten zu luciren.

Als auch die Kläger bey Ihro Königl. Maj durch gegenwärtige Klage Fol. 2. b. den 15. Novbr. 1756 allerunterthänigste Vorstellung gethan, und daher

her den 3. Decemb. 1756 Fol. 37. Act. sub G. wieder alles weitere Verfahren protestiret, bis allergnädigste Resolution erfolget, auch nach denen Schedula Fol. 40. et 41. h. Hrn. Beklagten und Mitbeklagten die Klage den 10. Decbr. 1756. insinuiret, mithin allhier von solcher Zeit an die Litis pendenz induciret worden, hat zwar Mitbeklagter den folgenden Tag darauf, nemlich den 11. Decemb. 1756 Fol. 59b. des Gesinde Protocolls, auf die bloße Protestation einen Bericht zu erstatten resolviret, jedoch dergleichen nicht an das hohe Appellations-Gerichte, wo mit dem 10ten ejusdem, die Sache anhängig worden, sondern den alleruntertänigsten Bericht Fol. 44. seq. Act. sub G. ohne nur ein Wort davon zu gedenken, daß Beklagter und Mitbeklagter per Fol. 40. et 41. h. den 10. Decbr. zum hohen Appellations-Gerichte citiret worden, zur hochlöbl. Landes-Regierung eingesendet, und zwar per Fol. 43. d. Act. sub G. den 11. Decbr. als Beklagter und Mitbeklagter des Tages vorher die Klage mit der Citation überkommen gehabt.

Ja, es hat auch Mitbeklagter in dem Nachberichte vom 20. Decembr. 1756. Fol. 72. des Gesinde-Protocolls, von der aus dem hohen Appellations-Gerichte erhaltenen Klage und Citation nichts erwehnet, mithin das hohe Rescript Fol. 74. d. Protocolli, contra litispendentiam, sub et obrepetitie erschlichen, worbey noch besonders anzumerken, daß die rejicirte Appellation Fol. 37. seq. des Gesinde-Protocolls, die Kläger nichts angehet, sondern die Gemeinde in Ober-Frankenheyn, welche in gegenwärtiger Klage nicht mit begriffen, lediglich concerniret; das übrige Vornehmen alles aber von Seiten Beklagtens und Mitbeklagtens die auf ungebührliche Art continuirte Turbationem possessionis desto mehr darstellet.

Die Objection, daß das Syndicat ein Generale sey, hat keinen Grund, immaßen die Sachen, worinnen es zugebrauchen, Fol. 18. h. specificirt, und Fol. 19. sub No. 12 darunter die Processe wegen des Kinder-Dienstzwanges begriffen sind. Sonsten ist Rechtens gewesen, daß Syndicate in allen Sachen, wo die Unterthanen Klägers oder Beklagtens Stelle vertreten, ohne deren Benennung errichtet werden konnten, und obwohl das darwieder ergangene Mandat Special-Syndicate erfordert, so sind doch Special-Syndicate, wo die Streitpuncte benennet, es mögen deren so viel seyn, als es wolle, wie denn die Benennung vorher gehabter Rechte ultra expressam derogationem keine Extension seibe noch interpretationis extensivæ seyn kann, als ob Unterthanen allezeit nicht mehr, als einen Punct darein bringen, auch zuvoraus, ehe eine Klage erhoben, das Syndicat nicht errichten lassen dürfen? Wie wollte denn dergleichen mit der neuen Proceß-Ordnung ad Tit. VII. §. 1. bestehen, nach welcher eine klagende Gemeinde mit dem Syndicat bey Anstellung

der

der Klage parat seyn soll? Sonsten sind die klagenden Gemeinden Fol. 14. h:
zu Errichtung des Syndicats convociret, und ob Fol. 16. seq. alle Einwohner
erschienen, darauf kommt nichts an, weil gedachte Proceß-Ordnung ad d.
Tit. VII. §. 6. darzu nur das Erscheinen zweyer Drittheile, und daß der meiste
Theil davon in das Syndicat consentiret, erfordert. Es sind auch von denen
Fol. 10. angegebenen Mannschaften per Fol. 16. seq. bey Königsfeld No. 1.
Weißbach No. 2. Doberenz No. 3. Weydiß No. 4. und Frauendorf No. 7. theils
alle, theils über zwey Drittheile erschienen, und haben consentiret, und rechnet man alle mit denen aus Köttewitzsch No. 5. und Stolzdorf No. 6. cumula-
tive zusammen, so betragen die erschienenen weit über ⅔tel oder sollte die cumu-
lativische Rechnung wegen Köttewitzsch und Stolzdorf Fol. 17. nicht passiren, so
wäre doch allenfalls nur dieser beyden Gemeinden halber, das Syndicat pro
Mandato Singulorum und die daraus Fol. 20b. benannte Syndici pro manda-
tariis singulorum zu halten, oder es müste doch telle Rivino

ad Tit. VII. Enunc. XL.

Klägern nachgelassen seyn, wegen derer, die aus Köttewitzsch und Stolzen-
dorf bey der Sache halten, sich vermittelst eines Mandats zu legitimiren.

Sonsten bemühet sich Beklagter und Mitbeklagter die neue Gesinde-
Ordnung in vim litis ingressum impedientis zu opponiren. Allein die Policey-Ordnung de Ao. 1661. Tit. XXIII. cap. 3.

Cod. August. Tom. I. p. 1596.

verfüget:

Daß hinführo der Unterthanen Kinder, sich bey fremden nicht eher, sie
haben sich denn bey ihrem Gerichtsherrn, darunter sie gebohren und
erzogen, vor sich selbsten, oder durch ihre Eltern angebothen, vermiethen sollen, auf solchen Fall sie, auf Begehren ihrer Herrschaft derselben
zwey Jahr um das in dieser Ordnung gesetzte Lohn, vor einen fremden
zu dienen, wie auch, wenn sie nicht zu dienen, gleichwohl aber andern
Leuten um das Tagelohn zu arbeiten und zu treschen pflegen, ihren Erb-
herrn ebener maßen die Arbeit oder Treschen, um den jeglichen Orts gewöhnlichen Scheffel oder Lohn, zu verrichten schuldig seyn.

Eben dergleichen enthält die neue Gesinde-Ordnung de Ao. 1735. Tit. VII. §. 2.
& 3. und demnach competiret Hrn. Beklagten nichts anders, als ein jus operarum protimiseos und zwar

 a) bey Miethdiensten auf 2 Jahr,
 b) bey der Tagelohn Arbeit nach den Tagen, und
 c) bey dem Scheffel-Treschen nach dem Austrusche

H 3

Diesem

Diesem juri operarum protknifeos ist die jetzige Possessorien-Klage nicht entgegen, sondern demselben per fol. 5. h. ganz gemäß, und obgleich Beklagter und Mitbeklagter fol. 47. h. auf Verträge und Gewohnheiten provociren wollen, so ist doch dieses res altioris indaginis und erfordert einem Beweiß im Petitorio. Es ist auch dieses, was Gegentheil von Unstatthaftigkeit des Processes anführet, nichts neues, sondern stehet auch schon in der angeführten alten Policey-Ordnung de Ao. 1661. cap. 3. §. 1.

d. p. 1596. Cod. August.

und begreifet in sich, wenn die der Herrschaft zu leistende Vordienste durch klare Erb-Register, Verträge und beständige Gewohnheiten ausgemacht oder determiniret seyn. Wogegen allhier Erb-Register und Verträge ermangeln, Hr. Beklagter und Mitbeklagter aber von der beständigen Gewohnheit abgewichen, und die Kläger in ihrer disfalls habenden Possefs vel quasi turbiret.

Man acceptiret das Geständnis, daß Beklagter und Mitbeklagter solche Kinder, die sich zu Fremden nicht vermiethen, zu Mieth-Diensten zwingen wollen, mithin die actus turbationis eingeräumet hat. Wenn aber fol. 51. seqq. h. die Gravamina appellationis ex fol. 37 seqq. des Gesinde-Protocolls, angeführt, und weil die Appellation rejiciret worden wäre, Beklagter und Mitbeklagter die actus turbationis pro approbatis ausgeben wollen, so antwortet man replicando, wasmaßen sothane appellation und deren rejection, weil sie per fol. 39 des Protocolls, die Ober-Frankenhäyner interponiret, die Kläger im geringsten nichts angehet, und überläßt man denen Ober-Frankenhäynern, wie sie ihre Sache ausführen wollen. Was aber die Klägere anbelanget, hat Mitbeklagter, auf die per fol. 40. & 41 h. am 10 Decembris 1756. erlangte Litispendenz, mit deren Verschweigung per fol. 43. Act. sub G. den 11ten darauf zur hochlöbl. Landes-Regierung einen allerunterthänigsten Bericht zu erstatten, nicht gebühret, allermaßen Mitbeklagter per registraturam fol. 42. d. Act. sub G. eodem die den 10. Decembris, als Beklagter und Mitbeklagter die Appellations-Gerichts Citation überkommen, denen Klägern Notification von einem abgehenden Berichte, jedoch ohne Meldung des hohen Collegii, wohin derselbe geschickt werden sollte, thun lassen, und gedachten per fol. 48 ebenfalls unterm 10 Decbr. erst abgefaßten Bericht fol. 43. d. Act. sub G. den 11ten ejusdem durch einen expressen Bothen abgeschickt, auch fol. 47. Act. sub G. & fol. 72. des Gesinde Protocolls, periculum in mora, und daß Herr Beklagter bey nicht bald erfolgter Resolution dieses Jahr kein tüchtiges Gesinde erhalten würde, vorgegeben, um eine schleunige Resolution ohne derer Klägerer Gehör auszuwürken, welches ihm zwar auch mit dem auf solche

Weise

Weist sub- & obreptitie erschlichenen Befehl fol. 47. des Gesinde-Protocolls, gelungen, jedoch ehe die Bestrafung eines attentati, und weil auch die Verschweigung der Wahrheit ein falsum ist, in Ansehung, das Beklagter die Litispendenz beym hohen Appellations-Gerichte verschwiegen, die Bestrafung eines criminis falsi, verdient. Haben nun gleich Beklagter und Mitbeklagter bey der Einlassung fol. 55. seqq. sich das Negirens beflissen, so wird doch die libellirte Possess vel quasi incontinenti bescheiniget, nemlich per deposit. test. ad art. 3. fol. 29.

> daß bey den Klägern, Eltern von ihren Kindern, nur diejenigen, welche sich zu Fremden vermiethen, zwey Jahr der Herrschaft, nach abgedienten zwey Zwang-Jahren aber, wohin sie sich sonst freywillig vermiethet, dienen lassen.

Item per deposit. test. ad art. 4. fol. 30.

> daß, wenn Eltern mehr Kinder, als sie selbst bey sich behalten, haben, sie davon diejenigen, die sie selbst bey sich haben wollen, nach Beschaffenheit zu ihren eignen Diensten und an ihrem Brode behalten, die übrigen aber bey der Herrschaft die Zwang-Jahre abdienen, und sonst ferner bey Fremden dienen lassen.

Ferner per deposit. test. ad art. 5. fol. 31.

> daß Eltern die einmal zu ihren eignen Diensten und an ihrem Brode behaltene Kinder, bey sich immerfort, so lange es ihnen beliebet, in ihren eignen Diensten und Brode behalten, wenn sie gleich auch Kinder haben, die bey der Herrschaft zwey Jahr gedienet, und ferner bey Fremden dienen.

Desgleichen per deposit. test. ad art. 6. fol. 32.

> daß, wenn gleich Kinder, welche bey ihren Eltern in Brode und Arbeit seyn, manchmal in der Ernde oder sonst denen Nachbarn etwas geholffen, dennoch die Eltern, dessen ungeachtet, ohne Zulassung der Zwang-Mieth-Dienste, sie in ihrem Brode und Arbeit immerfort behalten.

Noch weiter per deposit. test. ad art. 7 fol. 33.

> daß, wenn gleich die Herrschaft Kindern, die bey ihren Eltern sich aufgehalten, und zu Fremden sich nicht vermiethet, manchmal Mieth-Groschen zugeschickt, dennoch deren Eltern besagte Groschen wieder zurücke geschickt, und sie, die Eltern, oder die Gemeinden wiedersprochen, die Herrschaft aber es dabey bewenden lassen, und besagte Kinder, ohne Mieth-Zwang-Dienste, frey gelassen.

Und wegen alles dessen befinden sich die Kläger per deposit. test. ad art. 8. et 9. fol. 34. nicht nur von 1. 2. 3. 4. 5. sondern auch, quod tamen pro colorando

possess-

possessorio momentaneo dictum sit, von 10. 20. 30. und mehr Jahren her, in der Possess vel quasi, daß ihre Kinder, die sich bey ihren Eltern in Dien- sten und Brode befunden, wenn sie gleich mit unter auf Tagearbeit gegangen, dennoch auch wider die herrschaftl. Zumuthungen des Kinderdienst-Zwangs, sich davon befreyet erhalten. Es hat sich Hr. Gegner an sothane Gezeugnisse zu machen nicht getrauet, wohl einsehend, daß er die deutliche Bescheinigung zu widerlegen nicht vermag, wie denn auch per deposit. ad art. l. fol 28. die Zeugen Auszugs-Leuthe seyn, und sonst in Possessorio summariissimo auf qua- litatem testium nichts ankömmt.

Wie nun nicht nur die Zeugen ad art. 10. fol. 36. von Beklagtens und Mitbeklagtens Turbation attestiren, sondern auch Gegentheil No. 10. et 12. fol. 57. et 58. dergleichen selbst affirmiret: also könnte man es hierbey lediglich bewenden lassen, zumal der Schluß fol. 60b. von der Tagelohn-Arbeit auf die jährlichen Miethdienste falsch, und die Gesinde-Ordnung selbst distin- guiret, da sie auf das Tagelohn oder zum Treschen gehende Kinder nur zu herrschaftl. Vordiensten in der Arbeit um Tagelohn oder in dem Gehen zum Treschen um das gewöhnliche Trescherlohn verbindet, eben wie auch sonst einer bey dem Jure protimiseos kein Vorkaufs-Recht, als nur in rebus venalibus, prætendiren kann. Hierbey nun könnte man es bewenden lassen, man prote- stiret auch hiermit feyerlichst, von der momentanischen Possess und vom Pos- sessorio summariissimo nicht abzugehen, jedoch pro coloranda possessione und damit auch das hohe Judicium zugleich erkenne, wie alt der Klägerer allegirte Possess sey, und wie auch sogar der Herrschaft res judicata im Petitorio entge- gen stehe, will man alte Appellations-Gerichts-Acten de Ao. 1661. No 6. nebst dabey befindlichen Ober-Hofgerichts-Acten testante registratura zu den gegenwärtigen legen. Aus denselben und zwar aus dem Ober-Hofgerichts Volumine No. 18. fol. 3. erhellet, wie der Klägerer Vorfahrer, als der Be- sitzer des Ritterguts Königsfeld, Herr George Heinrich von Ende, der Un- terthanen Kinder, 1) die ihre Eltern selbst bedurft, 2) die niemals gedienet, und 3) die sie sonsten nicht dienen lassen, zum Hofe-Zwang-Dienst erfordert, auch die von den Unterthanen gebethene Verschonung damit abgeschlagen, worauf einige Unterhanen, die dergleichen Kinder dazu verweigert, per fol. 2. d. Act. deshalb bey dem Ober-Hofgerichte Ao. 1660. klagbar worden, worbey sie fol. 2b. & 14b. nur Kinder, so sonsten dienen, jedoch nur auf ein Jahr, zu den herrschaftlichen Vordiensten einräumen wollen, und deshalb auf den 34sten Ar- tickel der Königsfeldischen Gerichtsordnung, bey der Verhör aber fol. 32. auf sanctionem pragmaticam, das ist, auf die Gesinde-Tagelöhner-und Hand- werks-Ordnung de Ao. 1651. welche Tit. 3. in Cod. August. Tom. I. p. 1526.

mit

mit der de Ao. 1661. gleichen Inhalts und Verbindung ist, provociret, worauf fol. 33. der Bescheid ertheilt:

würde die Gemeinde den angezognen 34sten Artickel aus der Königsfelder Gerichtsordnung originaliter bestärcken, immaßen ihr zwischen hier und nächstkommenden Ober-Hofgerichts-Termin zu thun oblieget, so ergehet darauf ferner in der Sache, was recht ist:

Dahingegen auf geschehene Provocation an das hohe Appellations-Gerichte in Actis Appellat. No. 6. fol. 27. erkannt:

daß wohl appelliret und die appellirenden Unterthanen über Unsere publicirte Gesinde-Ordnung nicht zu beschweren.

Wormit denn die Erforderung der Kinder, die sich zu Fremden nicht vermiethen, zum Zwang-Dienst der Herrschaft als eine Beschwerung wider die Gesinde-Ordnung abgesprochen. Daher auch die Herrschaft fol. 35. seqq. leuterung prosequiret, und fol. 35b. pro Gravaminibus angeführt,

daß ihr der Kinder-Dienst-Zwang nur wegen der Kinder, die sich zu Fremden vermiethen, zugesprochen. Die Unterthanen ließen aber in fraudem der Gesinde-Ordnung ihre Kinder nicht dienen, es würde daraus folgen, daß ein Gerichtsherr inskünftige kein Gesinde mehr erlangen könnte, wie denn die Unterthanen eben zu solchem Ende ihre Kinder bey sich behielten, ob sie gleich derselben aller nicht bedürften, sondern die meisten des Spinnens und anderer faulen Arbeit sich befleißigten, und nur zuweilen, vornehmlich aber zur Zeit der Ernde, der Tagearbeit nachgiengen, und die Leute mit unbilligem Lohn übersetzen, welches doch in angezogener Gesinde-Ordnung ausdrücklich verbothen, und vielmehr jedes Orts Obrigkeit auferleget wäre, dergleichen müßig Gesinde zur Arbeit und Dienstannehmung mit Ernst anzutreiben 2c.

Wormit aber die Herrschaft nichts ausgerichtet, sondern fol. 64b. d. Act. Appellat. confirmatorie gesprochen, auf der Unterthanen Leuterungen aber mit dem Anhange,

daß sie bey der Gesinde-Ordnung Tit. 3. in allen Puncten zu lassen.

Dahero die gegenseitigen Vorwendungen, unter die längst abgeurthelten Dinge gehören, welches alles man jedoch lediglich pro coloranda possessione momen-

mentanea, und zur Bescheinigung, wie übel und verwegen sich der Gerichtshalter dabey verhalten, angezogen haben will. Die Sache ist nicht geringe,
sondern eine der wichtigsten, wenn die Kläger, nach der Herrschaft Willkühr,
ihre Kinder, von sich weg und zu den Hofediensten hinlassen sollten, und obwohl der Streit der Gemeinden Gerechtsamen betrift, hat doch der Gerichtshalter, um dem Gerichtsherrn zu Willen zu seyn, und demselben neuerlich ein
absolutes Dienstzwangs-Recht nebst Strafen, sich aber brave Sporteln zu
verschaffen, wie fol 56. seqq. Act. sub G. und fol 98 seqq des Gesinde-Protocolls wahrzunehmen, denen singulis besondere von ihm wider die Proceß-
Ordnung abgefaßte Decisa aufs gerathewohl gegeben, folglich sie auf solche
Weise, als ein turbator possessionis, um ihre Posseß bringen wollen, welches
er noch, wie schon dargethan, mit falsis zu unterstützen gesuchet, da er, als
die Litispendenz beym hohen Appellations-Gerichte ihm bewust, und er selbst
als pars mit vorgeladen gewesen, dennoch als Judex sich einer Berichtserstat-
tung zur hochlöbl. Landes-Regierung noch angemaßet, von der wahren Beschaffenheit der Litispendenz geschwiegen, auch die Sache durch expresse Bothen und sonst dergestalt pressiret, daß er sub- & obreptitie in der Geschwindigkeit eine Verordnung ausgewürket, nach welcher auch der Gerichtsherr und
Gerichtshalter mit Gewalt zugefahren, und Kinder, die nicht zu dienen schuldig, weggenommen. Hierauf und auf beyderseitiges Einbringen erfolgte ein
Urthel des Inhalts:

> Daß Klägers Principalen bey der Posseß vel quasi unter ihren Kindern
> nur diejenigen, welche sich zu Fremden vermiethen, zwey Jahr der Herr-
> schaft zum Zwange, nach solchen abgedienten zwey Jahren aber selbige
> bey denen, welchen sie sich sonsten freywillig vermiethet, dienen zu lassen,
> die übrigen Kinder hingegen zu ihren eignen Diensten zu gebrauchen,
> nicht weniger, wenn gleich diese manchmal in der Ernde oder sonsten
> denen Nachbarn etwas geholffen, sie dessen ungeachtet, ohne zu voret-
> wehnten zweyjährigen Zwangdiensten selbige gestellen zu dürfen, in
> ihrem Brode und Arbeit immerfort zu behalten, so lange zu schützen,
> bis Beklagtens Principal im Possessorio ordinario oder Petitorio ein
> anders ausgeführet. Es sind auch Beklagtens und Mitbeklagtens Prin-
> cipale die erweißlichen Schäden, so wohl die durch diesen Proceß ver-
> ursachten Unkosten, nach vorgehender deren Liquidation und unserer Er-
> mäßigung Klägers Principalen zu erstatten schuldig. V. R. W. Er-
> öfnet zu Dreßden, am 22. April 1758.

Db

Ob nun gleich weil der Herr Oberstlieutenant von Zanthier mit Hinterlassung zweyer unmündigen Söhne, bey Publication des Urthels abgestorben war, deren Herr Vormund eine hierwieder interponirte Leuterung prosequiret hatte, wurde doch deren ungeachtet, besagtes Urthel unterm 11. August 1759. schlechterdings confirmiret.

IV. Observ.

Als gedachter Obristlieutenant Herr Carl Ludolph von Zanthier das Endische Ritterguth zu Königsfeld auf dessen Subhastation erstanden, und in dem mit denen Unterthanen zu Oberfrankenhayn und Hermsdorf geführten Processe Ao. 1750. bey hochlöbl. Landes-Regierung einen Vorbescheid ausgewürket hatte, so muste er es auch dahin zu bringen, daß die andern nicht mit in Lite befangenen Unterthanen oder Gemeinden zu Königsfeld, Weißbach, Dobritz, Weidiz, Köttewitzsch, Stolzdorf und Frauendorf, und mit unter singuli als besonders die 6 Erb-Trescher zu Vergleichs-Tractaten mit adcitiret worden, worbey der Gerichtsherr, als Impetrant, beym Verfahren beschwerend angebracht:

Noch ein Casus wo Unterthanen ihre vorher verlohrne Jura beym Appellations-Gerichte wieder gewonnen.

Wie die 6 Erb-Trescher Hans Date und Consorten meyneten, ihren 15ten Lohnscheffel gehäuft zu fordern zu haben, da doch in dem Erb- oder sogenannten alten Mutterbuche davon, daß sie ihren 15ten Lohnscheffel gehäuft zu fordern hätten, nichts zu finden. Hierauf und obwohl die Erb-Trescher auf ihre habende Possessionem præsentaneam & antiquam, jedoch ohne Beybringung einiger Gezeugniße provociret, war unterm 5. Decbr. 1750. decretiret:

daß sie mit ihrem Suchen wegen des verlangten 15ten Lohnscheffels gehäuft abzuweisen.

Dahero die 6 Erb-Trescher zur Wiedererlangung ihres Rechts beym Appellations Gerichte einen weitläuftigen Petitorien-Proceß anstellen und von 1753. bis 1766. führen musten, und obwohl 6 arme Erb-Trescher den kostbaren Proceß nicht aushalten können, so hatten doch die Syndici der Gemeinden einen andern Punct, die Erdäpfelsfuhren betreffend, mit darzu genommen, und auf geführten Beweiß und Gegenbeweiß, gieng zwar besagter Erdäpfelsfuhren-Punct mit dem End-Urthel vom 14. April 1764. verlohren, wegen der Erb-Trescher als des ersten Klagepuncts aber wurde erkannt:

Daß was den ersten Klagepunct betrift, (Syndici der Gemeinden) und Mitkläger (die 6 Erb-Trescher) dasjenige so ihm zu erweisen auferlegt, und sie sich angemaßet, zur Nothdurft beygebracht. Derowegen Beklagte,

J 2

klagte; (des zu der Zeit abgeſtorbenen Beklagten Obriſtlieutenants von
Zanthier Herren Sohne) Mitklägern, 14 Scheffel von jedem Austruſch
geſtrichen weggemeſſen, zum Treſcherlohn den 15ten Scheffel gehäuft von
denen beſten Körnern verabfolgen zu laſſen, ſowohl ſelbigen die durch
deſſen beſchehene Verweigerung verurſachten erweißlichen Schäden zu
erſtatten ſchuldig.

Ob nun wohl die Herren Gebrüder von Zanthier das Ritterguth Königsfeld
Schulden halber, an den Creyßcommiſſarien, Herrn Carl Auguſt von Sahr
verkauft, ſo iſt doch ſolcher Kauf anders nicht zu Stande gekommen, als vermittelſt eines bey hochlöbl. Landes-Regierung gehaltenen Vorbeſchieds, wobey
ich Sorge getragen, daß der Käufer den Proceß in ſtatu quo mit übernehmen
müßen, und endlich derſelbe mit dem Urthel vom 1. Febr. 1766. ſeinen Erklä-
rungen zufolge, in Bezahlung der erkannten Schäden an verglichnen
179 Rthlr. 17 Gr. cum Intereſſe moræ vom 14. April 1764. condemniret
worden. Hieraus erſcheinet, daß, wenn Anfangs die Wahl bey Klägern
geſtanden, und ſie das Appellations-Gerichte erwählen können, der Gerichtsherr etwas zu ſeinem Vortheil zu gewinnen, nicht vermocht. Jedoch war
es vor dieſelben, noch ein guter Troſt und Hülfe, daß ſie, obgleich mit Aufwand vieler Koſten, dennoch zu ihren Rechten wieder gelangten. Dieſes
Obſervatum beſtärket noch mehr, daß bey Erwählung eines Obergerichts das
hohe Appellations-Gerichte vorzüglich zu ſuchen ſey.

V.

V.

Widerlegung

der von einigen Rechtslehrern und besonders von Johann George Estorn behaupteten Vermuthung einer ungemessenen Dienstbarkeit derer Bauern in allen Fällen, wo sie eine Befreyung nicht erweisen können.

§. 1.

Es suchen diejenigen Rechtsgelehrten, welche eine Vermuthung der natür-lichen Freyheit derer Bauern wider die Dienstbarkeit nicht einräumen, sondern vielmehr in Zweifel eine Schuldigkeit zu ungemessenen Frohn-diensten bey ihnen vermuthen wollen, solches dadurch zu behaupten, weil nach ihrer Meynung die Knecht- oder Leibeigenschaft in Teutschland in mittlern Zei-ten vor oder nach Kaysers Carls des Großen Regierung allgemein eingeführt gewesen, hierüber auch Clodoväus die überwundenen Alemannen, und Carl der Große die bezwungenen Sachsen in diese Knechtschaft versetzet hätten, nach-hero aber und besonders zu Heinrichs des Voglers Zeiten wäre eine große Frey-lassung vorgegangen, um die freygelassenen Bauern zur Vertheydigung der Gränzen wider die Einfälle der Barbaren zu brauchen, dabey wäre zu dama-ligen Zeiten eine Meynung immer weiter eingerissen, als ob die Leibeigenschaft wider das Christenthum streite, und daher abzuschaffen sey, hierzu wären die Creuzzüge gekommen, um derenwillen Bauern haufenweise ihre Hütten verlassen, in die Morgenländer gewallfahrtet, und dadurch der Knechtschaft sich entzogen hätten, die Herrschaften aber dadurch oder auch bey andern nach-her vorgefallenen ähnlichen Fällen genöthiget worden wären, die verlaßnen Güter hier und da freyen Leuten unter gewissen Bedingungen zum Anbau zu überlassen. Wo also dergleichen Verträge und Bedingungen nicht vorhanden wären, wodurch Bauern eine Befreyung von diesen und jenen Diensten erwei-sen könnten, so müßte man im übrigen, da der Bauernstand überhaupt ein Ueberbleibsel einer ehemaligen allgemeinen Knechtschaft sey, der natürlichen Freyheit zuwider eine ungemeßne Dienstbarkeit der Bauern vermuthen. Die andere Meynung aber von einer Vermuthung der natürlichen Freyheit sey von

Erklärung der Ab-sicht dieser Schrift, u. anderer Rechtsleh-rer be-haupteten Vermu-thung der Dienstbar-keit zu un-tersuchen.

J 3

denen

benen JCtis Romanis in Teutſchland durch eine unrechte Anwendung derer Römiſchen Geſetze mit Vernachläßigung derer teutſchen Rechte und Gewonheiten eingeführet, und dadurch die Bauern gegen vorige Zeiten in mehrere Freyheit geſetzet worden.

Beſonders hat ſich der Herr Geheimde Rath Johann George Eſtor zu Marburg in der Vorrede zu denen 1734 zu Gießen von ihm herausgegebenen Grollmanniſchen Diſſertationen de operarum debitarum mutatione, und in ſeiner nachmals mit wenig Veränderungen daraus gefertigten, und zu Jena 1742 gedruckten Commentatione de præſumtione contra Ruſticos in cauſis operarum als einen Hauptvertheidiger dieſer Meynung, welche denen Bauern die Vermuthung der ungemeſſenen Dienſtbarkeit aufbürdet, zeigen wollen, auch in ſeinem neueren Werke von der bürgerlichen Rechtsgelehrſamkeit der Teutſchen, Marb. 1757 und zwar beſonders in dem 55. und 56. Hauptſtück des I. und III Theils es wiederholet. Weil aber in letzterem keine neuen Gründe vorgebracht ſind, ſo werde ich bey dieſer Widerlegung hauptſächlich mein Abſehen auf die vorhererwehnten lateiniſchen Schriften richten, und dadurch auch zugleich Gelegenheit haben, die vornehmſten von denen andern Rechtslehrern, welche Herr Eſtor als Stützen ſeiner Meynung anführet, zu widerlegen.

Den Anfang macht Herr Eſtor damit, daß er wider diejenigen Rechtslehrer, welche ſich auf den Rechts-Satz: Servitus non præſumitur, und auf l. 1. C. ne ruſticani ad ullum obſequium devocentur gründen, und ſolchen auf unſre Bauern anwenden wollen, dermaßen loßzieht, als ob es ſchon ein Verbrechen wäre, wenn man nur auf den Einfall kommen wollte, unſerer Bauern Schuldigkeit zu ungemeſſenen Dienſten in Zweifel zu ziehen. Man vergeſſe ſeiner Meinung nach, bey der Anwendung obigen Römiſchen Geſetzes auf unſer Vaterland den gänzlichen Unterſchied derer Römiſchen nobilium und ruſticorum von denen teutſchen Edelleuten und Bauern. Zur Verſtärkung dieſer Scheingründe berufet er ſich auf das Anſehen anderer berühmter und beyfallender Rechtsgelehrten, als Ludolfs, Bergers, Mevius, Boehmers, Leyſers und anderer.

§. 2.

Der Reichs-Cammer-Gerichts-Aſſeſſor, George Melchior von Ludolf hat in ſeinen variis obſervationibus forenſibus, obſ. 105, not. 6. pag. 281 vorgegeben, daß ein Richter dadurch, wenn die Bauern-Advocaten aus denen Schriften eines Balthaſars, eines Erhards oder anderer die Sätze allegirten: operarum exactionem eſſe juri communi adverſam, omnes præſtationes credi debere vitioſas adeoque reſtringendas in dubio ſich nicht ſollten irre machen laſſen.

laſſen. Denn dieſes komme von einem übeln Gebrauch des Römiſchen Rechts her, und von einer unrechten Application deſſelben beſonders auch des l. 1 C. ne ruſtici ad ullum obſequium devocentur auf das teutſche Recht. Allein, was kann dieſe lubolfiſche Stelle, die ſo bloß pro auctoritate und ohne Grund und Beweiß hingeſchrieben iſt, der Eſtorſchen Lehre wohl vor ein Gewichte geben? Wenn die Advocaten ſich auf opiniones doctorum berufen ohne Gründe, ſo gelten ſie ſo wenig, als die von Hrn. Eſtorn zu Beſchönigung ſeiner Meynung angeführten Juriſten. Führen ſie aber Gründe an, ſo muß der Richter, es mögen nun Balthaſar oder Erhard oder andere ſeyn, die angeführet werden, ſie gelten laſſen, und ihnen in ſeinem Urthel nachgehen, ſonſt wäre dieſes ein Hirngeſpinſte. Und was thun denn die Practici unrechtes, wenn ſie ſagen, operarum exactionem eſſe juri communi adverſam? Dieſes iſt nicht allein nach dem Römiſchen bürgerlichen Rechte wahr, ſondern auch nach dem Rechte der Natur, welches omnium commune et univerſale iſt. Denn nach dieſem ſind in Statu primitivo alle Menſchen einander gleich. Die Abgehung davon auf einen Unterſchied der Stände, iſt res facti, ein factum aber wird ohne weitern Erweiß nicht vermuthet, und wenn alſo Zweifel vorfällt, ob dieſes oder jenes factum exiſtiret, iſt allezeit eine Auslegung anzunehmen, welche dem Stande der natürlichen Gleichheit am nächſten kommt. Wenn nun das bürgerliche Römiſche Recht eben das lehret, was auch ſchon im Rechte der Natur enthalten iſt, ſo iſt derjenige nicht zu tadeln, welcher auch jenem nachgehet, und die exactionem operarum in regula als eine dem Juri communi Romano entgegen ſtehende Sache benennet, da ſie dem Naturgeſetze auch widerſtreitet. Dahero auch ſo gar in unſer teutſches Recht dieſe Lehre aufgenommen worden, da in dem gemeinen Sachſenſpiegel, Landr. lib. 3 art. 32. ein gleiches und wie in Zweifel die Vermuthung vor die natürliche Freyheit ſey, behauptet. Eben ſo wohl haben auch die Practici Recht, wenn ſie die præſtationes operarum oder Zwang- und Frohndienſte ad odioſa rechnen. Nam favorabilia, ſaget Grotius de Jure Belli et Pacis, Lib. II. Cap. 16. §. 10 ea ſunt, quæ æqualitatem in ſe habent, et quæ ſpectant utilitatem, odioſa autem, quæ partem alteram tantum, aut plus altera onerant. Da nun die Zwang- und Frohndienſte nicht zu beyder Theile, ſondern nur zu derer Herren Nutzen ſeyn, oder auch die Unterthanen mehr, als die Herren, beſchweren, ſo müſſen ſie ad odioſa gerechnet werden, welche im Zweifel allerdings einzuſchränken ſeyn, und da der Stand der natürlichen Freyheit an ſich zu vermuthen, ſo weit nicht erwieſen, daß und in wie weit einer davon abgegangen, und des andern Herrſchaft unterworfen worden, ſo folget, daß im übrigen es bey der Vermuthung der Freyheit verbleibet, und die Schuldigkeit zu Zwang- und Frohndienſten

nur

nur bis dahin einzuschränken sey, so weit als dieselben durch die Abgehung von dem ersteren natürlichen Zustande erwiesen. Mit welchem Rechte kann also **Estor** diejenigen Rechtsgelehrten, welche dieser Meynung zugethan sind, und dabey auf den Beyfall des Römischen Rechts sich stützen, Vultures togatos benennen, wie er §. 5. seiner Commentat. de præsumtione contra rusticos sich einfallen läßt? Wie wenn man ihm solche Benennung zurückschöbe? Wenigstens scheinen diejenigen, welche, zu Gunsten großer Herren und sich bey diesen einzuschmeicheln, sich nicht entblöden, den Bauernstand, dessen oftmals nicht gehörig erkannte Wichtigkeit und Vorzüge im gemeinen Wesen man immer mehr einsiehet, an seinen Rechten der Menschheit anzugreifen, solche Benennung weit mehr zu verdienen.

§. 3.

Ob aus Bergers Schriften ein Beweiß zur Vermuthung der Dienstbarkeit herzunehmen ist?   Auch **Christoph Heinrich von Berger**, in Opusculo de jure ordinum Imperii territoriali circa operas subditorum §. XXIII pag. 22. soll **Estorn** §. 6. zum Beweiß dienen, daß die Auctoritæt des Römischen Rechts, wo die Beschaffenheit des teutschen Staats von dem Römischen unterschieden, eben so groß nicht sey. Es hat nemlich derselbe in dem angeführten Opusculo §. 22. p. 21. behaupten wollen, als ob Unterthanen ihre Dienste auch extra territorium zu verrichten schuldig wären, woferne nicht ein entgegenstehender Vertrag oder Gewohnheit beygebracht würde, dieweil ihm aber L. unic. C. ne operæ a Collatoribus exig. und L. 1. C. ne rustici ad ullum obsequium devocentur, zuwider gewesen, so hat er deren Gebrauch und Gültigkeit hierbey ableugnen wollen, weil diese Gesetze nur de singulari reipublicæ Romanæ forma, Collatoribus und dominis castrorum redeten, dergleichen in Teutschland domini territoriorum nicht wären. Er führet §. 23. p. 22. fort, und behauptet, das Argument, welches a Statu Romano hergenommen würde, sey einer geringen Achtung würdig, weil zu den Zeiten des Kaysers Justinians denen rusticis verschiedene Contributiones, als Capitations-Steuer, und Arten eines tributi annonarii auferlegt gewesen. Woher ihnen eine doppelte Beschwerde nicht habe auferlegt werden sollen. Dieses alles verhielte sich in Teutschland bey dessen ganz anderer Beschaffenheit anders, und kämen dergleichen Contributiones in Teutschland selten ad colonos et rusticos, so gar daß vielmehr der Ackerbau befördert würde, dessen Besorgung die Teutschen insonderheit seit Heinrichs I. Zeiten mehr als vorhero sich angelegen seyn lassen. Wenn man aber diesen Vortrag des Herrn von Berger näher untersucht, so finden sich nicht wenig Unrichtigkeiten, als 1) hat Justinianus den Codicem repetitæ prælectionis im Jahr 534 publiciren lassen, und zwar als eine Sammlung einiger seiner eignen

und

und vorheriger Geſetze und Deciſionen, worunter L. 1. C. ne ruſticani ad ullum obſequium devocentur die Kayſer Diocletian und Maximian, die nach den Faſtis Conſularibus im Jahr Chriſti 286 regieret, und l. unic. C. ne operæ a collatoribus exigantur, die Kayſer Valentinian, Valens, und Gratian, welche im Jahr 368 ihre Regierung zuſammen angetretten, als autores benennet. Demnach iſt jenes Geſetz um 248 Jahr, und das letztere ungefähr 164. Jahr älter als Juſtinian, und wie kann alſo des letztern Regiments-Verfaſſung hierin ratio legis geweſen ſeyn?   Ferner 2) müſſen die angeführten Capitations-Steuer und Tributa denen ruſticis ſchon zu den Zeiten der Kayſer Diocletian und Maximian auferlegt geweſen ſeyn, ja ſelbſt die heilige Schrift Luc. 2, v. 2 ſeq. beweiſet die von den Römern aller Welt aufgelegte Schatzung und Steuer von des Kayſers Auguſti Zeiten.   Auch von denen darauf folgenden Zeiten zeiget ſich aus dem Titulo Pandectarum de cenſibus, daß die Römer jederzeit zweyerley Cenſus gehabt, als einen von den nutzbaren Grundſtücken, den andern aber nach den Köpfen, wovon wohl manche Provinzen eine Immunität gehabt, der Bauersſtand aber nicht frey geweſen.   Wie läßt ſich denn alſo behaupten, daß Capitationes und Tributa, die viele hundert Jahr vorher, ehe Juſtinianus regieret, eingeführet geweſen, von dieſem Kayſer hergekommen?   Bey uns 3) müſſen bekanntermaßen die Bauern ihren Herren Dienſte, auch wohl noch darüber Getraide- und Geldzinßen präſtiren, über dieß aber noch zu dem Landes-Aerario Kopf- oder Quatember-Steuer, anfangs auf die 12 Jahrs-Monate angelegt, und Quartaliter oder in Quatembern eingerechnet, alſo genannt, nebſt denenſelben auch Landſteuern, Magazin-Getraide- und Soldaten-Verpflegungs-Gelder entrichten.   Wer kann alſo einen ſo großen Unterſcheid zwiſchen unſern und den alten Römiſchen Bauern abſehen, und noch gar vorgeben, als ob den Römiſchen Bauern mehr Onera, als den unſern auferlegt geweſen wären, und als kämen in Teutſchland die Contributiones ſelten auf die Einwohner und Bauern, da doch bey uns die Bauern, ungeachtet der vielen an ihre Gerichtsherrn zu leiſtenden Præſtationen, zu denen allgemeinen Landesbürden, das Meiſte beytragen müſſen?   Hieraus läßt ſich nun gar leicht begreifen, was vor Unrichtigkeiten, in Beſchreibung der alten Römiſchen und unſerer heutigen Bauern in Kürze ſich beyſammen finden.   Sonſten aber handelt auch Berger in ſeiner ganzen Diſſertation von was andern und hat ſeine Abſicht auf die Dienſtleiſtungen, welche von der Territorial-Hoheit her, gefordert werden können, beſonders aber §. 3. auf das Jus ſequelæ, die Landesfolge, oder das Recht die Unterthanen zur Miliz zuſammen zu fordern, welches in alten Zeiten üblich geweſen, ſeit Maximilian aber abgekommen, und wovon er im Römiſchen Rechte nichts

finden wollen, und daher, daß es von teutschen Sitten und Gesetzen herzülei-
ten wäre, zu behaupten gesuchet.   Man kann demnach gar nicht absehen, wie
Estor zur Verwerfung des Römischen Rechts Bergern als Zeugen, gebrauchen
können.   Genung, in L. 1. C. ne Rusticani ad ullum obsequium devocentur,
ist rusticana plebs genennet., welcher Kopfsteuern und Annonam prästiret, und
da sind ja solche Römische Bauern den unserigen gleich gewesen, da die unsrigen Kopf- und Landsteuern und Zinß- oder Magazin-Getraide entrichten müssen.   Ob aber die unsrigen gleich noch sich darinnen unterscheiden, daß sie darüber noch mehr prästiren müssen, so ist doch besagtes Römische Gesetze in so
weit, als das Recht derer Herren, ein mehrers zu fordern, nicht erwiesen,
gar wohl brauchbar, und begründet daßelbe in diesem Stücke die Vermuthung
vor die natürliche Freyheit.

§. 4.

**Beschaf-
fenheit des
aus Me-
vio gezo-
genen Be-
weises.**
Erweget man nun auch das angeführte vermehrte Zeugniß David Mevii von Abforderung der Bauern, Qvæst 4. No. 2 allwo er vorgegeben,
als ob der mehrere Theil derer, so den Titel eines Rechtsgelehrten sich anmaßen, der Unart wäre, daß sie, wenn sie von denen Dingen und Gewohnheiten, so in Teutschland sich heutiges Tages begeben, urtheilen sollten, auf
des Römischen Rechts vor Alters gemachte Satzungen und Ordnungen alleine
sehen, dabey aber vergessen, daß die Zeiten, und mit denenselben alle Dinge
veränderlich wären, darum sie zum öftern weit verfehleten, daßelbe geschehe
auch in dieser Materie, so die Bauerleute, die man zu diesen Zeiten findet,
angehet, denen viele alles ohne Unterschied, was man in jure veteri Romano
von den Agricolis, Colonis, Adscriptitiis, Rusticanis und dergleichen Leuten
lieset, applicirten, und darnach ihre Meynung richteten; wenn man, sage ich,
dieses Zeugniß näher untersucht, so findet sichs, daß es der gegenseitigen Meynung wenig Vortheil giebet.   Denn hiermit und mit allem, was Mevius
sanft vorgetragen, hat er dem Juri Romano nicht alle Auctorität abgesprochen,
und am wenigsten den Gebrauch L. 1. C. ne Rusticani ad ullum obliquium devocentur, gänzlich verworffen.   Wie er denn bey seiner ersten Hauptfrage
No. 5. denselben selbst zum Gebrauch gemacht, daß die genannten Rusticani
niemanden zu Diensten verbunden gewesen, als solche, die von ihrem eignen
Acker capitationem & annonam præstiret.   Dieser Autor hat auch seinen
Tractat nach besagter ersten Hauptfrage, von dem eigentlichen Zustande und
Condition der Bauersleute; so man Leibeigne nennet, geschrieben, und bey
Ausführung seiner Sätze immer der Römischen Gesetze sich bedienet.   Da er
bey der andern Hauptfrage No. 14. 15, 16. und 17. p. 19. in casu vindicationis
hominis

hominis proprii ſo gar feſte geſetzet, daß im Zweifel, ob jemand ein Freyer oder Leibeigner ſey, die Vermuthung vor die Freyheit zu faſſen, und daher dem vindicirenden Herrn, als Klägern, den Beweiß des Eigenthumsrechts an der entwichenen Perſon auferleget, ſo iſt ſolcher Autor dem Herrn Eſtor in ſeiner Behauptung der Vermuthung pro operis contra libertatem juſt entgegen, und mag ihm daſſelbe deſto weniger, auch nicht einmal bey der Leibeigenſchaft einigen Beyſtand leiſten.

§. 5.

Endlich wenn wir auch Juſt Henning Böhmers Diſſertation de Jure & Statu hominum propriorum a ſervis Germaniæ, non Romanis derivando, betrachten, ſo hat zwar dieſer Autor im Eingange die Autorität des Römiſchen Rechts in Teutſchland vor nicht geringe eingeräumt, jedoch ſelbige vor ſo groß nicht achten wollen, daß ſie über die Vernunft und alten Sitten zu ſetzen wäre. Es weichen, ſetzet er hinzu, viel Inſtituta in Teutſchland, von dem Statu rei Romanæ ab, welche daher nach dem Römiſchen Rechte nicht abgemeſſen werden könnten. Allein in dieſem Stücke verſähen es nicht wenige, welche allenthalben die Verabſäumung der Rechte des Vaterlandes zu erkennen geben, und daß man dem Römiſchen Rechte allein nachgehen müſte, glaubten, woher ein fruchtbarer Saamen der Irrthümer entſpringen müſten, welches aus denen Rechten und Condition unſerer leibeigenen Leute, die aus denen Rechten der römiſchen Knechte, Freygelaßnen, der Colonorum und Adſcriptitiorum, unvorſichtig zuſammengeflicket würden, ſich deutlich veroffenbarte. Eben dieſes hat Eſtor aus Böhmers Diſſertation wörtlich angeführt, jedoch außerdem, daß das Thema derſelben auf die Derivation der Leibeignen eingeſchränkt, beſtätiget Böhmer auch in gedachtem Eingange, daß er den Gebrauch des Römiſchen Rechts, den einige bey Ausführung der Rechte der Leibeignen anwendeten, allenthalben vor recht nicht erkennet. Aber hat denn Eſtor in ſeiner Vorrede zu dem Grollmanniſchen Tractat, und in ſeiner nachmals daraus gefertigten beſondern Commentation: de Præſumtione contra ruſticos in cauſis operarum nur von leibeignen Bauern gehandelt? Nein! denn er hat §. III. alle Practicos, die in Bauer-Sachen auf die Vermuthung vor die natürliche Freyheit ſich gründen, angegriffen, und daß man über ihre Lehre heutzutage, da die Hiſtorie ein ſolches Licht hierinn ausgebreitet hätte, erſtaunen müſte, vorgegeben. Allein obwohl erwehnte Böhmeriſche Diſſertation ſehr gelehrt ausgeführt, ſo kann doch eine Abhandlung de hominibus propriis die Eſtoriſche Lehre, wormit dieſer alle Bauern vor Leibeigne anſiehet, nicht unterſtützen.

Geſchaffenheit des erwähnten Beweiſes.

K 2 §. 6.

§. 6.

Weitere Prüfung der Böhmeriſchen Meynung. Es mag auch erwehnter Juſt Henning Böhmer Sect. II. §. 5. diejenigen Juriſten, welche bey Beſchreibung der Leibeignen auf die Römiſchen Rechte der Glebæ adſcriptitiorum, und der Colonorum provociren, oder die Römiſchen Adſcriptitios und Colonos vor freye Leute erkläret haben, mit Recht oder Unrecht tadeln; Er mag daſelbſt den Unterſchied der Römiſchen Adſcriptitiorum oder Colonorum, gegen die heutigen Leibeignen, indem, daß jene per L. 2. & L. 7. C. de Agric. & Cenſit. ohne ihre Landgüter nicht verkauſet werden können, hingegen aber mit unſern Leibeignen dergleichen Verkauf derſelben ohne ihre Beſitzungen geſchehen könnte, vorgeben, wie er will, ſo hat doch dieſes Vorgeben wenigſtens nicht überall, wo die Leibeigenſchaft noch eingeführet iſt, ſtatt.. Denn ſoviel die Oberlauſitz betrift, enthält weyland Churfürſtens zu Sachſen, Johann George des erſten Confirmation über der gehorſamſten Stände von Land und Städten des Marggrafthums Oberlauſitz unterthänigſt eingeſchicktes Bedenken, die Unterthanen, auch deren Kinder und Geſinde betreffend vom 4. Junii 1651. in des Codicis Auguſtei P. III. peg. 212. ein ganz anders, wo es im 1ſten Artickel heiſſet: daß die Unterthanen, wie bey dieſem Marggrafthum Oberlauſitz beſtändig hergebracht, ufm Lande nicht nach Art und Weiſe, wie die Knechte in den Römiſchen Rechten dienſtbar und leibeigen, ſondern ihren Grund und Boden dergeſtalt beſitzen, daß ſie hiervon denen Herrſchaften ihre ſchuldige Dienſte zu leiſten, dagegen ihren nothdürftigen und gebührenden Unterhalt von dem Grunde, ſo ſie beſitzen, zu ſuchen ſchuldig. Sie können nach Anzeige des II. Artickels pag. 213. von ihrer Herrſchaft an eine andere, jedoch anders nicht, als weil ſie zu dem verkauften Gute gehören, mit Grund und Boden verkauft werden. Außer Grund und Boden aber kann und ſoll die Alienation eines Leibeignen, wider ſeinen Willen nicht ſtatt finden. Sie, die Unterthanen ſind bennach hier pro glebæ adſcriptis vel adſcriptitiis erkennt, und iſt deren Verkaufung, Vertauſchung oder Verſchenkung anders nicht, als nach Vorſchrift l. 2. & 7. C. de Agric. & Cenſit. & Colon. nachgelaſſen. Dahero, wenn Böhmer in beſagter Diſſertation Sect. II. § 5. behauptet, daß von denen Römiſchen Adſcriptitiis auf die Leibeignen nicht zu ſchließen wäre, weil dieſe auch ſine prædio veralieniret und verändert werden könnten, wie er Sect. III demonſtriret hätte, ſothane Demonſtration aber §. IX. in dem Anführen beſtehet, als ob niemand zweifelte, daß in der Lauſitz die Leibeignen absque prædiis alieniret werden könnten, und wegen der Leibeignen in Pommern, er auf Mevium P. 3. Dec. 8. No. 2. ſich berufen, ſo veroffenbaret ſich hierwider, aus dem bisher angezeigten, wegen der

der Leibeignen in der Lauſiz von Seiten feiner ein offenbarer Irrthum, maßen ich auch ſelbſt in Praxi einen Caſum gehabt habe, wo lauſitiſche Unterthanen von der Herrſchaft, ihrer angebauten Güter entſezet, hingegen aber ihnen andere wüſten Oerter zum Anbau angewieſen waren, welcherhalben ſie bey Ihro Königl. Maj. immediate ſupplicirten, wie ſie alle ihnen mit weggenommenen eigenthümlichen Sachen der Herrſchaft überlaſſen, und nur um die Freyſprechung von der Leibeigenſchaft bitten wollten, worauf zwar ſolchem Suchen nicht deferiret, jedoch aber, daß ihnen die beſeßnen Güter wieder eingeräumet werden muſten, verordnet wurde, deſſen ſich die Herrſchaft ſonſt wohl entbrechen und die Leibeignen zum Anbau anderer Ländereyen anhalten können, wenn ſie befugt geweſen wäre, dieſelben ohne ihre Güter gar zu verkauffen. Wenn auch Böhmern ein oder anderer Caſus eines dergleichen Handels vorgekommen wäre, wo von Seiten eines ohne Gut verkaufften oder verſchenkten Leibeignen niemand geklaget, ſo läßt ſich doch daher kein Recht ſo gar wider die Landesgeſetze behaupten, auch dieſfalls die Landesgeſetze mit dem Römiſchen Recht L. 2. & 7. C. de Agric. & Cenſit. & Colon. einſtimmig, läßt ſich nicht abſehen, warum man diejenigen Juriſten, welche ſich des Römiſchen Rechts mit bedienet, gänzlich verwerffen wolle. Selbſt Mavius in angezogner Deciſion bejahet auch von Pommerſchen Leibeignen die Gleichheit ihres Zuſtandes mit denen glebæ adſcriptis, führet jedoch eine beſondere Gewonheit an, nach welcher die Herrſchaften ihre Leibeignen ohne Grund und Boden, veräuſſern könnten, und daß in Pommern die Leibeignen dieſfalls von denen Römiſchen Glebæ adſcriptis differirten. Dahero denn Böhmer wenn er aus der Meviſchen Ausnahme eine allgemeine Regul gemacht, und unter ſolcher auch die Lauſitzer leibeigenſchaftlichen Bauern, wider die Lauſitiſchen unläugbaren Geſetze begreifen wollen, hierunter zu weit gegangen, noch mehr aber hat Eſtor mit Anführung Bergers, Mevii und Böhmers zur Behauptung daß das Römiſche Recht dieſfalls keine Autorität hätte, gefehlet, und mag er damit am wenigſten L. I. C. ne Ruſticani ad ullum obſequium devocentur, unkräftig machen, zumal die darinnen benannte ruſticana plebs keiner Leibeigenſchaft unterworfen geweſen, auch damit die andern jura generalia & ſpecialia einſtimmig ſeyn, wie noch mit mehrern ausgeführt werden wird.

§. 7.

Ferner rufet **Eſtor** §. VIII ſeiner mehrerwehnten Vorrede und der Commentation außer dem **Thomaſius** in ſeiner Diſp. de uſu pract. Diſtinctionis hominum in liberos & ſervos und **Pettſchen** wegen ſeiner Diſp. de diviſione ope-

Leyßers Meynung von dem römiſchen

R 3

operarum in determinatas & indeterminatas, bey denen wir uns nicht nöthig
haben aufzuhalten, beſonders aber Auguſtin von Leyſer, Med. ad Pand.
Spec. 416. Medit. I. als einen Zeugen zum Beweiß ſeiner Meynung auf. Ob
nun wohl dieſer am angeführten Orte einerley Meynung mit Eſtorn hierüber
zu haben ſcheinet, und eben daſſelbe auch in ſeiner Diſſ. de juribus prædiorum
nobilium inprimis Saxonicarum wiederholet, ſo ſcheinet er doch daſelbſt eigentlich nur problematiſch von der Sache zu reden, maßen er ſich hernach Spec. 417.
Medit. I. p. 1074. Vol. VI. auf eine ganz andre Art; als es Herr Eſtor
wünſchet, hierüber erkläret.   Denn hier ſchränket er ſeine Meynung darauf ein,
wenn bloß über die Freyheit ganzer Bauergüther Streit ſey, welche freylich
nicht vermuthet wird, weil die Sächſ. Landes-Ordnungen von Bau-Dien-
ſten und denen Zwang-Dienſten derer Unterthanen-Kinder dem zuwider ſind,
als worinnen kein Beſitzer eines Bauerguthes auf eine Vermuthung der Freyheit ſich beruffen kann.   Si autem non de jure, fähret Leyſer fort, ſed de
modo operarum litigatur, interpretatio ad exemplum ſervitutum prædialium
ſic facienda, ut ſerviens, quam fieri poteſt, minimo detrimento adficiatur,
L. 9. D. de ſervitut.   Servitia enim ruſtica, quibus libertas naturalis immi-
nuitur, odioſa ſuerunt ipſis quoque priſcis Germanis, ut ex ſpeculo Saxon.
Lib. III. art. 42. apparet.   Alſo erkennet hier Leyſer ſelbſt die Frohndienſte vor
verhaßt, und daß ſie in dubio von einem unpartheyiſchen Richter einzuſchränken ſeyn.   Dieſes kann nun auf keine andere Art geſchehen, als daß er den
Grund der Verbindlichkeit unterſucht, diejenigen Arten der Dienſte, wozu
ſich ein Recht zeiget, denen Herren zuſpricht, ſolche Dienſte aber, wovon es
zweifelhaft oder noch unerwieſen iſt, denen Bauern aufzubürden, Bedenken
trägt, bis daß der Herr den Grund ſeines Rechtes ſolche zu fordern erweiſet.
Anders kann nicht verfahren werden, auch keine nähere Einſchränkung oder
Beſtimmung ſonſt ſtatt finden, wenn es nicht auf ein allzuwillkührliches Verfahren hinauslaufen, oder von eines jeden veränderlicher Einſicht abhangen
ſoll.   Alſo iſt Leyſer vielmehr ſelbſt ein Verfechter der Vermuthung der natürlichen Freyheit, geſchweige denn, daß er ſolche ganz verworfen hätte.   Es
ſcheinet ſeine Art zu ſchlüßen, dieſe zu ſeyn: Welcher Bauer ſein Guth vor
gänzlich dienſtfrey ausgeben will, hat die Vermuthung wider ſich, und muß
die Befreyung erweiſen; welcher aber einige Dienſte, vornemlich, die in den
Landes-Geſetzen vorgeſchrieben, einräumet, und nur andere, wozu weder aus
den Geſetzen noch aus Verträgen einige Verbindlichkeit erhellet, ableugnet,
dieſer hat hierinn die Vermuthung der natürlichen Freyheit vor ſich, bis der
Herr ſein Befugniß und des Bauers Schuldigkeit erwieſen hat.   Dieſes iſt
auch meine Meynung, und es iſt auch unſtreitig der ſicherſte Weg, wobey

man

man nicht einmal nöthig hat, zu denen Titeln des Codicis, ne rusticani ad ullum obsequium devocentur, und ne operæ a Collatoribus exigantur, seine Zuflucht zu nehmen.

§. 8.

Ganz anders aber ist es damit beschaffen, wenn **Lerser** im angeführten Spec. 416 Medit. I. ad Pand. Vol. VI. diejenigen eines großen Irthums beschuldiget, welche aus ietztbenannten Tituln des Codicis einen Schluß auf unsre Bauern machen wollten, die doch von denen römischen rusticis himmelweit verschieden wären. Denn diese, sagt er ferner, wären freye Leute und oftmals ihrer Herkunft nach von vornehmer Familie gewesen, die, wenn sie die Unruhe in Städten überdrüßig, sich auf ihre Landgüter zur Ruhe begeben, und daselbst frey von Geschäften mit ihren Knechten und ihrem Vieh ihre ererbten Aecker bestellet hätten. Bey den Teutschen aber hätte sich dieses ganz anders verhalten. Hierauf aber läßt sich mit Fug und Recht gar vieles antworten. Denn wenn auch bey denen Alten das Wort Rusticus in so weitläuftigem Verstande genommen worden, daß es überhaupt denjenigen, welcher auf dem Lande sich aufhielt, und das Land entweder selbst oder durch seine Leute bauete, bedeutet, also auch solche, die vornehmerer Herkunft auf ihren Landgütern sich aufgehalten, darunter mit begriffen werden können, so ist doch davon kein allgemeiner Schluß zu machen. Am wenigsten aber passet es auf den angeführten l. 1. Diocletiani et Maximiani Aug. in Tit. Cod. ne rusticani ad ullum obsequium devocentur, wenn es darinn also heißt: ne quis *ex rusticam plebe*, quæ extra muros posita, capitationem suam detulit, ad annonam congruam præstat, ad ullum aliud obsequium devocetur. Denn hier wird rusticana plebs entgegen gesetzt plebi urbanæ, wovon es l. un. Cod. de Capitatione Civium Censibus exiyenda heißt: Plebs urbana minime in censibus pro capitatione sua conveniatur, sed immunis habeatur. Wie nun plebs urbana, den gemeinen Mann in der Stadt, den niedrigen Pöbel, oder denjenigen Theil von Stadt-Einwohnern bedeutet, welcher seines Unvermögens wegen nicht einmal zur Kopfsteuer etwas zinsete, sondern frey war, also bedeutet plebs rusticana gewiß nicht vornehme Landedelleute oder Patricier, die sich zur Ruhe aufs Land begeben haben, sondern das niedrigste Landvolk, die zwar vor ihre Person frey waren, aber nach besagter l. 1. capitationem et annonam erlegen mußten, wovon schon oben §. 5. geredet worden, so wie unsre Bauern Kopf-Quatember-Land-Steuern, imgleichen Magazin- und Zinsgetrayde entrichten müssen.

§. 9.

Fortsetzung.

§. 9.

Vorzüge des Landlebens bey den alten Römern. Es bleibet demnach höchstirrig, wenn *Leyser* also generell die Rusticos bey den Römern vor so wichtige Leute ansiehet, die man mit dem heutigen Bauernstande gar nicht vergleichen könne. Denn nach dem ganz alten Zustand des Römischen Reichs unter den Königen und in den ersten Zeiten der freyen Republik darf man diese Sache nicht beurtheilen. Ihr Reich war zu derselben Zeit noch klein, und ihr Gebiete um die Stadt Rom nur in einen mäßigen Raum eingeschränkt, welcher sich nur nach und nach erweiterte. Aber zu derselben Zeit waren die Römischen Bürger theils in der Stadt Rom wohnhaft, theils auf dem Lande ansäßig, und trieben den Ackerbau, wozu sie vornemlich ihre zu Knechten gemachten Kriegsgefangene gebrauchten. Sie besaßen die Tugenden damaliger Zeit im höchsten Grad, ihre eingepflanzte Liebe vor das Vaterland war die Triebfeder ihrer Ehrbegierde und Tapferkeit, der Feldbau aber war ihr größter Reichthum. Doch waren diese damaligen tugendhaften Römer nicht begierig, vor sich große Reichthümer zu haben, noch that die Dürftigkeit, oder wenn sie auch selbst ihren mit Ochsen bespannten Pflug regierten, und ihr Feld bestellten, dieses ihrer Ehre Abbruch, sondern sie gelangten zu den größten Ehrenstellen, und wurden wohl gar von dem Acker weg zum Consulat oder der höchsten Dictator-Würde erhoben, wie davon das Exempel des *Quintius Cincinnatus* A. V. C. 294 zeiget. Es war auch der Landbau schon von der ersten Stifung des Römischen Reichs an in größten Ehren gehalten, weil Romulus den Freygebohrnen nur zu zwey Handtierungen Erlaubniß gegeben hatte, also daß sie in Friedenszeiten ihre Aecker baueten, im Kriege aber wieder den Feind zogen. Handwerker wurden wenig getrieben noch geachtet. Numa Pompilius besonders suchte auf alle Art und Weise den Ackerbau ins Aufnehmen, und fleißige Ackersleute zu Ehren zu bringen. Dieses alles hatte auch auf die alten Römer bey ihren übrigen rühmlichen Eigenschaften so gute Würkung, daß es in ihren Geschichtschreibern an häufigen Beyspielen nicht fehlet, daß zu damaligen glänzenden Zeiten des Reichs diejenigen, welche mit Verachtung der Reichthümer und der größten Mäßigung sich und ihr Hauß mit ihrer Hände Arbeit auf ihrem Acker ernährten, weit mehr in Ehren gehalten wurden, als andere, welche viele Reichthümer an sich brachten, und solche andern auf Zinßen ausliehen. Jedoch, da Treu und Glauben zu halten auch ein vester Grundsatz bey ihnen war, so ward derjenige, welcher reichen Darleyhern oder Verpachtern ihrer Aecker die versprochenen Zinßen oder Pachtgeld nicht behörig entrichtete, der Gewalt seiner Gläubiger unterworfen, die oft mit ihren Schuldnern aufs härteste verfuhren. Dadurch wurden freylich die Reichen dem Volke am meisten verhaßt, die sie

nicht

nicht anders als Wucherer anſahen, und die auf dem Lande von dem Ertrag ihrer Felder genügſam lebenden Bürger erhielten ungeachtet des Einfluſſes, den jene durch ihre Reichthümer auf die Stimmen des Volks hatten, doch immer den Vorzug bey Erwehlung zu Ehrenſtellen und andern Ehrenbezeigungen. Die Liebe des Vaterlands, unerſchrockne Tapferkeit und Genügſamkeit bey einem mäßigen Unterhalt vom Feldbau waren die angebohrnen Tugenden der Römiſchen Bürger in den erſten Zeiten der freyen Republik. Hierzu trug nicht wenig bey, daß ſowohl die Zunftmeiſter- als Cenſor-Würde dazu beſtellet war, auf fleißige Handhabung guter Sitten Acht zu haben. Denn wie leicht kam einer, der Reichthümer beſaß, in eine Unterſuchung wegen deren unrechtmäßiger Erwerbung. Alſo bliebe die Vergnügſamkeit bey einer mäßigen Landwirthſchaft der gewiſſeſte Schutz wider dergleichen Anklagen. Marcus Porcius Cato, welcher A. V. C. 519 zu Tuſculum gebohren, und allem wollüſtigen Leben abgeneigt war, ſoll in ſeiner Jugend von ſeinem Landgüthgen des Morgens früh in die umliegenden kleinen Städte gegangen ſeyn, die Sachen ſtreitender Partheyen vor Gerichte zu vertheydigen. Von dar wäre er auf ſein Landguth wieder zurücke gekommen, hätte ein ſchlechtes Kleid angeleget, und mit ſeinen Knechten gearbeitet, nach der Arbeit hätte er ſich mit ihnen zu Tiſche geſetzet, auch mit ihnen einerley Brod gegeſſen, und einerley Wein getrunken. Dieſer Cato iſt gleichwohl nachher Quäſtor, Cenſor, Ædilis, Prätor, und Proconſul geweſen, und hat vor ſeinen Sohn Bücher de re Ruſtica oder de Agricultura geſchrieben, worinnen er im Eingange vorgetragen: Es wäre manchmal beſſer, ſein Gewerbe mit Kaufhandel zu ſuchen, wenn es nicht ſo gefährlich wäre; desgleichen mit Ausleyhung auf Zinſen oder Suchung der Zinſen, wenn es nicht ſo wider die Ehre laufe. Denn, ſaget er, unſere Vorfahrer haben dafür gehalten, und in denen Geſetzen verordnet, daß ein Dieb nur mit dem duplo, ein Wucherer aber mit dem quadruplo zu beſtrafen. Woraus man zu urtheilen hätte, um wie viel ein Wuchertreibender Bürger ärger, als ein Dieb ſey. Et, ſetzet er hinzu, virum bonum cum laudabant, *ſcilicet Majores*, ita laudabant bonum agricolam, bonumque colonum. Ampliſſime laudari exiſtimabatur, qui ita laudabatur. Mercatorem autem ſtrenuum ſtudioſumque rei quærendæ exiſtimo; verum (ut ſupra dixi) periculoſum & calamitoſum. At ex agricolis & viri fortiſſimi & milites ſtrenuiſſimi gignuntur, maximeque pius quæſtus, ſtabiliſſimuſque conſequitur, minimeque invidioſus: minimeque male cogitantes ſunt, qui in eo ſtudio occupati ſunt. M. Terentius Varro, gebohren A. V. C. 638. ſaget im Tractate de Re Ruſtica, Lib. II. im Eingange No. I. Viri magni, noſtri majores non

ſ ſine

fine causa præponebant rusticos Romanos urbanis, wormit er ebenfalls dem Vorzug der Landbürger oder nach dem heutigen Stylo zu reden, der römischen Bauern, vor denen in Städten wohnenden von Alters her behauptet.

§. 10.

Ob die Schilderung desselben bey den alten lateinischen Poeten allhier brauchbar.

Hieraus nun kann man genungsam erkennen, wer und was die alten Römischen Bauern oder Landleute in denen guten Zeiten der freyen Republik gewesen, nemlich sie waren die vornehmsten und zu den grösten Ehren gelangenden Römischen Bürger. Je mehr einer sich des Eigennutzes entschlagen, hingegen aber in seinem Land- oder Feldbau selbst arbeitsam und fleißig gewesen, und obgleich schlecht, doch von seinem Ackerbau, ohne jemandes Beschwerung genügsam gelebet, und sonst vor Erhaltung des Vaterlandes und zu dessen Besten, sich eifrig und tapfer erwiesen, desto mehr war er, wenn er zumal in der Beredsamkeit sich mit hervor thun können, beym Volke in Hochachtung, und durch dessen Wahl kam er zu den grösten Ehrenstellen. Dergleichen Land- oder Bauerleben der tugendhaften Republikaner ist es gewesen, welches hernach, da die Römer durch die Eroberungen vieler Länder und besonders durch Erlangung der Griechischen und Asiatischen Schätze sich so sehr bereichert hatten, und mit Verlassung der guten Sitten, in große Schwelgereyen, Unterdrückungen, Aufstand wider die Regimentsführung und in andere Laster ausgeartet waren, die Poeten Virgilius, Horatius und Martialis bey Kaysers Augusti und folgender Kayser Zeiten, auch Cicero in seinen Reden so sehr mit Lobsprüchen erhoben. Zu dieser Dichter Lebzeiten war das von ihnen so gerühmte tugendhafte Landleben schon nicht mehr oder doch nicht mehr so stark in seinem Laufe vorhanden, und ob es wohl auch unter den Römischen Bürgern allezeit Liebhaber desselben gegeben, so war es doch mit ihrer eignen Arbeit in ackern und pflügen nicht mehr so beschaffen. Man muß demnach diese Lobsprüche derer Römischen Dichter auf das Landleben nicht vor eigentliche Abbildungen derer Bauern ihrer Zeit ansehen, sondern vor das, was sie sind, nemlich poetische Gemählde, Abbildungen der Sitten der vorherigen Zeiten, Spiele der Einbildungskraft, so wie man sehr irren würde, wenn man in denen heutigen Dichtern dasjenige, was sie zum Lobe des Schäfer- oder Hirtenlebens dichten, eigentlich auf unsre heutigen Hirten deuten wollte, oder es enthalten auch zum Theil diese dichterischen Schilderungen solche Züge, die mit der Natur des Bauerstandes aller Zeiten so übereinkommen, daß sie auch eben so gut von unsern heutigen Bauern gesagt werden könnten. Wir wollen, dieses zu zeigen, die Römischen Dichter, woraus

man

man den Unterſchied derer römiſchen Bauern von unſern teutſchen zeigen zu können, vorgiebt, etwas näher durchgehen.

Virgilius, in ſeinen Georgicis Lib. I. v. 210. ſaget:

> Exercete viri tauros, ſerite hordea campis.

Hier finden wir die Bauern und Ackersleute als Männer, welche mit Ochſen pflügen, und Getreyde ſäen. Ferner, wenn es heißt:

> Scilicet omnibus eſt labor impendendus, & omnes (*arbores*)
> Cogendæ in ſulcum, ac multa *mercede* domandæ,
>
> Georg. Lib. II. v. 61. 62.

ſo iſt nicht von Knechten oder Sclaven die Rede, welche Römiſche ruſtici haben konnten, ſondern von Arbeitern vors Tagelohn. Ferner erzehlet er die Arbeiten der Bauern folgendermaßen:

> Jam tum acer curas venientem extendit in annum
> Ruſticus: et curvo Saturni dente reliĉam
> Perſequitur vitem attondens, fingitque putando.
> Primus humum fodito, primus devecĉa cremato
> Sarmenta, & vallos primus ſub tecĉa referto:
> Poſtremus metito: bis vitibus ingruit umbra:
> Bis ſegetem denſis obducunt ſcutibus herbæ.
> Durus uterque labor.
>
> ib. v. 405. 418.

Das ſind eben die Bauerarbeiten, wie bey uns. Und ungeachtet er es als harte Arbeiten vorſtellet, die es auch ſind, ſo beſchreibet er doch in der bekannten darauf folgenden Stelle, v. 458 ſeqq.

> O fortunatos nimium, ſua ſi bona norint,
> Agricolas: quibus &c.

das Leben der Landleute als ein glückſeliges Leben, dieſes geſchiehet aber nur von der moraliſchen Seite, in Abſicht auf die dieſem Stande beygelegte Tugend der Zufriedenheit.

Eben dieſes gilt auch vom Horaz, wenn dieſer z. E. Epod. Od. 2. in der Ode:

> Beatus ille, qui procul negotiis &c.

die Vorzüge des Landlebens vor den Stand eines Wucherers oder eines zankſüchtigen Bürgers in der Stadt herausſtreicht, wobey er doch ſelbſt ſagt, daß er bey ſeiner poetiſchen Schilderung die Abſicht auf die alten Zeiten habe, ut priſca gens mortalium. Und wenn man es recht betrachtet, iſt doch die ganze Ode eigentlich nur eine ſatyriſche Anſpielung auf den reichen Wucher Alfius, welcher freylich, wenn er von ſeinem Gelde, oder Pecunia Idibus redacĉa, ſich

Land,

Landgüther erkauft hätte, nicht mit unsern Bauern zu vergleichen gewesen
wäre, sondern gar wohl hätte sagen können:

> ut juvat — videre —
> Politos vernas, ditis examen domus
> Circum renidentes lares.

Aber darnach darf man gar nicht auf die Römischen Bauern überhaupt urtheilen. Wenn die Dichter von reichen Landleuten, von ihren Knechten, servis
aut vernis reden, was will man daraus vor einen Schluß machen. Wollte
man sagen, daß von den Römern die Eigenthümer der Aecker mit dem Nahmen
als rustici beleget worden, welches reiche und von guten Geschlechtern herkom-
mende Leute gewesen wären, die die eigentliche Bauerarbeit ihren Knechten
und vernis überlassen hätten, so würde man sich sehr irren. Varro kann uns
ein anders lehren, wenn er de re rustica Lib. I. c. 17. §. 2. p. 173. edit. Gesn.
also spricht: Omnes agri coluntur hominibus servis aut liberis, aut utrisque.
Liberis, aut cum ipsi colunt, ut plerique pauperculi cum sua progenie: aut
mercenariis, cum conductitiis liberorum operis res majores, ut vindemias
ac foenificia administrant: iique quos obæratos nostri vocitarunt, et etiam
nunc sunt in Asia, atque Ægypto & in Illyrico complures. De quibus uni-
versis hoc dico, gravia loca utilius esse mercenariis colere, quam servis, &
in salubribus quoque locis opera rustica majora, ut sunt in condendis fructibus vindemiæ aut messes. Hier sehen wir daß nach dem Zeugniß des
Varro die meisten von dem Landvolk als die ärmsten selbst mit ihrer Familie
die Aecker gebauet, andere freye Landleute aber sich vor Lohn als Gesinde, merce-
narios vermiethet. Kann man also diese Landleute, wovon Varro redet, wohl
mit unsern Landedelleuten vergleichen, oder ist es nicht vielmehr der plebs rusticana, wovon l. 1. C. ne rustici ad ullum obsequium devocentur.

Martialis wird von Leysern besonders als ein Beweiß seiner Meynung
angeführt, wenn es Lib. III. epigr. 58. also lautet;

> Nec venit inanis rusticus salutator;
> Fert ille ceris cana cum suis mella,
> Metamque lactis: tassinare de sylva
> Somniculosos porrigit ille glires;
> Hic vagientem matris hispidæ foetum,
> Alius coactos non amare capones,
> Et dona matrum vimineo ferunt texto,
> Grandes proborum virgines colonorum.

Wer siehet nicht sogleich aus dem ersten derer angeführten Verse, welchen
Leyser mit Vorsatz weggelassen, daß hier gar nicht die Rede ist, von einem
Zins-

Zins Bauer, de ruſtico cenſito vel colono, mit denen er unſere heutigen Bauern verglichen wiſſen will, ſondern de ruſtico Cliente, von einem Clienten, welcher früh Morgens zu ſeinem Patron vom Lande in die Stadt, Virg. Georg II, 462 Horat. Satyr. lib. I. 1, 10. und nicht mit leeren Händen, ſondern mit Geſchenken kommt, welches um deſto wichtiger war, da die Patroni von ihren Clienten keine Bezahlung an Gelde fordern durften. Der Poete nennet es dona, und daß dieſes keine Gaben, welche man aus Schuldigkeit bringen muß, ſondern freywillige Geſchenke ſind, lehret Marcianus l. 214. D. de V. S. *Munus proprie eſt, quod neceſſitate obimus, lege imperiove ejus, qui jubendi habet poteſtatem. Dona autem proprie ſunt, quæ nulla neceſſitate juris officii, ſed ſponte præſtantur, quæ ſi non præſtentur, nulla reprehenſio eſt, & ſi præſtentur plerumqne laus ineſt.* Alſo kann Leyſer durch dieſe Stelle des Martialis nichts erweiſen, eben ſo wenig werden ihm auch lib. XII. epigr. 18. 77. lib. IV. epigr. 90. und in Affict. epigr. I. hierzu etwas dienen können, wo Martialis denen Bauern und Landleuten ſeiner Zeit entweder ſolche Arbeiten und Eigenſchaften beylegt, die ſie mit unſern Bauern heutiger Zeit gemein haben, oder ſich bloß poetiſcher Beſchreibungen bedienet, ſo wie jetzo noch vieles ſchönes vom Schäferleben gedichtet wird, welches ſich in der Natur nicht alſo verhält. Alſo kann auch niemand davon einen Gebrauch machen, dadurch zu erweiſen, daß man von l. 1. C. ne ruſticani ad ullum obſequium devocentur, oder l. un. C. ne operæ a Collatoribus exigantur, eine unrechte Anwendung auf unſere heutigen Bauern mache, als welche von denen Römiſchen, wovon gedachte lateiniſche Schriftſteller beſagten, himmelweit unterſchieden wären.

§. II.

Es leuchtet der Ungrund dieſes Vorgebens um deſto mehr in die Augen, weil von denen alten römiſchen Zeiten gar kein Schluß auf diejenigen Zeiten zu machen, wo gedachte beyde Geſetze gegeben worden. Denn l. 1. C. ne Ruſticani iſt unter den Kayſern Diocletiano und Maximiniano A. C. 286. oder ſpäter, das andere Geſetz aber A. C. 368. unter Valentiniano gegeben worden, ſie handeln auch nicht von denen auf dem Lande lebenden Römiſchen Bürgern, von welchen gedachte Poeten geredet, immaßen Cod. Lib. XI. Tit. 48. de capitatione civium cenſibus eximend. die Römiſchen Bürger, und darunter auch das gemeine Volk von den cenſibus pro capitatione, vom Kopfgelde frengeſprochen, ſondern weil zu ſolchen Zeiten viel auswärtige Provinzen unter der Römiſchen Herrſchaft ſtunden, ſo war l. 1. C. ne Ruſticani ad ullum obſequium devocentur, eine Kayſerliche Verordnung an die Præſides Provinciarum, daß Ruſticana

Unter den ſpätern Kayſern war der Römiſche Bauer ſehr in Verfall gerathen, u. von denen jetziger Zeit nicht weit unterſchieden.

cana Plebs, die gemeinen Bauern, welche außer den Städten wohneten und
ihre auferlegte Kopfsteuer, und Proviant- oder Zins-Getraide abgeliefert,
zu nichts weiter angehalten werden sollten. Dergleichen Bauern nun sind
eben nicht himmelweit von den unsrigen unterschieden, maßen die unsrigen
ebenfalls Land- und Kopfsteuern, auch zum Proviantwesen Zins- oder soge-
nanntes Magazin-Getraide abliefern, ihre Onera auch, wie die Römischen
Tributa per L. 3. C. de Annon. & Tribut nicht auf ihre Person, sondern auf
den Gütern haften.   Ja, ob unsere Bauern wohl von einem im Lege angezeigten gemeinen Bauernvolke darinnen verschieden sind daß sie noch weit mehr
nemlich herrschaftliche Dienste und Zinsen entrichten müßen, so bestätiget doch
dieses den Gebrauch besagten Römischen Gesetzes nur noch mehr, und desto
weniger kann wider dasselbe, außer dem was die Bauern aus Verträgen oder
nach bewährten Herkommen schuldig seyn, das herrschaftliche Ansinnen oder
Auferlegen mehrerer Beschwerungen oder Dienste statt finden; Vielmehr muß
in solchem Fall die Vermuthung der natürlichen Freyheit, als von erwehntem
Lege unterstützet, vorgezogen werden, wie denn auch in L. unic C. ne opera
a Collatoribus exigantur, von denen Provincialibus begehrte Dienstleistungen
verbothen, und es sind des Herrn Hofraths von Leyser und Herrn Vice-Canz-
lers Estors Einwürfe, oder ihre von den Poeten hergenommenen Gründe
wider den Gebrauch erwehnter Gesetze des Römischen Rechts hiermit sattsam
widerleget, oder als unbrauchbar erwiesen.

§. 12.

Woven einige den Ursprung der Leibei-genschaft herleiten, und besonders was Lehmann in der Speyer-schen Chro-nicke hie-über vor-getragen.

Ob Clo-dovaus die über-

Es sind zwar Clodovai des Großen Ueberwindung der Alemannier, und
Carls des Großen Bezwingung der Sachsen solche uralte Sachen, daß man
nicht meynen sollte, als wenn sie heute zu Tage zu Ausführung der Rechte der
Bauern und ihrer Herren zu gebrauchen wären.   Es haben sich aber doch Autores gefunden, welche daher eine allgemeine Einführung der Knechtschaft, von
denen unsere Bauern abstammeten, zu behaupten vermeynt.   Wir wollen
demnach der Ordnung nach, zu erst die von Clodovaus dem Großen beschehene
Ueberwindung der Alemannier in Erwegung ziehen.   Christoph Lehmann
in seiner Speyerschen Chronicke im andern Buche und dessen 20. Capitel führet
zu Behauptung des Ursprungs der Leibeigenschaft unter andern derer Franken
mit denen Alemanniern, oder mit denen Schweitzern, Schwaben, Bayern,
Düringern, Hessen und Meißnern um das Jahr 499. nach Christi Geburt geführte große Kriege an.   Da es nun zwischen Clodovzo Magno und seinen
Franken eines Theils und denen Alemannen, andern Theils, bey Tollkirch,
oder wie von andern gesaget wird, bey Tollbiacum, heute zu Tage Zülch,
Zul.

Zulpich oder Zulpich, einem Städtchen in dem heutigen Herzogthum Jülich wuhdenen Alemaſſen zu einem Haupttreffen gekommen, und Clodovæus obgeſieget, ſo hätte er, in Knecht- ſetzet Lehmann hinzu, weil er bey den Römern den Brauch in Acht ge- ſchaft ge- nommen, daß ſie die Ueberwundenen mit Leibeigenſchaft beladen, ſeget. und dadurch alle Mittel wieder ſie zu kriegen abgeſchnitten, gleich- mäſsige Strenge und Schärfe fürgenommen, und die Alemannier aller Wehr und Waffen entblöſet, und anſtatt, daß er Mann, Weib und Kinder das Leben geſchenkt, alle ſämtlich zu Knechten, und mit Leib und Guth ihm zu eigen gemacht, und aus ihrer ural- ten teutſchen Freyheit ſo tief herunter geſetzet, daß ſie weder ſelbſt Krieg erheben können, noch zu Kriegshändeln oder andern obrig- keitlichen Verwaltungen gezogen worden, ſondern Diener und ent- wehrte Leute ſeyn und bleiben müſſen. Allein, ohne mich bey der Un- terſuchung, was oder wie viel Länder die Alemanni oder die ſich zuſammen geſchlagenen allerley Männer inne gehabt, kann ich Lehmanns Vorgeben, als ob Clodovæus ihnen die Leibeigenſchaft auferleget, nicht beyfallen, oner- wogen er, als ein Autor vom Jahr 1612. zur Unterſtützung ſeines Vorgebens ſich lediglich auf Vadianum berufet in Epiſt. apud Goldaſt. Tom. 2. Antiquit. Alem. fol. 84. verbis: Plena fuit ſervis & ſervitutibus Alemannia noſtra, cujus magna pars hodie Helvetia eſt, nec eſt, quod ſciam, montanus pagus aliquis Helveticus, qui rebus Francorum florentibus, duriſsimam illam, ſervi- tutem non ſerviverit. Extant enim tabulæ veteres, quæ hanc rem clariſſime teſtantur. Allein Joachim Vadianus, nach Jöchers Gelehrten-Lexicon, ein Schweitzer aus adlichen Geſchlechte von Watt, war 1484. gebohren, 1518. Doctor Medicinæ, und hernach Bürgermeiſter zu St. Gallen. Dahero er als ein Autor des 16ten Jahrhunderts, über ſolche facta, die mehr, als 1000. Jahr vor ihm geſchehen ſeyn ſollen, kein tüchtiger Zeuge ſeyn kann. Chri- ſtoph Lehmann aber hat ſeine Speyerſche Chronicke beſage ſeiner Dedication 1612. gefertiget gehabt. Dahero einer ſo wenig als der andere in dem Stücke Glauben verdienet, nicht zu geſchweigen, daß aus Vadiani Schreiben, de Servis & Servitute Alemanniæ, noch keine Leibeigenſchaft abzunehmen, oder wie einige folgende Scriptores, als Erhard de Operis Ruſticorum Concluſ. III. ſich herausgelaſſen: ob wäre auf dieſen Tag, nemlich des Clodovæi Ueber- windung der Alemannier, aller Preiß, Herrlichkeit, Ruhm, Freyheit und Kraft der Alemannier zu Grunde gangen, und habe teutſche Nation alle ihre Freyheit verlohren, dergleichen mit Grund der Wahr- heit nicht zu behaupten. Denn die Hiſtorici, ſo entweder coævi oder doch der Re- gierung des Fränkiſchen Königs Clodovæi näher ſeyn, ſchweigen oder reden doch ganz anders von Clodovæi Handlungen.

§. 13.

§. 13.

Der Historicus von Verona, Paulus Aemilius, welcher 1529. gestorben, ist zwar von den Zeiten Clodovzi Magni weit entfernt, ist aber doch demselben näher als Lehmann, und wenigstens mit Vabiano ein coxvus, und wegen seiner Gelehrsamkeit ein sehr berühmter Mann, der als Canonicus bey der Stiftskirche zu Paris; auf Befehl des Königs von Frankreich Ludewigs des XII. seine zehen Bücher de rebus gestis Francorum geschrieben, worbey ihm also die Archive offen gestanden. Dieser trägt nun in der Baselschen Ausgabe vom Jahr 1601. pag. 7. vor, wie den überwundenen Alemannen großer Tribut auferlegt, dieselbe auch schwere Gesetze und Obrigkeiten von dem erzürnten Ueberwinder empfangen, jedoch bringt er auch darauf pag. 8. seq. die der Sache halber, zwischen dem Könige der Ostregothen und in Italien, Theoderico, der zu Ravenna residiret, und dem Fränkischen Könige Clodovào gewechselten Briefe bey. Da denn jener, als sich ein Theil der Ueberwundenen in die Gränzen seiner Herrschaft retiriret, an diesen geschrieben, nach der Uebersetzung des Lateins in das Teutsche folgendermaßen: Zu deinem über die Alemannen erhaltenen Siege wünsche ich Glück, und nehme selbst Theil daran. Denn Deine Tapferkeit halte ich vor meine Glückseligkeit, sintemal es das Recht unserer Anverwandschaft und mein erhabenes Urtheil über die Größe Deines Gemüths, auch meine besondere Liebe gegen Dich, welche noch alles übertrift, es also erfordert. Die Anführer der Feinde haben sich vor ihre Unsinnigkeit Strafen zugezogen, ihr Verbrechen ist durch ihr eigen Blut ausgesöhnet. Es ist Deiner höchsten Klugheit gemäß, das Vergangene also anzunehmen, daß Du vor das Zukünftige Vorsehung thuest. Das ist ein prächtiger Triumph und der Deiner werth ist, daß eine Menge unschuldiger Leute, welche das Glück des Krieges und die göttliche Vorsehung verschonet, Dich demüthig bittet, daß Du denenselben Heil und ein unverleztes Leben schenkest, dergestalt, daß nach denen Göttern niemand sey, dem sie selbst mehr verdanken können. Vermehre Deine andern besondern Tugenden mit diesem Palmenzweig der Gnade und mit dem Lobe, das Leben zu schenken, durch welche einzige Sache Du dem besten Gott am nächsten kommen kanst. Damit unser Seculum, daß Du auch vor dasselbe gebohren bist und regierest, sich erfreuen, und rühmen könne, mit derer alten Glückseligkeit zu streiten. Vergieb den übriggebliebenen aus dem Volke der Alemannen, welches vorher das edelste gewesen, jedoch, wie derer unglücklichen Schiksale seyn, von einer eitlen

Furcht

Furcht erschüttert, sich in meiner als Deines Anverwandten Schooß begeben. Halte solchen Irrthum der Barmherzigkeit werth, und laß sie Deinen Frieden genießen und ihrer Gränzen sich gebrauchen, auch nach denen Gesetzen leben, wie es Dir recht scheinet, daß sie von Deiner uneingeschränkten Majestät herkommen. Ich gelobe, daß sie ins künftige nicht anders, als aus einer andächtigen gegen Dich äußernden und dankbaren Erinnerung Deiner Wohlthat handeln und gedenken werden. Würde aber etwas anders gethan, so würden sie von Dir, als dem Geber ihrer Wohlfarth nicht mehr, als von mir, wie dem Gelober ihres guten Willens und gleichsam Bürgen, vor Feinde anzusehen seyn, und ich da ich jetzo die Abbitte vor sie thue, selbst die Rache dafür fordern. Du hast sie in ihrem vollkommenen und blühenden Zustande überwunden, was könnte denn vor ein Ruhm hinzukommen, wenn deine Größe sich in den Sinn kommen ließe, verblutete und ausgemergelte Leute zu verfolgen? Ich bitte nichts vor ein gemein Volk, nichts vor meine Leidenschaften. Ich bin nur Deiner und Deines Ruhms eingedenk. Ich bestrebe mich auch nicht, Dich zu etwas zu bereden, wo ich nicht vorher überzeugt, daß es zu Deinem Lobe und Ruhm gereichen werde. Dieses Schreiben, sagt der Historicus, ist dem Beherrscher der Franken übergeben worden, worzu auch die Abgesandten ihre dem Zustande des elenden besiegten Volkes gemäße Bitten hinzugefüget hätten, welches bey dem Könige der Franken so viel vermocht hätte, daß er, als aus Antrieb der neuen Religion, maßen er bey diesem Vorfalle das Christenthum angenommen hatte, eine Versammlung der Bischöfe zu Lintz in Oestereich gehalten, als schon die heiligen Väter, deren viel übrig waren, überall her, dessen Befehl zu folge, zusammen gekommen, und demselben, als einem gerechten und heiligen Könige Gehorsam geleistet. Worauf denn Clodovaeus an der Ostrogothen König zur Antwort geschrieben: Daß Dir mein über die Alemannen erlangter Sieg nicht weniger angenehm, als glücklich zu seyn bedünket, erfreuet mich. Ich erkenne auch deine Wohlgewogenheit und Leutseligkeit. Da ich zuerst nach meinem natürlichen Betrieb beschlossen hatte, daß ich den überwundenen Alemannen Verzeihung wiederfahren ließe, so vergebe ich nunmehr ihnen ihre Entweichung und Abfall zu Deinen Ehren, und werden sie Dir desto mehr schuldig seyn, da diejenigen, welche einmal mit dem Leben beschenkt, und doch zur Unsinnigkeit immer wieder gekehrt seyn würden, sich keine Hofnung übrig ließen, wiederum Verge-

M   bung

bung zu erhalten, und ich werde ihrenthalben vermittelst Deiner
Handlungen, kein Versöhnopfer verlangen, sondern ich nehme sie
in ihre väterliche Besitzungen, in meine Treue und unter die Vor-
schrift gelinder Gesetze auf. Ins künftige, wenn bey ihnen die Gewohnheit mehr gilt, als die Beobachtung ihrer Pflicht, wird meine
vorige und jetzige Gelindigkeit, und Deine Veranlassung mit einem
schweren und blutigen Exempel gegen sie zu belegen seyn. Dieses,
heißet es ferner, ist theils durch Schreiben, theils durch die Gesandten abgehandelt, und hätten sie die Alemannen, Friede, Vaterland und die billigsten
Gesetze erlangt: verbis: Pace, patriaque ac æquissimis legibus imperatis.
Als auch Clodoväi Gemahlin Clotildis, oder nach Alberto Abbate Stadensi,
Godehilda, eine christliche Prinzeffin des Burgundischen Königs Gundebrandi Brudets Helperici Tochter, ihres Gemahls Burgundischen Krieg zu
heben suchte, hat sie nach Paulo Æmilio pag. 10. in ihrer Zuredung mit angebracht: Da du den hartnäckigsten Feinden, den Alemannen ein und
andermal Vergebung ertheilet hast, willst du denn die Burgun-
dier zu verfolgen nicht aufhören, bis sie vertilgt? Diese Beweise
legen zu Tage, daß Clodoväus mit denen Alemannen nicht so strenge verfahren, daß nach so langen Zeiten Lehmann mit Recht daraus eine Leibeigenschaft
vorbilden können.

§. 14.

Fortge-
setzte Un-
tersuchung
aus neuern
Schrift-
stellern. Franciscus Guillimannus, auch ein neuerer Autor aus dem vorigen Jahrhundert hat in seinem Buche de Rebus Helvetiorum Lib. II. Cap. X. erwehntes Schreiben des Königs der Ostrogothen und in Italien, Theodorici, mit
angeführet, jedoch ohne Clodoväi Antwort, und setzet hinzu, daß Theodericus
damit denen Alemannen nicht sowohl ihre Freyheit, oder etwas von ihrer alten
Würde, wieder verschaft, als vielmehr der Verfolgung ein Ende und den
Anfang der Knechtschaft gemacht. Seinem eignen Anführen nach, aber hätte
besagte Knechtschaft darinnen bestanden, daß ganz Alemannien theils dem
Fisco und theils denen Kriegsheerführern, deren Beyhülfe Clodoväus im ver-
gangenen Kriege erfahren, angewiesen worden wäre. Allen auch wohl nur
geringen Theilen von Alemannien wären Grafen gegeben worden; wer aber
allen vorgesetzet gewesen, wäre ein Dux und manchmal Dux Alemanniæ
manchmal Dux Sueviæ genennet worden, weil der größte Theil der Sueven
unter den Alemannen von den Scriptoribus und in Instrumenten mit begriffen.
Der Sitz des Gerichtshofs von Alemannien wäre da gewesen, wo 16. Grafen,
welche denen Gerichten vorgestanden, verordnet gewesen wären. Der Alemannen

nen Ruf und Ruhm ſey hernach weiter nichts geweſen. Aber aus einer ſolchen
Unterwürfigkeit, wo eines Volkes kriegeriſches und räuberiſches wilde Weſen
der Freyheit eingeſchränkt, oder abgeſchaft wird, und zu Handhabung des
Rechts und Gerechtigkeit Obrigkeit und Gerichte eingeſetzet worden, iſt keine
Leibeigenſchaft zu ſchließen, ja es iſt vielmehr der Leibeigenſchaft entgegen,
weil dieſe Leute mit ihren gehabten oder eingeräumten Beſitzungen, keinen
Privat-Herren eigen gemacht, dergeſtalt, daß nur ſie ſelbſt, nicht aber andere Herren über ihre Perſon und Beſitzungen, zu diſponiren gehabt. Hermannus Contractus, ein Hiſtoricus des XIten Seculi ſaget ad annum 493.
nur ſo viel, daß Ludovicus oder Clodovæus die Alemannen unterwürfig gemacht, ingleichen ad annum 508. Ludovicus Rex, quem Clodovæum dicunt,
Alemannos, divinum invocans auxilium, bello vicit atque ſubjecit. Sigber-
tus Gemlacenſis, ein Scriptor faſt mit vorigen von gleicher Zeit, da er im
Jahr 113. geſtorben, erzählet vom Jahr 499. im I. Theil der Hiſtoriſchen
Sammlung edit. Struv. pag. 728 wie das überwundene Alemannien zinsbar
gemacht worden, ſub Tributo redacta, und eben dergleichen trägt er auch,
Gundobaudo Rege Burgundionum victo, von den überwundenen Burgundern
vor. Es iſt demnach zu den Zeiten Clodovdi denen Alemannen, Sueven,
jetzo Schwabenlande und den Gegenden dort herum, keine Leibeigenſchaft auferleget geweſen, wie Lehmann und ſeines gleichen über 1000 Jahr nachhero
gedichtet, als welches auch viele der bewährteſten Schriftſteller gar wohl ein-
geſehen. Unter ſolchen kann ich vorzüglich Herrn Heinrichen Grafen von Bünau benennen, welcher in ſeiner teutſchen Kayſer- und Reichshiſtorie im erſten
Theil, im andern Buch pag. 602 geſaget: Alſo gieng er Clodewich ohn-
gehindert über den Rhein und über den Mayn, durchſtreifte Alemannien, trieb alles vollends aus einander, verfolgte die Feinde
bis an Rhätien, und machte ſich das Land zinsbar ꝛc. Es ſcheint
auch nicht, daß die unter Clodewichs Bothmäßigkeit gebrachten
Alemannen ihre Freyheit ganz verlohren haben, ſondern ſie haben
nur einen gewiſſen Tribut erlegen müſſen, und dagegen ihre eigne
Geſetze behalten, auch die Freyheit genoſſen, durch einen beſondern
Herzog unter Fränkiſcher Hoheit regieret zu werden. Wer von Sachen,
vor 1000 oder mehr Jahren geſchehen ſeyn ſollen, reden oder ſchreiben will,
muß ſeine Erzehlungen, mit tüchtigen hiſtoriſchen Beweiſen unterſtützen können, ſonſten man ihm nicht glauben kann, und wer iſt mehr damit verſehen
geweſen, als gedachter Herr Heinrich Graf von Bünau? Die von ihm in
Menge angeführten Zeugniſſe bewähren es zur Gnüge, wie genau er die Sache
unterſuchet, jedoch obenangeführte lehmanniſche oder anderer Erzehlung

von Clodovái Einführung der Leibeigenschaft bey den Alemannen vor wahr
nicht befunden.

Ein anderer gründlich und mit überall angeführten Beweisen schreibender
Historicus ist auch Joh. Jacob Mascov in der Geschichte der Teutschen. Dieser
hat im XIten Buch pag. 14 bey Beschreibung der Clodováischen Bezwingung der
Alemannen von der Einführung der Leibeigenschaft ebenfalls nichts befunden,
und der von ihm angeführte Gregorius Turonensis, der Ao. 544 gebohren,
erwähnet nur davon, wie die Alemannen, nachdem sie ihren König verlohren,
sich Clodovái Herrschaft unterworfen, und gebeten, das Volk weiter nicht
umkommen zu lassen, sie wären nunmehr die seinigen. Worauf es ferner
heißet: At ille prohibito bello, coarctato populo cum pace regressus, narravit
Reginæ, qualiter per invocationem nominis Christi victoriam incruit obti-
nere. Hat er, Clodováus, also mit den Alemannen einen Frieden gemacht,
so kann er sie in die Leibeigenschaft nicht versetzet haben. Es hat auch Mascov
noch bemerkt, wie in den folgenden Zeiten ein Theil Alemannen an Clodowichs
Enkel überlassen worden, worbey er hinzu gesetzet: Vielleicht hat die Art,
wie die Franken die überwundnen Alemannen gehalten, das meiste
beygetragen, daß sie beständig geblieben. Woraus zu schließen, daß
Clodováus ihnen kein so strenges Joch, als die Leibeigenschaft ist, auferleget.
Es hat auch Joachim Potgießer im Tractat de Statu Servorum Lib. I. Cap. II.
§. 63 Lehmannen und andern von ihm in der Not. b) bemerkten neuern Scribenten nicht beyfallen wollen, sondern denen, welche alle in den Theilen von
Alemannien damahls vorhandene und nunmehr noch übrig gebliebene Knechtschaft aus besagter Clodováischer Schlacht herleiten, widersprochen. Neque
setzet er hinzu, adeo rigide et ferociter cum Alemannis, præsertim trans-Rhe-
nanis actum esse, ut sibi persuadent bene multi scriptores, Procopius et Aga-
thias satis superque evincunt, utpote qui trans Rhenanos tantum tributo one-
ratos, memorant, liberosque dicunt. Quid? quod postea a Francis blando
Sociorum nomine & honore dignati suere, uti Adelmus in annalibus refert,
dum, eos a Francorum Societate defecisse, commemorat. Wie vor gedacht,
hat Lehmann unter den Alemannen auch Thüringer mit begriffen, und da will
ich Kürze halber den Leser auf Herrn Johann Heinrichs von Falkenstein Thü-
ringische Chronicke, und was derselbe Cap. 5. §. 25. beygebracht, verweisen.
Uebrigens ist auch aus dem in Schilteri Thesauro Antiquitatum Teutoni-
arum T. II. pag. 1. seqq. teutsch und latein gedruckten Jure Provinciali Alemannico wahr zu nehmen, daß das dasige Volk in die Leibeigenschaft nicht
versetzt gewesen seyn könne, maßen im 2ten Capitel dreyerley freye Leute erwehne,
und darunter es von der 3ten Art der freyen heißet: *Tertia species suus rustici*

liberi,

liberi, qui appellantur liberi Lantſaſſii, ſive liberi incolae, daz dritte ſint Geburen, die frÿ ſint, die heizzent frÿ Landſizzen. Davon wird auch im 50ſten Capitel geredet. Ob nun wohl auch darinnen, als e. g. Cap. LI. LII. LIII. LIV. LV. LVI. und ſonſt *de hominibus propriis* oder leib‑ eignen Leuten verſchiedenes vorkömmt, ſo ſind es doch nur Particular‑Sachen, oder es betrift einzelne Perſonen, und zwar eben nicht allezeit von dem gering‑ ſten Stande, maßen Cap. LIII. §. 4. 5. & 6. und Cap. CCCIII. §. 11. auch Mi‑ niſteriales, Dienſtleute, *ad homines proprios*, gerechnet, Da es auch Cap. CCIX. heißet: *Si in pago aliquo eſt judex, tum quicquid ille ſtatuit cum majore parte ruſticorum, hoc minor pars infringere non poteſt.* Iſt in einem Dorf ein Richter, ſwas der geſetzet, mit der merern Mengin der Geburen, daz mag der minner Tail nit widerreden. Demnach iſt aus denen bewährten Scribenten ſattſam dargethan, daß einige Neuere zu Behauptung ihrer von Clodovaeo eingeführten Leibeigenſchaft der Aleman‑ nen keinen Grund noch Beweis haben.

§. 15.

Eben ſo ſchlecht iſt es mit denen beſchaffen, welche Carls des Großen Wider‑ Ueberwindung der Sachſen zu einer Einführung der Leibeigenſchaft machen, legung de‑ als Erhardus de operis Ruſticorum, conch III. Leyſerus Jur. Georg. Lib. II. rer, welche Cap. 7. §. 4. & Lib. III. Cap 27. no. 1. & 2. Lehmann Chron. Spirens. ſprung der Lib. II. Cap. 20. welcher letztere ſaget: Als er, Carolus M., den Sachſen Leibeigen‑ und Weſtphalen obgeſieget, und dererſelben Landen die Leibeigen‑ ſchaft von ſchaft aufgeladen ꝛc. Aber weit gefehlet, daß ſich dieſes in der alten Hi‑ Carls des ſtorie gegründet befindet. Denn der Scriptor coaevus, Eginhard in ſeiner Großen Lebensbeſchreibung Kayſers Carls des Großen, deſſen Geheimſchreiber er war,[1] Bezwin‑ giebet 33 Jahre an, binnen welchen Carolus mit denen Sachſen Krieg ge‑ Sachſen führet, und ob ſie ſich gleich oft ergeben, auch ſich der Chriſtlichen Religion verleiten. zu unterwerfen verſprochen, dieſelben dennoch ſich immer wieder geändert. Sie wären einigemal bezwungen und beweget worden, ihren Götzen‑ oder Teufels‑ dienſt zu verlaſſen, und der Chriſtl. Religion ſich zu ergeben. Dahero, ob er, Carolus M. gleich ihre Treuloſigkeit etliche mal überſehen, er dennoch ſelbſt oder durch abgeſonderte Grafen ſie mit Kriegsheeren überzogen und nach Ver‑ dienſt beſtrafet,[2] bis er alle, welche Widerſtand gethan, geſchlagen, und

M 3 unter

---

1) beym Reubero pag. 4.
2) daſelbſt p. 5. verbis: donee omni‑ bus qui reſiſtere ſolebant profligatis, &

in ſuam poteſtatem; redactis, decem ho‑ minum millia ex iis, qui utrasque ripas Albis fluminis incolebant, cum uxori‑ bus unter ſeine Gewalt gebracht, und deren auf zehen Tauſend, welche an beyden Seiten der Elbe gewohnet, mit ihren Weibern und Kindern ausgehoben und fortgeführet, welche da und dorthin durch Frankreich und Teutſchland verſchiedendlich vertheilet worden. Und iſt endlich der ſo viele Jahre gedauerte Krieg unter folgenden Bedingungen, welche der König vorgeſchrieben und die Sachſen angenommen, beendiget worden, daß dieſe den Götzendienſt und die Ceremonien ihrer Vorfahren verlaſſen, das Chriſtenthum annehmen, und mit den Franken ein Volk werden müßen.

Der Autor Anonymus Annalium Regum Francorum, Pipini, Caroli M. et Ludovici, welcher als Aſtronomus Ludovici Regis domeſticus, angegeben, ſagt [1] ad annum 804 daß Carolus M. die über der Elbe und in Winnab oder Wegmund wohnende Sachſen mit einem Kriegsheer überzogen, und dieſelben mit Weibern und Kindern nach Franken geführet, die Dörfer und Flecken aber über der Elbe denen Abotriten oder Obotriten gegeben. Der Autor Annalium Hildesheimenſium [4] behauptet ein gleiches, außer daß an ſtatt Eginhard überhaupt 10000 Sachſen geſetzet, dieſer den 3ten Mann von den Sachſen, als nach Franken weggeführet, angegeben. Hermannus Contractus [5] Adamus Bremenſis [6] Annales Francorum Fuldenſes [7] Albertus Sta-

bus & liberis ſublatos, tranſtulit, & huc atque illuc per Galliam & Germaniam multi modo diviſione diſtribuit. Eaque conditione a rege propoſita, & ab illis ſuſcepta, tractuum per tot annos bellum conſtat eſſe finitum, ut abjecto dæmonum cultu, & relictis patriis ceremoniis Chriſtianæ fidei atque religionis ſacramenta ſuſciperent & Francis adunati, unus cum eis populus efficerentur.

3) In gedachten Reuberi Collect. Veterum Scriptorum pag. 34. verbis: Imperator Aquisgrani hyemavit, æſtate autem in Saxoniam ducto exercitu, omnes, qui trans Albin & in Wihmuodi habitabant, Saxones cum mulieribus & infantibus tranſtulit in Franciam, & pagos Transalbianos Abotritis dedit. Wimund war ein pagus, wo nach des Alberti Stadenſis Chronico, beſonders gedruckt zu Wittenberg Ao. 1648. pag. 81. Ao. 788. von Carolo M. die Kirche zu Bremen geſtiftet worden: Wovon Caroli Diploma pag. 82. ſagt: Sibique in Wigmodia in loco Bremon vocato ſuper flumen Wirrahsm, Eccleſiam & Epiſcopalem ſtatuimus cathedram.

4) Tom. I. Scriptor. Brunſvic. I eibnit. fol. 313. Carolus in Saxoniam pergens, Saxones obtinuit & tertium de eis hominem in Franciam educens collocavit.

5) Ad annum 804. apud Piſtor. Tom I. p. 223. Carolus Imperator transalbanos Saxones cum mulieribus & natis in Franciam tranſtulit, & pagos eorum Abotritis dedit.

6) Lib. I. C. 12. apud Mader. p. 15. cum nullis fere annis a bello vacantibus, tandem Saxones ita profligati legantur, ut ex iis qui incolunt utrasque ripas Albis fluminis X. millia hominum cum parvulis in Franciam translati ſint.

7) Apud Freherum Germ. Rerum Scriptor, Tom. I. pag. 10. Carolus Saxones

Stadenſis [*]) Helmoldus [*]) Lambertus Schaffnaburgenſis [*°]) alle insgeſammt ſtimmen der Verſetzung einiger überwundnen Sachſen in das Fränkiſche Reich bey, und ob ſie gleich nicht alle von einer gewiſſen Anzahl der an andere Orte verſetzten Sachſen reden, ſo reden ſie doch von den Sachſen, welche zu beyden Seiten der Elbe hin im Herzogthum Bremiſchen und Holſteiniſchen geſeſſen, und daß zwar von beyden Seiten die Verſetzung derer 10000 Mann oder der mehrern Anzahl, die Uebergebung ihrer verletzigten Ländereyen aber an die Obotriten, eine Nation der Wenden, nur auf der Holſteiniſchen Seite geſchehen.

§. 16.

Demnach wurden nur ein Theil der Sachſen nemlich die zu beyden Seiten der Elbe wohnende in die Fränkiſchen und Teutſchen Länder da und dorthin verſetzet, und auf viele Kriegszüge wider die Sachſen [11]) machte endlich Carolus M. durch einen Haupt-Friedensſchluß dem Sächſiſchen Krieg ein glückliches Ende. Man kann hier voraus ſetzen, daß die Sachſen auch vor Caroli M. Zeiten von denen Fränkiſchen Königen bezwungen, und zinsbar gemacht geweſen. Dergleichen hat ſchon Clotharius des Clobodäi Sohn und Chilperici Vater gethan, da er den Sachſen jährlich 500 Kühe zur Königl. Tafel einzuliefern auferleget, welche auch daher vaccæ inferendales genennt worden [12]).

Es mag auch dieſes beſchaffen geweſen ſeyn, wie es wolle, und es mag auch ſolcher Tribut der 500 Kühe nach des Hermanni Contracti Chronico [13]) Ao. 634, vom König Dagobert, weil die Sachſen Hülfsleiſtung wieder die Wenden verſprochen, wieder erlaſſen worden ſeyn, ſo leſen wir doch von ferner denen

zonen Transalbianos cum mulieribus & natis transtulit in Franciam & pagos Transalbianos Obodritis dedit.

8) In dicto Chronico fol. 31b. Anno Domini DCCCIIII. Imperator Aquisgrani hyemavit, ut in æstate omnes Saxones, trans Albiam habitantes, duxit in Franciam & pagos transalbianos Obetritis dedit.

9) In Chron. Sclavor. Lib. I. Cap. III. no. 4. Tandem Saxones ita profligati leguntur, ut ex his, qui utrasque ripas Albiz incolunt, decem millia hominum cum mulieribus & parvulis in Franciam translati sunt.

10) Beym Piſtorio in den edirten Scriptor. Rer. Germ. Tom. I. Edit. Struv. p. 311. ad annum 807. Saxones transalbiani translati sunt in Franciam.

11) Rethmeyer in der BraunſchweigLüneburgiſchen Chronicke, Part. II. Cap. 17. usque 41. zehlet deren 26.

12) Dieſes iſt in denen Monumentis Paderbornenſibus pag. 91. ex Aimoino & Fredegario Scholaſtico angeführt.

13) Beym Piſtorio Tom. I. pag. 197. Samo cum Sclavis Thuringiam vaſtat. Saxones Sclavis ſe reſiſtere pollicentes, tributo 500. vaccarum, quas Francis annutim solvebant, a Dagoberto absolvuntur.

denen Sachsen auferlegten Tribut, maßen sie dem Könige Pipino, Caroli M.
Vater, auf ihre erfolgte Ueberwindung bey einem entstandenen Kriege 300
Pferde jährlich zu liefern geloben müssen [14]:   Carl der Große hat zwar nach
Eginhards Zeugnis [15] auf 33 Jahr zugebracht, binnen welchen er die Sachsen, die immer nach erlangten Frieden wieder abgefallen, und immer wieder
zu Gnaden angenommen, dabey aber auch bestrafet worden, bekrieget. Doch
mit dem Ende des Krieges hat Carl mit denen übrigen Sachsen, außer
denen, die in andere Länder versetzet, ein Friedens- und Vereinigungsbündnis
gemacht, dergestalt, daß sie, die Sachsen [16], ihren Götzendienst wieder
entsagen, hingegen mit Abschaffung der väterlichen Cärimonien den Christlichen Glauben und Religion annehmen und beschwören müssen, auch mit denen
Franken vereiniget, mit ihnen ein Volk ausmachen sollten [17], besonders
wird hiervon der venus Poeta Saxo [18] als der ausführlichste Beschreiber des
Friedens angezogen.   Dieses edle Jahr, sagt er, hat die Streitigkeiten des
langen zwischen den Sachsen und Franken geführten Krieges durch ein stand-
haftes Bündnis eines dauerhaften Friedens endlich beschlossen.   Der fromme
Kapser war zum Sitz mit Nahmen Salz genannt, gekommen: hieher hatten
sich alle edle Sachsen versammlet, und zugleich diese Gesetze des Friedens gemacht:

14) Annal. Reg. Francorum Pipini,
Caroli M. & Ludovici apud Reuberum
Tom. I. pag. 17. Pipinus Rex cum exercitu Saxoniam ingressus est, & quamvis
Saxonibus validissime resistentibus &
munitiones suas tuentibus, pulsis prae-
lio propugnatoribus per ipsum, quo pa-
triam defendere conabantur, vallum in-
travit, commissisque passim praeliis, plu-
rimam ex ipsis multitudinem cecidit,
coegitque promitterent, se omnem voluntatem ipsius esse facturos, & singulis annis honoris causa ad generalem con-
ventum aequos CCC. pro munere daturos.
Dieses sagen ernehnte Annales ad annum
758. Marianus Scotus apud Pistorium
Tom. I. pag. 633. saget ad annum 758:
Pipinus imperator Saxoniam cum exercitu ingreditur, & Saxonibus superstiti-
tributum imposuit, ut trecentos equos
singulis annis sibi solverent.

15) Eginhartus de vita & gestis Caroli M. apud Reuberum p. 4. & 5.

16) Wie Carolus M. der Sachsen
Eresburg und daselbst gestahbene Irmen-
seule oder ihren Abgott zerstört, und was
es deßhalb oder sonst vor Sächsische
Kriege gesetzet, davon kann der Zusam-
menhang aus denen Historiographis in
Monumentis Paderbornensibus pag. 94.
seqv. gelesen werden.

17) Eginhart apud Reuberum pag. 5.
Esque conditione a rege proposita & ab
illis (Saxonibus) suscepta, tractum per
tot annos bellum constat esse finitum,
ut abjecto daemonum cultu & relictis patriis caeremoniis, Christianae fidei atque
religionis sacramenta susciperent, &
Francis adunati, unus cum eis populus
efficerentur.

18) Bey Leibnitio In Vol. 1. Script.
Rer. Brunsvic. Lib. 4. Annal. de Gestis
Caroli M. Imperat. ad annum 803. wer-
aus

macht: daß ſie mit Verlaſſung des ganzen Heydniſchen Gottesdienſts und Ge-
brauches, welche ſie vorher als aus teufliſchen Künſten betrogne Leute, ver-
ehret, dem Catholiſchen Glauben ſich ergeben, und Chriſto als ihren Gott
auf immer dienen wollten, denen Fränkiſchen Königen aber einigen Zinß und
Tribut nicht mehr, ſondern nur die in denen göttlichen Geſetzen beſtimmten
Zehenden entrichten, und den geiſtlichen Vorſtehern und deren Ordensmann,
welche die heiligen Lehrpuncte und den Gott gefälligen Glauben und Leben
lehreten, Gehorſam zu leiſten, ſich beſtreben ſollten, welches ſie alle einhellig
bewilliget. Sodann ſollte ihnen, denen Sachſen, unter denen Richtern,
welche ihnen der König verordnen würde, und unter ſeinen Geſandten ſich
ihrer väterlichen Geſetze zu gebrauchen, und der Ehre ihrer Freyheit zu genie-
ſſen, geſtattet ſeyn. Hiermit ſind ſie durch ſolches letztere Bündnis mit denen
Franken vereiniget, daß beyde ein Volk ausmachen ſollten, welches allezeit
einem Könige gleichen Gehorſam zu leiſten habe.

§. 17.

aus der Hr. Hofrath v. Leyſer des Peetens Vol. V. & VI. pag. 1067. will einbrucken
Worte in Meditationibus ad Pandectas laſſen:

Nobilis hic annus longi certamina belli
Tandem Saxones inter Francosque peracti,
Firmo perpetuæ concluſit fœdere pacis.
Auguſtus pius ad ſedem Salz nomine dictam
Venerat huc, omni Saxonum NOBILITATE
Collecta, ſimul has pacis leges inierunt,
Ut toto penitus cultu rituque relicto,
Gentili, quem dæmonica prius arte colebant,
Decepti, poſt hæc fidei ſe ſubdere vellent
Catholicæ, Chriſtoque Deo ſervire per ævum.
At vero cenſum Francorum regibus ullum
Solvere nec penitus deberent, atque tributum,
Cunctorum pariter ſtatuit ſententia concors,
Sed tantum decimas divina lege ſtatutas
Offerrent, ac præſulibus parere ſtuderent,
Ipſorumque ſimul clero, qui dogmata ſacra
Quique fidem domino placitum vitamque doceret.
Tum ſub judicibus, quos rex imponeret ipſis,
Legatisque ſuis permiſſi legibus uti
Saxones patriis & libertatis honore.
Hoc ſunt poſtremo ſociati fœdere Francis,
Ut gens & populus fieret concorditer unus,
Ac ſemper regi parens æqualiter uni.

N

§. 17.

Unrichtige Auße-gung die-ses von Carl dem Großen mit den Sachsen geschloffe-nen Frie-dens. Ob nun wohl besagte alte Poeten den auf Endigung des Sächsischen Krieges erlangten Zustand der Sachsen am deutlichsten beschrieben haben, und solches einigen Neuern, welche Carl dem Großen die Einführung einer Leibeigenschaft der Sachsen und deren Belegung mit Dienstbarkeit beygemes-sen, zuwider ist, da de Saxonum legibus patriis & eorum libertatis honore geredet, und deren Gebrauch ihnen, den Sachsen, beygelegt wird, so haben doch einige des Poeten Worte anders zu erklären gesuchet, als wie es deren Deutlichkeit zu erkennen giebet. Nemlich es hat Conring, sonst einer der besten Scribenten des vorigen Seculi, in seinem Buche de civibus Imp. §. 26. und aus demselben der Herr Hofrath von Leyser in Meditat. ad Pand. Vol. VI. Spec. 416. Medit 1. p 1066. vorgetragen, daß man nicht einwerfen könnte, als ob das Sächsische Volk unter Carl dem Großen und deffen Nach-kommen in die Freyheit gebracht, und der Dienstbarkeit entnommen worden wären. Diejenigen irreten sich, welche dieselbe von Carl dem Großen den Sachsen gestattete Freyheit so weit erstreckten, daß sie dafür halten, als ob die Bauern vermittelst derselben, der Herrschaft der Nobilium entzogen wären. Allermaßen die Bedingungen desjenigen Friedens, welchen Carl der Große mit denen Sachsen geschlossen, nicht die Bauern, sondern alle Nobiles allein, welche das Sächsische Volk vorstellten, sich geloben lassen. Diese aber würden ihren Sachen schön vorgestanden haben, wenn sie durch denselben Frieden vor die Bauern die Freyheit von Diensten gesuchet hätten. Hiernächst wären auch die Friedensbedingungen selbst, bis auf den heutigen Tag, bey den alten Scri-benten zu befinden. Und aus denenselben erhelle, daß von Befreyung der Bauern von Diensten nichts gedacht, sondern den Sachsen eine ganz andere Freyheit gegeben gewesen, nemlich von den Fränkischen Gesetzen und Erlegung des Tributs an den Königl. Fiscum. So weit gehet der Herr Hofrath von Leyser, und führet zu dessen vermeynter Bestärkung, gedachten Poëtam Saxo-nem an, weil darinnen nur von dem bey Salz versammelten Sächsischen Adel, und als ob dieser nur das Sächsische Volk vorgestellet, und vor sich den Frieden geschlossen hätte, geredet würde.

§. 18.

.Widerle-gung der-selben. Fragen wir, wer die von dem Poeten so benannte Nobilitas collecta ge-wesen, so folget die Antwort darauf: sie war nicht etwa eine, wie die heutige ist, sondern die Nobiles, wie Conring de civibus Imper. §. 25. bemerkt, waren die Proceres und vornehmsten Sachsen, gemeiniglich Fürsten oder Grafen, oder

oder wie ſie Joſias Nolden [19]) anzeiget, Duces, Comites und Barones. Die Nobiles waren zu der Zeit über die Ingenuos oder Freygebohrnen, und beyde waren von einander unterſchieden. Gregorius Turonenſis, ein berühmter Geſchichtſchreiber des 6ſten Seculi [20]) macht bey Beſchreibung des heiligen Abts Patrocli und deſſen Bruders Antonil beſagten Unterſchied deutlich, da er von ihnen geſaget: ſie wären zwar zur Nobilität nicht erhöht, jedoch aber ingenui geweſen. Man kann auch den Herrn Hofrath von Leyſer durch ſeine eigne angeführten Beweiſe widerlegen, da er ſelbſt ex Nithardo [21]) und Hucbaldo [22]) darthut, daß alles Sächſiſche Volk in drey Orden beſtanden, nemlich in Edlingen, Frilingen und laßen. Ob nun wohl der angeführte alte Sächſiſche Poete de Nobilitate ad Sedem Salz collecta in numero ſingulari geredet, ſo hat er doch die andern Sachſen beym Frieden nicht ausgeſchloſſen, ſondern vielmehr, da er in plurali fortfähret: Simul has pacis leges inierunt, begreift er alle Sachſen, und kann man wohl ſagen, daß nach ſeinen Worten es heiße, der Kayſer kam nach Salz, und als der ganze Adel der Sachſen daſelbſt verſammlet war, giengen ſie, die Sachſen, zugleich die Friedensgeſetze ein. Es iſt auch überhaupt der Einwurf, es hätte nur der Sächſiſche Adel mit Carl dem Großen den Frieden geſchloſſen, und wäre er daher die geringern Sachſen nicht angegangen, ſehr ungeſchickt, und reimet ſich zu der Natur der Sache nicht. Hat man denn einen Frieden ſchließen ſehen oder gehöret, wo alle Perſonen eines kriegenden Theils befraget werden müſſen. Selbſt bey denen alten Römern, wo der niedere Pöbel mit herrſchete, ſchloſſen manchmal die Burgemeiſter und Heerführer die Frieden, oder es wurde manchmal davon nur dem Rathe Vortrag gethan, doch aber konnte man deshalb nicht ſagen, es wäre dergleichen Friede die ganze Nation der Römer nicht, ſondern nur den Rath angegangen. Der von Carl den Großen mit der Sächſ. verſammleten Nobilität, (man will dahin geſtellet ſeyn laſſen, ob dieſe die Contrahenten allein geweſen) geſchloßne Frieden war hauptſächlich ein Re-

N 2 ligions-

---

19) De Statu Nobilium C. 1. no. 56. Nobilium titulus olim ſolis Ducibus Comitibus, Baronibus tribuebatur.

20) De vitis Patrum cap. 9. Erant enim non quidem nobilitate ſublimes, ingenui tamen.

21) Nithardus, Caroli M. ex filia nepos Lib. 4. Gens Saxonum omnis in tribus ordinibus diviſa conſiſtit. Sunt enim inter illos edelingi, ſunt qui frilingi, ſunt qui laſſi illorum lingua dicuntur. Latina vero lingua hoc ſunt nobiles, ingenui & ſerviles.

22) Hucbaldus oder Hugbaldus ein Benedictiner der Ao. 930. geſtorben, in vita T. Seburni ſaget: Erat gens Saxonum, ſicut nunc quoque conſiſtit, ordine tripertito diviſa, ſunt enim ibi, qui illorum lingua edelingi, ſunt qui frilingi, ſunt qui laſſi vocantur.

ligionsfrieden, weil die Sachſen die Chriſtliche Religion mit Verlaſſung ihres
Heydniſchen Götzendienſtes, annahmen, und machte in allen Stücken die
ganze Sächſiſche Nation verbindlich, eben wie wir heute zu Tage den Weſtphäliſchen Frieden haben, welcher zwar nur von einigen Regenten geſchloſſen,
jedoch alle Catholicken, und Proteſtanten, ſie mögen groß oder geringe ſeyn,
gegen einander verbindet.

§. 19.

Ein meh-
reres hier-
von.

Wir bürfen auch nur noch wider die Meynung derjenigen, welche eine
von Carl dem Großen denen Sachſen auferlegte Leibeigenſchaft, und baß deſſen
Schließung des Friedens nur die Nobiles angegangen, behaupten wollen,
einige vorhandene Caroliniſche Geſetze mit nehmen. Carls des Großen Kriege
wider die Sachſen, die er theils ſelbſt, theils durch abgeſchickte Heerführer
geführet haben, wie gedacht, 33 Jahr gedauert, und ſind endlich beſage der
Beweiſe bey vorhergehenden §pho Ao. 803 geendiget worden, folglich haben ſie
von Ao. 770 an bis 803 gewähret, wobey jedoch nicht mehr, als zwey Haupt-
ſchlachten vorgefallen, nemlich die eine am Orte Thietmelle oder heut zu Tage
Detmold in der Grafſchaft Lippe, die andere im Osnabrückiſchen am Fluſſe
Heſe [23]. Denn die Sachſen ſind damals, wie faſt alle Teutſche Völker
und Einwohner, wilde und ihrem Götzendienſt eyfrig ergebene, der Chriſtlichen Religion aber feindſelige Leute geweſen, welche göttliche und menſchliche
Geſetze zu beflecken und zu überſchreiten nicht vor ſchimpflich gehalten. Ueber-
dieß hat es auch immer andere Urſachen der Friedensverletzung gegeben,
nemlich daß ihre und der Franken Gränzen an einander geſtoßen, außer wenig Orten, an welchen große Wälder oder Berge dazwiſchen gelegen, und
beyder Acker die Gränzen gegeben, in welchen Todtſchlag, Raub und Mord-
brennerey einmal über das andere geſchehen, wodurch die Franken dergeſtalt
aufgebracht, daß ſie es nicht bey gleicher Begegnung bewenden laſſen, ſondern
öffentlichen Krieg wieder ſie zu beſchließen, vor würdig gehalten. Es iſt ſchwer
zu beſtimmen, wie oft ſie, die Sachſen, überwunden worden, und ſich dem
Fränkiſchen Könige, demüthig bittend, unterworfen haben, und was ihnen
auferlegt, zu erfüllen verſprochen, auch die ihnen abgeforderten Geiſeln, ohne

Verzug

23) Egindart de Vita Caroli beym
Reubero pag. 5.: Hoc bellum licet per
multum temporis ſpacium traheretur, ipſe
(Carolus) non amplius cum hoſte, quam
bis acie conflixit, ſemel juxta montem,
qui Oſneggi dicitur in loco Thietmelle
nominato: & iterum apud Aſem fluvium
& hoc uno menſe paucis quoque inter-
poſitis diebus. Davon kann man ein
mehreres beyſammen bewährtermaßen
ausgeführt finden in Monumentis Pader-
bornenſ. pag. 38. ſeqv.

Verzug geſtellet, ſowohl die an ſie geſchickten Geſandten willig aufgenommen. Etlichemal waren ſie ſo ins Enge getrieben, daß ſie auch ihren Götzen- oder Teufelsdienſt zu verlaſſen, und der Chriſtlichen Religion ſich zu ergeben gelobet. Allein, ſo geneigt ſie waren, einigemal dieſes zu thun, eben ſo geſchwinde waren ſie fertig, wiederum umzukehren. Daher es ſich nicht wohl urtheilen ließ, worzu ſie am leichteſten geneigt waren, allermaßen auf einen mit ihnen angefangenen Krieg, kaum ein Jahr vergieng, in welchem von ihnen nicht dergleichen Abwechſelung geſchahe ²⁴). Dieſes habe ich darum voraus anführen wollen, darmit man deſto beſſer erkenne, woher des Caroli M. Capitulation de Partibus Saxoniae annectirte andere Capitulare, wie es aus der Vaticaniſchen Bibliothec zu Rom zum Vorſchein gebracht, und in denen Monumentis Paderbornenſibus ²⁵) ebiret, noch vor der gänzlichen Beendigung des Sächſiſchen Krieges vom Jahr 797 datiret iſt, nemlich es waren vor-

N 3 her

²⁴) Idem pag. 4. & 5. Saxones ſicut omnes fere Germaniam incolentes nationes, & natura feroces, & cultui dæmonum dediti, noſtræque religioni contrarii, neque divina, neque humana jura vel polluere, vel transgredi inhopeſtum arbitrabantur. Suberant & cauſæ, quæ quotidie pacem conturbare poterant, termini videlicet noſtri & illorum pene ubique in plano contigui, præter pauca loca, in quibus vel ſylvæ majores, vel montium juga interjecta, utrorumque agros certo limite diſterminant, in quibus cædes & rapinæ & incendia viciſſim fieri non ceſſabant. Quibus adeo Franci ſunt irritati, ut jam non vices reddere, ſed apertum contra eos bellum ſuſcipere dignum judicarent. — — Difficile dictu eſt, quoties ſuperati, ac ſupplices regi ſe dederint, imperata facturos polliciti ſint, obſides qui imperabantur, abeque dilatione dederint, legatos qui mittebantur, ſuſceperint. Aliquoties ita domiti & emolliti, ut & cultum dæmonum dimittere & Chriſtianæ religioni ſe ſubdere velle promitterent. Sed ſicut ad hæc facienda aliquoties proni, ſic ad eadem pervertenda ſemper fuere præcipites. Ut non facile æſtimare poſſe, ad utrum

horum faciliores verius dici paſſent, quippe cum poſt inchoatum cum eis bellum, vix annus unus exactus ſit, quo non ab eis hujusmodi facta ſit permutatio. Daß unter den Sachſen vor Caroli M. Ueberwindung wilde Leute und ſogar Menſchenfleiſchfreſſer mit geweſen, erweiſet Caroli M. Verboth bey Lebensſtrafe Capitulo V. in Monumentis Paderbornenſibus p. 301. Siquis a Diabolo deceptus crediderit ſecundum morem paganorum, virum aliquem aut feminam ſtrigam eſſe, & homines comedere & propter hoc ipſam incederet, vel carnem ejus ad comedendum dederit, vel ipſam comederit, capitis ſententia punietur.

²⁵) In beſagten Monumentis pag. 305. Anno ab Incarnatione Domini noſtri Jeſu Chriſti DCCXCVII. & XXI. & XXII. regnante Domino Carolo præcellentiſſimo rege convenientibus in unum Aquis palatio in ejus obſequio venerabilibus epiſcopis & abbatibus ſeu illuſtris Viris Comitibus V. Kal. Novemb. ſimulque congregatis Saxonibus de diverſis pagis tam de Weſtfalabis & Angrarüs, quam & de Oſtfalabis, omnes unanimiter conſenſerunt & aptificarunt, ut de illis Capitulis pro quibus Franci, ſi regis hannum

her ſchon Kriegserpebitiones unb Friebenſtiftungen, auch Capitulationes vorgefallen, aus welchen erhellet, daß die Sachſen benen Franken gleich geſetzet
worden, jedoch dieſelben ihre eignen Geſetze bekommen.

§. 20.

Weitere
Fortſe-
tzung. Sehen wir nun bie am angeführten Orte berer Monument. Paderb. bat-
unter verzeichneten Capitula, ſowohl die zugleich mit ebirte Capitulatio de
Partibus Saxoniae genau an, ſo finden wir baß Nobiles, Ingenui unb Liti ober
Laßen einer, wie ber anbere, zur Chriſtlichen Religion verbunden, unb jeder
ober ber Nobilis, wie bie anbern, bie Zehenden an die Kirchen unb Geiſtlichkeit zu entrichten, angewieſen, bey benen geſetzten Strafen aber kein Unterſchied gemacht worden, ob ein Nobilis, Ingenuus ober Litus, Laße, geſtrafet, jedoch
bey denen Gelbbußen manchmal ber Nobilis um noch einmal ſo viel, als ber
Ingenuus, unb ber Litus ober Laße um die Hälfte weniger, als ber Ingenuus
beſtrafet worden ²⁶). Es hat auch ber ehemalige Reichs-Hofrath von Gärtner beſagte beyben Capitulationes Ao. 1730 in Leipzig mit ſeinen Anmerkungen
ebiret, unb nach Legis Saxonum Librum, welchen vormals Baſilius Johann
Herold, Johann Titius unb Friedrich Lindenbroch, wie er in notis angezeiget,
herausgegeben gehabt, bengefüget. Er hat gedachten Librum erwehnten Ca-
pitulationen vorgeſetzet, unb meines Erachtens, mit gutem Grunde, weil in
ber Capitulatione de Partibus Saxoniae pag. 152. Capitulo xxxii. ausbrücklich
enthalten, daß es de perjuriis secundum legem Saxonum ſeyn ſoll. Nach
dieſem Geſetze aber ²⁷) war einem, ber falſch geſchworen, die Abhauung ber
Hand ober beren Löſung zur Strafe geſetzet, ſonſten enthält gedachter Legis
Saxonum Liber neunzehen beſondere Titel unb jeber wieder ſeine §phen. Dahero bieſes als das ſtärkſte von Carl dem Großen beſtätigte Geſetze ber Sachſen
zu erſt, unb hernach bie andern Capitulationes ober Capitularia de Partibus
Saxoniae gegeben. Sothane geſammten Geſetze ober Capitulationes ſinb benen
Sachſen von Carolo M. ſchon beſtätiget, als ber Sächſiſche Krieg Ao. 803
gänz-

num transgreſſi ſunt, ſolidos LX. componunt, ſimiliter Saxones ſolvent, ſi ali-
cubi contra ipſos bannos fecerint.
26) Capit. V. p. 306. Monument. Paderb. Si quis de Nobilioribus ad placitum munitus venire contemſerit, Sol.
IV. componat, ingenui II. Liti L. Doch
wenn auch die Strafen ber Litorum nicht
allezeit um die Helfte weniger, als ber

Ingenuorum geſetzet, ſo ſind ſie boch um
etwas weniger beterminiret, als Capit.
III. p. 305. Placuit omuibus Saxonibus,
ut ubicunque Franci ſecundum legem
Sol. XII. ſolvere debent, ibi nobiliores
Saxones Sol. XII. ingenui V. Liti IV.
componunt.
27) In Legis Saxonum Libro Tit. II.
§. 9. pag. 46.

gänzlich beygeleget worden, deſſen Beylegung der alte Sächſiſche Poete und
Eginhard dergeſtalt beſchrieben, daß die Sachſen auf Annehmung der Chriſtlichen Religion von dem Tribut befreyet ſeyn, hingegen aber ſie die Zehenden
an die Chriſtlichen Kirchen und Geiſtlichkeit abgeben ſollten, und alſo mit
Behaltung ihrer Geſetze, jedoch außer ihren Götzendienſte, mit den Franken
zu einem Volke vereiniget worden, worbey die Nobiles weder Gerichtsbarkeit
noch Herrſchaft über die Ingenuos und Litos gehabt oder erlangt, ſondern
einer, wie der andere, denen Königlichen Millis und Grafen untergeben geweſen, aus welchem allem ſattſam erhellet, was es vor ein Gedichte und daß
es von einigen heutigen Scribenten, ohne Beweiß aus den mittlern Zeiten, erſon-
nen ſey, als ob Carl der Große die Sachſen mit Leibeigenſchaft beladen hätte.

§. 21.

Ich habe zwar ſelbſt vorher eingeräumt, und erwieſen, daß Carl der *Wie Lud-*
Große einige damals an der Elbe wohnende Sachſen, deren von manchen *wig der*
Scribenten auf 10000 Mann oder Familien angegeben, als Sclaven oder *Fromme denen von*
leibeigne hin und wieder führen laſſen. Allein deſſen Sohn und Nachfolger, *ſeinem*
Ludwig der Fromme, war überhaupt geneigt, armen Leuten zu helfen, und *Vater*
ſie in Freyheit zu ſetzen, oder darinnen zu ſchützen. Die Veteres Annales *die Knechte*
Francorum Fuldenſes in Freheri coll. T. I. p. 12. ſagen ad annum 814, daß *ſchaft ver-*
er zu Aken einen Generalconvent zu Pflegung der Juſtiz und zu *ſezten Sachſen*
Abſchaffung der Unterdrückungen des gemeinen Volks halten laſſen, *wieder die*
worauf er in alle Theile ſeines Reichs Geſinde geſchicket, und vielen *Frenheit*
ihr väterliches Erbe, welches ihnen mit Gewalt entwendet geweſen, *verſchaf-*
wieder reſtituiret. Ludwig der Fromme hat auch gedachten Convent zu *ſet,*
Aken Xo. 814 ein Decret **) gegeben, worinnen er denen Proceribus die
Armen ſehr empfohlen, und verbothen, daß ſie das Volk mit außer-
ordentlichen Tribut und neuen Dienſtbarkeiten nicht ausplündern
ſollen. Gott, als Regente, ſetzet er hinzu, iſt allen einerley, welcher
uns darum erhöhet hat, daß wir die Armen und ſein gemeines Volk
wieder das Unrecht der Gewaltigen und die Dienſtbarkeit der Reichen
ſchützen, und ſie davon befreyen ſollen, nicht aber, daß wir uns der
Arbeit

28) Solches Decret lautet in Goldaſti
Conſtitutionibus Imperialibus pag. 149.
alſo: Rex Deus omnibus idem, qui nos
ad verum humanum faſtigium provexit,
ut inopes plebemque ſuam ab injuria po-
tentiorum, ſervitateque divitum defen-
damus & adſeramus, non ut populi la-
bore, atque ſudore partis abutamur dite-
musque. Cardo & ſumma religionis
Chriſtianæ in amandis promerendisque
egenis conſiſtit.

Arbeit des Volks und des Schweißes eines Theiles misbrauchen, und darmit bereichern dürften. Der Hauptpunct und die Summe der Chriftlichen Religion befteht darinnen, daß wir die Dürftigen lieben, und denſelben helfen. Ja es ift derſelbe [29] der Dienſtbarkeit dergeftalt entgegen geweſen, daß er der freyen Leute Ergebung in Knechtſchaft oder Leibeigenſchaft nicht geftattet, ſondern die darüber ausgeftellten Obligationes caffiren und aufheben laffen, auch diejenigen, welche ſich und die ihrigen in Knechtſchaft ergeben hatten, vor frey wieder erkläret hat. Ob auch wohl zu damaligen Zeiten die Herren die Freylaſſung ihrer ſich verdient gemachten Knechte oder Leibeignen, vor ein gutes die Seligkeit erwerbendes Werk hielten, beſonders auch die Geiftlichkeit, damit dergleichen Freygelaßne zu dem geiftlichen Stande mit gelangen könnten, der Manumiſſion nicht ungeneigt war, ſo hat dennoch Theganus, Chorbiſchof zu Trier zu Ludwigs des Frommen Zeiten [30] ſich ſehr über denſelben beklaget, daß geringe und in Knechtſchaft geweſene Leute ſo ſehr und auch wohl zu Biſchöffen erhoben worden, er Ludovicus aber dieſes nicht verbothen. Dieſelben erhobene Leute, ſuchten, wie er ferner ſaget, ihre ſchändliche Anverwandſchaft von dem Joche ſchuldiger Dienſtbarkeit zu befreyen, oder in Freyheit zu ſetzen, alsdann unterrichteten ſie deren einige in freyen Künſten, andere verehligten ſie mit Adlichen Weibern und nöthigten der Adlichen Söhne, ihre nächſte Anverwandtinnen zu beyrathen, niemand könnte mit ihnen ſein Leben verträglich führen, als nur dieſelben alleine, welche in einer ſolchen Ehe ſtünden, die übrigen aber brächten ihre Tage mit der größten Traurigkeit, mit Seufzen und Weinen hin. Wann ihre gedachten nächſten Anverwandten etwas verftünden, ſo lachten ſie die alten Adlichen nur aus, und als aufgeblaßne, unbeſtändige und unverſchämte Leute, verachteten ſie dieſelben. Es wäre höchlich Vorſorge anzuwenden,

daß

---

29) Davon zeuget in Ludovici Pii Legibus Cap. V. in Petri Georgiſch Corpore Juris Germanici antiqui pag. 1194. verbis: Primum omnium placuit nobis, ut chartulæ obligationis de ſingulis hominibus, factæ, qui ſe, aut uxores eorum, aut filios vel filias in ſervitio tradiderunt, ubi inventæ fuerint, frangantur, & ſint liberi, ſicut primitus fuerint.

30) Thegani eigne Lateiniſche Worte befinden ſich weiter unten in dieſer

Samlung, jedoch hat er auch ſonſt in Ludovico Pio gemeldet: Patrimonia oppreſſis reddidit, injuſte ad Servitium inclinatos abſolvit, & omnibus præcepta juſſit facere & manu propria cum ſubſcriptione confirmavit; fecit hoc diu & tempore. Dieſes kann auch noch zu den Beweiſen von Ludovici Pii Abſchaffung der leibeignen Dienſtbarkeiten mit genommen werden.

daß die Servi nicht weiter seine Consiliarii würden, weil sie, wo sie könnten, sich dieses am meisten angelegen seyn ließen, die Adlichen zu unterdrucken, und über dieselben ihre geringste Anverwandschaft zu erheben.

§. 22.

Wir haben demnach nicht nur die Geneigheit derer Herren zur Freylassung ihrer Knechte und Aufhelfung der Armen, in den mittlern Zeiten, sondern auch dergleichen insbesondere von Ludwig dem Frommen angeführt, und nunmehr wollen wir daher desto mehr auf die Glaubhaftigkeit der Zeugniße von Freylassung derer von seinem Vater Carl dem Großen in die Knecht- oder Leibeigenschaft versezten Sachsen schließen. Ein Scribente, der zu Ludwigs des Frommen Zeiten gelebet, hat angeführet, [31]) daß er, Ludwig der Fromme, denen Sachsen und Friesen das väterliche Erbschaftsrecht, welches sie unter dem Vater rechtmäßiger Weise verlohren, aus Kayserlicher Huld und Gnade wiedererstattet. So hat auch Paulus Aemilius edit. Basil. p. 128. angezeiget, wie derselbe nicht nur dem Römischen Volke, sondern auch denen Sachsen, welche sein Vater nach dem Frankenlande versetzet, das Recht gegeben, wieder nach Hause zu kehren. Damit sie auch desto mehr Sehnsucht nach ihrem Vaterlande bekommen hätten, und sich von der Liebe zu ihren neuen Sitzen destoweniger zurückhalten lassen, um dadurch diejenigen Provinzen der Franken, welche durch den Krieg am meisten verwüstet, desto eher wieder zu bevölkern, so hätte er denen in ihr Vaterland zurücke kehrenden die Macht Testamente zu machen wiedergegeben, welche ihnen Carl der Große genommen gehabt, denen aber, welche in Franken zurücke geblieben, hätte er kein Recht, ihren lezten Willen zu verordnen, zugelassen. Die Sachsen hätten dieses des neuen Kaysers Freygebigkeit gegen sie, mit dankbaren Gemüthe angenommen, dergestalt, daß sie von der Zeit an, mehr vor dem Ruhm der Franken gefochten, als sie vorher vor ihre Freyheit wieder dieselben gestritten hätten. Was folget aus dem bisher angezeigten klärer und glaubhafter, als daß die Sächsische Nation von Carl dem Großen

Ein mehreres von dies. Freylassung.

31) Auctor Anonymus vitæ Ludovici Pii saget: Hoc etiam tempore Saxonibus & Frisionibus jus paternæ hereditatis, quod sub Patre legaliter perdiderant, imperatoria restituit clementia, vid. Sächs. Merkwürdigkeiten pag. 108.

Großen niemals in die Leibeigenschaft versetzet worden, und wenn auch dergleichen mit einem Theil derer an der Elbe wohnenden geschehen, daß sie aus ihrem Lande anderwerts hin versetzet worden, dennoch auch diese von Ludwig dem Frommen in ihr Vaterland und Freyheit wieder eingesetzet worden. Da also diejenigen Sachsen, welche bey dem Frieden in ihrem Lande gelassen worden, niemals in Knechtschaft gerathen, sondern ihre Freyheit behalten, die weggeführten hingegen, wenn sie in ihr Vaterland zu Ludwigs des Frommen Zeiten nicht wieder zurück gekehret, auch hernachmals nicht weiter zu Sachsen gehöret, so bleibet folglich einiger neuern Scribenten Vorgeben, als ob durch Carl dem Großen in Sachsen oder Westphalen die Leibeigenschaft eingeführt worden sey, lediglich eine Erfindung ohne Grund und Wahrscheinlichkeit.

§. 23.

Was der Sachsenspiegel v. dem Zustand der Bauern seiner Zeit enthält.　Es berufet sich Leyser ferner am angeführten Orte Med. I. Spec. 416. Vol. VI. pag. 1068, auf den Sachsenspiegel, aus dessen 42. und 44. Artickel des III. Buchs zu ersehen seyn solle, daß die Leibeigenschaft und die Frohndienste unter den Carolingern nicht aufgehoben worden, sondern lange nach ihnen fortgedauert haben, wobey er jedoch zugibt, daß der Zustand der Bauern nach den Zeiten der Carolinger immer leiblicher und gelinder worden sey.　Allein man findet im Sachsenspiegel von dem allen nichts, sondern in besagtem Art. 42. nur so viel: *Nach rechter Wahrheit aber zu sagen, so hat Eigenschaft vom Gezwange und Gefängniß, und von unrechter Gewalt ihren Ursprung, die man vor Alters in eine unrechte Gewohnheit gezogen hat, und nun vor recht halten will.* Ob es nun wohl hier heißt: vor Alters, so reichet doch dieses noch nicht nothwendig bis zu den Zeiten Carls des Großen hinauf, welcher über 4 Jahrhunderte älter ist, als der Sachsenspiegel.　Sondern es kann vielmehr dieses damit gemeynet seyn, daß 100 Jahr zuvor nemlich im 12ten Jahrhundert Heinrich der Löwe und Albrecht der Bär, die überwundenen Slaven in Knechtschaft setzten, wovon weiter unten ein mehreres vorkommen wird.

Die andere Stelle des Sachsenspiegels, Art. 44. des III Buchs heißt also: *Ließen sie die Bauern sitzen ungeschlagen, und bestätigten ihn den Acker zu solchen Rechten, als noch die Lassen haben, und davon kommen die Lassen her, und von den Lassen, die sich verwirkten an ihren Rechten, kommen die Tagewerken.* Ich werde hieraus eben noch nicht überzeugt, daß keine andern Bauern, als diese Liti oder Lassen zu den Zeiten unsrer Vorfahren gewesen seyn sollten.　Es ist vielmehr gewiß, daß

einige

einige **Schöppenbarfreye** [12] **Pfleghafte** (proprietarii) [13] und **Land-**
ſaſſen

[12] Ich leugne nicht, daß einige vormals Scabini geweſen, welche man nachher zu dem Adel gerechnet. Aber diejenigen irren, welche es von allen behaupten. Sie haben weiter keinen Grund
hiervon, als daß ſie ſich vorſtellen, als
kämen unſre Adlichen von den ingenuis,
die Bauern aber von den ſervis her.
Denn die Nobiles kommen nicht von
denen ingenuis, ſondern von denen Miniſterialibus her, welche auch wohl ſervi
Principis waren, und ihr Adel ſtammete
von Hofe- oder Ritterdienſten ab. Sca-
binus, ein Schöppenbarfreyer brauchte
keine Vorzeigung ſeiner vier Ahnen,
auſſer wenn er andere von ſolcher Herkunft zu einem Zweykampf herausfor-
dern, Land R. lib. III. art. 29 Weichb.
art. 33. oder Lehn-Recht erlangen wollte,
Lehn R. Cap. II. pr. Und weil auch
plebeji oder ruſtici ihres gleichen einen
Zweykampf anſagen konnten, jedoch anderer Waffen ſich gebrauchen mußten,
Gloſſ. Lib. III. art. 29. Land R. und
2. Feud. 27. ſ. 3. it. Klugkiſt Diſſ. de ve-
ris duellorum limitibus, ſo kann daraus,
daß die Schöppenbarfreye Zweykämpfe
gehabt haben, keine Folge auf ihren
Adel gezogen werden. Daher auch ein
Freygelaſſener ein Schöppenbarfreyer
werden konnte, Land R. lib. 3 art. 81.
Dieſes Amt brachte alſo keinem den Adel
zuwege, oder ſchadete dem Adel etwas,
wie der Gloſſator über den Sachſenſpiegel hiervon im III. B. 29 Art. alſo
ſpricht: Schöppenbare Freyheit iſt ein
Amt. Findet nun ſolch Amt einen
wohlgebohrnen Mann, es ſchadet ihm
nichts. Alſo auch ob Schöppenbare
freye Leute ſchlechte Bauern wären,
dieſe adelt das Amt nicht, noch keinen
andern Mann. Wenn aber im Sachſenſp. I. B. 3. Art. geſagt wird, daß die
Schöppenbarfreyen mit denen Vaſallen

der Baronen und Freyherren die lezte
Reyhe des Heerſchilds ausgemacht hätten, ſo werden daſelbſt nur ſolche verſtanden, die zugleich Vaſallen geweſen,
wie die Gloſſe über den 29. Art. des
Land R. ſagt: Als die von Weyendorf
ſind Schöppenbarfreye und ſind doch
der von Plauen Manne, das iſt, ihre
Dienſtleute. So ſind auch die von
Treebul Schöppenbarfreye, und haben
fort andere Schöppenbare freye Leut
zu Mannen ꝛc. Dahero gehörten andere Schöppenbarfreye, welche Bauern
waren, nicht mit zum Heerſchild. Dieſer war nicht eben ein Zeichen der Freyheit, ſondern der Kriegsdienſte. Zu den
Zeiten Friedrichs I. trugen die Bauern
Wehr und Waffen, wie ſolches aus dieſes Kayſers Conſtitution 2 Feud. 27. ſ. ſ.
und Franc. Guillimanni Helvetia lib. II.
cap. II. n. 7. erhellet, wo in der Kayſer
dem Richter Befehl giebt, die Bauern
zu entwafnen. Alſo waren dieſes freye
Leute, ſonſt wäre dieſer Befehl nicht an
die Richter, ſondern an die Herren ergangen. Knauth in ſeiner Altzelliſchen
Chronicke P. V. p. 47. zehlet 6 Landſchöp-
pen und verſchiedene Lehn- und Erb-
Gerichte im Amte Noßen, welche von
jeher Bauern gehöret.

[13] Die Pfleghaften, proprietarii,
werden im Sachſenſpiegel III. B. Art. 45.
und I. B. Art. 2 gefunden, wo es in der
Gloſſe heißt: Pfleghaften ſind die,
die in dem Lande eigenes haben, da
ſie pflichtig ſind etwas von zu geben
oder zu thun. Und ad lib. III. art. 26.
hier merk, daß die Schöppenbar-
freyen die älteſten (oder die vornehmſten) ſind unter dreyerley Freyen, ſo
Dingpflichtig ſind. Unter dieſen aber
ſind die Schöppenbarfreyen die Erſten, die pfleghaften die Andern, die
Dauer-Gülten die Dritten.

ſaſſen (pagani) [14] unter den Bauern der damaligen Zeiten geweſen, und weil dieſe alle zu denen Freyen gehörten, ſo finden wir auch im Sachſenſpiegel ihre geiſtlichen und weltlichen Gerichten erwähnet [15]. Nun weiß man es zwar nicht gewiß, ob die Laſſi, Liti, Litones oder wie ſie ſonſt heißen [16], zu denen Pfleghaften und Landſeſſen mit gehören oder nicht, aber doch ſcheinet es gar nicht zweifelhaft zu ſeyn, daß allerdings einige aus ihnen an ſich ſelbſt, andere durch Freylaſſung vor eben ſo frey gehalten wurden, als die Landſeſſen. So heißt es im Landrecht B. III. Art. 80: **Läſt der König oder ein ande-rer Herr ſeinen Dienſt-Mann oder ſeinen eigenen Mann frey, der be-hält freyer Landſeſſen Recht.** Es hatte alſo ein Laſſus oder Freygelaſſe-ner die Rechte freyer Landſeſſen. Man findet auch im Sachſenſpiegel, Landr. Lib.

34) Die Landſeſſen heiſen im Sachſen-ſpiegel I. B. Art. 2. lateiniſch pagani, und III. B. 73 Art. heiſen Landſeſſen und Bauer-Gülten einerley, und in der Gloße daſelbſt heißt es: die Dienſtman-nen. das iſt, Bauer-Gülten und ei-gene Leute, womit aber dieſe drey Nah-men nicht völlig richtig als gleichlautend angegeben werden, denn die Dienſt-Männer Miniſteriales, gehören mit zum Heerſchild, Bauer-Gülten und eigne Leute aber nicht, Land R. I. B. 3. Art. Ferner im III. B. 45 Art. heißt es: An-dern freyen Leuten, die Landſeſſen geheiſſen, die da kommen und fohren in Gaſtes weiß, in dem Lande, und haben kein eigen darinne. Wo Bauer-Gülten nicht denen Landſeſſen, ſondern denen Pfleghaften beygefügt werden, und im III. B. 80 Art. kommen Bauer-Gülten vor, welche viele Hufen Landes zu eigen und erblich beſitzen. Eſtor ſelbſt hat in ſeinem Tractat de Miniſterialibus p. 8 die Freyheit der Bauer-Gülten, la-teiniſch bargildorum, aus alten Urkunden erwieſen.

35) Es iſt ohne Zweifel ein Zeichen der Freyheit einen Richter zu haben, und dahero ſind auch die Pfleghaften und Landſeſſen, welche auſer Streit Bauern waren, um deſto ehe freye Leute geweſen,

weil ſie im Sachſenſpiegel I. B. 2 Art. angeheißen werden, zu gehöriger Zeit den Seent und geiſtliche und weltliche Gerichte zu ſuchen.

36) Laßen, Lazzi, Liti, Lethi, Litones, ſind nach Buri in ſeiner Erleuterung des Lehnrechts Cap. 1. §. 9. p. 69. einerley. Ich will jetzo kürzlich unterſuchen, was ſich von deren Zuſtand aufgezeichnet fin-det. In Caroli M. Lege Saxonum Tit. II. §. 3. 4. Tit. IV. §. 8 und in Lege Friſio-num Tit. I. §. 11. 13 14. Tit. XV. §. 1. ſeq. werden nobiles, liberi, liti & ſervi er-wähnet. Daß ein freyer Mann ſich aus freyem Willen oder aus Noth wohl gar einem Lito zur Dienſtbarkeit und Knechtſchaft unterworfen habe, findet man in Tit. XI. §. 1. Leg Friſion. De-nen Litis, welche etwas verbrochen hat-ten, ward ſo gar, als denen Adlichen und Freyen eine Geldſtrafe, jedoch die-ſen eine größere als jenen auferleget, Lex Saxon. Tit. IV. §. 8 Caroli M. Ca-pitulat. de Partibus Saxoniæ, Capit. 20. & Capitulare Sax. Cap. 3. Lex Friſ. Tit. I. § 1 usque 10. Addition. Sapien-tum, Tit. III. §. 71. 72. 73 Dahinge-gen was Knechte, oder Servi waren, ſol-che entweder mit Schlägen geſtrafet wurden, oder der Herr mußte die Geld-ſtrafe vor ihm erlegen, Lex. Saxon. Tit.

Lib. II. art. ſſ. andere Bauern die mit ihrem Schultheiß oder Bauermeiſter Dorfordnungen errichtet haben, ferner Lib. III. art. 79. andere, die ihrem Grundherrn nur mit Zinßen zugethan, und zu keinen Dienſten verbunden ſind. Ich will nicht leugnen, daß nicht einige Laſſi Knechte geweſen ſeyn ſollten, und beſonders die Tagewerken, welche Laſſi geweſen, aber zur Strafe ihre Rechte verlohren hatten. Der Gloſſator über den Sachſenſpiegel III. B. 44 Art. aber hat ſchon von ſeiner Zeit bekräftiget, daß dieſe Tagewerken abge-ſchafft und wieder freygelaſſen worden. Demnach glaubet man auch diejeni-gen Leyſerſchen Argumente, welche er aus dem Sachſenſpiegel hernehmen wol-len, hinlänglich beantwortet zu haben.

D 3

§. 24.

Tit. XI. §. 2. ſ. Lex Friſion. Tit. III. §. 7. IX, 17. XVIII, 2. Das alte und neuere Saliſche Geſetz in Schilters Theſauro. Tom. I. ſaget nichts von Nobi-libus, ſondern beſaget bloß von inge-nuis, litis & ſervis, wo unter den inge-nuis die nobiles mit begriffen. In dem alten Tit. 36. und in dem neuern Tit. 28. werden die Freygelaſſenen mit dem Nah-men als Liti beleget, welche mit den ih-rigen vor frey erklärt, in den Freylaſ-ſungs-Briefen, die zu finden beym Schilter am angef. Ort p. 68. Doch hatten dieſe noch ihre Herren, denen ſie Treue, und von ihrem Eigenthume etwas an Zinſen ſchuldig waren, welches man ſogar den Ingenuis nicht ſelten findet, lex Sal. tit. 52. Bey den Sachſen war der Gebrauch, daß auch Freye ſich unter den Schutz eines Adlichen begaben, und davor jährlich etwas an ihn zinſeten, lex ſax. tit. 17. wo Gärtner in ſeinen No-ten pag. 107. den Unterſchied inter litos & ſervos zeiget, und daß ein Litus von ſeinem Eigenthum zwar zu Zinſen und Dienſten den Herren verpflichtet, vor ſeine Perſon aber frey geweſen ſey, er-weiſet. Man ſehe auch hiervon Thomaſii diſſ. de Jure Stat. Imper. dandi civitatem. Solchemnach iſt es unſtreitig gewiß, daß es unter den Litis auch Freye gegeben, was auch Potgießer de ſtatu ſervor Lib I. C. 4. §. 61. p. 242. dawider einwenden,

ſonſt würde man nicht ſo gar oft die Litos von den Servis gänzlich diſtinguiret fin-den, wie z. E. Caroli M. Capit. de Partibus Saxoniæ Capit. XIV. nach Gärtners Aus-gabe p. 136. In einem alten Sächſi-ſchen Chronico, welches Caſpar Abel herausgegeben hat, lieſet man p. 31. De Saſten hadden dreyerley'erley Lüde mankt ſick, dat eyne Volck heth No-biles, dat weren die Eddelinge, dat andere heth Liberi, dat weren die fru-gen Lüde, dat dritte Volck heth Liber-tini, dat weren die Dres Lüthe. Die-ſes Chronicon alſo welches bis auf 1438. gehet, und vermuthlich mehr als 100. Jahr neuer iſt, als der Sachſenſpiegel, vermenget die Bauern nicht mit den Ser-vis, ſondern vergleichet ſie mit den Li-bertinis. Der Sachſenſp. ſelbſt III. B. 44 Art. erwehnet die Laſſen, daß ſie ge-wiſſe Rechte gehabt, und diejenigen, welche als eine Strafe derſelben waren beraubet worden, nennet er Tagewer-cken, dedititorum conditioni ſubjectos, wobey es aber in der Gloſſe heißt: Sol-ches aber iſt nun abgelegt. Vornem-lich aber kann man der Laßen Freyheit behaupten aus dem Sächſ. Welchb. 50 Art. Ein Laß mag auch wohl bey ſeinem Leben ſein Gath auflaſſen vor ſeinen Herrn und wieder empfahrn, und geben, wem er will, ohne jemands Widerſpruch.

§. 24.

Die Einwürfe alſo, welche Eſtor wider das Axioma: Nicht die Dienſt-

Servitus non præſumitur bleibet ein richtiges Axioma.

barkeit ſondern die Freyheit wird vermuthet; aus Leyſers und anderer Grün-
ben vorbringet, ſind hoffentlich nunmehro hinlänglich beantwortet, da dieſer
Satz nicht allein dem Recht der Vernunft gemäß, ſondern auch in denen teutſchen Sitten und Gewohnheiten, nicht weniger auch dem alten Sachſenrecht[27])
völlig gegründet iſt. Es bliebe alſo eine Wahrheit und wenn niemals das
römiſche Recht nach Teutſchland gekommen wäre. Iſt aber dieſes mit jenem
übereinſtimmend, was thun Juriſten unrechtes, wenn ſie ſich darauf gründen.
Wenn nur die Sache ihre Richtigkeit hat, ſo iſt es einerley, man mag den
Grund der Klage auf dieſes oder jenes Recht bauen. Schilter hat Exerc. XLI
ad Pand. § 41. behauptet, daß die Vermuthung der natürlichen Freyheit nicht
auf das römiſche Recht ſich gründe, gleichwohl aber hat er aus dem teutſchen
Rechte ſolche wider alle Zweifel gerettet. Es wird ſich alſo Eſtor, wenn er ſich
auf Ockels Vorgeben in ſeinem Buche de præſcript. immemoriali Cap. II.
theſ. 19. p. 41. daß die Practici, welche actionem negatoriam auf ſolche Vermuthung der natürlichen Freyheit zum Beſten der Bauern gründen wollten,
damit in foro nicht fortkämen, ſondern widrige Urthel erhielten, ſtützen will,
mit dieſem Vorurtheile des Anſehens wenig Nutzen ſchaffen. Denn es müßte
die Marpurgiſche Facultät wegen deſſen Einfluß alſo geſinnet ſeyn, ſonſt wird
es ungeachtet der Verſchiedenheit und Ungewißheit derer Rechtsſprüche, doch
gewiß ſich ſehr ſelten zutragen, daß bey einer actione negatoria, wenn ſie anders recht angeſtellet iſt, der Beweiß denen klagenden Bauern, die ſich auf die
natürliche Freyheit gründen, aufgebürdet werden ſollte. Demnach ſchreibet
Ockel mit denen, die ihm folgen, hierinn wider die offenbare Wahrheit und
Erfahrung.

§. 25.

Es trägt aber Eſtor ferner in obengedachter ſeiner Präfation und in der bar-

Eſtors fernerweit-te unrich-tige Sätze hiervon.

aus gemachten Commentation §. 10. ſeine eigne Meinung hiervon alſo vor, daß
ehemals in Teutſchland die Anzahl der Knechte unzähliggeweſen ſey, welche ihrem
Herrn alle Dienſte hätten verrichten müßen, die er nur zu verlangen, Luſt bekommen hätte. Eben dieſe habe man nachmals in neuern Zeiten mit einem gelindern
Nahmen Leibeigne, und zuletzt Bauern genennet. Lohn-Geſinde aber ſey in
unſerm Vaterlande unbekannt geweſen. Nur bey den Longobarden ſey jezu-
weilen dergleichen gehalten worden. Wie ſiehe es aber um den Beweiß hiervon aus? Kann man blos daraus, weil in alten Urkunden von ſervis viel Er-
wehnung

27) LandR. III. B. 32. Art. Weichb. 4. Art.

wehnung geſchiehet, auf eine unzählige Menge [18] derſelbe wohl einen Schluß machen? Nach Eſtors Rechnung müßte alſo die Zahl der Knechte weit ſtärker geweſen ſeyn, als die Zahl der Freyen, oder der Herren. Gleichwohl werden in dem ſchon angeführten Caroli M. Capit. XIV. auf 120 eingepfarrte Freye nur ein Knecht und eine Magd gerechnet, die ſie der Kirche ſchenken ſollen. Daß aber die Leibeigenen nicht die uralten Knechte, nur unter einer gelindern Benennung, ſind, ſondern ſolche einen andern Urſprung haben, und zwar vornemlich von denen zu Heinrichs des Voglers Zeiten überwundenen Slaven, [19] iſt anderwerts gezeiget worden. Von unſern heutigen Bauern waren dieſe ehemaligen Knechte himmelweit unterſchieden, als welche nichts eigenthümliches hatten, wie doch die Bauern haben, und es iſt in vorigen von ſo vielen Gattungen freyer oder freygelaſſener Landleute geredet worden, die man weit eher

---

38) Die Urſachen, warum Eſtor wenig Nobiles und außer ihnen faſt nichts als Knechte bey unſer Vorfahren Zeiten in Teutſchland zu finden glaubt, ſcheinen folgende zu ſeyn: 1) weil er nobiles und liberos vor gleichlautend anſieht, alſo diejenigen, welche nicht nobiles waren, unter die ſervos rechnet, wie aus ſeinem Commentar. de Miniſterial. obſ. 30. p. 54. zu erſehen iſt. Da doch genug freye Leute es gab, welche nicht nobiles waren, Kopp. de different. inter Comit. & Nobil. S. R. J. Sect. I. p. 144. 2) bildet er ſich fälſchlich ein, daß Dienſte oder operæ eine Knechtſchaft vorausſezten, alſo wenn er heut zu Tage ſo viel Bauern ſiehet, welche nicht von allen Dienſten frey ſind, ſo macht er gleich den Schluß, daß alſo ihre Vorfahren müßten Knechte geweſen ſeyn. 3) macht er allzu geſchwind von beſondern Fällen einzelner Orte einen Schluß auf das allgemeine. 4) Werden bey Hucbaldo und andern Schriftſtellern damaliger Zeit oftmals Völker oder Menſchen Servi oder Serviles benennet, auch wenn ſie frey, und zu keinen Dienſten ſondern nur zu Tribut oder Zinſen verbunden waren. - Es ward damals ſchon dieſes eine Servitut

benennet, wenn die beſiegten teutſchen Völker, denen Fränkiſchen Königen Tribut zu erlegen und unter ihren Richtern zu leben genöthiget worden, und ſelbige ſerviles geheißen.

39) Es giebt Gegenden, wo die Leibeigenſchaft ganz verſchiedene Quellen hat, z. E. das Recht des Wildfangs, worüber Maximilian I. benen Pfalzgrafen ein Privilegium gegeben hat, Dithmars Diſſ. de jure Albinagii §. 16. Da der Churfürſt von der Pfalz hierüber mit benachbarten Reichsſtänden im Jahr 1654 in Streit gerieth, Speidel. ſpec. ſub voce Leibeigen p. 796. ſo findet man deſſen Entſcheidung in Gundlings Diſcurs über Cocceji jus publ. p. 456. Ludwig de peregrinitate, Albinagio & Wilfangiata leitet deſſen Urſprung vom Kriege her, als gefangene Fremde und Feinde. Und dieſes Recht ſoll ſchon unter den Fränkiſchen Königen auf die Pfalzgrafen gekommen, und erblich fortgegangen ſeyn. Da es denn in nachherigen Zeiten weiter, und ſogar auf benachbarte Mits Unterthanen des Reichs ausgebreitet worden. Ob alſo wohl deſſen Urſprung alt, ſo iſt doch der Mißbrauch eine neuere Quelle der dortigen Leibeigenſchaft.

eher als die Vorfahren unsrer Bauern betrachten kann. Und endlich finden sich auch im Sachsenspiegel die deutlichsten Beweise, daß vor Lohn gemiethetes Gesinde in unserm Vaterlande schon zu damaligen Zeiten etwas sehr bekanntes gewesen ist. ⁴⁰)

§. 26.

Wo nach Abgang der ehemaligen Knechtschaft die noch jetzo vorhandenen Leibeigenen herkommen.

Wenn man nun hierüber alles zusammen nimmt, was sich davon in der Historie findet, so scheinet soviel am gewissesten zu seyn, daß man es Conringen nicht ganz und gar streitig machen kann, wenn derselbe de Urbib. Germ. §. 81. behauptet, daß zu Ausgang des 9ten Jahrhunderts nach der weitern Ausbreitung des Christenthums aus einem Religionseifer der größte Theil derer Knechte in Freyheit entlassen worden. Dabey kann auch die Meynung Thomasii diss. de usu pract. distinct. homin. in liberos & servos Cap. 2. §. 18. gar wohl mit bestehen, welcher annimmt, daß der übrige Theil Knechte unter Heinrich dem Vogler vollends freygelassen worden wäre, weil dieser sie in die neuangelegten Städte gesetzet hätte, um solche wider die Streifereyen der benachbarten Barbaren zu vertheidigen. ⁴¹) Daß man aber doch heut zu Tage noch so viele Leibeigne in Teutschland findet, hat andere Ursachen in etwas spätern

---

40) Sachsensp. II. B. 32 Art. Es ist kein Mann für seinen freyen Diener oder Knecht pflichtig weiter zu antworten, denn nur, als fern sein Lohn währet, er wäre denn sein Bürge. Vertreibt aber der Herr den Knecht, oder urlaubt ihn ehe der Zeit, er soll ihm vollen Lohn geben. 33. Art. Welcher freyer Knecht ein ehelich Weib nimmt, der mag wohl aus seines Herrn Dienst kommen, und behält als viel Lohns, als ihm gebühret, bis an die Zeit, da er von ihm kommt. Ist ihm aber mehr gegeben, das muß er wiedergeben ohne Wandel. 34. Art. Wer eines andern freyen Knecht schläget 2c.

41) Witichindus Corb. lib. I. edit. Meibom. p. 639. Henr. auceps nonum quemque ex agrariis militibus eligens, in urbibus habitare fecit, ut ceteris familiaribus suis octo habitacula exstrueret, frugum omnium tertiam partem exciperet servaretque, ceteri vero octo seminarent, & meterent frugesque colligerent nono, & suis eas locis reconderent. Sigebert. Gemlac. ap. Pistor. Tom. I. p. 809. scribet gleichfalls: Rex Henricus agrarios milites recenset, ut octo eorum in agris, nonus vero in urbe moraretur, & octo in agris etiam nono laborarent, nonus vero in urbe tertiam partem omnium frugum illorum reservaret in ædibus a se ad hoc extractis, ut in bello nihil aliarum rerum deesset, urbesque rebus & viris plenæ essent. Nun ist nur hier die Frage, wer die milites agrarii gewesen sind, gewiß nicht Knechte, welchen Kriegsdienste untersagt waren, sondern streitbare Männer, die den Acker baueten, wie unsre Bauern, und im Kriege Dienste zu thun verpflichtet waren, Kopp. de differ. inter Comites & Nobiles immed. Lect. I. §. 9. p. 33.

spätern Zeiten, und zwar, (außer dem, was man in einzelnen Provinzen etwan besonders wahrnimmt, als z. E. wie im vorigen angeführt, in der Pfalz das Wildfangsrecht) in der Ueberwindung derer heydnischen Sclaven oder Wenden, wovon Heinrich der Vogler einen Theil, den er überwunden, zinßbar machte, Ditmar. in Maderi coll. p. 9. hernach griffen sie durch Markgraf Dietrichs Strenge beschwert wieder zu den Waffen, begiengen im Brandenburgischen die größten Feindseeligkeiten, und rotteten das unter ihnen eingeführte Christenthum wieder aus. Und ob sie wohl von denen Ottonen, Kaysern aus dem Sächsischen Hause, verschiedentlich bezwungen, und in einen härteren Stand der Knechtschaft versetzet wurden, dauerten doch ihre Empörungen und Kriege noch immer fort. [42]) Und aus denen Briefen des Erzbischofs von Magdeburg, und anderer Bischöffe und Herren ist zu ersehen, daß die Grausamkeit derer Sclaven wider die Christen im Jahr 1110. noch fortgedauert. [43]) Vornemlich geschahe es aber unter Heinrich II. und hernachmals von Heinrich dem Löwen und Alberto Urso, daß sie vollends unterdrückt und in eine ordentliche Leibeigenschaft versetzt, auch hin und wieder in Teutschland zerstreuet wurden. Es ist also der Wahrheit der Geschichte viel gemäßer, daß man den Ursprung der heutigen Leibeigenen nicht etwann von Clodewichs des Großen Bezwingung der Alemannen oder von Carls des Großen Ueberwindung der Sachsen, sondern vielmehr von der Unterdrückung derer dem Christenthum ehemals so feindseelig gewesenen Sclaven oder Wenden herleitet.

§. 27.

Von dem Ursprung und Fortgang derer Bauer-Dienste scheinet allerdings Grupen in seinen Discept. Forens. Obs. de jure Comitiæ & Advocatiæ p. 1005 die richtigste Meynung zu haben. Wir finden in alten Urkunden, daß oft, wenn die Voigte oder Schutzvoigte, Comites aut Advocati, mit den Ihrigen, um Gericht zu halten, sich von einem Orte zum andern verfügten, die Bauern, welche dazumal oft *arme Leute* genennet wurden, die Kosten tragen, und die Fuhren thun [44]) mußten. Dieses waren Dienste, die nicht bestimmte

Ursprung der Dienste derer heutigen Bauern.

---

42) Ditmar. Martisb. in Maderi Coll. pag. 59. 75. Adam. Brem. ibid. p. 116. Die Folge derer mit den Wenden geführten Kriege findet man unter andern im Potgießer de statu servorum, lib. I. cap. 2. besonders auch in Mascov. comment. de rebus imperii a Conrado I. usque ad obitum Henrici III. beschrieben.

43) in Schötgens und Kreysigs Diplomatischen Nachlese, P. IV. p. 553.

44) In Senkenbergs Sel. juris & histor. T. II. p. 340. stehet ein Vertrag zwischen Adolphen Grafen zu Nassau, und Gottfried und Eberhard Gebr. Herren von Eppenstein, vom Jahre 1418. wo es heißet: das sie die armen Löde höl-er

P

beſtimmt waren, doch aber nicht immer, ſondern nur zur Zeit des Gerichts vorfielen. Schon vor und nach den Zeiten der Carolinger hielten Biſchöffe, Aebte und Klöſter, denen Ländereyen mit Einwohnern von andern Beſchwerungen frey abgetreten und zugeeignet waren, ihre Voigte, die eben ſo wie die Kayſerlichen verfuhren [45]). Nachmals erhielten des Kayſers Voigte ihre Stellen erblich, und wurden dadurch zu großen Herren und erblichen Reichs-Ständen, die alſo in ihren Ländern wieder Voigte hielten [46]). Daburch wuchſen ſchon die Beſchwerden der Bauern [47]), weil ie mehr Voigte wurden, deſto

höher bringen mit Leger, (Läger) Azungen, das ſie auch in ihrem Gerichte zu Goſpach, Geboth, Leger, Aezungen und Weſen han, und dun mögen — das er und die ſinen und ſonderlichen ſein Amptlüde zu Goſpach ſie hindern und irren an ihren Leger und Rechten zu Goſpach — Das er und die ſinen von ſinenwegen ſie irre, hinder, und betrenge an ihren Leger, Dienſte, Azunge und Rechte au ihren Gerichte zu Mebenbach — und dergleichen. Im LandR. II. B. 12 Art. werden auch Gerichtskoſten erwehnet. In einer Donatione Caroli M. In Chronico Germanico apud Piſtor. T. II. p. 689. findet man, daß einem Advocato vorgeſchrieben iſt, daß er nicht mit mehr als 30 Pferden Gericht zu halten kommen ſolle, auch werden dem gemäße Bedienung ihm darinnen verwilliget, hingegen unbillige exactiones, manſiones und pernoctationes verboten. In einer Charta Pipini bey Gundlingen in ſeinem Tractat de Henrico Aucupe p. 297. kommt ein Richter vor, welcher manſionaticos, Beherbergung oder Nachtquartier oder wie oben Läger, paſadas, dafür geſtellte Wache, parafredos ſonſt paraveredos, Reitpferde, telonium, Zoll, pontraicum, Brückenzoll, ciſpiraticum, Gerichtszoll eingefordert. Ferner pag. 303. manſiones aut ſilvas vel paſadas faciendas, Weide vor die Pferde zu geben, und Wache zu halten. Man kann hieraus ſehen, was für Laſten denen Einwohnern von denen Schutz-Voigten aufgebürdet wurden.

45) In Rethmeyers Braunſchweig-Lüneburgiſcher Chronicke iſt ein Diploma einer Schenkung Carls des Großen S. 172. ein Diploma Lotharii S. 297. ein Diploma Friedrichs I. S. 318. und eines dergleichen von Heinrichen Herzog von Bayern und Sachſen S. 334. In einem Diploma von Otto III. in monum Paderborn. p. 211. heißt es, daß die Leute des Bißthums nirgends anders ſollen vor Gerichte gezogen werden, als coram Advocato, quem ipſe epiſcopus elegerit. Von einer aufgehobenen Schutz-Voigtey ſehe man die Privilegia und Pacta Francofurtenſia vom Jahr 1728. p. 6. und ein mehreres hiervon in Paulini exerc. de Advocatis monaſticis.

46) Schöttgens und Kreyſigs diplom. Nachleſe P. XI. p. 134. Paulini am angeführten Orte, wo von Sub-Advocatis Advocatorum nobilium zu finden.

47) Schon Carl der Große hat in Briefen an ſeinen Sohn Pipinum bey Rethmeyern in angeführter Chronicke S. 147. die Verationen derer Voigte anerkannt. Friedrich, Landgraf zu Thüringen und Markgraf zu Meißen hat in einem Diploma vom Jahr 1130. welches in Schöttgens diplom. Nachl. P. XI. ſtehet, deutlich von dieſen Fuhren und andern

deſto öfterer ſuchten ſie Gericht zu halten und in ihren Ländern herum zu reiſen. Geringern Herrſchaften, die zuvor nach dem Sachſenſp. III. B. 79 Art. nichts weiter als Zinßen zu fordern berechtiget waren, verlieh der Landesherr die Lehnbarkeit mit der Gerichtsherrſchaft über die Bauern, das Recht der Voigte ward auf die Gerichtsherren verſetzt und ausgedehnt, die Dienſte, welche ſie den Voigten hatten thun müſſen, wurden in ſolche verwandelt, die denen Guths-herren mehrern Nutzen ſchafften, als z. E. Acker-Miſt-Erndte-Fuhren **), und ſelbſt die Benennung der Frohnen ſcheinet daher entſtanden zu ſeyn **).

D 2 §. 28.

bern allzugroßen Beſchwerungen der Voigte geredet. Man ſehe auch P. XII. ein Diploma Ottocars Königs in Böh-men vom Jahr 1267. Paulinus in an-geführten Werke §. XVII. führet aus, durch welche Mißbräuche die Voigte man-cherley, als Howrecht, Herrrecht, Dabe, Frevel, Steuer, Bethe, Voig-te-Haber, und dergleichen eingeführt, und wie durch der Voigte Habſucht und Ungerechtigkeit Kayſer, Päbſte und Aebte bewogen worden, daß ſie zu Ausgang des 12ten und Anfang des 13ten Jahrhun-ders deren viele abgedankt, und an den meiſten Orten das jus Advocatiæ gar abgeſchaft. Man ſehe auch Speideln sub voce: Voigt, alwo Hundius ſagt, daß der Clöſter und Gotteshäuſer Voigte ihre Unter-Voigte gehabt, da-mit ſie über die maſe beſchweret wor-den, darum Kayſer Friedericus I. an ſeinem Hofgerichte dieſelben mit Ur-theil verbiethen laſſen, bey Verluß der Voigt-Rechte.

48) Die Beſchwerungen, welche von den Voigten nachhero an die Aemter des Landesfürſten übergegangen, heißen mit ihren neuern Nahmen, Landfah-ren, Bau-oder Jagdfuhren, Herr-fahrts-Wagen, und dergleichen, oder, Land-Jagd-Reiſe-und Auslöſungs-Fuhren, wie man aus den Hufen-Re-ceſſen ſiehet. Dieſe wurden in damaligen Zeiten unbeſtimmt gefordert, in ſo weit

ſie nöthig waren, da aber viel Dörfer vom Landesherrn mit zu derer Adlichen Lehngüthern, oder auch zu den Fürſtli-chen Cammergüthern gezogen worden, ſo ſcheinen ſie bey dieſen in andere Dien-ſte, welche ihnen nützlicher waren, als z. E. Acker-Miſt-Getreyde-und Haus-haltungs-Frohnen verwandelt worden zu ſeyn. Die Bauern ließen ſich hierinn deſto williger zu einem Vergleich bereden, weil ſie vorher ſich gefallen laſſen muß-ten, daß ſie durch unbeſtimmte Dienſte, auch wenn ſie von keinem Nutzen waren, willführlich beſchweret werden konnten.

49) Es iſt bereits oben im Iſten Stück gegenwärtiger Sammlung die Bedeutung des Wortes, Frohn, unterſucht, und daſelbſt gezeiget worden, daß es eigent-lich nicht vor heilig erkläret werden könne, wie einige wollen, ſondern daß es vielmehr ſo viel heiße als publicum, com-mune, allgemein. Denn wenn man das bisher angeführte in Erwägung zie-het, ſo ſiehet man, daß Frohndienſte ihrem Urſprung nach allgemein gebothe-ne, geforderte und angeſagte Dienſte des Landvolkes geweſen, die ſie den Lan-desfürſten zur allgemeinen Landesobe-dürfniß leiſtru müſſen, die aber nachher in ſpätern Zeiten denen Lehns-und Ge-richtsherren zu ihrem beſondern Nutzen überlaſſen worden, dabey aber doch ihre vorige Benennung beybehalten haben.

116 V. Widerlegte Vermuthung einer ungemessenen ꝛc.

§. 28.

Alles vorherige zusammengenommen, so bleibet wohl der Grund der Verbindlichkeit derer Bauern zu Frohndiensten lediglich in Verträgen zu suchen. Denn 1) sind auch die Baudienste, welche zwar in denen Landesgesetzen noch besonders vorgeschrieben, ihrem Ursprung nach vorhero Bethdienste gewesen, wovon oben p. 11. gehandelt ist, wie dergleichen noch heut zu Tage bey Bauern vorkommen kann, wo ein bauender Bauer seine Nachbarn um Fuhren zur Hülfe ersuchet. 2) Haben freye Bauern sich selbst einen Schutzherrn erwählet, demselben aber dafür einige Abgaben von ihren Gütern bewilliget, wie ex Actis Fundationis Murens. Monasterii Cap. I. 50) zu ersehen. 3) Ist es auch vielfältig geschehen, daß bey Feldzügen Einwohner ihre Güter verlassen, oder in Kriegszeiten von ihren Gütern vertrieben worden, und nicht wiedergekommen sind, da denn die Oberherren solche an sich gezogen, und mit andern Einwohnern besetzt, sie sich über gewisse zu leistende Dienste vereiniget, nemlich mit welchen sie sich über gewisse zu leistende Dienste vereiniget, nemlich Endlich 4) sind auch die Dienste der Bauern ex conventione tacita, mit welchen. durch verjährte Leistung derselben, oder durch das Herkommen mit entstanden. So viel aber von alle dem durch dergleichen Verjährung oder durch ausdrückliche Verträge nicht erwiesen wird, darüber ist auch, wider alle Anfechtungen, in Rechten, in der natürlichen Billigkeit, und in der Erfahrung gegründet, daß Bauern dazu nicht verbunden sind, sondern vielmehr ihre natürliche Freyheit ohne weitere Einschränkung, als in so weit diese erwiesen ist, vermuthet wird.

50) In Ludewigs Scriptor. Bamberg. Vol. II. p. 402. wo es also lautet: Cujus, (Comitis de Altenburg) potentiam ceteri rustici, qui erant liberi, & in ipso vico constituti, intuentes, etiam ipsi sua prædia in ejus defensionem sub legitimo censu tradiderunt. Und cap. 23. p. 433. In Wola habitavit quondam secularis & præpotens vir, nomine Gun- tramus, habens multas possessiones & ibi & alibi vicinorumque suorum rebus inhians. Existimantes autem quidam liberi homines, qui in ipso vico erant, benignum & clementem illum fore, prædia sua sub censu legitimo tradiderunt, ea conditione, ut sub mundiburdio ac defensione illius semper tuti valerent.

VI.

VI.

Prüfung

der von Herrn Johann George Eſtor 1742. herausgegebenen Commentation de præſumtione contra Ruſticos in cauſis operarum, und Vergleichung derſelben mit ſeiner ehemals 1734. gefertigten Vorrede gleiches Inhalts zu denen von ihm edirten Grollmanniſchen Diſſertationen de operarum debitarum mutatione.

§. 1.

Herr D. Johann Georg Eſtor hat noch, als Heſſiſcher Rath und Hiſtoriographus, auch Profeſſor zu Gieſſen, Ao. 1734. da Melchioris Dethmari Grollmanni drey Diſſertationes de operarum debitarum mutatione wiederum gedruckt worden, eine Præfation de præſumtione contra ruſticos in cauſis operarum &c. darzu gefertiget, und weil ich darinnen viel ſowohl dem gemeinen Weſen ſehr ſchädliche Irrthümer, als auch verſchiedene ungegründete Beſchuldigungen wieder die Juris-Practicos fand, ſo reſolvirte mich, ſolche Schrift zu wiederlegen, und gab daher in der Oſtermeſſe 1738. dargegen mein Opuſculum Hiſtorico-Juridicum de Præſumtione pro libertate naturali in cauſis ruſticorum &c. heraus. Als nun beſagter Herr D. Eſtor der nachherige Fürſtl. Eiſenachiſche Hofrath und Profeſſor zu Jena, aber nunmehriger Fürſtl. Heſſen-Caſſel. Geheimer und Regierungsrath auch Vice-Canzler der Univerſität zu Marburg, gedachte Præfation Ao. 1742. als eine Commentationem de præſumtione contra ruſticos &c. von neuen drucken laſſen, war ich begierig, ſolche Edition mit vorigem Werke zu conferiren. Ich bemerkte aber ſo obiter nichts beſonders, und thate daſſelbe damals bis zu anderer gelegenen Zeit bey Seite.

§. 2.

Nachher hab ich eine genaue Prüfung angeſtellt, beyde Auflagen gegen einander gehalten, und ſowohl über deren Diſcrepanz, als ſonſt meine Anmerkungen gemacht, nemlich beym §. I. hat er nur den erſten Theil behalten, ſolchen aber auch in Stylo verändert; und weil ihm der Ausdruck: *Alii ruſtici*

que-

queruntur de nimiis operis, & in crudelitatem domini, indeterminatas operas exigentis, debachantur, als wormit er der Bauern Klagen wider ihre Herren, vor Schwermereyen oder unsinnige Anfälle gehalten, zu hart geschienen, so hat er in der neuern Edition denselben gemildert und also gegeben: *Alii rustici nimium operarum sibi imperari queruntur, & nimis gravibus incommodis affligi, & tantum non injuriis se opprimi, anxie contendunt.*

§. 3.

Im §pho II. sind ein paar Worte, wormit er die Arbeit der JCtorum in solchen Sachen vor überflüßig und zu ausschweiffend vormals geachtet, heraus geschmissen, und ist in dem neuen Werke bloß, daß sie damit beschäftiget, gesaget.

§. 4.

Im §pho III. giebet er vormals sein Erstaunen über die Juris-Practicos zu erkennen, daß sie in diesem Stücke das Jus Romanum unrecht anwendeten, und wo er sie beschuldiget, daß sie widerrechtlich, und denen legibus Imperii germanici entgegen handelten, hat er darbey jetzo besonders Recessum novissimum §. CV. eingerückt, als ein Reichsgesetze, worwieder gehandelt würde, weil daselbst die Achthabung der väterlichen Sitten eingepräget wäre. Allein, der Herr Regierungsrath ist selbst, was er andere zu seyn beschuldiget, nemlich der die väterlichen Sitten nicht mehr in Obacht halten will. Einemal unsere Præsumtion pro libertate naturali in causis rusticorum sowohl ex Jure naturæ, als auch Saxonico communi, und aus den alten teutschen Gerichtsbrauch, nicht aber bloß ex Jure romano herzuleiten, wie ich in meinem Opusculo Historico-Juridico de ea præsumtione pag. 114. und pag. 115. nicht weniger in dieser Sammlung im vorhergehenden V. Stück bewähret habe. Von dem vorigen VIIten §pho ist vom Herrn Regierungsrathe ein Stücke mit etwas veränderten Stylo zum VIIIten gezogen.

§. 5.

Beym IX. §pho solte vormals Andreas Ockel de præscriptione immemoriali Cap. II. Thet. 19. p. 41. den Beweiß abgeben, daß einige Advocaten, welche daselbst noch rabulæ genannt, ob sie gleich wüßten, daß ein Herr in der Possess der Dienste wäre, dennoch actionem negatoriam anzustellen, und damit ob præsumtionem libertatis den Beweiß auf den Herrn zu bringen vermeynten, aber wenn die Acten an die Rechtslehrer verschicket, sich in ihrer Hofnung betrogen fänden. Bey der neuen Edition ist hinzu gesetzt: *Praeterea suam*

ſuam ſententiam duobus reſponſis firmat, eique ſuperaddere poteris auctoritatem Davidis Mevii parte VIII. Deciſ. CCXCII. Die Ockelſchen Reſponſa habe ich nicht geſehen, doch was die Meviusſiſche Deciſion anlanget, ſo hat Mevius die Frage vor ſich: *In Actione negatoria cui incumbat probatio*, und gehet ſein Vortrag dahin, daß wenn ein Kläger libelliret, daß der Beklagte im Beſitz der Sache ſey, jedoch vi, clam aut precario beſitze, in ſolchem Fall nicht der Beklagte die Poſſeſs, ſondern der Kläger improbitatem poſſeſſionis beweiſen müſte.   Sonſt aber, wenn die Sache frey geweſen, und dieſes Actione negatoria zu behaupten geſucht würde, hätte der, welcher die Servitut prätendiret, den Beweiß auf ſich, theils, weil der Beklagte de jure excipirte, theils weil er Actoris Stelle vertrete, und theils ob præſumtionem contrariam. Diß iſt eine Lehre, die ſich vor des Herrn Regierungsrath Eſtors aſſerta nicht ſchicket.   Sie hat ihre völlige Richtigkeit, der Advocat aber, welcher negatorie klaget, und darauf, daß der Beklagte, vi, aut clam aut precario poſſidiret, iſt in Praxi, wo nicht gar ein Ignorante, dennoch ein ſchlechter Held.   Und ich weiß nicht, wohin man diejenigen rechnen ſoll, welche die Advocaten, die per actionem negatoriam den Beweiß dem beklagten Herrn oder dem Domino prædii dominantis zuzuſchieben vermeynen, pro rabulis auszugeben, kein Bedenken haben.   Daferne auch in dieſem Stücke etwa vormals irgendswo nach der gegenſeitigen Meynung geſprochen wäre, ſo liefe es doch bloß auf diſſenſus Doctorum hinaus.

§. 6.

Dahero, wenn die, welche dem Herrn Regierungsrath Eſtor, oder ſeinem Ockelſchen Gezeugniß nicht beyfallen, Rabulæ ſeyn ſollen, ſo trift dergleichen Beſchuldigung nach Anzeige Bergers Oecon. Jur. Civ. Lib. II. Tit. III. Theſ. 22. not. 8. die Wittenbergiſchen, Leipziger und Jenaiſchen Herren Urthels-Verfaſſere von Jahren 1711. 1712. und 1713. anderer zu geſchweigen. Allein der Gegnerſche Grundſatz iſt ſchlechterdings falſch, und ich bleibe noch darbey, daß Ockel und ſeine Anhänger ſich deſſen zu ſchämen haben. Geſetzt, daß, wenn Unterthanen wider ihren Herrn, oder deſſen Pachter klagen, der Herr, oder Pachter in der Poſſeß der Dienſte ſey. Kann denn in dem Fall nicht actione negatoria agiret werden, ohne, daß man einiger Poſſeſs erwehnet? Man darf ja nur auf des Beklagten Anmaßen, Unterfangen, Begehren, Prätendiren, oder Wollen-libelliren, e. g. es maßet ſich Beklagter an, oder er unterfängt ſich, diß oder jenes denen Klägern aufzuerlegen, oder anzuſinnen. Ich verſtehe hier ſolche Fälle, wo kein Landesgeſetz oder Vertrag deutlich entgegen, und, wenn Beklagter

gedachte

gedachte libellata negiret, so wird gleich definitive auf deren Enthaltung gesprochen, oder da er litem affirmative contestiret, und das Befugniß oder eine
präscribirte Possess opponiret, bekommt er den Beweiß auf sich, ohne daß die
Possess dabey mit weiter in Betrachtung zu ziehen ist. Dahero auch der Herr
Reichshofrath von Berger in Oecon. Juris Civ. Lib. II. tit. 3. Thes. 22. no. 9. bemerkt: *quandoquidem actio negatoria etiam adversus non possidentem datur*, e. g. wie wider einen Gerichtsverwalter geschehen könnte, welcher mit
seinen Auflagen Dienste erzwingen will.

§. 7.

Ferner in der neuen Edition des Estorischen Opusculi §. XI. hat er zu vorigen allegirten Auctoribus Buri Erläuterung des Lehnrechts p. 723. und Potgie-
sern in Commentario de statu servorum in Germania Lib. II. Cap. 7. §. 12 und
Bœhmers Vol. II. Part. I. Consil. 22. no. 8. hinzu gethan. Allein, was sollen
alle diese nebst den andern, wenn sie entweder einander ausschreiben, oder ihre
Conjecturen ohne Beweiß anführen? Oder der ganze Sphus thut auch nichts
zur Sache, und man kann einräumen, daß in den alten Zeiten Mancipia und
Servi gewesen, welche ihren Herren Dienste gethan. Es folgt daher aber noch
lange nicht, daß dieselben Servi unserer Bauern Vorfahrer gewesen, oder von
solcher alten potestate dominica Dienste auf unsere Bauern gekommen. Vielmehr werde ich wohl nicht unrecht haben, wenn ich sage, daß Lehmann in seiner Speyerischen Chronicke Lib. II. Cap. 20. die erste Unterlage zu solchen vermeynten Rechtsbau hergegeben habe. Er berufet sich zwar darauf, daß ihn
Vadianus [1] und einige Capitularia Regum Francorum darzu veranlasset. Es
ist auch wahr, daß Vadianus Servos und Leibeigene pro Synonymis gehalten,
jedoch, wenn er und nach ihm Lehmann eine große Vermehrung der Servorum
zu Clodovæi M. und Caroli M. Zeiten vorgegeben, der letztere auch, daß Clodovæus M. die Alemannier und Carolus M. die Sachsen oder Westphäler mit
Leibeigenschaft beladen, angeführet, so ist dieses etwas, welches ich in meinem
Opusculo p. 58 und 70, ingleichen in gegenwärtiger Sammlung in vorherge-
hendem V. St. §. 12. seq. mit solchen Beweißgründen widerleget, die noch
niemand anzutasten sich unterfangen, und daher wäre ein Ueberfluß, hier ein
mehrers beyzufügen.

§. 8.

---

1) Dieser war im 16den Seculo Bür-
germeister zu St. Gallen, und die von
Lehmannen angezogenen Stellen finden
sich in Goldasti rerum Alemannicarum

editionis Senckenbergianæ de anno 1730
Tom. II. p. 26. p. 63. item Tom. III.
p. 58. seq.

§. 8.

Alle von Lehmannen angezogenen Capitularia reden de ſervis, nicht aber de hominibus propriis. Und wenn auch, wie doch nicht iſt, beyde einerley geweſen, ſo iſt doch aus der Geſchichte ³) bewähret, daß von Zeiten Ludovici Pii an, erwehnte Servi, wo nicht alle, doch meiſtens frey gelaſſen worden. Fragt man, wie das glaublich ſey, ſo thue ich die Gegenfrage, wohin ſind ſo viel hundert tauſend Soldaten, als welche den alten Servis, dem Stande nach, ſehr gleich ſind, in dieſem Seculo gekommen, oder wohin wird deren jetzige nur in Teutſchland, und in den benachbarten Ländern vorhandene große Menge nach 50 Jahren gekommen ſeyn? Muß man denn ihre Kinder künftig unter den Sclaven und leibeigenen Leuten ſuchen? Wenn manchmal ganze Regimenter Soldaten auf einmal abgedankt werden, und ihre Abſchieds- oder Freyheitsbriefe erhalten, ſo kann man ſich die Manumiſſiones der alten Servorum noch wohl vorſtellen.

§. 9.

Damit wir jedoch wieder auf Clodovæum M. und Carolum M. zurück gehen, ſo haben andere neue Scribenten ¹) von Clodovæi M. Ueberwindung der Alemannier angeführet: **Auf dieſen Tag ſey aller Preiß, Herrlichkeit, Ruhm, Freyheit und Kraft der Alemannier zu Grund gegangen, und habe die teutſche Nation alle ihre Freyheit verlohren.** Indeß aber wird niemand in Abrede ſeyn können, daß die erſten Autores die Clodovälſche Bezwingung der Alemannier, und Caroli M. Ueberwindung derer Sachſen nur hiſtorice beyläufig mitgenommen, und etwa, wie Lehmann, den Urſprung der Leibeigenſchaft oder Dienſte von daher ableiten wollen, nemlich, daß irgends damals die erſten leibeigenen Leute entſtanden, oder doch angehäufet worden wären, wogegen ſie ſonſt damit nicht zu behaupten geſuchet, daß eine Præſumtion pro operis contra ruſticos zu machen wäre.

§. 10.

Nach der Zeit haben ſich einige JCti hervor gethan, welche die Begierde zu Neuerungen ſich dahin verleiten laſſen, daß ſie auf einen unkenntlichen Grund ein Gebäude zu ſetzen ſich unterfangen, welches ehe zum Ruin der Leute, als zur Rechtsvertheidigung brauchbar iſt, immaßen daraus die ſchädlichſten Anfälle auf das Bauervolk zu gewarten. Und dieſes hat der Herr Regierungsrath

---

²) S. oben pag.   ³) Siehe Erhardum de Operis Ruſticorum Concluſ. III. Not. b.

Q

rath Eſtor, weil es ziemlich locker, vollends zu befeſtigen geſuchet, ob es ihm gleich an dazu erforderlichen Materialien gemangelt, mithin er daran ganz vergeblich gearbeitet. Ich meyne, daß die durch ihn vorgetragene Lehre de præſumtione pro operis contra ruſticos nicht befeſtiget, noch mit der Wahrheit unterſtützet werden kann, hingegen aber in ſtatu publico eine höchſt ſchädliche Sache ſey. Denn man erwege nur, ob nicht wiederum einige JCti Romani, wenn es gleich, wie ich anderswo *) gewieſen, wieder die ausdrücklichen Geſetze geſchehen, dennoch die Erfindung hervor gebracht, es könne ein Bauer die Freyheit nicht anders verjähren, als wenn ihm von dem Domino die Dienſte angeſaget, der Bauer aber widerſprochen, und der Dominus darauf über Rechts-verwährte Zeit acquieſciret hätte?

§. 11.

Dieſes beſſer zu unterſtützen, macht man daraus eine Præſcriptionem operarum negativam, und ſaget: Der Bauer verſure in præſcribendis Juribus negativis. Aber, was ſind denn das vor Jura? Pomponius ſagt [5]: *Servitutum non ea natura eſt, ut aliquid faciat quis (veluti viridaria tollat, aut amœniorem proſpectum præſtet, aut in hoc ut in ſuo pingat) ſed ut aliquid patiatur aut non faciat,* und zwar, wie Ulricus Huber [6] geurtheilet, aus dieſer Grundurſache, *quod nempe prædium et res, non homo ſerviat.* Ich will mich darbey nicht aufhalten, ſondern dem entgegen nur gedenken, wie es auch an JCtis [7] nicht gefehlet, welche ſervitutes in faciendo conſiſtentes behauptet, und zwar ſervitutes operarum, und anderes, was ein Bauer eines andern halber zu thun gehalten, inſonderheit aber auch den Mühlen-Back-und Schenk-Zwang gerechnet. Von allen bewährteſten JCtis wird angeführet, wie Mahlen, Backen und Schenken eine res meræ facultatis ſey, mithin der Müller, Becker, und Schenkwirth, von bloſſen Mahlen, Backen und Schenken, wenn es auch noch ſo lange geſchehen wäre, nicht, ſondern erſt, wenn ſie einem andern anderswo zu mahlen, zu backen, oder Bier zu holen unterſaget, dieſer aber darbey über Rechts-verwährte Zeit ſich beruhiget, ein Zwangrecht erlanget, und dies ſind Jura negativa, nach welchen einem die Freyheit im Mahlen, Backen, oder Schenken, negiret wird, und auf nur gedachte Weiſe kann der Müller, Becker oder Schenkwirth, jura negativa,

oder

---

4) §. XXXI et Not. 1. 2. 3. p. 126 ſeq. meines Opuſculi de Præſumtione pro libertate naturali &c.

5) L. 15. ff. de Servitut.

6) In Præl. ad ff. de Servit. no. 5.

7) vid. Dr. Ephraimi Gerhardi Diſſert. de ſervitutibus in faciendo conſiſtentibus.

oder ein Zwangrecht, wormit er den andern die Freyheitsrechte ableugnet, durch
die Verjährung erlangen.

§. 12.

Alle ſolche und andere dergleichen Jura negativa führen ein Zwangrecht
mit ſich, vermöge deſſen ich verbiethen kann, daß der andere nicht nach ſeinem
Belieben handeln darf, ſondern nach meinen Befugniſſen und Begehren,
etwas thun oder unterlaſſen muß. Kann ich denn nun wohl ſagen, daß die
Unterthanen ein Recht erlangen müſſen, dem Herrn zu verbiethen, daß er die
Dienſte nicht fordert? Mir käme es ſehr ſonderlich und ungeſchickt vor, wenn
ich der Urheber ſolcher Grund- und Boden-loſen Säße ſeyn, und daher eine
præſcriptionem operarum negativam ſtatuiren ſollte. Wo bliebe denn die Præſcriptio libertatis affirmativa? Der Fehler ſtecket hauptſächlich darinnen mit,
wenn man das Recht der Dienſtforderung pro re meræ facultatis gehalten.
Allein, alle res meræ facultatis gründen ſich auf keine Obligationem juris civilis,
ſondern auf eine natürliche Freyheit, etwas ſo oder anders zu thun, und ich
wiederhole es nochmals, auf eine Freyheit, die natürlich ſeyn, oder a natura
hergeleitet werden müſſe. Kann nun gleich ein Herr, wenn er Dienſte zu fordern berechtiget, dieſelben eine Zeitlang fordern, oder nicht fordern, ſo gründet ſich dieſes doch nicht auf eine natürliche Freyheit, ſondern auf das der Verjährung unterworffne arbitrium, ein debitum binnen den Verjährungszeiten zu
exigiren, und nicht exigiren, maßen auch die Geſeße, welche die Schuldigkeit der
Dienſtleiſtung auf indictionem domini verſchieden, juris civilis ſeyn, und nur die
operas non indictas pro remiſſis erkennen, alſo, daß ſie nicht nachgethan werden
dürfen. Dahero haben ſich die JCti, welche die Dienſtforderung ad res meræ
facultatis gerechnet, ſehr geirret, da ſie ſtatum pachtium vel hypotheticum loco
ſtatus naturalis genommen. Iſt es nicht wahr, wenn Titius eine Verſchrei-
bung über 1000 Thlr. von Sempronio erlangt hat, es ſtehet Titio frey, zu
welcher Zeit er ſeine 1000 Thlr. fordern wolle? Iſt aber das eine res meræ
facultatis, und hat vor Sempronium ratione liberationis keine Præſcription
ſtatt, als bis Titius von dem Sempronio die Bezahlung verlangt, dieſer aber
widerſprochen, und jener darauf über Rechts-verwährte Zeit es dabey bewenden laſſen? Man könnte ja ebenfalls auch ſagen, daß dies eine Præſcriptio
debiti negativa wäre, und hätte man hiermit eine Einleitung zu gleichmäßigen Grundſäßen, bey allen Civil-Obligationen gemacht. Allein, nach ein-
helliger Meynung der Rechtsgelehrten iſt es dieſfalls anders, und wenn Titius
30 Jahr, Jahr und Tag ſchweiget, iſt die Schuld oder vielmehr die Libera-
tion davon verjähret. In Conformität deſſen nun läßt ſich auch nicht anders

Q 2 ſchließen

schließen, als daß die Befreyung von Diensten, wenn dergleichen über Rechts-verwährte Zeit nicht gefodert worden, durch die Verjährung erlangt.

§. 13.

Dieses ist eine Rechtslehre, welche in dem Jure Romano *) deutlich ge-gründet ist, ob gleich die JCti diese heitere Beweißquellen gänzlich verlassen, und hingegen sich an bloße Argumenta, gleich als an unreine Pfützen gehal-ten *), um Wasser zu ihrem Bau daraus zu schöpfen, als dessen schlechte Be-schaffenheit ich schon anderswo ¹⁰) angezeiget. Setze ich nun diese Lehre eini-ger JCtorum, welche, wie schlecht sie auch gegründet ist, dennoch bis hieher die Oberhand gehabt, zu der andern gleichmäßigen, jedoch neuern, die in Praxi zur Zeit noch keinen Beyfall gefunden, nemlich, daß die Præsumtio pro ope-ris contra rusticos zu machen wäre, so erblicke ich ein auch vor den Statum pu-blicum sehr gefährliches Systema, und sehe die Bauern in ihr äußerstes Ver-derben gestürzet. Der Herr möchte solchergestalt fordern, was er wollte, so müste der Bauer unten liegen, ja so gar das Possessorium summariissimum fiele ganz hinweg, und die Bauern müsten alle in kurzer Zeit leibeigene Knechte seyn, die einem Lande wenig Nutzen schaffen, noch dasselbe, weil sie nicht sich, sondern andern arbeiten sollen, gebührend anbauen.

§. 14.

Es ist gar nicht casus dabilis, wo dem Bauer ein Præstandum angesaget wird, derselbe aber dem wiederspricht, und der Herr bey solchem Wiederspruch sich beruhigte. Die Gerichtsherren können sich selbst helfen, und ihre Gerichts-halter verfahren in dergleichen Fällen mit Strafauflagen, oder Einstecken, bis etwa auf der Bauern Appellationes oder Klagen vom Judice superiore Einhalt gethan, und der Streit in Cognition gezogen wird, oder die Bauern müssen sich

---

8) per L. 2. C. de long. temp. præ-script. quæ pro libertat. & L. 22. §. 1. C. de agric. & Cens. & Colon.

9) und zwar ab arg. ex L. 2 & 7. ff. de usu & usufructu &c. allwo de operis ser-vorum Romanorum legatis earumque amissione gehandelt wird, welches sich auf teutschen Boden gar nicht schickt, weil hier gar keine operæ legiret werden können, nicht zu geschweigen, daß allda

von einer Præscription gar nichts verge-tragen wird.

10) Die JCti haben ihre Doctrin mit Verlassung gedachten klaren Legis 2 no. 9. auf argumenta ex L. 2. & 7. ff. de usu & usufructu leg. gebauet, deren ganz inap-plicable Beschaffenheit ich in meinem Opusculo de præsumtione pro libertate naturali §. 31. p. 126. gewiesen.

ſich gemeiniglich in poſſeſſorio ſummariiſſimo zum Zwecke legen, und ihre ordentliche Klage im Petitorio anſtellen. Dis iſt ihr ſchmerzlicher Troſt, jedoch
würden ſie bey Behauptung der gegenſeitigen Lehre auch deſſen verluſtig ſeyn.
Ich zehle alle ſolche Sachen, womit man dem Bauer, der ohnedies geplagt,
und ein laſtbares Thier iſt, vollends um ſeine Rechte zu bringen ſuchet, zu
denen Gewiſſen-loſen Raiſonnements: Dem Bauer **) gehöre nicht mehr,
als ein Leinwand-Kittel, und halb ſatt Brodt.

§. 15.

Doch ich bin faſt zu weit abgerathen, und um wiederum auf des Herrn Regierungsraths Eſtors Werk zu kommen, hat er in der Vorrede ad Diſſertationes Grollmannianas §. XIV. als er vorher der Bauern Anmaßung einer Freyheit vorgegeben, und daß die Herren hierinnen nachläßig geweſen, die römiſchen JCti als der teutſchen Sitten unverſtändige aber, ſie hernach bey der ſich
geeigneten Freyheit geſchützet hätten, geſagt, von daher den Urſprung der Diſtinction inter operas determinatas et indeterminatas ableiten wollen, worbey
er denn Thomaſium, Ockeln, und Pertſchen, da ſie vergleichen denen manumiſſionibus beygemeſſen, verworfen. Wogegen er es in der neuen Edition gleich
umgekehret, und ſolche ihre Gezeugniſſe de manumiſſionibus agnoſciret, jedoch
ſo, daß er die manumiſſiones veteres nicht vor den einzigen Urſprung des Un-
terſchiedes inter operas determinatas et indeterminatas annehmen wollen.

§. 16.

Beym XVIben Hpho hat er noch Friedrich Carl Buri zu einem Zeugen
über die vorigen gebrauchet, daß vormals in den alten Zeiten die operæ ruſticorum alle indeterminatæ geweſen wären. Allein, auch Buri hat hierinn lieber andern nachbethen, als die Sache ſelbſt unterſuchen wollen, immaßen er
manchmal des Herrn Regierungsraths Eſtors Præfation ad Tractatus Grollmannianos, mit Berufung darauf, ſelbſt nachgeredet, folglich ermeldter Herr

Q 3   Regie-

11] Solche Leute, die ſich oder nur dem
Herrenſtand werth ſchätzen, in der Welt
zu ſeyn und zu leben, beſitzen einen verkehrten Hochmuth. Sie betrachten
nicht, daß gar keine Herren ſeyn können,
wo weder Unterthanen, noch Diener
ſeyn. Um ſo viel mehr, als die Menſchen edler ſeyn, denn das Vieh, eben
um ſo viel edler muß auch eine Herrſchaft über Menſchen ſeyn, als die über

das Vieh. Gleichwohl ſollen nach einem
ſolchen Raiſonneur, ob ſchon das Vieh
vor ſeine Arbeit ſein volles Futter bekömmt, dennoch Menſchen geringer,
und nur der Helfte werth ſeyn. Was
der vortrefliche Engelländiſche Poet,
Alexand. Pope, wie ihn Brockes im Ver-
ſuch vom Menſchen pag. 15. überſetzet,
von der Menſchen Hochmuth gegen andere Creaturen geſaget, findet ſeine Ap-
plica-

Regierungsrath mit ihm so wenig, als mit sich selbst, was beweisen kann.
Es ist freylich schwer, der Bauern ihre Gerechtigkeiten in den Alterthümern
genau kennen zu lernen. Die Scribenten selbiger Zeiten sind darauf nicht so,
als etwa auf großer Herren Begebenheiten bedacht gewesen. Vor jetzt aber
will ich mich nur auf das einzige Diploma von Friderici I. Zeiten, welches in
Herrn Heinrichs von Bünau Beschreibung des Lebens und der Thaten desselben Kaysers pag. 430. angehänget, berufen, worinnen Bauern jährlich zu
drey Ausspannen an Ackerdiensten, und zu einem Tage in der Erndte obligiret.
Wie will denn also der Grundsatz, daß die Bauern sonst alle ungemessene Dienste gethan, als ein allgemein angenommener Satz bestehen? Es hat auch der
Herr Regierungsrath Estor §pho XI. von den alten Servis ex Lege Alemannorum

plication auch auf den Hochmuth solcher
Raisonneurs gegen andere Menschen,
als welche alles, wie vor sie oder vor
einen einzelnen Menschen allein gehörend
ansehen, ihren Neben = Menschen aber
nichts werth achten. Seine Worte lauten also:

Man frage doch, zu welcher Absicht glänzt aller Himmels Cörper Schein?
Zu wessen Nuzen ist die Erde? Der Hochmuth wird die alsbald sagen:
Das ist für mich. Für mich allein
Erweckt die gütige Natur die Kräfte, welche Früchte tragen,
Bringt Bluhmen, Kraut und Graß hervor,
Für mich erneuern edle Reben,
In jedem Herbst, den Nectar=Safft,
Die Rose des Geruches Kraft,
Wie muß der Minen tiefer Schooß, und Abgrund tausend Schäze geben;
Für mich fließt die Gesundheit selbst, beständig aus viel tausend Quellen.
Mich fortzubringen, rollet bloß das Meer so viel beschäumte Wellen,
Die Sonne scheint, um mir zu leuchten, sie hebt für mich sich allgemach.
Die Erd ist meiner Füsse Schemmel,
Der Sternen=Himmel ist mein Dach.

Zur Nachahmung könnte man den bemerkten Hochmuth also redend sich vorstellen:

Vor wen gehöret doch, was aus der Erden,
Und vieler Menschen Arbeit kann gezogen werden?
Der Hochmuth spricht: Vor mich allein,
Denn ich muß über alles Herre seyn.
Dem Bauer ist genug ein Leinwand=Kittel,
Und halb satt Brod;
Darzu gehört vor ihm zur Zucht ein Knittel,
Und wenn er so nicht lebt, der Tod.

num et Bajuariorum gemeſſene Dienſttage behauptet, und muß man ſich billig wundern, wie er ſeiner ſo bald vergeſſen, und hier pro regula ausgeben kann, daß die Operæ ruſticorum Germaniæ indiſtincte indeterminatæ geweſen.

§. 17.

Von der Sache aber nur einen kurzen Vorſchmack zu geben, ſo waren in den alten Zeiten die Beethen hergebracht, da denen Bauern dies oder jenes angemuthet wurde, und ſie thaten es auch gutwillig, nicht aber aus Schuldigkeit, und es wurde damals, ſo lange in rebus incorporalibus kein Poſſeſſorium ſummariiſſimum war, kein Recht daraus [12]; bis im 15den Seculo die JCti Romani das Poſſeſſorium ſummariiſſimum mit nach Teutſchland gebracht, und beſonders dieſelben ſich ſeit 1495 immer mehr ausgebreitet, welche denn die Bauern nach ihrem Poſſeſſorio ſummariiſſimo richteten, wie ſie ſelbige nach der Beethweiß geſchehenen Dienſtleiſtung gefunden, und hierauf ſind hernach bald gemeſſene, bald ungemeſſene, überhaupt aber nach und nach immer mehr Dienſte entſtanden. Ich kann hier diesfalls nicht weitläuftig ſeyn, vielleicht aber führe ich dieſes, ob Gott will, ein andermal noch beſſer aus.

§. 18.

Beym Hpho XVII iſt in der neuen Edition eines und das andere hinzugethan, und was durch Bauern und labores zu verſtehen, beſchrieben, auch etwas de tempore & alimentis beygefüget, welches doch noch ſehr mangelhaft. In fine deſſen hat der Herr Regierungsrath gleichfalls hinzugefügt: *Præſtare debent ſuas operas ruſtici, ita quidem, ut, ſi negent operas, domino Jus eogendi competat.* Hier redet der Herr Autor nicht deutlich, und es ſteckt in dieſen Worten die fallacia interpretandi, prout lubet; Allein, man muß erſt feſte ſetzen, was er per ſuas operas verſtehe. Fordert der Dominus ex lege publica, e. g. bey uns Baudienſte, oder ſonſt ſolche Dienſte, die etwa in einem klaren Receſſe, oder im Poſſeſſorio ſummariiſſimo fundiret ſeyn, und meynet der Herr Autor unter ſuis operis ſolcherley Dienſte, ſo gebe ich demſelben Recht, außerdem aber iſt ſein Satz irrig und ungegründet.

§. 19.

Beym XIXden Hpho füget der Herr Autor ſonderlich in der Nota verſchiedene JCtos bey, welche operas conſuetas nur behauptet, und dieſes iſt meiner

Mey-

---

12) Dieſes habe ich erwieſen in meiner Gerichts-Verfaſſung der Teutſchen vom 8ten bis zum 14ten Seculo §. 3. ſeqq. pag. 5. ſeqq.

Meynung gemäß, weil dem affirmanti operas inconsuetas der Beweiß oblieget, der Bauer aber in actione negatoria consuetudinem, als eine rem facti verneinen kann.

§. 20.

Der XXte Sphus ist in seiner vorigen Abfassung geblieben, und soll man den Herrn Verfasser nach diesem nicht etwa einer Grausamkeit oder eines Hasses gegen die Bauern beschuldigen. Mir kommt dieses so vor, als ob ich einen mit Fleiß in einen kalten Strohm stieß, und wenn demselben nun von dem eingedrungenen Wasser die Seele ausfahren wollte, ich etwa ihn mit einem Kahne noch rettete, nach dessen Erfolg zwar selbiger beym Leben, jedoch immerfort davon krank bliebe, bis er viele Beschwerungen nach einander ausgestanden, und endlich darüber gar seinen Geist aufgegeben. Wäre ich da wohl barmherzig gegen denselben Menschen gewesen, oder hätte mit dem geflissentlichen Stoßen in das Wasser keine Grausamkeit begangen? Wenn der Bauer erst herunter gebracht ist, bis er kaum noch einen leinwand-Kittel, und ein Stück Brodt übrig hat, sodann soll man ihm mit Moderation der Dienste wieder helfen. Eine schlechte Hülfe, die nur in den Büchern steht, und immer ein Jctus von dem andern ausschreibet, damit wir wenigstens ein gelehrtes Schattenspiel haben.

§. 21.

Das aus des Herrn Geheimden Rath Mosers Reichs-Fama Part. 7. p. 468. entlehnte Reichs-Hofraths-Conclusum, von dem auch der Herr Regierungsrath Estor in not. sub * ad Sphum 22 ein Membrum dessen anführet, hat die Bauern in daselbst erwehnte Dienste darum verurtheilet, weil Impetratus, der Gerichtsherr, deren Posseß zur Gnüge dociret haben soll, wie im Concluso würcklich enthalten. Es heißt auch darinnen: Da hingegen seyn selbige, (die Unterthanen) mit ungewöhnlichen und solchen Frohnen, deren Unbilligkeit die Herrschaft zum Theil selbst erkannt, theils aber die Unterthanen vorhin nie geleistet, und dem Herkommen zuwider seyn, billig in das künstige zu verschonen. Eben in diesem Kayserl. Reichs-Hofraths-Concluso pag. 470 stehet: Intuitu der vormals geführten Beschwerde wegen der Leibeigenschaft bleibe es bey der vorigen Kayserlichen Verordnung, nach welcher die Unterthanen an sich selbsten vor Frergebohren zu achten rc. Hier ist ja klar, daß die Bauern in die Dienstleistung condemniret, nicht ex caufa præsumtionis pro operis, sondern ex caufa possessionis domini probatæ, und just ist dieses Reichs-Hofraths-Conclusum daher dem Herrn Regierungsrath Estor schnurstracks entgegen.

Und

Und ob es gleich anbey die angeführte Warnung enthält, wenn die Unterthanen einige begründete Beſchwerde in das künftige zu führen Urſache bekommen ſollten, dem inſtändigen Bitten dererſelben dermaleinſt zu deferiren, und die ungemeſſene Dienſte de æquo & bono zu verwandeln, ſo giebet doch der Ausdruck des inſtändigen Bittens mit dem Worte, dermaleinſt, zu erkennen, daß das Gerichte Gründen, als welches eine Parthey des Proceſſes ausgemacht, am Kayſerlichen Hofe ſchon lange geſtritten haben muß, aber da des Herrn Regierungsraths Eſtors Præfation ad Tractatum Grollmannianum anno 1734. heraus gekommen, und Anno 1742. von neuen aufgeleget, er kein Moderations Concluſum beybringen können, maßen auch Impetratus, der Herr Graf zu Iſenburg-Meerholz, wieder vorgedachtes Concluſum mit einem Reſtitutionsgeſuch eingekommen, damit aber in einem andern Reichs-Hofraths-Concluſo vom 28. Jun. 1732. in beſagter Reichs-Fama Part. XIII. p. 724. abgewieſen, und zu Befolgung des erſtern Concluſi per Commiſſionem angehalten worden, worbey man jedoch von einer würklichen Dienſt-Moderation nichts findet.

§. 22.

Was das von dem Herrn Dr. Zwirnlein communicirte Cammer-Gerichts-Urthel in Sachen der Gemeinde zu Meinigeringshauſen contra Georg Friedrich von Gaugreben anbelanget, ſolches ſchlägt in die Materie de moderatione operarum gar nicht ein. Vielmehr zeiget es an, daß Meinigeringshauſen aus dem Fürſtl. Waldeckiſchen Amt Landau dem von Gaugreben überlaſſen, dieſem aber Ziel und Maße geſetzet worden, mehr Meyerdienſte nicht zu fordern, als ſie, die Bauern, in gedachtes Amt ſchuldig geweſen.

§. 23.

Was kann wohl gerechter ſeyn, als den neuen Herrn anzuhalten, daß er es bey dem Herkommen, und was bey vorigen Herrn die Bauern gethan, laſſen müſſen? Indeß iſt dieſer Ausſpruch auf eine Moderation nicht, ſondern vielmehr auf die Præſumtion pro libertate naturali, ſo weit nemlich vorher über Rechts-verwährte Zeit, oder per pacta ein anders nicht hergebracht, gegründet. Weil aber der Herr Regierungsrath Eſtor in ſeinem Tractat die Præſumtion pro operis & quidem indeterminatis contra ruſticos zu behaupten geſuchet, hat er anders nicht gekonnt, als daß er gedachte Sentenz vor einen Moderations-Ausſpruch ausgegeben, ſonſt er ſich allzu ſehr widerſprochen hätte.

brauchbar vor die Bauern ist; denen angehenden Practicis aber will ich zur Warnung beyfügen, daß sie sich darauf nicht verlassen, noch zu ihrer Clienten Schäden darüber viel Schriften machen, als welches nichts, als vergebliche Unkosten verursachet. Vielmehr, wenn Dienste weder in lege publica, noch in pactis fundiret, noch über Rechts-verwährte Zeit gethan worden, stelle er ex præsumtione libertatis naturalis actionem negatoriam an, oder höret er von den Unterthanen, als seinen Clienten, daß die streitigen Dienste, die in legibus oder pactis nicht fundiret, lange und über Rechts-verwährte Zeit geschehen, so bekümmere er sich darum, ob und wenn von Seiten der Unterthanen contradiciret, oder geklaget worden, und daferne er damit die Præscription von Zeit zu Zeit zu interrumpiren gedenket, so bleibe er bey der actione negatoria, und erwehne in der Klage von den Actibus interruptæ præscriptionis nichts, sondern wenn dem Herrn, als welcher sich darbey, daferne er nicht gleich verliehren will, affirmative einlassen, und exceptive sein Befugniß zu den geklagten Anmaßungen vorschützen muß, dessen Beweiß auferleget wird, so führe er in seinem Gegenbeweise die Unterbrechungen der Præscription aus. Kömmt es aber auf die Auslegung derer in lege publica oder in pactis gegründeten Dienste an, so räume er legem vel pactum, oder die darinnen erwehnten Dienste ein, klage aber wider die gegenseitige Extension, und setze darwider præsumtionem libertatis naturalis respective talis zum medio concludendi, so wird der beklagte Dominus die Extension wieder affirmiren müssen, und den Beweiß des Befugnisses, Kläger aber den Gegenbeweiß zu führen überkommen. Ist er, der Advocate, der Herrschaft bedienet, so nehme er sich mit der Litis contestation in acht, daß er nicht, wo es affirmative geschehen muß, sich neg-tive einläßt, und darauf gleich das Urthel, sich des geklagten zu enthalten, bekommt, es wäre denn die Sache, so bischaffen, daß die Herrschaft keinen Beweiß eines Befugnisses hätte, und daher lieber selbst von der Prätension abstehen wollte. Gedachter Litis Contestation werden entweder exceptiones speciales, oder in genere die Exception des Befugnisses annectiret, und hat sich sodann der Advocatus Domini um einen guten Beweiß sothanen vorgeschützten Befugnisses zu bekümmern, worzu denn, wenn auch sonst nichts verhanden, eine Verjährung oder Verbringung, daß die Dienste über 30. Jahr, Jahr und Tag ohne Streit und Widerspruch geleistet worden, hinlänglich ist. Hierinnen bestehen die hauptsächlichsten practischen Maaßreguln, nach denen ein Advocat und Rechts-Consulente in causis Dominorum sive rusticorum zu verfahren hat, welches umständlicher gewiesen werden könnte, wenn ich etwa einmal meine practischen Sachen, die ich von solcherley Materien in Menge besitze, und wo viel in Büchern gar nicht vorkommende Streitfragen mit erörtert, ediren sollte.

Will

Will ſich aber ein neu angehender Advocate vielleicht einbilden, als bringe er einen groſſen Schatz der Wiſſenſchaften mit nach Hauſe, wenn er die Lehren de præſumtione pro operis contra ruſticos, earumque moderatione, nebſt vielen Ausſchweifungen und Subtilitäten aus dem Munde ſeines Herrn Profeſſoris gehöret, ſo betrügt er ſich in dieſem Stücke, und die Erfahrung lehret ihm immer je mehr und mehr, daß es in praxi nicht ſo gehe, als wenn ein Docente ſeinen Zuhörern ohne jemands Widerſpruch was herſaget. Was Eingangs dieſes §phi von der Unnützbarkeit der Doctrin de moderatione operarum geſagt, will man mit einem alten zwiſchen Anarggk Friedrigen Herrn zu Wildenfelß, und der Gemeine zu Reinsdorf errichteten commiſſariſchen Abſchied de anno 1593 erläutern, des Inhalts: „Und ob wohl in mehr erwehnten Urthel die Sache zu gebührlicher Moderation an die Churfürſtl. Sächſ. „Regierung gewieſen, höchſtgedachter unſer gnädiger Herr uns auch dieſelbe „aufgetragen. Dieweil wir auch in Augenſchein befunden, daß die vorhabende Gebäude in fördern Schloſſe und Vorhofe, wie ſolche von Alters her „umfangen bedunkt und noch vor Augen, nicht übermäßig, und die Baudienſte „die den Pferden und Handfrohn von dieſen und andern darzu gehörigen Unterthanen nach gleichmäßiger Anordnung träglich geleiſtet werden können, inmaßen ſich auch die andern Dörfer derowegen nichts beſchweret. Als iſt „auch dieſmals nach Gelegenheit der fürhabenden Gebäude, die oft berührte „Moderation eingeſtellet worden.

§. 25.

Beym XXIſten §pho hat der Herr Regierungsrath noch ein paar Autores nebſt vorigen allegiret. Darneben aber ſetzet er zu vorigen hinzu: *Quis enim ſibi perſuadebit, homini, qui in meo eſt patrimonio, jus fuiſſe ſtatuendi, ſe hoc illudve, quod juſſit dominus, acturum nec ne? Ergo ruſticorum eſt, ut oſtendant ſe immunes eſſe ab hoc illove operarum genere.* Man ſollte ſich dergleichen Verirrungen kaum einbilden, aber was machts? Es ſtellet ſich der Herr Autor alle Bauern als leibeigene Leute vor, und da nimmt er etwa Doctores, welche von dergleichen Gattung geſchrieben, zum Beweiß ſeiner Grundſätze an. Wenn er nicht leibeigene Leute unter ſich hat, ſo negire ich ihm, *hominem in ſuo eſſe patrimonio,* und ſage, daß er ſich wohl vergehen laſſen muß, außer gedachten Leibeigenen, ſich andere Bauern zuzueignen, maßen dieſe, weſſen der Herr befugt zu ſeyn erweiſet, zu präſtiren gehalten, übrigens aber ihre Freyheit haben, vor ſich zu arbeiten, und hinzuziehen, wohin ſie wollen. Ja, ich zweyfle, daß obgedachte Lehre ohne Limitation auch bey Leibeigenen indiſtincte ſtatt finde, und ſonſten hat der Herr Regierungsrath Eſtor aus dem von ihm ſelbſt angezogenen Kayſerl. Reichs-Hofraths-

Con-

Concluſo, wie obgedacht, wahrnehmen müſſen, daß ſie, die Unterthanen, oder Bauern, nicht vor Leibeigen, oder pro hominibus alterius patrimonii, ſondern vor Freygebohren zu achten.

§. 26.

Eben ſo ſchlecht iſt auch fundiret, was er in fine der neuen Edition ſeines Werks d. ſphi XXI. noch hinzugethan, nemlich, daß er die Frage, an, audto agrorum numero, operæ quoque augeantur? zu bejahen vermeynet.　Denn ſo ferne die Operæ ex ſtipulatione & pacto ſchuldig ſeyn, ſo läſt ſich natürlicher Weiſe begreifen, daß nicht mehr Aecker, als tempore pacti in bonis ſtipulatoris geweſen, zu befrohnen, es hätten ſich denn die Unterthanen ausdrücklich zu Befrohnung künftiger noch zu acquirirender Aecker verbindlich gemacht, welches doch wohl dem Herrn eben noch kein Recht, pro lubitu neue Dienſte aufzuerlegen, geben könnte.　Bey dem Fundamento præſcriptionis aber heißt es: Tantum præſcriptum cenſetur, quantum poſſeſſum, und da fallen die noviter acquiſita weg, wenn ſie nicht nach der Acquiſition über Rechts-verwährte Zeit befrohnet.　Uebrigens widerſpricht auch dem Herrn Regierungsrath Eſtorn Carpzov. Lib. I. Reſponſ. 55.

§. 27.

In Computatione temporis eines Frohntages provociret beym XXIſten ſpho der Herr Regierungsrath Eſtor auf Pacta und Conſuetudines, da er doch ſonſten inſonderheit die letztern verworfen, hingegen aber den Ruſticis in Regula alle operas, und darunter ſelbſt die inconſuetas auferlegen wollen.　Man trifft alſo auch in dem Eſtoriſchen Werke das vitium confuſionis & contractionis ſowohl hier, als andern Orten an.

§. 28.

Beym XXIIIſten ſpho hat der Herr Autor ſich wieder geirret, wenn er das Graben-Auswerfen und Befeſtigen ad operas ædilitias in regula zehlet, maßen es teſte Domino de Berger

P. I. ſuppl. ad Elect. Diſc. Forenſ. p 84.

nur in exceptione conventionis aut præſcriptionis, wenn vermöge derſelben Unterthanen zu Grundfeſten Dienſte ſchuldig, dazu zu rechnen.　Und daß der Index nach dem XXIVſten ſpho operas etiam certas & definitas, worüber die Bauern klagen, vermindern könne, daran iſt ſehr zu zweyfeln, weil der Richter vielmehr ſie zu ihren gewiſſen und gemeſſenen Dienſten anhalten muß, nur aber, was darunter nicht deutlich begriffen, aberkennen kann, welches den Titul einer Verminderung nicht verdienet, ſo wenig als dieſes ein Exceß von Seiten der Herrſchaft heißen kann, wenn ſie nur ihre operas certas & definit-

tas

tas exigiret. Ja, wie reimt ſichs zuſammen, wenn nach dieſem §pho der Judex auch gemeſſene Dienſte ſoll vermindern können, und gleichwohl der Herr
Autor §pho XXVI. in fine ſelbſt anführet: *Interea neque Princeps remittere
poteſt ruſticis operas, quas debent privatis.* Gemeſſene Dienſte diminuiren
iſt deren ein Theil remittiren, und alſo kann nach der Eſtorſchen Lehre der
Princeps in dieſem Stücke nichts, der Judex aber vielmehr. Ich dächte bald,
daß dieſes ad abſurda gehörte, und beydes zuſammen nicht beſtehen könnte.

<h3 style="text-align:center">§. 29.</h3>

Beym XXVſten §pho iſt zwar eben nichts geändert, doch wollen wir den
darinne vorgetragenen Caſum der Holzfuhre mitnehmen. Es ſoll nemlich die
Frage geweſen ſeyn: ob Bauern, welche aus ihres Herrn Wald Holz anzuführen verbunden, daſſelbe ebenmäßig in die benachbarte Stadt, in Anſehung,
daß ſie das auch ehedeſſen gethan, zu führen gehalten? Der Herr Autor
tabelt den Judicem, welcher die Bauern in nur gedachtem Caſu davon freyge-
ſprochen, ich aber preiſe ihn vor einen einſehenden Mann, der die Sache verſtanden hat. Denn, daß die Bauern die Fuhren nach der Stadt in regula
nicht ſchuldig geweſen, wird eingeräumet, weil der Herr Autor auf die Exception, daß dergleichen Dienſte vormals geſchehen wären, ſich gründet. Allein,
thun nicht manchmal Bauern eine Zeitlang Dienſte, die hernach die Herrſchaft,
wenn ſich jene darwieder zu regen anfangen, ungefordert läſt? Und wer wolte
nach 20. oder 30. Jahren den Schluß machen: Weil die Bauern vormals dieſe
oder jene Dienſte gethan, nach der Zeit aber die Herrſchaft ſolche nicht mehr
anſagen laſſen, jedoch die Bauern denen operis negative nicht, niſi præcedente
indictione & ſubditorum contradictione, dominique patientia, per lapſum
temporis præſcribiren können, ergo wären die Bauern die vormals geleiſteten
Dienſte jetzo wiederum ſchuldig? Dieſe in gegenwärtigem §pho gegenſeits de-
fendirte, allhier aber eben ſchon beleuchtete Præſcriptio operarum negativa ſic
dicta præſupponirt ein Recht des Domini, das per præſcriptionem verlohren
gehe, zu welchem Rechte man nicht eine bloße auf einige Zeit gegangene Poſſeß
vor hinlänglich erkennen kann, allermaßen auch eine Poſſeſſio, wenn ſie ein
Befugniß würken ſoll, vielmehr continua & per temporis lapſum non inter-
rupta ſeyn muß. Dahero gegenwärtig nicht abzuſehen, wie der erwehnte Richter die Bauern zu Anführung des Holzes in die benachbarte Stadt darum,
weil ſie es etwa vor vielen Jahren ein oder etliche mal gethan, mit Beſtand
Rechtens anhalten können.

<h3 style="text-align:center">§. 30.</h3>

In dem leztern §pho XXVII. hat der Herr Regierungsrath ſtatt der vorigen Worte: *Fore exiſtimo, quod prona veritate pro ſubditis in dubio nemo*

facile

facile milites cum cerebrina & imaginaria eorum libertate, diese: *Fore existimo, quod pro rusticis in dubio non facile milites præsumtio,* gesetzet, sonsten aber in gedachter neuen Edition den Stylum an manchen Orten verbessert. Demnach ist nicht zu leugnen, daß er sich die Mühe gegeben, besagte Präfation zu revidiren, zu ändern und zu verbessern, in der Sache selbst aber von seiner vorgefaßten Meynung im geringsten nicht abgegangen.

§. 31.

Wenn ich nicht gehöret hätte, daß der Herr Regierungsrath in seinen Collegiis zu Jena noch, gegen seine Zuhörer, wieder meinen Tractat, de Præsumtione pro libertate naturali in causis rusticorum &c. geeifert, so hätte ich gedacht, wie er ihn wohl gar noch nicht einmal gesehen, und vielweniger gelesen haben müste, weil er in erwehnter neuen Ao. 1742. publicirten Ausgabe seiner vormaligen Präfation ad Tractatus Grollmannianos, die er nunmehr Commentationem de Præsumtione contra rusticos in causis operarum harumque redemtione licita, betitelt, von nur erwehntem ihm hauptsächlich entgegen gesetzten Opusculo nicht ein Wort gedenket. Ich kann mir die Antwort leicht vorstellen, wie er nemlich bey seinen andern vielen Verrichtungen die Zeit auf eine solche geringfügige Bauersache nicht wenden können, noch wollen. Allein, sothaner Streithandel ist weit wichtiger, als viele andere, die grössere Leute betreffen, und derselbe etwa unter der Feder gehabt haben möchte. Andere Rechtssachen gehen gemeiniglich derer Particularpersonen Interesse an, dahingegen der in den niedrigen Thesibus ausgestreute Saamen de præsumtione contra rusticos, wenn er zu einem Wachsthum gelangen könnte, unfehlbar die Frucht eines gänzlichen Umsturzes des status publici & universitatis in denen Ländern, wo keine Leibeigenschaft ist, hervorbringen müste. Sind es nicht die Bauern, welche zum Unterhalt der andern Einwohner das Land anbauen, die dadurch gewonnenen Lebensmittel darreichen, und ad conservandum statum publicum an Steuern und Abgaben das meiste beytragen müssen? Ob auch wohl der Zuwachs auf Rittergütern, in Gegenhaltung der Bauergüter, der geringste Antheil ist, so wird doch nicht weniger dieser durch die Beyhülfe ihrer schuldigen Frohnen mit hervorgebracht, folglich bearbeiten sie auch dasjenige mit, welches denen oneribus publicis nicht unterworfen [13]). Dahero ratio status um so viel mehr erfordert, die Bauern nicht ganz unterdrücken, und in den elenden Zustand der Leibeigenschaft versetzen,

oder

---

13) Was von manchem Rittergute zu denen oneribus publicis beygetragen wird, kommt nicht von den Rittergü-thern, sondern von darzu gebrachten Bauergüthern her.

oder eine Præſumtion contra ruſticos, welche dergleichen Uebel einführt, herr-
ſchen zu laſſen.

§. 32.

Wer ſich alſo unterfängt, dergleichen vor ein Recht anzugeben, hat keiner geringen, ſondern einer der wichtigſten Sachen ſich angemaßt, wo man
nicht mit Leichtſinnigkeit darüber wegfahren kann. Ich ſage dahero noch einmal, wie dieſe Sache weit wichtiger, als viel andere, womit der Herr Autor
etwa beſchäftiget geweſen. Und ich rechne ſeine Aſſerta hierbey nicht bloß vor
einen Fehler, wodurch man den Bauerſtand zu ſehr beleidiget, ſondern auch
vor allgemeine Pflichtsverlaſſungen, die man ſonſten, wo keine leibeigenen Leute
ſeyn, gegen den Landesherrn, und ad utilitatem communem, oder in Betrachtung, daß ſo ſehr unterdrückten Leuten die Vertheydigungsbegierden über das
ihrige vergehen, und ihnen, ob ſie Freund oder Feind beläſtiget, einerley
ſeyn muß, gegen das Vaterland zu beobachten ſchuldig. Solche Fehler und
Pflichtsverlaſſungen aber vergrößern ſich deſto mehr, wenn ihr Autor, zu Behauptung dergleichen Umſturzes hergebrachter Landrechte nichts, als ſeine und
ſeiner beyſtimmigen Einbildungen, Wortſpiele und Conjecturen gebrauchet,
und aus dergleichen nichtigen Vorwand, beynahe die gröſte Menge der Menſchen, oder doch die nahrhaftigſten in einen gänzlichen Ruin zu verſetzen trachtet.

§. 33.

Der Bauer mit ſamt ſeinem Guthe in einem Lande der Leibeigenſchaft
wird wohl beym Herrſchaftlichen Guthe zu etlichen hundert Thalern in den
Anſchlag gebracht, nemlich nach ſeinen Zinſen und Frohnen, es giebt auch
jener an des letztern Beſitzer das Seinige ab, allein, es gehet wohl kaum das
halbe Jahr nach der Erndte vorbey, ſo hat der Bauer nichts mehr, und wenn
ihn der Herr nicht crepiren laſſen will, ſo muß derſelbe auf künftiges Jahr
wieder Vorſchuß thun, ja mit Vorſchuß des Herrn und Wiedergeben des
Bauers, werden die Jahre zu beyden Seiten ſchlecht hingebracht. Manchmal
hat der leibeigne Bauer vor ſich etwa ein paar Kühe, und übrigens iſt ſein
ganzes Guth mit allem, was darinnen iſt, in Anſehung ſeiner oder vor ihn,
nicht drey Pfennige werth, nachdem er darüber gar nicht diſponiren kann, und
aller Werth unter dem Ritterguths Anſchlag mit begriffen. Dahero aller
Werth der Güther oder des ganzen leibeigenſchaftlichen Landes an wenig Ei-
genthumsherren gebracht, hingegen aber es an Verkaufen und Kaufen fehlet,
weil nichts zu verkaufen iſt, als Herrngüther, und übrigens die bettelarmen
Unterthanen nichts kauffen können. Was noch das meiſte iſt, ſo dürfen ſie
auch nicht einmal aus den Schranken ihres Armuths heraus gehen, noch die
edlen Beſtrebungen, ſich durch Fleiß und Arbeit etwas zu erwerben, anderswo
zur

zur Ausübung bringen. Die Städte gehören zwar dahin nicht mit, es muß
aber in andern Ländern das Landvolk überhaupt denen Städten eines theils
Lebensmittel zuführen, und andern theils, was es zu seinem Bedürfniß gebrauchet, aus denselben wiederhohlen. Ob aber gleich in leibeigenschaftlichen Ländern, denen Städten es an der Zufuhre der Lebensmittel von dem Zuwachs
der Herrschaftlichen Güther nicht ermangelt, so leiden doch die Städte auch
darunter, darum mit, weil die leibeigenen Bauern nichts haben, und also auch
denen Städten wenig oder nichts abkauffen können. Daher die Städte in
dergleichen Lande von denen Bauern wenig Nahrungszugang genießen, und
die Bürger ihren Unterhalt vielmehr bloß von dem Vertrieb ihrer Waaren an
auswärtige Oerter erhalten müssen, oder wo sie das nicht haben, sehr armselig
bleiben.

§. 34.

Gesezt nun, es werde ein allgemeines Landesbedürfniß erfordert, so
kömmt das Geben auf die Besitzer der Herrschaften an, und ob sie wohl ihre
Bauern mit anlegen mögen, so gehet es doch mit Bezahlung solcher Anlagen,
zumal wenn die Herren ihnen sonst nichts übrig lassen, sehr kümmerlich zu,
und läuft meistens wiederum auf Vorschüsse hinaus. Solchergestalt hat ein
solches Land, wo die pretia rerum und die Menge der Contribuenten fehlen,
eigentlich keine innerliche Kraft, und setzet es bey Aufbringung eines Geld-
Quanti zu gemeinsamen Landesbedürfnissen eine Schwierigkeit nach der andern,
welche sich in einem freyen Lande nicht so äußern. Manchen Ritterguths-
Herrn oder Besitzer einer Herrschaft gefällt es freylich, über seine leibeigene
Bauern mit einem freyen Willen zu herrschen, und ob er schon seine Herrschaft
bloß über einen Haufen armer Leute, die der Hunger wenigstens zum Theil
fast verzehret, oder die auch wohl um des großen Hungers willen, Mäuzgen
von denen Bäumen unter das Getrayde mit mahlen, und backen müssen, aus-
lassen kann, so ergötzet ihn doch solches weit mehr, als wenn er ein Guth von
gleichen Einkünften, in einem Lande, wo keine Leibeigenschaft ist, und solche
Bauern, welche Kräfte und Mittel besitzen, unter sich hätte, weil er hier seinem Eigenwillen nicht so den Zügel schießen lassen dürfte. Mancher Herr hindert auch wohl den verbesserten Anbau, damit er seinen eignen Zuwachs, den
er in Menge hat, desto besser und theurer verkaufen kann.

§. 35.

Andere Herren aber erkennen selbst, den schlechten Vortheil, den sie von
den leibeignenen Leuten haben, ganz wohl. Sie begreiffen, daß die Habsee-
ligkeiten ihrer Unterthanen in nichts, als Dürftigkeit bestehen, welcher sie
immer selbst mit Vorschüßen, oder Prästations-Erlassungen zu Hülfe kommen
müssen.

müſſen. Sie ſehen, wie der leibeigne Bauer keine Gärten anleget, noch
ſonſt was nutzbares anbauet, weil es ihm nicht zu gute käme, wenn er ſich
viel erwerben wollte [14]). Sie finden, daß ihnen an Eßwaaren eine große
Menge zuwächſt, ſolche aber bloß, als ein Ueberfluß, anzuſehen, und nur
ſchlecht zu verſilbern, oder wohl gar nichts zu nutzen, außer, daß ſie mit ihren
Leuten ſolche verzehren, und eine Zeitlang davon ohne Geld in Eſſen und Trin-
ken leben können. Fragt man, woher es doch komme, daß ein ſolcher ein-
ſehender Herr das Ding nicht ändere, ſo heißet es: Man habe es ſo gefunden, und wolle daher nicht gerne Aenderung treffen. Ich bin indeß perſuadiret,
daß man ſich mit erblicher Ueberlaſſung der Güther, mit Aufgebung der
Leibeigenſchaft, und Regulirung der Dienſte, vielmehr Vortheil ſchaffen könnte.
Denn da entſtehen erſt nach und nach commercia rerum, und eine nutzbare
Gerichtsbarkeit, wo die Herren Lehngelder und Geldbußen erlangen, und
vorher unwerthe Sachen nunmehr in einen Werth kommen, dergeſtalt, daß
die Länderenen in dem Pretio wohl auf das alterum tantum anſteigen.

§. 36.

So ein großer Unterſchied iſt es unter leibeigenſchaftlichen und freyen
Ländern, wie denn in dieſen eine Herrſchaft nach 5 pro Cent Lehngeld bey
20maliger, und nach 10 pro Cent bey 10maliger Veränderung, ſo viel empfangen hat, als das Guth werth iſt, und dieſes dennoch auch den Bauer mit
ſeinem Guthe bey ſeinen Umſtänden erhält. Nichts deſto weniger bleibet das
Uebel der Leibeigenſchaft, wo es einmal iſt, immer, und es werden manchmal wohl die Leibeigenen nicht viel beſſer, als das liebe Vieh, gehalten, welches in Anſehung der Vorſorge vor ihr Futter noch oft einen Vorzug hat. Wie
kann aber ein ſolcher Leibeigener dem Chriſtenthum obliegen, oder wegen der
vielen Laſten und Arbeit ſeine Kinder darinnen gebührend unterrichten laſſen?
Es giebet freylich auch wohl hier oder da einen löblichen Herrn, der ſeine leibeigene

---

14) In den leibeigenſchaftlichen Ländern ſtehen auch in der Bauern Gärten
Eichbäume, worüber ſie, die Bauern,
nicht Herr ſeyn, noch wenn ſie Eicheln
tragen, ſolche ſchlagen dürffen, es wäre
denn, daß ſie ſelbige kauften. Genieſ-
ſen ſie nun nicht einmal die Eicheln, je
warum ſollten ſie gute Bäume pflanzen?
Wie in einem, ſo gehet es im andern,
und es iſt mir ſelbſt der Caſus vorgekommen, da eine Gerichtsherrſchaft den leib-

eigenen Bauern ihre angebauten Güther
genommen hatte, und ſie andere anzu-
bauen zwingen wollte. Es war ihnen
noch etwas von ihrem Vieh, oder andern Eigenthum mit weggenommen. Sie
wollten aber alles im Stiche laſſen, und
nur der Leibeigenſchaft loß ſeyn: Allein
es gieng nicht an, doch muſten ihnen auf
ihr Klagen die vorigen Güther wieder
eingeräumt werden.

eigene Leute christlich tractiret; aber er kann vor seinen Nachfolger die Gewähr nicht leisten, daß derselbe alles Gute nicht wiederum einreißet. Dahero auch einer in conscientia am besten thut, wenn er die potestatem dominicam, und derer Unterthanen Schuldigkeiten bey seinem Leben, in gewisse Gränzen setzet, um dem Successori den Eigenwillen, der sich sonst leicht zu weit verlauffen könnte, einzuschränken, und also vorzubauen, damit nicht ex culpa omissionis Sünde mit Sünden gehäuffet werde.

§. 37.

Man kann demnach einer solchen Lehre, die denen Leibeigenschaften keinen Abbruch thut, sondern dieselbe noch an Oertern, wo sie nicht ist, einführet, keinen Lobspruch beylegen, noch Umgang nehmen, deren Auctori mit Rechtsgegründeter Widerlegung entgegen zu gehen, oder ihm die im höchsten Grad schlechte Beschaffenheit seiner Sätze zu zeigen. Bey sothaner Wichtigkeit der Sache nun, welche sich über ganze Länder erstreckt, nehme ich des Herrn Regierungsraths Estors andere aufhabende Arbeit, sie sey gleich beschaffen, wie sie wolle, vor eine wahre Ursache seines Stillschweigens auf die ihm gemachten Einwürfe nicht an, zumal er gleichwohl seine wiederlegte ehemalige Präfation zu den Großmannischen Tractaten anderweit zu übersehen, und von neuen zu ediren, sich die Mühe gegeben. Man muß dahero gedachte wahre Bewegungsursachen ganz anderswo suchen; Nemlich der Herr Regierungsrath Estor ruft einige JCtos, welche mit ihm von Clodoväi M. Ueberwindung der Alemannier, und von Caroli M. Bezwingung der Sachsen her conjecturiret, daß damals alles in Knechtschaft gesetzet, und von solchen Knechten unsere heutige Bauern abstammten, zu Zeugen an, und hat daher eine Generalpräsumtion pro operis contra rusticos daraus fabriciren wollen, ich hingegen habe zu Behauptung des contrarii, das Jus naturæ tanquam omnium primævum, das Jus Saxonicum commune, bewährte Historicos, alte Formuln und Urkunden, oder andere solcherley Beweißthümer gebrauchet. Da giebet es nun Nüsse, welche mit denen Zähnen der alten JCtorum Romanorum nicht aufzubeissen, massen dieselbe nicht einmal den Sachsenspiegel recht käuen, und ihm seinen wahren Geschmack abgewinnen können, wie ich schon in der Vorrede meiner Gerichtsverfassung der Teutschen vom 8ten bis zum 14ten Seculo gesagt. Und verstehe ich durch die JCtos Romanos solche, welche als Civilisten und Canonisten sich Gelehrsamkeit erworben, und daher der Application der Römischen Rechte, auf den Statum Germanorum, ganz ergeben gewesen, ohne in die teütschen Antiquitäten eine Einsicht erlangt zu haben. Unter welchen die Glossatores zum Sachsenspiegel viele alberne Fratzen auf die Bahne gebracht, denen andere gefolget sind.

VII.

VII.

Vertheidigung

des Opusculi de præsumtione pro libertate naturali in caußis rusticorum, quatenus neque leges neque pacta obstant, wider eine Recension in denen zu Wittenb. 1739 herausgekommenen nov. Act. JCtor. im 8ten St. pag. 723.

Unter denen in gerichtlicher Praxi vorkommenden Streitfragen ist eine der wichtigsten und gemeinsten, ob und wie weit Bauern in ihren Processen mit ihren Herren wider deren Dienstanforderungen die Vermuthung der natürlichen Freyheit auf ihrer Seite haben, welche Vermuthung auch, so weit diese Freyheit nicht durch Gesetze oder Verträge eingeschränket worden, alle Sächsischen Rechtscollegia angenommen haben und behaupten. Es kömmt auch wegen des status publici, und in Ansehung der Conservation guter Landesverfassung darauf viel an. Denn, wenn man zulassen wollte, daß die Vermuthung vor die Dienste wider die Bauern zu machen wäre, biß sie ihre Freyheit bewiesen hätten, gleichwohl auch keinen andern Beweiß der Freyheit, als wo die Dienste von dem Herrn angesaget, von den Unterthanen aber verweigert worden, und seitdem die Rechts-verwährte Zeit verflossen, annehmen wollte, so würden wir in 40. oder 50. Jahren keine Bauern, welche die Steuern und Landes-Onera prästiren könnten, in Sachsen mehr haben, sondern statum Lusatiæ & Bohemiæ gar bald auch hier finden. Da aber gleichwohl einige neuere Doctores, und besonders Herr D. Johann George Estor, vormaliger Fürstl. Eisenachischer Hofrath und Professor zu Jena, nunmehro aber Fürstl. Heßischer Geheimer- und Regierungsrath und Ordinarius der Juristen-Facultät zu Marburg, in der Präfation zu denen Großmannischen Dissertationen de operarum debitarum mutatione, den so lange beybehaltenen modum pronunciandi umkehren, und vielmehr eine Præsumtion pro operis contra rusticos behaupten wollen, dabey aber keine Beweißgründe, als einige neue Doctores, welche sich die Knechtschaft mittler Zeiten zu groß eingebildet, angezogen, so habe ich in der Absicht, um die in praxi hergebrachte Præsumtion pro libertate rusticorum zu bestätigen, gedachtes mein Opusculum historico-juridicum zu Dreßden 1738. in 8vo herausgegeben, und darinnen gedachte Vermuthung der natürlichen Freyheit der Bauern sowohl aus Römischen Ge-

S 2

zeug-

zeugnissen, als auch aus der Historia medii ævi; und aus einigen dabey vorkommenden legibus Germanorum, oder aus andern Documenten wider alle
Einwürfe zu rechtfertigen gesuchet. Weil aber der Herr Hofrath von Leyser in
dem 6ten Tomo seiner Meditationen Spec. 416 med. 1. p. 1065 dem Herrn
Regierungsrath Estor, den grösten Beweiß mit abgeben sollen, so hat es
nicht anders seyn können, als daß ich zugleich gedachten Herrn Hofraths von
Leyser argumenta umständlich refutiren müssen, wobey ich doch alle gebüh-
rende Bescheidenheit gebrauchet. Nichts desto weniger hat in denen zu Wittenberg seit 1738 herausgekommenen novis Actis JCtorum im I. Bande und
dessen 8ten Stücke der Urheber der allda befindlichen Recension meines opusculi darauf zwar mit ganz leeren, jedoch dabey unanständigen oder zum Theil
unhöflichen Worten und Ausdrückungen losgezogen. Da er mit Uebergehung
alles übrigen, sich bloß an das hält, womit die Leyserschen Meynungen geprüft
worden, so zeiget er, daß er keine andere Absicht gehabt, als schlechterdings
einen Vertheydiger derselben abzugeben, welches Vergnügen man ihm zwar
gönnen kann. Ob dieser berühmte Mann aber, vor den man übrigens alle
Hochachtung hat, es ihm viel Dank wissen wird, daran dürfte noch zu zweyfeln seyn, weil seine angezogene Meditation mit weit mehr Gründlichkeit geschrieben, als solche verneynte Apologie, und da ich jene aus der Historie
und Rechtsgründen mittler Zeiten, sowohl Uhrkunden und andern unverwerf-
lichen Gezeugnissen widerleget, gleichwohl gedachter Herr Apologiste dem allen
nichts, als seine eignen sich selbst gemachten Einbildungen entgegen gesetzt, so
siehet man nicht ab, wie er derjenige seyn wolle, der in dieser Materie die
Welt eines andern und bessern belehren könnte. Wer die Acta JCtorum und
dagegen meinen Tractat lieset, wird gar leicht des Herrn Adversarii gehegte
Passion, und daß hingegen die Sache mit bloßen Worten nicht auszumachen,
erkennen, auch wenigstens sein Urtheil suspendiren, bis erst der Herr Gegner
den schuldigen Beweiß geführet. Ich habe schon etwas darwider in meiner
Vorrede zur Gerichtsverfassung der Teutschen vom 8ten bis zum 14ten Seculo,
die Herr Langenheim in Leipzig verlegt, und in der Michaelismesse 1741 dem
Publico bekannt gemacht hat, nemlich im 18ten §pho derselben erinnert. Dieweil aber in besagter Vorrede dahin nicht gehörige Dinge weitläuftig abzuhandeln bedenklich gefallen, so will ich lieber hier besonders gedachte Apologie
etwas mehr prüfen. Damit man also, zur Controvers selbst schreitet, so hat
der Herr Adversarius in bemeldten Actis JCtorum p. 724 gleich anfangs gesaget: Es wäre ausgemacht, daß der Stand unserer heutigen Bauern von den alten teutschen Knechten herrührete. Aber wer hat dieses,
oder wo ist es ausgemacht? Der Herr Hofrath von Leyser und der Herr Regie-
rungs-

rungstag Eſtor nebſt einigen andern haben es geſagt, und wenn aus den Antiquitäten ein anders bewieſen, ſo wird ihr Sagen mit dem Gegenſaße: Es iſt ausgemacht ꝛc. nicht gleich gerechtfertiget werden, ſondern es iſt dieſes nichts, als petitio principii. Zu nur gedachtem Grundſaße gehöret auch, was pag. 728 faſt auf gleiche Weiſe geſchrieben: **Ob hätten unſere teutſche Bauern nach dem Gezeugnis der Geſchichtſchreiber, und Beyfall aller gründlichen Rechtsgelehrten ihren Urſprung von den alten teutſchen Knechten, die zwar gewiſſe von ihren Herren angewieſene Wohnungen und Aecker gehabt, davor aber Zinſen und Dienſte präſtiren müſſen.** Hier mangelt der Beweiß, und wird ſolcher wohl vom Herrn Gegner nimmermehr aufzubringen ſeyn, ob er gleich hinzu gefügt, wie er es leicht thun könnte. Denn einzelne Exempel mögen ſolchen nicht ausmachen, indem er vielmehr zugleich die aſſerirte Univerſalität darzuthun hat, welches nach denen von mir ſchon in contrarium beygebrachten Exempeln, ihm unmöglich fallen muß. Das Aſſertum p. 725 daß die von Carolo M. nach des Sächſiſchen ungenannten Poeten Angeben, den Sachſen ertheilte Freyheit nur das Verhältnis des ganzen Landes gegen das Fränkiſche Reich, keinesweges aber von der Verbindlichkeit der Knechte gegen ihre Herren zu verſtehen, hat wohl ſeine Richtigkeit, aber wo iſt denn das gegenſeitige Suppoſitum bewieſen, daß eben dieſe Knechte die Bauern geweſen? Nach den Legibus Francorum & Saxonum waren ſie ſolche Servi, die nicht eine Hand breit Land inne hatten, waren auch im Commercio, und die Herren muſten ihr Verſchulden entgelten, Opuſc. p. 107 und in dieſer Samml. V. p. 109. Nach der Zeit haben ſich einige durch geleiſtete Dienſte in den Adelſtand geſchwungen, wie auch ſchon zu Taciti Zeiten geſchehen, wenn er de Germania c. 25 ſchreibet: *Liberti ibi* (apud Gentes, quae regnantur) *& ſuper ingenuos & ſuper nobiles oſcenduns.*

Es weiß auch daher Theganus, der zu Ludovici pii Zeiten ein Biſchof im Trierſchen war, darüber, daß viele Servi damals ſo ſehr empor geſtiegen, ſich nicht genung zu beklagen. Seine Worte lauten alſo: *Jam dudum illa peſſima conſuetudo erat, ut ex viliſſimis ſervis, ſummi Pontifices fierent, & hoc non prohibuit* (Imperator). - - - *Turpiſſimam cognationem eorum a jugo debita ſervitutis nituntur evipere & libertatem imponere. Tunc aliquos eorum liberalibus ſtudiis inſtruunt, alios nobilibus fœminis conjungunt & propinquas eorum filios nobilium cogunt accipere. Nullus cum eis æquanimiter poteſt vivere, niſi bi ſoli, qui talem conjunctionem habent, cæteri vero cum maxima triſtitia, gemendo, flendo ducunt dies ſuos. Propinqui autem ſupra dictorum, poſtquam aliquid intelligunt, ſenes no-*

biles

biles derident, atque despiciunt, sunt elati, instabiles, inverecundi - - - -
summopere cavendum est, ne amplius fiat, ut servi sint consiliarii sui, quia
si possunt, hoc maxime construunt, ut nobiles opprimant & eos cum vi-
lissima propinquitate eorum exoltare studeant.

Hierüber nun sind andere Servi unter der heutigen Bürger oder Bauern
Vorfahrer gekommen, und zwar entweder ganz frey, oder so, daß sich die
Herren bey der Freylassung noch etwas vorbehalten. Dieses beweisen nicht
nur die alten Manumissionsformuln, sondern auch Synodus Tolitana, wo
in Bignonii notis ad veteres Formulas p. 598 diese Worte gelesen werden: *Qui-*
cunque libertatem a dominis suis ita percipiunt, ut nullum sibimet in eis
obsequium patronus retentes, isti, si sine crimine capitali sunt, ad cleri-
catus ordinem suscipiantur, quia directa manumissione absoluti esse noscun-
tur, qui vero retento obsequio manumissi sunt, pro eo quod adhuc patrono,
servituti tenentur obnoxii, nullatenus sunt ad ecclesiasticum ordinem pro-
movendi, ne quando voluerint, eorum domini fiant ex clericis servi. Von
einer gänzlichen Freylassung der Knechte meldet auch Lex Visigotborum Lib. V.
Tit. 9. in Herrn D. Georgischens Corpore Juris Germanici antiqui pag. 2009.
Und wie ich in meiner Gerichtsverfassung der Teutschen von 8ten bis 14ten
Seculo not. 6. ad §. 3 bewiesen, hieß in den Langobardischen Gesetzen, *ser-*
vum suum sulfreal, sulfreal, sulfrear, sulfrea thingare & amond a se
facere so viel, als seinen Knecht voll frey oder ganz frey dingen, oder
vor Gerichte ganz frey und eigenmündig, so, daß er nicht mehr zu
des Herrn Haußgesinde und Brödtlingen gehöret, machen. Woraus denn klar zu ersehen, daß es ganz freygelaßne Knechte gegeben, und die
universale Bejahung, als ob die alten Knechte die Bauern gewesen, welche
niemals völlig frey worden, sondern allezeit zu Diensten verbunden blieben,
den Beweiß in der Historia medii ævi nicht findet. Was des Herrn Gegners
Anführen p. 726. anlanget, so habe ich geleugnet, daß der teutschen Bauern
Zustand von den Römischen rusticis unterschieden sey, aber aus den notatis
no. 3. & 4. p. 10. meines Opusculi erhellet klar, wie dieses, und daß die
disposita juris civilis ganz nicht mit unsern institutis einstimmig wären, nur
in der gegenseits angegebenen Universalität negiret worden, maßen man auch
am angezogenen Orte die gegenseitigen Propositiones universales per instan-
tias infringiret. Dahero man denn dem Herrn Hofrath von Leyser oder andern
Assertoribus seiner Meynung hierbey mit guten Grunde negiren kann, daß
die rustici Germanorum & Romanorum toto cœlo differirten. Denn auf die
Worte: toto cœlo, kömmt es hier an, welche einen gänzlichen Unterscheid
anzeigen, da doch die Römischen Rusticani in L. I. C. ne rust. ad ult. obs. dev.

rusti-

ruſticana plebs genennt, und ſowohl Capitations-Steuern, als auch jährliches Getrayde entrichtet, welches eine Gleichheit mit unſern Bauern hat, zu geſchweigen, daß auf die Vergleichung der Römiſchen und unſerer Bauern, und auf den L. l. C. ne ruſt. ad ull. obſeqv. devoc. das Hauptwerk nicht ankömmt, weil in oftgedachten Opuſculo §. XXIX. p. 113. dargethan worden, daß auch ſowohl nach den natürlichen, als nach Sächſiſchen Rechten, die Libertät der Bauern, ſo weit ſie per leges aut pacta nicht reſtringiret, allerdings zu præſumiren.

Der Herr Adverſarius meynet p. 727: des Herrn Hofraths von Leyſer Abſicht ſey nicht geweſen, aus den angeführten Stellen der alten Poeten zu erhärten, daß alle Römiſche-Ruſtici reich geweſen, und gleich darauf aſſeriret er doch wieder ſelbſt, daß die Römiſchen Ruſticani homines unſern teutſchen Edelleuten an Freyheit nichts nachgegeben, ja wohl gar aus den vornehmſten Geſchlechtern geweſen, einen Theil ihrer Aecker an Colonos ausgethan, und davon Zinſen und Dienſte bedungen. Hier redet alſo der Herr Auctor wieder univerſel, und ſind bey ihm die Römiſchen Bauern lauter große Leute geweſen, die Güther gegen Zins oder Dienſte an andere ausgethan, da er doch kurz vorher eingeräumt, ſie wären nicht alle reich geweſen. Dem ſey auch, wie ihm wolle, ſo wird hier der Herr Gegner zuförderſt zu beweiſen haben, daß eben die in gedachtem Lege Codicis benannten Ruſticani, oder ruſticana plebs die eingebildten großen Herren geweſen, welche Aecker gegen Zins andern überlaſſen. In Lege ſtehet davon nichts, ſondern vielmehr, daß ſie Steuern und Getraide ſelbſt geben müſſen, folglich ſelbige an Freyheit nicht unſern heutigen Edelleuten, ſondern vielmehr in ſolchen Stücken unſern Bauern gleich geweſen. Der Herr Adverſarius hat ferner in meinem Werke pag. 99. ſeqq. mit dem §. XXVIII. und inſonderheit in denen Notis einen ſtarken Beweiß wider ſich, daß Bauern, obgleich nicht alle, in den alten Zeiten freye Leute, oder ingenui & liberi geweſen, welchen Beweiß er erſt aus der Hiſtorie abſertigen, oder, daß ich mit einem unangenehmen Worte rede, ablegiren [1]) muß, ehe er ſeinen univerſalen Satz: Daß unſere teutſche Bauern ihren Urſprung

von

---

[1]) Dem Herrn Gegner iſt dieſes Wort anſtößig geweſen, aber ich will ihn auf Schilters Präfation ad Conſilia Argentoratenſ. auf Käſtners und Medrachs Diſſert. de Werigeldo p. 31. an Itterum de Feudis Imperii Cap. XVII. §. 14. p. 802. auf Klaproths Sammlung juriſtiſch-philoſophiſch-und critiſcher Abhandlun=

gen pag. 187. und auf Eſters Commentation de Præſumtione contra ruſticos &c. §. 2. verweiſen, welche das Ablegare, wie ich, gebrauchet, und dürfte alſo Gegentheil ſich wohl nur darum über ein Wort gemacht haben, weil er ſeine Critic in realibus nicht anbringen können.

von den alten teutschen Knechten haben, behaupten will. Und was kann denn
der Herr Gegner dazu sagen, wenn es in Jure Provinciali Alemannico C. II.
beym Schilter in Thesaur. Antiqv. Teut. Tom. II. heißet: Das dritte sind
Geburen, di fri sint, die haizzent fri Lantsäzzen? Dieses ist ein Zeugniß über die bereits angeführten, und man könnte deren noch mehr beybringen, wenn erst die schon beygebrachten beantwortet wären. Indeß werden
hier die Bauern offenbar vor freye Leute erkläret, und es wird wohl niemand
statuiren, daß diese Bauern, Vorfahren der heutigen Edelleute gewesen. Ich
habe auch in meinem Opusculo pag. 67. not. 2. bewiesen, daß Henricus Auceps von 9 militibus agrariis den neunten Mann in die Städte gezogen, den
andern achten aber auferlegt, des neunten Feld und Aecker, weil er dem Kriege
gänzlich obliegen müssen, mit zu beschicken, oder nach heutiger Art zu reden,
zu befrohnen. Wo dieses nun nur ein halbes Seculum, oder auch weniger
Zeit gewähret, so sind aus neun Mann, die vorher einander gleiche Landleute
gewesen, ein heutiger Edelmann, und acht Bauern entstanden, welches die
Natur der Sache selbst an die Hand giebet, ohne daß es einem abentheuerlich
vorkommen darf. Der Herr Adversarius wird auch aus den Schenkungs- und
Traditions-Briefen weiter nichts beweisen, als daß es einige Mancipia in den
alten Zeiten gegeben. Ich habe dieses nicht geleugnet, sondern nur die vorgege-
bene große Menge derselben, da man nemlich gar auf eine solche Universalität
verfallen, als ob unserer Bauern Vorfahren alle Knechte gewesen, mit vielen
Beweißgründen widerleget. Ja, ich zweyfele auch, daß der Herr Adversarius gedachte Universalität mit sattsamen Gegenbeweiß unterstützen könnte,
wenn er gleich alle seine gründliche Rechtsgelehrte und Historicos zu Hülfe
rufte. Denn die in der Historia medii ævi sich umgesehen, müssen eines
andern überzeugt seyn, und eben aus derselben, nicht aber aus Opinionibus,
und mit einem bloßen raisonniren ist die Sache auszumachen. Was der Herr
Adversarius aus Ciceronis Oration pro Roscio angeführt, kann man alles einräumen; Aber was folget daraus anders, als daß es römische Herren gegeben,
welche ansehnliche Landgüther besessen. Diese konnten sich auch nach Römischer Art viel Knechte kaufen, und selbige zur Arbeit gebrauchen. Allein,
sind denn dergleichen Landherren eben diejenigen Rustticani, oder der rusticana
plebs gewesen, von welchen es in L. I. C. ne Rustticani ad ullum obsequium
devocentur, heisset: daß sie capitationem oder Kopfsteuer und Getrayde prästiret? Dieses muß erst gegenseits erwiesen werden, ehe die Vergleichung des
Römischen plebis rusticanæ, mit unsern Edelleuten passiren kann. So viel ist
hier noch besonders anzumerken, wie der Herr Adversarius pag. 732. mich
bloß eines Einwendens beschuldiget, daß in L. I. C. ne rust. ad ullum obl.

devoc.

devoc. plebs rustica verstanden würde, da doch rustica plebs mit ausgedruckten Worten in Lege enthalten, mithin man nicht erst eine solche Deutung machen, noch bey so hellem Lichte im Finstern tappen darf. Sonst ist auch der Herr Adversarius pag. 733 in seinen Beschuldigungen wider mich so weit gegangen, als ob ich aus nur jetzt erzehlten gefolgert hätte, daß es eine Himmelschreyende Sünde und Schande wäre, wenn man unsere teutsche Edelleute mit dem R. plebe rustica vergleichen wollte. Ich habe aber von dem Zusatz der Himmelschreyenden Sünde und Schande nichts gesagt, sondern meine Worte sind p. 38 in meinem Opusculo diese: *Sane unicuique pudori esset, nostros nobiles istam rusticanam plebem salutare.* Endlich läßt sich ganz wohl begreiffen, daß in den uralten Zeiten sich eben niemand der Ackerarbeit schämen dürfen. Denn,

> Als Adam hackte, und Eva span,
> Wer war damals ein Edelmann?

Ja! eben dahin scheinet auch Horatius zu zielen, wenn er in der pag. 42 meines Opusculi angezogenen Ode gesungen:

> *Ut prisca gens mortalium,*
> *Paterna rura bobus exercet suis.*

Und es hat des gedachten Attilii Nachkommen das von ihm selbst verrichtete Säen so wenig zur Schande gereichet als dem Königl. Pohln. Piastischen Geschlechte, wenn ihr Anherr ein Ackermann gewesen. Ob es aber heute zu Tage nicht einem Edelmanne vor übel gehalten würde, wenn er hinter dem Pflug her gienge, ist eine andere Frage, welche eben so zu beantworten seyn dürfte, als wenn man die Römischen großen Landherren hinter den Pflug spannete, und unter den Bauerpöbel in L. C. ne Rustici ad ullum &c. setzen wollte. Der Herr Adversarius hat es eben nicht widerlegen können, wenn ich aus denen pag. 52 meines Opusculi angeführten rationibus die Poeten nicht vor solche Zeugen gehalten, welche die Rusticanos Romanos so ansehnlich, als unsere heutigen Edelleute, beschrieben hätten. Jedoch, weil der Herr Hofrath von Leyser insonderheit den Martialem zum Beweis gebrauchet, widerspricht der Herr Adversarius disseitiger Auslegung, und soll rusticus salutator kein Cliente, sondern ein Zinßbauer heissen, zumahl derer Colonorum erwehnet, da doch Colonus auch überhaupt ein Einwohner genennet worden, wie Virgilius selbst bezeuget:

> - - *veteres migrate coloni.*

Ob auch gleich in L. 214 ff. de V. S. deutlich entschieden, daß dona bey den Römern keinen aus Nothwendigkeit bezahlten Zinß, sondern freywillige Geschenke

T

schenke bedeutet, so will doch dem Herrn Adverſario dieſe legale Erklärung nicht anſtehen, ſondern der Poete ſoll ſeines metri halber nur ſo geſchrieben haben, wogegen ich aber in oftgedachten meinem Opuſculo p. 47. zugleich gezeiget, daß ruſticus ſalutator Honigſcheiben, ingleichen die glires, als Raritäten und ad luxum gehörige Sachen gebracht, welche kein determinirter Zinß geweſen ſeyn können. Und wenn ſchon bey den Römern mancher Jctus, damit er den Anlauf der Clienten in der Stadt nicht habe, ſich auf das Land begeben, ſo folgt doch daher nicht, daß ein ſolcher Landherr gern aller Clienten entlediget ſeyn wollen. Inſonderheit rühmet Martialis beym Fauſtiniſchen Landguthe:

Nec venit inanis ruſticus ſalutator,

daß der Bauer, wenn er den Landherrn conſulirte, nicht leer käme. Im übrigen hat Martialis lib. 3 Epigr. 58 das Fauſtiniſche Landguth gegen des Baſſi an der Stadt gelegenen Forwerke zu halten, und die beſondern Ergötzlichkeiten bey jenem herauszuſtreichen geſuchet, nicht aber etwa einen Anſchlag des Guths, worauf der Herr Adverſarius abzuzielen ſcheinet, zu fertigen gedacht. Indeß ſtehe ich in Zweifel, ob der Herr Gegner, und aufgeworfne Apologiſte beym Herrn Hofrath von Leyſer die gehofte Inſinuation verdienet, wenn er ſaget, man habe demſelben die poetiſchen Stellen vorexponiren wollen. Ich habe daran wohl nicht gedacht, ſondern, weil mein Tractat nicht vor einen, ſondern auch vor mehrere Leſer geſchrieben, und daſeyne ich auch es allenthalben nicht erreichet hätte, dennoch deutlich zu ſchreiben mich beſtrebet, gleichwohl beſonders Martialis eben nicht der leichteſte Poete iſt, ſo habe ich die Explication, wie ſie geſchehen, dem Werke ohne Bedenken einverleibet. Der Recenſente will es ferner nicht leiden, daß ich dem Herrn Hofrath von Leyſer Schuld gegeben, als ob er ſtatuiret, daß Carl der Große die geſammten Sachſen zu Knechten gemacht, welches er doch nicht geſaget hätte. Dahero auch der Herr Adverſarius anderswo p. 734 ſchreibet: **Ich hätte dem Herrn Hofrath von Leyſer die Behauptung von der Sachſen Dienſtbarkeit und Knechtſchaft unverdienter Weiſe beygemeſſen und angedichtet.** Es haben aber dergleichen auch andere ſchon ſtatuiret, wie ich in meinem Opuſculo p. 58 angezeiget, und meine hieher gehörigen Worte in erwehntem Opuſculo §. XVIII. p. 57 lauten alſo: Inter illa, quæ profert Dn. Conſiliarius Aulicus Leyſerus, nego 1) Carolum M. Saxonicam gentem in Servitutem conjeciſſe; affirmo 2) autem quosdam Saxones in ſervitutem abductos, addo tamen exceptive, hos et poſtea in libertatem reſtitutos eſſe. **Die Demonſtration bey dem, was allhier negiret,**

oder

ober affirmiret, hat der Herr Gegner unangefochten laſſen müſſen, ja vielmehr die Richtigkeit meines Vorbringens eingeräumt, da er nicht leiden wollen, daß der Herr Hofrath von Leyſer der Sachſen Dienſtbarkeit und Knechtſchaft aſſeriret hätte, und kömmt es alſo hier darauf an, wo denn erwehnter Herr Hofrath dergleichen ſtatuiret? Man leſe aber deſſen Worte in Meditationibus ad Pandectas Part. V. & VI. p. 1066 Neque eſt, quod objicias Saxonum gentem ſub Carolo M. poſterisque ejus in libertatem adſertam atque ſervituti exemptam fuiſſe. Hierbey macht der Herr Hofrath ſelbſt den Einwurf de Saxonum gente, und von denen, welche ſtatuiren, als ob unter Carolo M. und deſſen Nachkommen das Sächſiſche Volk in Freyheit verſetzt, und der Dienſtbarkeit entnommen. Darauf nun fähret er fort: Diejenigen irreten, welche die denen Sachſen von Carolo M. gegebene Freyheit dahin extendiren wollten, daß die Bauern dadurch dem jugo nobilium entzogen worden wären. Die mit Carolo M. eingegangenen Friedensbedingungen hätten nicht die Ruſtici, ſondern nur die Nobiles, welche gentem Saxonum repräſentiret, ſich ſtipuliret. Wenn aber alſo von einer Freylaſſung der Sachſen geredet werden will, wie vom Herrn Hofrath von Leyſer geſchehen, ſo muß man nothwendig eine vorher gegangene Bezwingung ſtatuiren, und wer erkennet nicht hieraus, daß nach des Herrn Hofraths Meynung Carolus M. alle Sachſen bezwungen, und ſich unterwürfig gemacht, durch den letztern Frieden aber nur den Nobilibus oder Edelingis die Freyheit wieder gegeben, die andern aber, ſo von Nithardo und Hucbaldo Friling und Laſſi benähme, unter der Knechtſchaft blieben ſeyn ſollen. Der Herr Adverſarius meynet zwar, als wenn der Herr Hofrath von Leyſer unter der Sachſen Dienſtbarkeit nichts anders verſtanden, als den Zuſtand, da ſie ſchon zuvor, wie ich auch pag. 82 not. 3 ſelbſt bewieſen, denen Franken tributbar geweſen. Aber auf ſolche Weiſe wäre der Status Saxonum prior weiter nicht, als ratione tributorum ſervilis, und gleichwohl iſt in gedachter Meditation ab iſto ſtatu priori auf Dienſte geſchloſſen. Ja, wenn der Hofrath von Leyſer unter der Sachſen Dienſtbarkeit nur das Tributbar ſeyn, und unter der Caroliniſchen Freylaſſung die Befreyung davon, verſtanden, wie will man denn damit auskommen, wenn man beſagte Freylaſſung nur denen Nobilibus zueignet, da ja nach der in meinem Opuſculo not 4 p 83 angezognen Capitulation Nobiles, Ingenui & Liti dagegen den Zehnden an die Geiſtlichkeit geben müſſen, auch nach der Anmerkung no. 6 pag. 84 der Nobilis ſo gut, als der Ingenuus und Litus, oder Laſſus von den Königlichen Grafen oder Miſſis ad judicia vorgeladen worden, wovon der Herr Adverſarius geſchwiegen, ob er gleich p. 738 der Bekehrung der Sachſen als einer Friedenscondition gedenket, und also der übrigen Conditionen ebenfalls erinnert gewesen seyn muß. Demselben hat auch nicht begreiflich geschienen, wenn in osterwehntem Opusculo negiret wird, daß zu Caroli M. Zeiten die Bauern in des Adels Dienstbarkeit gestanden, weil die Geschichtschreiber mittler Zeiten sie Serviles genennet hätten. Hierauf aber räumet man ein, daß zwar die Lassi, welche man gleichfalls particulariter unter der Bauern Antecessores rechnen kann, von Nithardo und Hucbaldo Serviles genennet. Allein es ist in meinem Opusculo pag. 79 selbst aus dem Hucbaldo bewiesen, daß eben die von ihm sogenannten Serviles den dritten Orden des Sächsischen Volks abgegeben, nebst denen Nobilibus und Ingenuis, bey den Landtägen mit erschienen, und leges zugleich mit machen helfen, als wovon auch der allegirte Herr Grupen ein Zeugnis abgeleget. Hiervon schweiget aber der Herr Adversarius, und sagt noch ferner dem Herrn Hofrath von Leyser zu Gefallen, daß bey denen mit Carolo M. gehabten Friedenstractaten nur die Nobiles die ganze Sächsische Nation vorgestellet. Die Worte des Sächsischen Poetens:

> - - huc omni Saxonum nobilitate
> Collecta - -

sollen es klar ausmachen, da doch daraus nichts mehr erhellet, als daß bey Satz der Sächsische Adel versammlet, nicht aber, daß durch solchen Adel das ganze Volk vorgestellt worden, maßen auch, wie schon gedacht, in *meinem Opusculo* pag. 79. dargethan, daß ad gentem Saxonum Nobiles, Ingenui & Lassi gehöret haben. Sind gleich damals Serviles nicht Freyherren oder Barones gewesen, wie der Herr Gegner einwirft, so ist doch aus schon angeführtem zu erkennen, daß Serviles bey denen Historicis medii ævi nicht einen leibeigenen Knecht, der keine Freyheit, auch bey der Republick nichts zu sagen gehabt, bedeutet. Wenn obgedachter locus Hucbaldi, nach welchem die von ihm beschriebenen Lassen, oder homines serviles zu den Landständen mitgezehlet, noch nicht vor hinlänglich zu achten, so will man Helmoldum in Chronicis Slavorum lib. I. C. XCI. darzu nehmen, allwo Geroldus, Bischof zu Lübeck, zu Henrici Leonis Zeiten die Holzatos, nunmehr Hollsteiner, nur bloß zu Gebung des Zehnden anermahnet, worauf sie geantwortet: Se huic conditioni *Servili* nunquam colla submissuros &c. item: Malle se potius succensis ædibus propriis egredi terram, quam tantæ *Servitutis* jugum subire. Hier wird also die Entrichtung des Zehnden pro servitute, oder servitutis jugo, und die ihn entrichten, pro hominibus conditionis servilis genommen, und so könnte noch vieles beygebracht werden, woraus zu ersehen, daß bey den Scriptoribus medii ævi oft der ein homo servilis geschrieben worden, welcher nur

etwas

etwas präſtiren müſſen. Dahero nicht alle Serviles Leute von knechtiſcher Ankunft geweſen. Ich habe pag. 87. es ſelbſt mit dem Exempel des Weſtphäliſchen Friedens illuſtriret, da ich behauptet, daß um deswillen, wenn auch Carolus M. gleich den Frieden mit denen Sächſiſchen Nobilibus allein geſchloſſen hätte, dennoch ſelbiger ihnen allein nicht zugeeignet werden könnte, und nun gebrauchet der Herr Adverſarius die Weſtphäliſche Friedenshandlung ſelbſt zu einem Einwurf, welchen ich vor bekannt annehmen kann, maßen ich hauptſächlich nicht das Beyſeyn der geringern Leute, als vielmehr, daß die von Carolo M. beliebten Friedensbedingungen nicht bloß die Nobiles, ſondern auch zugleich die Ingenuos und Laſſos, folglich die Bauern ebenfalls concerniret, darthun wollen. Wenn der Herr Adverſarius die alte Hiſtorie beſſer inne hätte, und daß, wie in der Anmerkung bey meinem Opuſculo no. 6. pag. 84. dargeſtellt, Nobiles, Ingenui & Laſſi nicht unter einander, ſondern einer, wie der andere, unter den Königlichen Grafen und Miſſis geſtanden, ſich belehren laſſen, ja, wenn er hiernächſt den Unterſcheid unter den heutigen Reichsſtänden, die nunmehr alles erblich beſitzen, und auch die Landeshoheit haben, und unter den alten bloßen Officialen, die nur als Kayſerliche Stadthalter anzuſehen waren, in genauere Betrachtung gezogen, ſo würden die neuen Ideen ihn nicht auf ſolche Abwege leiten, daß er immer altes und neues vermenget. E g. Iſt denn die Reichsſtandſchaft, welche die Sachſen zu Caroli M. Zeiten nach des Herrn Adverſarii Meynung pag. 736. durch den letzten Frieden erlangt haben ſollen, wohl etwas anders als blos eine Chimäre? Denn nach dem Beweiß pag. 84. meines Opuſculi ſtunden alle Sachſen, und auch die Nobiles unter den Grafen und Miſſis Regiis, und durften jene ohne dieſe keine Zuſammenkunft mehr halten. Die heutige Reichs-Standſchaft hat auch einen weit jüngern Urſprung, nemlich von den Zeiten, da die Fürſten und Grafen ihre Aemter erblich erlangt, nachdem vorher der Kayſer ſie als ſeine Officiales zu ſich beruffen konnte, wie es ihm gut dünkte. Und wie will denn der Herr Adverſarius von den heutigen Leibeigenen in Mecklenburg, Pommern, Hollſtein, und andern Orten auf Caroli M. Zeiten ſchließen? Sie ſind ja ſo alt nicht, und haben beſonders erſt, wie in meinem Opuſculo p 69. bemerkt, ihren Urſprung, ſo viel die Condition ihrer Leibeigenſchaft betrifft, von Henrici Leonis Zeiten her. Ich habe ſchon oben aus dem Helmoldo einen locum angeführt, nach welchem einige Sclaven die Gebung des Zehnden zur großen Servitut gerechnet. Wenn auch bis auf die Zeiten Henrici I. die Sorben-Wenden, oder andere überwunden wurden, ſo wurden ſie doch nur Tributbar gemacht, und es waren die Tributarii der geſammten Sclaviſchen Nation noch gar ein geringer Theil. Helmoldus in Chron. Sclavor. lib. I cap. 2.

erzehlet

erzehlet deren viel her, und benennet darunter die Mecklenburger und Pommeraner mit, setzet aber §. 13. hinzu: *Omne hoc hominum genus, idololatriæ cultui deditum, vagum semper & mobile, piraticas exercentes prædas, ex una parte Danis, ex altera Saxonibus infestum.* Und daß die Sclaven sich gar nicht zum Christenthum bekehren lassen wollen, mißt ermeldter Autor lib. I. cap. 6. der Nation unglaublichen Härte bey. Des Tributs haben sich die Sclavi bey gelegnen Zeiten entschüttet, und ob sie wohl nach bemeldtem Autore d. lib. I c. 8. von Henrico I. wiederum Tributbar gemacht, auch das Christenthum versprochen, so haben sie doch wieder rebelliret, und sind besage des 9ten Capitels ejusdem Auctoris, von Ottone Magno wiederum bekriegt und bezwungen worden, also, daß sie den Tribut und das Christenthum auf das neue zugesaget. Allein, sie hielten nicht Wort, und als der Marggraf Gero um selbige Zeit die Laußnitzer ziemlich geklopft, so schreibt davon Wittekindus: *Eo tempore Gero Præses, Sclavos, qui dicuntur Lusiki, potentissime vicit, & ad ultimam servitutem coegit.* Ja als Otto Magnus bey seiner vorhabenden Reise nach Italien an Hermann von Billing, Geronem und andere Gränzbewahrer seine Verfügung gethan, saget er: *Volumus, ut si Redares* (Sclavi) *sicut audivimus, tantam stragem passi sunt, scitis enim, quam sæpe fidem fregerint, quas injurias attulerint, nullam nobiscum pacem habeant.* Das Diploma exhibirt Wittekindus Lib. III. Annal. beym Meibom. Tom. I. rer. germ. p. 661. und also wurden die Sclaven vom Ottone Magno aus dem Kayserlichen Frieden gesetzet, oder sie sollten mit dem Kayser keinen Frieden haben. Indeß bezeugt des Erzbischofs zu Magdeburg, und anderer Bischöffe oder Herren Schreiben in Schöttgens und Kreysigs Diplomatischer Nachlesen, Part. IV. p. 553. seq. was vor Grausamkeiten der Sclaven, die sie wider die Christen ausgeübt, Anno 1110 noch immer fort gedauert. Dahero die Sclavi oder Wenden erst lange nach Caroli M. Zeiten so sehr herunter gesetzt, und ob sie wohl, der Bedeutung nach, gloriosi geheißen, dennoch in solche Knechtschaft gebracht worden, daß man hernach den elendesten Knecht einen Sclaven genennet, welche Unterdrückung der Sclaven in Henrici Leonis Zeiten besonders seinen Zuwachs findet. Indessen sind auch die alten Sachsen nach Caroli M. Disposition nicht einem Duci, maßen derselbe nach seinen politischen Principiis, wo es sich thun ließe, alle Duces abzuschaffen, und bloß durch Grafen, oder Missos die Länder zu regieren suchte, noch die Ingenui und alii denen Nobilibus unterworfen gewesen, welches sich freylich der Herr Adversarius nicht einbilden kann, wenn er den heutigen Zustand, worinnen die Mecklenburgischen, Pommerschen, Hollsteinischen, oder andere Leibeigene stehen, bloß vor Augen

haben

haben will. Der Herr Adverſarius bildet ſich ein, als wenn unſere Edelleute in mittlern Zeiten unter dem Nahmen der Ingenuorum vorkämen, folglich hält er mit dem Herrn Regierungsrath Eſtor liberos, oder Ingenuos & Nobiles pro Synonymis, welches in meinem Opuſculo p. 103. add. p. 100. widerleget. Wie denn eben dieſes ein unläugbarer Irrthum, wenn man glaubet, alle unſerer Edelleute Vorfahren wären in den mittlern Zeiten freye, oder frey-gebohrne, unſerer Bauern Anteceſſores aber alle Knechte geweſen. Dieſes iſt vielmehr gewiß, daß die heutige Nobilität, deren Titul in mittlern Zeiten größern Leuten eigen war, wie in meinem Opuſculo not. 6. p 32. bewähret, nicht von der Freyheit, oder vom freyen Stande, ſondern von der Dienſtbar-keit bey Fürſten und Herren, das iſt, von denen Aemtern ſeinen Urſprung hat, allermaßen auch der Herr Regierungsrath Eſtor die alte Dienſtbarkeit einiger Miniſterialium, von denen unſere Edelleute zum Theil herkommen, in ſeinem beſonders davon geſchriebenen Tractat angezeiget hat. Man ſchreibet mit gutem Bedacht: einige. Denn wir finden auch freye beſchriebene Mini-ſteriales, freye Milites, Ritter, welche wir vor Anherren der heutigen Nobi-lität mit erkennen. Dieſer letztern Beſchreibung hat vornemlich der Herr Hofrath Glaſey im Tractat de Miniſterialium Indole ſeine Abſicht ſeyn laſſen. Es ſtunden aber zu der Carolinger Zeiten, ehe die Länder erblich an Fürſten kamen, die Miniſteriales ſo gut, als die andere Leute, unter den Kayſern, oder unter denen von ihnen geſetzten, oder ſonſt nach der Gewohnheit erwehlten Richtern. Daher heißet es auch in Jure Alemannico Feudali c LIX beym Schilter pag. 30: Unde iſt ein Gut eyns Herren eygen, das er lihen ſoll, und widert er ſich zu lihen er tut es mit rechte die Man ſullent Kommen für den Landrichter in des Gerichte es lit und klagent ſo uffe ihr Gut, So ſol in der Landrichter richten mit rechte, Und iſt dor Kunig in dem Lande dem klaget man auch mit Rechte.

Dahero konnten gar wohl diejenigen Landleute, von denen hernach die Bauern entſtanden, mehr Freyheit haben, als die Miniſteriales. Ja, ich habe in meinem Opuſculo pag. 99. ſeqq ſo lange nicht jemand mit beſſern Be-weißgründen ein anders darthut, klar vor Augen geleget, daß wenigſtens einige Schöppen-bar freye, ſo wohl die Pfleghaften, Landſeſſen, Bauer-Gülten, ja auch zum Theil die Laſſen freye Bauern geweſen, wie inſonderheit das Sächſiſche Landrecht lib. I. art. 2 von denen erſterwehnten ſelbſt atteſtiret, und von denen Laſſen oder Litis das von dem Herrn Geheimden Rath Gundling in ſeinem Henrico Aucupe, No. X p. 310. angezogne Diploma beſaget: Illo-rum Servi, liti vel liberi &c. allwo der Servorum beſonders erwehnet, und durch das Wörtgen vel, die litii vor freye Leute erkläret. Dahingegen aus
dem

dem 3ten Buch des Landrechts Art. 80. & 81. erhellet, daß die Dienstleute, oder Dienstmänner, textu latino, die Ministeriales, frey gelassen worden, und sodenn erst freyer Landsessen Recht erhalten. Dieses alles verstehet man jedoch nur particulariter, es läßt sich aber auch gar wohl begreifen, da wir noch heut zu Tage sehen, wie mancher Minister eines großen Herrn, oder auch Officier, mehr als ein anderer gebunden, seines Gefallens aus den Diensten nicht gehen kann, sondern als ein ehmaliger Dienstmann erst derselben entlassen werden muß; dahingegen andere Unterthanen, ja auch Bauern, alle Tage weg- und hinziehen können, wohin sie wollen. Gleichwie aber heut zu Tage ein Minister, oder Diener, oder Officier eines großen Herrn zu seyn, Ehre und Reichthum bringt: Also ist es auch in den vorigen Zeiten keine Schande, sondern eine Ehre gewesen, wenn sich ein Ministerialis seines Herrn Diener oder Knecht genennet, oder er von seinem Herrn noster fidelis und noster fidelis servus genennet, oder geschrieben worden.

VIII.
Widerlegung
einer von Herrn D. Joachim Jacob Reineccius 1745 herausgegebenen Schrift de rustico quondam servo.

§. 1.

Als ich in Jahr 1743 dem Opusculum de praediorum pro Herrn ... ... zum Herr D. Joachim Jacob Reineccius, ... in Dresden zur, ...

er ſo bald einen Verleger dazu finden konnte, bis ihm endlich der Herr Regierungsrath Eſtor ſolchen verſchafte, da es denn erſt 1745 zu Jena im Ritterſchen Verlag in 4to an das Licht trat, und zwar unter folgenden Titel, welchen ich, daß man daraus die Abſicht dieſer Reinecciuſſiſchen Schrift deſto beſſer erſehen kann, völlig herſetzen will: Commentatio de ruſtico quondam Servo, D. Joh. Leonhardo Hauſchildio, Juris Practico, aſſertori Libertatis naturalis in cauſis ruſticorum poſt leges & pacta præſumendæ, quam nuper adverſus celeb. Marpurg. Ordinarium Dn. Joh. Georg. Eſtorem, opuſculo hiſtorico - juridico vindicaſſe ſibi viſus eſt, oppoſita, hunc potiſſimum in finem, ut de præſumtionis pro ruſticorum operis ſervilibus ex poteſtate dominica capiendæ, ſtabili fundamento ſingulis, quæ obvertebantur, ratiociniis exceptis atque diſcuſſia, luculentius conſtet, opera Joachimi Jacobi Rejneccii, JCti Dresdenſis, 1 Alph. 2 B. Da dieſes Werk alſo von ziemlicher Weitläuftigkeit ausgefallen, habe ich es nicht vor thulich geachtet, demſelben eine eben ſo ausführliche Gegenantwort auf alle Puncte entgegen zu ſetzen, welches auch meinen nothwendigern Geſchäften zu viel Zeit entzogen haben würde, zumal da im Hauptwerke das meiſte, was von dieſer Materie in gegenwärtiger Sammlung enthalten, auch dieſer Reinecciuſſiſchen Schrift entgegenſtehet. Nur hin und wider habe ich bey damaliger Durchleſung verſchiedene Anmerkungen darüber aufgeſetzt, welche ich denn nunmehro auch in dieſer Sammlung mit an das Licht zu geben, vor dienlich erachtet.

§. 2.

Wenn ich mit Anführung Potgießers gleich zu Anfange meines Opuſculi die natürliche Freyheit alſo definiret habe, quod ſit ſtatus hominis, quo libertas voluntatis non niſi lege naturali circumſcribitur, ſive quo homines actiones u as pro arbitrio ſuo eatenus determinare poſſunt, quatenus legibus naturæ conveniunt, welches nach meiner Meynung nur eine deutlichere Beſchreibung deſſen iſt, was in l. 4. pr. D. de ſtatu hominum vorgetragen iſt, ſo gefällt ſolches gleich dieſem meinem Gegner nicht. Denn ſaget er §. II. p. 4, eine ſolche beſchriebene Libertæt käme mit den Inſtitutis unſers Vaterlandes nicht überein, und warum wollte man dergleichen Freyheit vorbilden, die doch nirgends in der Welt vorhanden wäre. Alles ſey voller Herrſchaften, da gebe es Territorial-Jurisdictions-Lehns-Erbherren und andere mehr. Es könnte aber kein Herr ſeyn, der keinen Servum hätte. Wenn wir unſer Teutſchland und Sachſen beſchaueten, ſo hätten ſelbige immer nach ſolchen Sitten gelebet; nach welchen einige Leute liberi, und andere Servi wären. Wer mag hier ein richtiges Argument wahrnehmen? Kann eine Definition der natürlichen

U Frey-

Freyheit, welche also bloß auf statum naturalem gehet, wohl nach dem statu hypothetico beurtheilet werden? Es meldet Hollberg in seiner Dännemärkischen und Norwegischen Staats- und Reichshistorie nach Vossens teutscher Uebersetzung pag. 30 und 31 von einer Art Finnlappen, welche in Wäldern hin und her ziehen, sich von ihren Rennthieren und Wild-Schießen ernähren, keiner Obrigkeit aber unterworfen seyn, und da setzet er hinzu: *Von diesen Leuten kann man sagen, daß sie im statu naturali leben.* Man findet dergleichen auch sonst unter den Wilden fast in allen Theilen der Welt, also hat der Einwurf, daß der status naturalis gar nicht mehr vorhanden, keinen Bestand. Aber gesetzt und eingeraumt, daß er in seiner vollen Maaße nirgends mehr existiret, so ist es doch genug, wenn alle Welt gestehen muß, daß er jemals, und zwar in denen allererstern Zeiten gewesen. Sind nun gleich viel Menschen, zu ihrer Sicherheit und Lebenserhaltung, von der völligen natürlichen Freyheit abgegangen, also, daß einer mehr, der andere weniger einem andern eingeräumt, so hindert dieses doch nicht libertatem naturalem zu definiren, und weil demnach einer mehr, der andere aber weniger von der libertate naturali primæva übrig behalten, so habe ich auch solche in magis & minus plenam abgetheilet, welche Division jedoch dem Herrn Adversario §. IV. ebenfalls nicht anstehen wollen. Sothane meine Divisio libertatis aber begreift Menschen unter sich, da einer mehr und der andere weniger natürliche Freyheit noch übrig hat. Jedoch gehet Herr D. Reineccius von solcher übrig behaltenen particula libertatis, wovon doch allhier die Rede ist, gänzlich ab, verläßt definitionem libertatis, und weil die Menschen, so weit sie durch ihre Verbindung sich der Freyheit begeben, nicht mehr ganz natürlich frey seyn, so macht er aus der particula ihrer Verbindung totum complexum status, und rechnet daher alle Menschen, die einem Herrn unterworfen, und demselben mit Pflichten verbunden, ad servos, mithin verkehrt er den statum controversiæ de libertate, und verwandelt alles in einer Controvers de servitute alibi duriori, alibi autem remissiori. Dahero füget er §. V. hinzu, daß auch diejenigen, die nach meiner Meynung, meistens der Freyheit genößen, nach den Regeln des natürlichen Rechts ohne Zweifel dieneten, ob sie gleich sonst nicht so hart gehalten würden, als die Römischen Servi.

§. 3.

Nach solchen seinen Præmissis, hat er dem Titel seiner Commentation gemäß, nicht verfahren, und nicht de rustico quondam servo, sondern de omnibus hominibus servis, excepto domino nulli subjecto, einen Vortrag gemacht. Aus diesem seinen Vortrag folget aber z. E. dieser Schluß: Wer einen

einen Herrn hat, iſt ein Servus. Nun haben Bürger und Bauern ihre Gerichts- und Lehnherren, und dieſe wiederum ihre Oberherren, alleſamt aber ihren Landesfürſten zum oberſten Herrn: ergo ſind alle Gerichts- und lehns-herren mit Bürgern und Bauern Servi. Ja, wenn Herr D. Reineccius über den Landesfürſten den Kayſer zum Herrn ſetzet, ziehet er mit ſeinen Argumenten auch denſelben in die Claſſe derer Servorum. Wenn man alſo nach Herrn D. Reineccii aſſertis definitiones libertatis & ſervitutis machen ſollte, ſo würde unter jener niemand, als ein Prinz, wie der König in Frankreich, unter der Servitut aber ſonſt alles begriffen ſeyn, da doch die Dienſtleiſtungen mehr als die Servitut, und oft e. g. mutua ſervitia, Verdienſte und Lohn, Freundſchaft, Gefälligkeit, chriſtliches Mitleiden, und Bitten, oder ſonſt was anders zur wirkenden Urſache haben, auch einer Obrigkeit unterworfen ſeyn, eine Knechtſchaft noch nicht ausmachet.

§. 4.

Im VI, VII, und VII. Hpho legt mir mein Gegner zur Laſt, daß ich Eſtorn und Leyſern mit Argumenten aus der Hiſtorie zu widerlegen geſucht hätte, da doch dieſe in benen mehr angeführten Schriften gar nicht die Abſicht gehabt hätten, die Hiſtorie der Römiſchen oder Teutſchen Knechtſchaft vorzutragen, als welches ſchon vorhero Böhmer in ſeiner Diſſert. de jure & ſtatu hominum propriorum a ſervis Germaniæ, non Romanis derivando Sect. l. und Potgießer de ſtatu ſervorum, L. I. c. 2 und 3 gethan, und alſo hätte ich dieſe nicht jene widerlegen ſollen. Es iſt wahr, daß die Hiſtorie der Knechtſchaft bey den Teutſchen von Böhmern und Potgießern vor allen andern ausführlich abgehandelt worden, doch aber, ob ich ihnen gleich wegen der allzugroßen Extenſion der Knechtſchaft nicht beyfalle, auch darwider genugſame hiſtoriſche Gründe beygebracht habe, ſo iſt doch der Grundſatz, daß es in alten Zeiten in Teutſchland Knechte gegeben, von mir nicht ſtreitig gemacht worden, ſondern nur dieſes, daß unſre heutigen Bauern von ſolchen Knechten herkämen, und daher vor ihre Freyheit nicht, ſondern vor die Knechtſchaft oder Dienſtbarkeit ordentlicher Weiſe die Vermuthung ſey, ſowohl, daß die JCti Romani die Bauern in mehrere Freyheit geſetzet, als eine ungegründete und neuerliche Erdichtung angefochten. Gedachter Potgießer bekennet Lib. I. c. 3. §. 32. ſelbſt das Unvermögen der Gelehrten, daß ſie nicht anzeigen können, woher oder wie der Bauernzuſtand verändert und in Freyheit geſetzet worden ſey, und nimmt daher ſeine Zuflucht zu bloßen Muthmaßungen. Nun kommt eben dieſer Autor l. cit. §. 35 auch auf die Conjectur, daß die JCti Romani mit Einführung der Römiſchen Rechte die Bauern in Freyheit geſetzet hätten,

wobey

wobey er aber so wenig als andere erwiesen, daß die Bauern zuvorhero leibeigne Knechte gewesen. Man lese doch die Gewissensbedenken, die in meinen
Beyschriften von Bauern und Frohnen n. IV. p. 116 (und in dieser Sammlung n. II. p. 16) zu finden, so siehet man, was vor einen Gewissensscrupel
Heinrich von Einsiedel sich über Auflegung der Frohnen seiner Unterthanen
gemacht, und was vor einen Bescheid Luther und Spalatinus darüber gegeben. Jener, der von Einsiedel, hat sein Bedenken angezeigt, warum er
die Frohnen nicht vor recht halte, diese aber haben mit ausführlichen Gründen den
Bescheid dahin ertheilet, daß er es bey der alten Frohne bewenden lassen,
und nur keine neue seinen Unterthanen aufbürden möchte. Es sind zwar an
den Fürstlichen Höfen schon seit dem 13ten Seculo mit unter JCti Romani
gewesen, die in Teutschland festgesetzte Reception des Römischen Rechts aber
hat erst mit Maximiliani I. großer Justizreformation vom Jahre 1495 ihren
Anfang genommen, und sind also Luther und Spalatin diesen Zeiten um 200
Jahr näher gewesen, als jene heutigen neuern Scribenten. Sollten sie es
denn ganz und gar nicht gewußt haben, da das Römische Recht nur erst 50
Jahre vorher, ehe sie das Bedenken gegeben, eingeführt war, wenn durch
diese Einführung die Bauern aus einer vorherigen Leibeigenschaft in mehrere
Freyheit versetzt worden wären. Ist es denn also aus Unwissenheit geschehen,
daß sie Heinrichen von Einsiedel nicht zu erkennen gegeben, wie seiner Unterthanen Vorfahren Servi gewesen, und sie von denen JCtis Romanis, mit
ihrer damals noch nicht 50 Jahr alten Proceß in Freyheit gesetzt worden
wären, mithin und da ihren Voreltern zuvorher schuldige Dienste erlassen
worden, er, Heinrich von Einsiedel sich über die hergebrachten Frohnen kein
Gewissen machen dürfte? Indessen, obgleich dieses die besten Trostgründe
zur Beruhigung des Gewissens über die Frohnen gewesen wären, schweigen
doch beyde, davon gänzlich. Hier haben wir einen merklichen Beweiß, daß
damals nichts von der alten Bauernknechtschaft und wie sie von den JCtis
Romanis in Freyheit gesetzt, bewußt gewesen. Gehet man aber noch weiter
und über das 1495ste Jahr zurücke, so war der JCtorum Romanorum Proceß
noch gar nicht da. Man sehe also, was vor neuerliche Fragmenta viele heutige berühmte JCti zum Schaden des Bauervolks, und zu Vertilgung dessen
Gerechtsamen vortragen. Uebrigens aber stehen vor mir in meinem
Opusculo Estorn und Leysern entgegen gesetzten Gründe eben sowohl Böhmern
und Votgießern entgegen, mit derer letztern durchgängigen Widerlegung aber
mich abzugeben, ist meiner Absicht nicht gemäß gewesen.

§. 5.

§. 5.

Bey dem §pho VIII. der Reinecciuſſiſchen Schrift muß ich und zwar bey der Beſchuldigung, als ob ich bey dem Satze: Ruſticos eſſe omnino liberos, die Meynung hegte: adeoque ruſticos injuriâ cogi, ut dominorum dictis obſequantur, dem Autori ſagen, wie er hier ſelbſt illationes erbichtet, die weder ich, noch andere gemacht. Denn die diſſeitige Meynung gehet dahin: ruſticos eſſe liberos oder welches einerley, die Bauern haben die præſumtionem libertatis naturalis vor ſich, in ſo weit ihnen ſolche Libertät per leges oder pacta nicht entnommen. Iſt nun die Frage über Dienſtleiſtung, die in legibus oder pactis perſpicuis gegründet, ſo antworte ich mit andern: ruſticos hic non injuriâ cogi, ut dominorum dictis obſequantur, jedoch keinesweges aus der Urſache, weil ihre Vorfahren Servi geweſen wären, ſondern weil, ob ihre Vorfahren gleich jure naturæ frey geweſen, ſie dennoch eines Theils ihrer Freyheit per pacta ſich begeben, oder per leges ihnen ein Theil derſelben entnommen worden. Demnach hat mein Herr Gegner dießfalls eine fallaciam begangen, und was ich certo reſpectu aſſeriret, pro aſſerto univerſali ausgegeben, gleich als ob ich alle Bauern von allen Dienſten ganz frey ſprechen wollte, welches jedoch ich niemals geſagt, noch behaupten wollen. Ferner gegen das Ende ſeines VIIIten §phi giebet er vor, als wenn nicht wenige und die berühmteſten JCti ſchon längſtens præſumtionem pro libertate naturali verworfen hätten, und was ihn alſo verblendet, nemlich das Vorururtheil des Anſehens, darüber hält er, um nur ein Apologiſte zu ſeyn. Er hat ſich auch nicht geſcheuet, wo er nichts vor ſeine Meynung gefunden, wunderlich Zeug durch einander und wohl contradictoria zu ſtatuiren. Als e. g. §pho V. in Conſpectu totius operis und im Texte hat er eine Servitutem ſtatus naturalis vorgetragen. Gewiß, ein rechtes Wunderding, das vor ihm noch niemand erfunden gehabt. §pho XIX. aber räumet er zugleich ein, daß alle Menſchen jure naturali einander gleich, und aus dieſen beyden jetztgedachten Grundſätzen entſtehet die Folge, ergo ſind alle Leute in ſervitute ſtatus naturalis, oder alle Leute ſind jure naturæ ſervi. Allein ſervitus iſt per L. 4. §. 1. ff. de ſtatu hom. nicht eine conſtitutio naturalis, ſondern juris gentium, qua quis domino alieno NB. contra naturam ſubjicitur, ſind denn nun alſo die ſervitut oder die ſervi wider die Natur oder natürliche Rechte eingeführt, wie kann man denn die Reinecciuſſiſche ſervitutem ſtatus naturalis ſich vorbilden laſſen?

§. 6.

Als er im XXſten §pho ſeines Tractats die Sätze des Vten §phi meines Opuſculi, daß die Practici nicht alle præſtationes operarum, zumal, da ſich

einige

einige auf pacta gründeten, vor vitiös, wohl aber vor odiös hielten, und
daß die Operæ daher zu reſtringiren wären, zu behaupten ſuchten, impugniret,
räumet er die Grotiuſſiſche Deſcription der Favorabilium und odioſorum ein,
und geſtehet zu, favorabilia eſſe ea, quæ æqualitatem in ſe habent, & quæ
communem ſpectant utilitatem, odioſa autem, quæ partem alteram tantum,
aut plus altera onerant. Wer ſollte hier wohl gedenken, daß er bey ſolcher
ſeiner Einräumung dennoch eine Ausflucht gefunden, als wenn operæ ruſticorum nicht ad odioſa zu referiren wären? Denn er will im XXſten §pho
dagegen nicht einräumen, daß alle Præſtationes operarum nicht beyden Theilen, ſondern nur den Herrn nutzen, und der æqualität inter partes zuwider
wären, oder die Unterthanen mehr, als die Herren beſchwerten. Vielmehr
rechnet er denen Subditis oder Bauern, damit ſie mit denen Herren in die natürliche Gleichheit kommen ſollten, vor ihre Præſtationes zum Æquivalent zu
1) inſignia dominorum merita, indem ſie ihre Unterthanen, die ehemals
mit harter Servitut gedruckt geweſen, wenigſtens ad ſpeciem libertatis, die
ich ihnen vindicirte, gelaſſen; 2) Schutz und Lieferung bey den Dienſten
oder was die Bauern ſonſt darzu bekommen, und 3) allenfalls, wenn vor-
heriges nicht genug wäre, ſo gienge doch communis utilitas allem commodo
Privatorum vor.

§. 7.

Hiermit hat er nun vermeynet was wichtiges geſaget zu haben. Allein
wer wird ſich dergleichen vorbilden laſſen? Da ad 1) die inſignia dominorum
merita von der Freylaſſung ein Figmentum und Non-Ens, vielmehr aber
die Herren in den neuern Zeiten den Bauern mehr Laſten aufgebürdet, als ſie
von Alters her gehabt, auch, obwohl ein Theil der alten freygelaſſenen Knechte
unter die Herren, Bürger oder Bauern gekommen, dennoch außer denenſelben unſere Bauern von den alten Knechten nicht hergekommen, welches alles
ich außer dem von Gegentheiln angefochtenen Tractat, in meinen 1744 darauf
edirten Beyſchriften von Bauern und Frohnen, und beſonders in der Grund-
Unterſuchung von Bauern und Frohnen, pag. 1 ſeq. ſonſt aber pag. 45 ſeq.
und pag. 138 ſeq. mit mehrern ausgeführt. Den Schutz genießen ad 2) die
Bauern von dem Landesherrn und entrichten dagegen ihre Steuern und andere
Landes-Præſtanda. Die Lieferungen oder was ſonſt die Bauern bey denen
Frohnen bekommen, würden ſie die Bauern, fahren laſſen, auch wohl demjenigen noch mehr dazu geben, welcher dafür ihre Frohnen übernehmen, und
dieſelben vor ſie thun laſſen wollte und könnte. Wo ad 3) communis utilitas
bey dem Frohnweſen ſteckt, kann ich nicht erkennen. Nicht um derer Herren

Gerecht-

Gerechtſame anzugreifen, ſondern nur um meines Gegners unzuſammenhän-
gende Widerſprüche deſto beſſer zu zeigen, frage ich, was verliert denn das
gemeine Weſen, wenn die Bauern aller Herrenfrohnen entlediget wären?
Antwort: Die Ritter- und Herrengüther würden verringert. Muß man aber
darbey nicht zugeſtehen, daß ſodenn die Herrſchaften nur mehr Zugvieh und
Geſinde halten müſten, und wenn gleich die Herrengüther die gegenwärtigen
Einkünfte, wegen Abzug der Koſten, nicht ſo reichlich abtragen, dennoch
eben die Früchte, als bey den Frohnen erbauet werden, hervor bringen würden, was aber hierbey an dem Werthe der Herrſchaftl. Güther abgienge,
wüchſe dafür 10 oder mehrmal an denen Bauergüthern zu. Und ich weiß
nicht, da dem gemeinen Weſen mehr an der Conſervation vieler, als derer
wenigen gelegen, ob nicht utilitas publica mehr befördert würde, wenn die
Frohnen gar nicht wären. Ja, da der Herr Doctor §. XXXI. ſeines Werks
pag. 39 ſelbſt geſaget: Operæ ruſticorum non tendunt directo in utilitatem
publicam, ſo ſiehet man wohl, daß er ſich ſelbſt leicht vergeſſen, und eben
das ſtatuiret, was er anderswo widerleget.

§. 8.

Um ſeinen pruritum refutandi nur etwas zu zeigen, ſo will ich nur bemerken, daß ich in meinem Opuſculo Not. 5 ad §phum IV. pag. 11 aus der
heiligen Schrift erwieſen habe, ſervitutem jure divino eſſe odioſam. Hierwider erfindet er in ſeinem Werke §. XIV. XV. & XVI. eine Diſtinction inter
ſervitutem ipſam, ejusque abuſum, macht aus der Toleranz der Servitut ein
Chriſtenthum, eine Approbation, mit Verwerfung des Mißbrauchs, und
die Worte Pauli 1. Cor. 7. v. 21. Kannſt du frey werden, ſo brauche des
lieber, übergehet er, womit denn ſeine Refutation fertig. Ich habe in dem
XXVIII. §pho meines Opuſculi pag. 92 den 44ſten Artikel lib. 3 des Sachſenſpiegels mitgenommen, allwo von dem Urſprung der Laſſen gehandelt wird,
und da habe ich Not. 5 pag. 106 auf 4 gebruckten Seiten ex Lege Salica,
Saxonum, Friſionum, ex additionibus Wulemari & ſapientum Caroli Magni
Capitularibus und aus dem Sachſenſpiegel, die Freyheit der Laſſen unterſtüßet,
nicht zu geſchweigen, was ex Teſtimoniis Thomaſii, Gærtneri, veteris
Chronici Saxonici und des Sächſ. Weichbildes hinzu gethan worden. Aber
wie refutiret er dieſes? da ich, daß in Lege Saxonum & Friſionum die liti
a ſervis biſtinguiret wurden, jene auch in Verbrechungsfällen, wie die Nobiles und Ingenui um Geld, die ſervi aber mit Schlägen geſtraffet worden,
behauptet, und beßhalb von dem Sachſenſpiegel auf die alten Leges Saxonum & Friſionum zurückgewieſen, ſo widerlegt er mich §pho CIV. und CV.
doch

doch darmit, daß er decibiret, als wäre ich in ipso cursu gefallen. Denn, fügt er hinzu, er habe es schon selbst vorher §pho XCIII. gesaget, daß die Liti bisweilen von andern Servis unterschieden, und habe er nicht negiret, daß die Lassi paululum honestiores, als andere Servi gewesen; Sie, die Lassi, würden aber doch in Lege Saxonum antiqua inter servos diserte referiret, und in der hierbey angebrachten Not. sub n pag. 146 beruffet er sich auf L. Sax. Tit. 10 c. 1 und führet daselbst noch an, daß L. Angliorum & Werinorum Tit. 15 darmit überein käme. Hier muß ich Herrn D. Reineccium befragen, ob er denn besagte Leges Saxonum, Angliorum & Werinorum gelesen? Ich finde von seiner Meynung daselbst nichts, allermaßen Lex Saxonum Tit. X. in Georgischens Corpore Juris Germanici pag. 461 de raptu mulierum, und Lex Angiorum & Werinorum Tit. XV. pag. 412 de campo handelt, und bey jedem weder de Litis, noch de Servis das minbeste gedacht.

§. 9.

Das übrige Gegnerische Vorbringen ist zu einer Refutation besto mehr untauglich, da es viel ehe meine Theses unterstützet, daß nemlich die Lassen, Liti, oder Litones freye Leute gewesen. Ich habe dieses besonders darum mitgenommen, weil Herr D Reineccius die Lassen unter die Vorfahren der heutigen Herren oder Edelleute nicht rechnen können, da er sonst §pho XCV. seqq. die in Sachsenspiegel benannten Schöppenbar-freyen, die Pfleghaften und Landsassen dahin zehlet, und dieselben alle vor freye Herren, welche Bauern unter sich gehabt hätten, ausgiebet. Er saget, die Landsassen müste man in liberos, freye Landsassen, und Ministeriales, Dienstmanne, theilen, worunter jene eigenthümliche Allobialgüther besessen, in Ansehung deren sie bey denen Aemtern eingeschrieben, und dahero die Pfleghaften geheißen, jetzo aber die Amtsassen hießen. Die andern Landsassen, so Ministeriales gewesen, hätten Lehngüther besessen, wormit sie von denen Herren belehnet worden, als solche, die vel sago vel toga operas ingenuas prästiret. Also hätten davon einige Kriegs- andere aber Hofdienste geleistet, und noch andere hätten denen richterlichen Aemtern vorgestanden, woher nun ein jeder leiche verstehen würde, wer die Schöppenbaren-freyen Leute, und wer die Pfleghaften gewesen wären.

§. 10.

Ich meines Orts verstehe hieraus nichts anders, als daß Herr D. Reineccius unter den Schöppenbaren-freyen lauter Herren als heutige Schriftsassen, und unter den Pfleghaften heutige Amtsassen begriffen haben will. Wormit er die im Sachsenspiegel lib. 1 art. 2 beschriebene dreyerley Freyheit lauter

Herren

Herren zuzueignen, die Bauern aber davon auszuschließen gedenkt, und beweiset er hierbey eine solche scharfe Einsicht, welche auch der Autor des Sachsenspiegels und dessen Glossatores nicht einmal gehabt haben sollen, indem sie
der Dörfer Cotsassen, als knechtische Leute, a Landsassiis non liberis seu mini-
sterialibus nicht so, als wir heut zu Tage mit den Schrift- und Amtsassen
thun, distinguiret hätten. Man denke doch, er weiß jetzo mehr von dem
Unterscheid der Landleute, die zur Zeit des gefertigten Sachsenspiegels gelebet,
als der Autor desselben, welcher lib. 1 art. 2 dreyerley freye Leute, nemlich
die Schöppenbar-freyen, die Pfleghaften und Landsessen beschrieben. Der
Speculator saget ausdrücklich: Freyheit ist dreyerley rc. aber dieß muß ja bey
unserm Autor ein grausamer Fehler seyn, anerwogen die Landsessen bey ihm
das Genus, die Schöppenbar freyen und Pfleghaften aber die Species seyn;
und demnach wäre die Freyheit ehemals nur zweyerley gewesen, nemlich die
Schöppenbar-freyen und Pfleghaften, welche beyde Landsessen gewesen wären,
und dieses hat der Speculator Saxonicus nicht, wie Herr D. Reineccius verstanden, oder gewußt. Er mag es auch mit Potgießern ausmachen, da derselbe die Pfleghaften de statu servorum lib. 1 cap. 3 §. 23 ad servos des VIten
Seculi gezehlet. Ich habe bewiesen, daß freye Bauern darunter gewesen.

§. 11.

Aber was will er denn darauf antworten, wenn er im Sächs. Land-
Rechte lib. III. art. 73. von der Verheyrathung eines Schöppenbarfreyen
Mannes, mit einer Bauergültin oder Landsässin, und daß diese geringern
Standes, als der Mann gewesen, lieset? Kann er denn solchergestalt mit
Grunde sagen, daß die Landsassen diejenigen Leute gewesen, die man in die
Schöppenbarfreyen, und in die Pfleghaften eintheilen, aus den ersten aber
heutige Schriftsassen, und aus den leztern, Amtssassen machen könnte?
Gewiß, ein Gegnerisches Assertum, welches wider kundbare Wahrheiten
streitet, wie denn auch Schrift- und Amtsassen, nur wegen der Jurisdiction,
unterschieden, und beyde nicht eher entstanden, als bis seit Maximiliani I.
Zeiten die Römische Rechtsgelahrheit empor gekommen, und in der Cammer-
gerichts-Ordnung de ao. 1495. denen Reichsfürsten, damit die alten Fehde-
Rechte aufgehoben werden können, ihre Hofgerichte anzulegen, und Justiz-
Räthe anzunehmen gestattet worden, da denn nachher auf derer Fürsten
erlangte Privilegia de non evocandis subditis & non appellando, einige Lehn-
Guths Besitzer unter die Hofgerichte, andere aber unter die Aemter zu Suchung ihrer Rechte gekommen, und jene Schriftsassen, diese aber Amtssassen
genennet worden.

§. 12.

Indeſſen hat man billig zu bewundern, wie er, wenn er die heutigen Amtsſaſſen vor die im Speculo Saxonico benannten Pfleghaften ausgiebet, dabey ſo verwegen ſeyn, und zum Beweiß deſſen ſub lit. P. ad §phum XCVI, pag. 122. auf das Sächſ. Land-Recht Lib III. art. 45. ſich beruffen mögen, da doch die Pfleghaften daſelbſt zu erſt, umb hernach die Landſaſſen, wieder beſonders mit Buße und Wehrgeld angeſezt, mit dem Ausdruck: Andern freyen Leuten, nemlich andern, als die vorherbenannten Pfleghaften, die Landſeſſen geheißen, die da kommen und fahren in Gaſtes-weiße in dem Lande, und haben kein eigen darinnen, den giebet man auch funfzehn Schillinge zu Buße. Wo ſteckt denn hier ein Beweiß, daß die Pfleghaften heutige Amtſaſſen geweſen? Beyläufig will man ex Jure Provinciali Alemannico cap. 22. noch erinnern, wie es daſelbſt heiße: das dritte ſind Gebaure, die frey ſind, die heißen freye Landſaſſen. Und wenn demnach Landſaſſen das genus, die Schöppenbarfreyen und Pfleghaften aber die species der freyen Leute geweſen, ſo fällt er ſelbſt ein Urthel, welches die Bauern oben an ſetzet, und die Schöppenbarfreyen unter ſie, als eine Speciem freyer Leute begreift. Man findet auch im Schwabenſpiegel cap. 397. Frey-Bauern und andere Bauern benennet, unter denen jenen noch einmal ſo viel, als dieſen zur Buße angeſezt. Und weil daſelbſt bey den ihre Buße beſtimmt, ſo ſind auch beyde frey geweſen, zumal denen, die ſich zu eigen ergeben, der Schatten eines Mannes gegen der Sonne zur Buße verordnet, und dabey, was es geweſen, beſchrieben, folglich wenn gleich unſer Autor ſeinen ruſticum quondam ſervum zu denen leztern rechnete, ſo iſt doch ſeine theſis falſch, als ob ſonſt alle Bauern ſervi geweſen.

§. 13.

Wer ſich abmüßigen kann und will, ſeinen Tractat zu leſen, der muß ſeine allegata, beſonders was alte fränkiſche und teutſche Geſetze betrift nach-ſchlagen, und da wird er finden, daß öfters in dem allegato gar nicht ſtehet, was ſeine theſes beweiſen ſolle, wie ſchon mit einem und andern angezeiget. Hierunter gehören nun auch die allegata ſub Lit. t.) ad §phum XLVI. wo aus dem Sächſ. Land-Rechte L. III. art. 54. und Lehn-Rechte c. 2 & 61 bewieſen werden wollen, als ob ex Speculo Saxonico ſelbſt erhellete, daß ein Bauer weder eines Lehns-noch richterlichen Amts fähig geweſen, da doch beſonders von dem richterlichen Amte, an keinen Orte etwas anzutreffen. Hiemit nun und mit dem überaus ſchlechten raiſonniren §pho XCVIII. will er den ſtarken Beweiß in meinem Opuſculo Not. 1. pag. 99. daß vormals Schöppenbarfreye unter

unter den Bauern gewesen, die auch zu Gerichte mit gesessen, wovon ebenfalls Dattius de pace publica c. 3. 38. nachgelesen werden kann, abgelehnet haben. Es ist ein leeres Geschwätze ohne Grund, wenn er vorgiebt, als ob Gemming und Grupen, die ich zum Beweiß gebrauchet, sich fälschlich Scabinos rusticos vorgebildet hätten, und Koppe, wenn er pauperes et ignobiles pro hominibus liberis erkannt, auch anderswo mit Conringen Scabinos ingenuos & ex plebe optimos asseriret, mit sich leicht zu conciliiren seyn würde, wenn ich das Esto- rische Monitum in Tractatu de Minister. c. 5. §. 265. pag. 341. in Not. in Beobachtung gezogen und die unterschiedenen Bedeutungen des Worts liber, nicht confundiret hätte. Alle solche Autores, welche in den Antiquitäten, vor die probatesten Männer gehalten werden, und die auch nicht, wie Hr. D. Rei- neccius, mit bloßen Worten aufgezogen kommen, sondern gleich ihre Beweiß- thümer mit anzeigen, stürzet er auf einmal über den Haufen, wenn er nur ein Wort von ihren falschen Vorbildungen, oder daß er dies und jenes leicht thun könnte, saget, ob er gleich sonst nichts thut. Eine seltsame Refutations-Art, und obgleich meine Beweiße von der Bauern Beysitzen zu Gerichte noch unbe- weglich stehen, will ich doch meinem Herrn Gegner zum Ueberfluß noch eines und das andere vorhalten.

§. 14.

Haben denn nicht nach dem Sächs. Land-Rechte lib. I. art. 68. die Kla- gen über Schläge ohne Fleischwunden oder lib. III. art. 86. Klagen anderer Dinge wegen, bey dem Bauermeister oder Bauern angebracht werden können? Was ist es denn, wenn in den beyden Ludovicischen alten Texten des Sächs. Land-Rechts lib. I. art. 6. ächt gebohrne Laten oder Lassen denen Schöppen- barfreyen, der Bezeugnisse halber, gleich gesetzet? In der Urkunde de ao. 1392. unter denen zusammengedruckten Frankfurter Privilegien pag. 214. hat Kayser Wenzel das von seinem Vater Carolo IV. dem Burgermeister, Rath und Bürgern zu Frankfurt gegebene Privilegium, daß sie in dem Dorfe Nie- der-Erlbach Schultheißen und Schöppen setzen mögen, und zwar NB. uß den Lüten, die in demselben Dorfe gesessen sind, bestätiget. Seyn denn diese Leute des Dorfs Nieder-Erlbach keine Bauern gewesen? Wer waren im Schwabenspiegel c. 295. §. 3. der Gebauer, der frey ist, und andere freye Leute die nicht von Ritters-Art sind?

§. 15.

Herr D. Reineccius und die seiner Meynung seyn, sagen, unserer Bauern Vorfahren sind servi gewesen, haben sich aber in denen neuern Zeiten in Frey- heit gesetzet, und eben diß wollen sie universaliter behaupten, um daraus eine

X 2   Vermu-

Vermuthung pro operis rusticorum, bis sie erwiesen, wie sie ihre Freyheit erlangt, zu formiren. Allein es ist sattsam bekannt, wie auch ganz freye Herren bey denen unruhigen Zeiten ihre freyen Güther andern zu Lehn aufgetragen, und sich in deren Schutz begeben. Eben so machten es auch manche Bauern, daß sie sich unter dieses oder jenes Herren Schutz begaben, und dafür einen Zinß oder sonst was zu prästiren gelobeten. Dieses beweisen die Acta fundationis Murensis Monasterü cap. I. in des Herrn von Ludewig Scriptor. Bamberg. Vol. II pag. 402. *Cujus* (Comitis de Altenburg) *potentiam cæteri rustici, qui erant liberi, & in ipso vico constituti, intuentes, etiam ipsi sua prædia in ejus defensionem sub legitimo censu tradiderunt.* Und cap. 23. pag. 423 *In Wola habitavit quondam secularis & præpotens vir nomine Güntramus habens multas possessiones & ibi & alibi vicinorumque suorum rebus inhians. Existimantes autem quidam liberi homines, qui in ipso vico erant, benignum & clementem illum fore, prædia sua sub censu legitimo illi contradiderunt ea conditione, ut sub mundiburdio ac defensione illius semper tuti valerent.*

§. 16.

Ein anders zu gedenken, so saget der Herr Regierungsrath Estor in der von mir widerlegten Präfation §. X.: *Ignorabat patria nostra famulos conductitios, quibus hodie utimur.* Darauf nun habe ich im Gegentheil Spho XXX. Not. 5. p. 125. meines Opusculi aus dem Sächs. Land-Rechte lib 2. art. 33. & 34. daß es Frey-Knechte und famulos conductitios, wie heut zu Tage bey uns sind, gegeben, ganz deutlich erwiesen. Aber auch hie suchet Hr. D. Reineccius die Estorische Meynung zu vertheydigen, und womit? Der Sachsenspiegel, wirfft er ein, gehörete in die Zeiten, wo servitus antiqua schon remissior worden, und es erhellete nicht genugsam, ob die aus dem Sachsenspiegel angeführten Famuli um Lohn gemiethet gewesen. Indessen da man in meinen Beweißstellen besagten Sachsenspiegels den Lohn oder das dienen um Lohn, und Knechte, die um Lohn dienen, deutlich findet, muß man ihn nicht beschuldigen, daß er sich selbst muthwillig eine Decke über die Augen ziehet, um nicht zu sehen, was ihm zuwider ist?

§. 17.

Aber wenn ihm das schon allegirte noch nicht zur Ueberzeugung genung, so sehe er sich noch weiter um, und betrachte das Gesinde, so Lohn bekommen, ingleichen den gemietheten Mann, der um Lohn gedienet, im Sächs. Land-Rechte lib I. art. 22. so wohl den Frey-Knecht, der seinen verdienten Lohn gehabt, im Sächs. Weichbilde art. 78. oder auch im Schwabenspiegel cap. 261.

das

das Geſinde und ihren gedingten Lohn. Unſer Autor hat auch §pho CXII.
ſeines Tractats zu den Eſtoriſchen Worten, noch olim hinzu geſetzet, um
deſto mehr ſagen zu können, als ob der Herr Regierungsrath Eſtor Zeiten,
die älter als der Sachſenſpiegel wären, gemeynet. Gehet etwa Hr. D Reineccius gar ſo weit zurücke, da noch kein oder wenig Geld unter den Teutſchen
bekannt geweſen, ſo-räume ich ihm ein, daß damals dergleichen Famuli mer-
cede conducti gar nicht, oder ihrer wenige geweſen ſeyn mögen, allermaßen
die Famuli oder Familiæ ſelbiger Zeiten vor ihre Dienſte nichts als Natural-
verpflegung, oder ſtatt des Lohns, zum Unterhalt Güther bekommen können,
auch wohl nunmehro unter den Miniſterialibus plebejis begriffen werden müſſen.

§. 18.

Man erwege hierbey noch einen beſondern Widerſpruch, nemlich Herr
D. Reineccius will die bisherige Anzeige aus dem Sächſ. landrechte, daß
auch in den alten Zeiten, die leute einander um lohn gedienet, damit widerlegen, daß der Herr Regierungsrath Eſtor, wo er das Gegentheil ſtatuiret,
noch ältere Zeiten gemeynet, folglich ſiehet derſelbe und Herr D. Reineccius
mit ihm über Kayſer Friderici II. Zeiten zurücke. Nun waren aber damals
in Teutſchland die Römiſchen Rechtsgelehrten noch unbekannt, und von ihrer
lehre wuſte man da noch nichts, folglich kann es nicht möglich ſeyn daß die
JCti Romani mit Gebrauch L. 1. C. ne Ruſticani ad ull. obſequ. devocent.
unſere Bauern in mehrere Freyheit geſetzt, und es muß entweder dieſes, oder
jenes, daß der Herr Regierungsrath Eſtor ältere Zeiten, als da der Sachſenſpiegel gefertiget, in Beſchreibung der Knechtſchaft der Bauern verſtanden,
falſch ſeyn.

§. 19.

Geſetzt aber, und es möchte ſeyn, daß alles Bauernvolk, nach der Eſtor-
ſchen und Reineceiuſſiſchen Meynung, vor den Zeiten des Sachſenſpiegels in
Servis beſtanden hätte, könnte man denn davon auf die heutigen Zeiten ſchlie-
ßen, da ſeit dem faſt 5 völlige Secula verſtrichen? Ich will aber auch Herrn
D. Reineceiuſſen, und denen, vor welche er ſeine Apologie geſchrieben, mit
Grunde zeigen, daß in den älteſten Zeiten, und ehe noch Ao. 1137 unter dem
Kayſer Lothario II. zu Amalphi die Pandecten aufgefunden worden, und
Irnerius darüber zu leſen angefangen, mithin ehe die JCti Romani exiſtiret,
die Dienſtſachen und Dienſtleute eben ſo beurtheilet worden, als noch jetzo
die Frohnen und unſere Bauern beurtheilet werden. Nemlich in Caroli M.
Legibus Cap LXXXIII. in Murator. Rer Ital. Scriptor. Tom I Part. 2. p. 103.
heißet es: Aldiones vel Aldianæ ea lege vivant in Italia in ſervitute domino-

rum suorum, qua Fiscalini, vel Lidi vivunt in Francia. Was Liti in Francia,
das waren die Lassen in Sachsen, und hat man Aldiones, Litos und Lassos
vor Leute einerley Art zu halten, obgleich einer mehr oder weniger, als der
andere seinem Herrn verpflichtet war. Nun stehet in des Königs der Lango-
barden Grimoaldi Legibus Cap. I. beym Muratorio in Rer. Ital. Scriptor.
Tom. I. Part. 2. pag. 49: Si aldius fuerit, impendat obedientiam suo patrono, sicut per XXX. annos fecit, & ei nova opera a domino suo amplius
non imponatur, sed liceat ei res suas habere, quas per XXX. annorum spa-
tium juste possederat. Und in Legibus Lotharii I. Cap. C. bey ebendemselben
l. cit. p. 150. heißet es: Præcipimus, ut nova conditio Aldioni a Domino
non imponatur. Ferner in Legibus Aistulphi Regis c. XIV. bey Georgischen
im Corp. Jur. Germ. antiqu. pag. 1133 lieset man: Si quiscunque homo pro
bonitate sua introierit servitium Judicis aut alterius hominis & deservierit ei,
vel filiis, vel nepotibus ejus, & claruerit veritas, quod parentes ejus omnes
liberi fuissent, & postea in servitium retinere voluerit, dicendo, quod per
XXX annos ei, vel parentibus ejus servisset, non possit eum per ipsam possessionem tenere. Anderer Stellen zu geschweigen, erkennen wir daraus,
wie noch, ehe die JCti Romani und L. 1. C. ne rusticani ad ullum ad obsequ.
devocentur, bekannt worden, dennoch gleichförmig zu decidiren gewesen,
daß die Aldiones, Liti oder Liberti oder auch liberi homines servientes weiter
zu nichts angehalten werden dürften, als was sie seit 30 Jahren her prästiret,
folglich im übrigen die Præsumtio libertatis naturalis entgegen gestanden. Ja,
wie ich in meiner Gerichtsverfassung der Teutschen vom 8ten bis zum 14den
Seculo §. 3. p. 5. seq. ausgeführt, bedienten sich die alten Teutschen nicht einmal eines Possessorii summarissimi, woraus sofort erscheinet, daß die JCti
Romani eben hierinnen nichts geändert, als weil sie statt des vorigen kurzen
Processes den langen eingeführt, zugleich das Possessorium summarissimum
mit zu uns gebracht, und gedachten Legem Codicis zu Unterstützung eines
Rechts, welches schon vorhero im Gebrauch gewesen, angewendet. Demnach muß man sich sehr über die Träumereyen verwundern, als ob die JCti
Romani die Grundursache der Freyheit unserer Bauern wären. Man weise
doch, wenn und wie es damit zugegangen, sonsten bleibe ich dabey, daß der
heutigen neuern Scribenten Vorgeben hiervon eine leere Erfindung sey.

§. 20.

Sonsten will ich zu mehrerer Bestärkung der disseitigen Grundsätze
noch ein und andere Denkwürdigkeiten erwehnen, die zur Sache etwas dienen können.

Es

Es finden sich in der Kirche zu Reichstädt, einem Dorfe bey Dippoldiswalda 4 Männer von einem ehrwürdigen Ansehen, mit Mantel und Degen in Stein ausgehauen, und eingemauert, worbey folgende Schriften stehen:

Ao. 1549 ist der Erbare und Weise Hanns Jordann, Richter in Gott seel. verschieden, seines Alters 99 Jahr.

Ao 1563 d 25 Mart. Ist der Erbare und weise Caspar Jordann, Richter in Gott seel. verschieden, seines Alters 75 Jahr.

Ao. 1594 d 7. Sept Ist der Erbare und weise Christoph Jordann, Richter allhier in Gott seel. verschieden seines Alters 53 Jahr.

Ao. 1604 d 29 Decbr. ist der Erbare, Kunstreiche und weise Elias Jordann, Richter allhier in Gott seel. verschieden seines Alters 52 Jahr.

Diß beweiset die Ansehnlichkeit der Bauern, als Dorfrichter. Hiernächst ist vor vielen Jahren, von denen unter dem Amte Nossen stehenden Dorfrichtern mir ein altes Gerichtsbuch überbracht worden, um es damals wegen eines Processes über ihre Gerechtsamen, nebst andern mit zu gebrauchen. Ich fande darinnen einen Vergleich über einen Todschlag, und weil ich das Buch nach der Zeit nicht wieder bekommen können, habe vielmals bedauert, daß ich besagten Vergleich nicht extrahiren lassen. Indessen kam mir etwa vor einigen Jahren, bey einem zwischen der Gemeinde zu Memmendorf Klägern an einem, wider den dasigen Hochadlichen Gerichtsherrn zu Börnchen Beckl, andern Theils, anhängigem Processe, unter verschiedenen Dorf-Gerichts-Handelsbüchern, dergleichen die Dorfgerichte in ihrer Gemeinde-Gerichtslade verwahret hatten, ein altes solches Buch in die Hände, worinnen ebenmäßig ein von denen Dorfgerichten über einen Todschlag getroffener Vergleich gefunden wurde. Denselben communicire hiermit nach seinem ganzen Inhalte und in der alten Schreibart, wie folget:

1546.

Vortragk des Todcsschlages zwischenn Jorgen Claffenbach vnd den Schnetzigenn.

Die irrige gebrechenn, des todschlages halber, so Jorge Claffenbach zu Oederan (einem Städtgen zwischen Freyberg und Chemnitz) wonhafftig an lorenzenn zimmermannen vnd sonsten Schnetzigen genanth, montags nach Mariagepurth, habers halbenn, in des gestrengenn und ehrenuhesten Hansenn von Schenbegrks zu ober Schönaw zum Memmendorff begangen. Darumb auch derselbige Claffenbach daselbst gefenglichenn eingezogenn, vnd bis auf absterben des Schnetziges derselbe darynne enthaltenn, ober ynenn auch,

notpein-

notpeinlich Halsgericht freytags nach Matthe ergangenn, das geteylte vrteyll,
vor peinlichenn Halsgerücht personlich angehorth vnd auf die exeguution fernet
in Gewarsam eingenhomen, die zu dulden vnd zu leydenn.   Seynt heuth dato
Sonabent nach Michaelis bis xlvjtl Jares, mit Vergunstung des von Schön-
begrs, als erbherrnns, auch mit verwilligung, des entleybtenn schwertma-
genn, vnd freundschafft, Ambrosiens, Wolffens vnd Mattissenn, die Zim-
mermanne, oder Schnetzige genannth, des entleybtenn bruder, auch durch
vntenbeschriebene vnterhendeler, volgendergestalt hingelegt vnd vortragenn:
Nemlichen allso.   Das er Jorge Claffenbach, oder seine burgen, vor allenn
Dingenn, sich mit den Gerichteun vnd Ort vortrage, darnebenn von heut
dato vber xiiij tage alle expens vnd vncost, wie die vorzeichennth vnd Taxirth,
par erlegenn soll, desgleichenn vor den mann zuvortrag, darzu es, die freuntschafft, aus vorbieth derer von Adell, vnd der Herrnn von eberan haben kommen laßenn xxv gute ßo: auf folgende Termin erlegenn soll, vnd v. gute ßo:
in acht tagen, aufgangs des leypzigischen margckts, zum angelde, parr als
sohngeldt entriechten, vnd folgents künftig Weinachten i ßo: vnd alle weich-
fastenn einns, bißolange solche xxv gutte ßo: vorgenügt vnd bezalt werdenn,
davor dann vnd das alles, burgen vnd selbschuldig wurdenn seint, vnd das
angelobet habenn. Fabian Schmiedt, bastian kempte, peter ruffell, Donat
Strentzell vnd Bartel Schmiedt alle zu eberan, der oberburge wurdenn ist,
Merten Claffenbach, des teverrs leyblicherr Bruderr zu girbeßdorff, vnd das
zu seinn, mir Hannsen von Schönbegrck zum Heinnichen, auf dismal zuge-
sagt vnd angelobett, Vnd sollen allso peide parth vmb Christlicher liebe willenn,
entlichenn vortragenn seyn, doch das der Tetter Jorg Claffenbach zuuorn, des
entleibtenn Brudernn vnd freuntschafftenn, seynne vnchristliche begünstigung,
vmb Gottes willen abbietenn soll, das auch geschehenn, Vnd sie die Zimmer-
manne vnd des entleybtenn freuntschafft yme wiederumb verziegenn vnd ver-
gebenn habenn.   Bey solcher vnterhandlunge vnd vortrage seint gewesenn,
auf der Zimmermannen Sithe die bruder, Ambrosius, Matts vnd wolff
Zimmermann, Simon Tischerr Notarrius, peter lincke, Jörge Gerstenbegck
als Richter vnd Scheppen, hans pöler, paul krell, Nicol selgenhauer, Auf
des Tetters seitenn, Fabian Schmidt, bastian kempe, peter ruffelt, Donat
strentzell, vnd bartell schmidt von ebern, desgleichenn Hans Claffenbach, des
Tetters soun vnd Simon peschill, vnd Matz Schramm, die eydame geschehen
zum Heinnichenn Sonnabent nach Michaelis Anno n. chr. xlvjtl.

Zuuolge vnd vormöge dieses vortrags, hat Jörg Claffenbach Sonnabents
darnach am tage galli alle expens vnd vncost, wie die vorzeichennt par erlegt,
vnd bezalt laut des Zettels, den seine burgenn zu sich genohmmen.

Desglei-

Deſgleichen auch des entlehbten freuntſchafft die v. gutte ſo: die par entpfangen, vnd eyn yeder ſeynen teyl zu ſiech genhomen, vnd haben ferner, vmb
die tagezeith der weichfaſten geloſt, alſo, alß das Wolff Schneßig, die erſte
tagzeith hebet, allein, Maß ſchnetzig, die andere Weichfaſte, Broſius Schne-
tzig, die dritte, vnd des entlehbten Weyb die vierde, und alle wiederumb an-
zufahenn, bis die rr gute ſo. alſo gar gefallen.

§. 21.

Hierbey bemerke ich beſonders an, 1) daß der Vergleich Ao. 1546 geſchehen, als Johann Friedrich Magnanimus noch Churfürſt Erneſtiniſcher
Linie, und Mauritius Herzog zu Sachſen, Albertiniſcher Linie geweſen.
2) daß ſolcher Handel der von den JCtis Romanis nach der Zeit eingeführten
Proceßart und der Ao. 1532 verfaßten peinl. Hals-Gerichtsordnung nicht gemäß geweſen, ſondern vielmehr die Todſchlags-Sache nach dem alten teutſchen
Rechte der Fehden und derer Treugarum, wovon ich in gedachter meiner Gerichtsverfaſſung der Teutſchen vom 8. bis zum 14ten Seculo pag. 24 ſeq. Vortrag gethan, und welches nach Churfürſt Erneſti und Herzog Alberti Landes-
ordnung de ao. 1482 in Cod. Auguſt. Tom. I. pag. 11 ehedem auch hier Ge-
ſeßmäßig war, durch Vergleich abgethan worden, und zwar vor Bauern oder
Dorfſchaften. Ein klarer Beweiß, daß alle, welche ſtatuiren, als ob die
Bauern vor Alters ſo viel Freyheit, als jetzo, nicht gehabt, ſondern ſich
ſolche erſt durch Vorſchub der Römiſchen Rechtsgelehrten und durch den Gebrauch des Legis I. C. ne Ruſticani ad obſequium devocentur, erlangt hätten,
ſich von dem Wege der Wahrheit deſto mehr entfernen, nachdem ſie nachher
durch die von den JCtis Romanis, auch durch Caroli V. peinliche Hals-Gerichtsordnung eingeführte Proceßart von ihren vorigen Gerechtſamen ſo
viel verlohren.

§. 22.

Ich geſtehe zwar gerne zu, und behaupte es ſelbſt, daß vor Maximiliani I.
Zelten ſchon Römiſche Rechtsgelehrte an dem Kayſerl. und an andern Fürſtl.
Höfen geweſen, allermaßen die von Golbaſto edirte ſo genannte Reformation
de ao. 1441 die insgemein, jedoch ohne Beweißgrund, Friederico III. zum
Juſtitz-Reformations-Vorhaben angerechnet wird, und deren Beſchaffenheit
ich in meiner Gerichtsverfaſſung der Teutſchen vom 8. bis zum 14den Seculo
§pho 35 Not. 5 pag. 121 ſowohl in der Vorrede zu meinen Beyſchriften von
Bauern und Frohnen mit mehrern erwehnet, zu erkennen giebet, daß ſchon
damals ſeit 50 Jahren her, die Doctores Juris Romani und alſo mit dem
Anfange des 15den Seculi in Teutſchland angewachſen. Aber erſt 1495 ſind

ſie

M

sie in der Cammer-Gerichtsordnung, bey der damaligen hauptsächlichen Justitzreformation, sowohl zu Cammer-Gerichtsurtheilern, als auch von denen Fürstl. Höfen zu Räthen, wenn Klagen wider die Fürsten erwachsen, mit verordnet, und wenn sie nun diejenigen wären, welche die Bauern in Freyheit gesetzt hätten, müßte man von dar an rechnen, und dennoch hätten sie nach gegenwärtiger Beschaffenheit zu Memmendorf binnen 51 Jahren, ob sie gleich zu besagter Zeit sich noch nicht einmal unter denen Teutschen recht mausig machen dürfen, dennoch zuwege gebracht, daß Bauern, welche sonst elende Knechte gewesen, nunmehro als freye Leute, Gerichte halten und gar Todschläge vergleichen können: Sollte man wohl dergleichen Vorbildungen, als wären die Rustici quondam servi gewesen, und als hätten die Römischen Rechtsgelehrten per assistentiam L. I. C. ne rusticani ad ullum obsequ. devoc. sie nach der Zeit in Freyheit gesetzet, von gelehrten Männern vermuthen können? Sonsten befürchte ich, es dürfte wohl, wenn ich weitläuftiger seyn, und alle geringe Dinge, die in seinem Werke zu taxiren sind, mitnehmen wollte, mehr Eckel, als Nutzen erwecken.

§. 23.

Ich gedenke daher nur noch, wie in denen alten Charten und Urkunden von Niedersachsen mehr Mancipia, servi & liti gefunden werden, als in denen zu Obersachsen, oder besonders zu den Meißnischen und Thüringischen Districten gehörigen. Man muß fast darüber erstaunen, was Herr Christian Ulricus Grupen in seiner den Disceptationibus forensibus annectirten IVten Observation Cap. II. von Diensten pag. 1005 seqq. vor eine Menge Beweise über die unterschiednen Arten der Dienste und Dienstleistenden vorgebracht, und da er alles gegen einander gehalten, endlich die von einigen Doctoribus ex potestate dominica gemachten Schlüsse verworfen, und zwar mit ausführlichen Rationibus. Seine Schriften von dieser Materie sind lesenswerth, und wer gedachtes zweyte Capitel von Diensten überlesen, wird weder Herrn D. Reinecio, zu seinem Rustico quondam servo, noch andern Verfechtern einer Praesumtion pro operis contra rusticos einigen Beyfall geben können.

Zweyte

Zweyte Abtheilung

von

denen Klagen

über die

Verderbniß der Justiz,

und

verschiedenen guten und irrigen Rathschlägen

zu deren Verbesserung.

IX.
Von Beschaffenheit
der gemeinen Klagen über die Justiz.

§. 1.

Unter allen Fragen, welche man den Rechtsgelehrten zur Untersuchung
vorlegen könnte, ist wohl eine der wichtigsten und nachdenklichsten,
woher es doch komme, daß, obgleich die Welt über sechs und funfzig
Secula, oder auch, nach Christi Geburt, bis in das 18de Seculum
gestanden, dennoch die Mittel der Justizverbesserung, welche der vielen Leute
Klagen und Seufzen darüber einmal stilleten, nicht ausfündig gemacht
werden können? Die Handhabung des Rechts und der Gerechtigkeit wird in
Göttlicher heiliger Schrift ¹) vielfältig vorgeprediget. Sie ist es auch, welche ein Reich hauptsächlich stützet, und ohne die andere Befestigungen nicht
bestehen, nach dem Ausspruch:

> Nec defenduntur muris, nec mænibus urbes,
> Si leges tollas, mænia cuncta ruunt.

Wir mögen demnach den Zuruf des Theseus beym Virgil:

> Discite justitiam moniti, & non temnere Divos,

vor nichts anders, als vor eine vortrefliche, obgleich heydnische Lehrstimme
erachten. Aber auch bey dem Volke Gottes, den Kindern Israel, gieng es
in dem Stücke nicht allemal, wie es seyn sollte, und selbst Samuels Söhne
wandelten, bey ihres Vaters Leben noch, nicht in seinem Wege, sondern neigten sich zum Geiz, und nahmen Geschenke, und beugten
das Recht 1 Sam. VIII, 3. Priester und Leviten sprachen damals, 5 Mos.
XVII, 9. 2 Chron, XIX. 8. bevoraus in wichtigen Sachen die Urthel, sie waren
aber auch, wie der Prophet Jesaias XXVIII, 7. spricht, zuweilen toll in
Weißagungen, und töckten die Urthel heraus. Dahero der prophe-
tische Heldengeist im X. Cap. v. 1. die Schriftgelehrten, welche unrechte

Y 3   Gesetze

¹) Levit. Cap. XIX. v. 15. Deut. Cap. 1. v. 17. & Cap. XVI. v. 19. alibique.

Geſetze machten, und unrechte Urthel ſchrieben, hart anredete, und
ihnen das Wehe verkündigte. Wir wollen alſo gerne zugeſtehen, daß mancher in ſolchen alten Zeiten über die Juſtiz zu klagen Urſache gehabt. Denn
ſelbſt unſers Heylandes Exempel, wo der verſammlete Haufen Volk Matth.
XXVII, 22. deſſen Creuzigungsurthel ſprach, giebet eine ſehr verderbte Juſtiz,
unter deren Decke die gröſte Bosheit ausgeübet werden konnte, zu erkennen.

§. 2.

Ebenfalls eine ſchlechte Juſtizverfaſſung war bey unſern Vorfahren, denen alten Teutſchen. Sie hatten zwar ganz kurze Proceſſe, und richteten in
Criminalfällen manchmal einen noch ſelbigen Tages, da ſie ihn ergriffen hatten.
Das Ueberſiebenen, da nemlich einer den inhaftirten vermittelſt ſeines Eydes
zum Delinquenten machte, und ſechs mitſchwörende behaupteten, zu glauben,
daß jener recht geſchworen, lieferte bald Schuldige auf den Richtplatz, bald
aber Unſchuldige auf die Schlachtbank einer wütenden Rache, ohne daß ſie
einiges Defenſionsmittel hatten. Ihre Judicia divina, auf eine gewiſſe Di-
ſtanz ein glüendes Eiſen zu tragen, oder über glüende Pflugſchaare zu gehen,
oder mit einem bloßen Arme etwas aus dem Boden eines wallenden Keſſels
zu langen, oder die kalte Waſſerprobe auszuhalten, oder der Zweykampf,
muſten manchmal die Urthel, ob einer ſchuldig oder unſchuldig wäre, denen
Richtern in den Mund legen. Der Zweykampf war auch bey gewiſſen Bürgerlichen Sachen gebräuchlich, und das allerſchlimmſte waren die Fehden,
womit einer den andern unter dem Vorwande des Rechts verfolgte, ruinirte
und umbrachte, welche Juſtizmittel ſelbiger Zeiten von mir umſtändlich beſchrieben ſind in meiner Gerichtsverfaſſung der Teutſchen vom 8ten bis zum
14ten Seculo. Demnach hieß es in den Klagen damaliger Zeiten: Wie
nicht nur, wer mit Gewalt unterdruckt, kaum einen Richter finden
könne, an den er ſich wendete, ſondern auch wenn er mit vieler
Mühe und ausſchweifender Bearbeitung endlich einen erlangt, es
doch gemeiniglich an dem gemangelt, welcher die Urthel zur Execution bringen wollen oder können. Dahero das Vaterland mit
beſtändigen Fehden geplagt, wie ſolches Petrus de Andlo, ein Scribente
von Friedrichs des III. Zeiten, in ſeinem Tractat de imperio Romano, II. B.
16. Cap. angemerket hat.

§. 3.

Gedachte Fehden, deren Tacitus German. c. 21 ſchon von den Teutſchen
gedenket, fraßen oft eine Familie nach der andern auf, und es war ſolches
eine Quelle mehrerer Uebel und unglücklichen Folgen, als aus der nachherigen

langen

langen Proceßart entstanden, anerwogen darbey dieser Hauptunterschied war, daß, wenn aus einem Streithandel, ein Uebel nach dem andern erwachsen, es bey den alten Fehderechten Guth und Blut, bey dem neuern Processe aber nur Geld und Gedult gekostet. Die alten Fehdeprocesse der Selbsthülfe waren auch nicht einmal allezeit kurz, sondern oft, wie der Fluß, von dem Horatius Lib. I. Epist. II. v. 42 saget:

> Rusticus expectat, dum defluat amnis: at ille
> Labitur & labetur in omne volubilis ævum.

Und weil nicht selten eine Rache die andere reizete, war es manchmal schwer, diese Kette zu zerreißen, oder denen hastigen Bewegungen ein Ende zu machen. Man muß heute zu Tage beynahe bewundern, daß solcher Unrath gleichwohl so lange gedauert, aber

> Non temere antiquos mutat Germania mores,
> Pouere difficile est, quæ placuere diu.

Dahero gieng das eingewurzelte Unwesen immer so fort, bis endlich die Reichsfürsten dem Kayser Maximiliano I. die Hülfe wider den Türken verweigerten, woferne nicht zuförderst innerhalb des Reichs, zu Erhaltung des Friedens, eine bessere Vorsorge getroffen würde 2).

§. 4.

Carolus IV. hatte mit dem Churfürsten und Pfalzgrafen am Rhein, Ruprechten, dem Rothen, Anno 1346 die Universität zu Heydelberg, und nebst dieser Anno 1348 die Universität zu Prag angeleget 3). Hierzu war Anno 1392 die Erfurter, und Anno 1409 die Leipziger Universität gekommen 4). Diese waren Pflanzschulen der Römischen Rechtsgelahrheit in Teutschland, worneben noch viele Studirende nach Italien giengen, und daselbst solche Schätze der Wissenschaften holeten. Und ob es gleich mit dem Gebrauch der Römischen Rechtsgelahrheit in Teutschland so jähling nicht zugieng, so waren doch daher schon zu Maximiliani I. Vaters, Friderici III. Zeiten, die Römischen Rechtsgelehrten ziemlich angewachsen, und in einige Judicia mit gezogen, dergestalt, daß auch mancher Teutsch-gesinnter, der von der alten kurzen Proceßart, oder der kurzen Selbsthülfe eingenommen, darüber eyferte, und die

2) vid. Cortrejum ad Pacem profan. Proem. obs. 10 usque 18 p. 55 seqq.
3) S. Lehmanns Chron. von Speyer Lib. VIII. c. 38 doch wie einige Auctores in der Zeit differiren, stehet man in Pfeffingers Vitriar. illustrat. Lib. I. Tit. 2 §. 12 not. d.
4) vid. Thomas. zu D. Melchiors von Osse Testament. pag. 202.

die Juriſten Römiſcher Art lieberwiederum ganz ausgerottet haben wollte⁵). Die
damaligen Klagen über die Juſtiz waren demnach zweyerley, nemlich eine
Parthey beſchwerte ſich, daß von den JCtis Romanis wider die teutſche Ver-
faſſung ſo ſehr gehandelt, und es dahin gebracht würde, daß man zu den
Rechten keinen Schlüſſel und Glauben mehr fände; Der andern Parthey
Klagen aber waren jenen entgegen, und verwarfen den Unfug der teutſchen
Rechtshandlungen, und dieſer waren nunmehr die Reichsfürſten ſelbſt bey-
gethan.   Dahero ſie auch das Verboth der Fehden und die Reformation des
Juſtizweſens Maximiliano I. abnöthigten ⁶).

§. 5.

Zu ſolcher Reformation nun wurden Römiſche Rechtsgelehrte gebrauchet,
als der Kayſer Anno 1495 die Fehderechte ganz aufhob, und das Reichs-
Cammergerichte anordnete, auch, daß Churfürſten, Fürſten, und Fürſtenmäßige, an ihren Höfen, Räthe aus dem Adel, und aus den Gelehrten annehmen ſollten, verfügte. Wobey alſo inſonderheit verſehen ward, daß ſowohl
in dem Reichs-Cammergerichte, als in der Chur- und Fürſten Höfen, gelehrte Beyſitzer und Räthe ſeyn muſten ⁷), mithin, da die damaligen Gelehrten, Römiſche Rechtsgelehrte waren, bekamen dieſe je länger je mehr die
                                                                                    Ober-

---

5) Dieſes beweiſet die von Goldaſto
edirte ſogenannte Reformation de anno
1441 die insgemein Friderico III. zugeſchrieben wird. Ich habe aber in meiner
Gerichtsverfaſſung der Teutſchen vom
8ten bis zum 14ten Seculo ad §. 35 Not. 5
pag 121 wichtige Argumenta beygebracht,
warum ich ſie vor ein Project einiger Pri-
vatperſonen halte. Nun eyfern die Verfaſſer heftig darinnen wider die Doctores
Juris, und wollen ſie ſchlechterdings aus
den teutſchen Judiciis gewieſen haben,
woraus man denn erkennet, wie es damals Leute gegeben, welche die Römiſche Jurisprudenz gehaſſet, und lieber
die vorigen Proceſſe der Teutſchen behalten hätten.

6) Siehe not. præced. 2 und 5 und der
letztern Parthey pflichtete auch Petrus
de Andlo bey Lib. 1 c. 12 Leges Romanas
noſtra Alemannia (proh dolor) in ſua
deſpicit inſipientia.

7) Die Fehten ſind zum erſten mal ganz
aufgehoben, und dagegen ein allgemeiner
Landfrieden conſtituiret im Königl. Landfrieden zu Worms de anno 1495. Und
in der Ordnung der Römiſchen Königl.
Maj. Cammergerichts zu Worms de
eodem anno § 1 Part. I. iſt das Cammer-
gerichte mit einem Richter, der ein Fürſt,
Graf oder Freyherr, und mit 16 Urtheilern, als 8 Rechtsgelehrten, und achten wenigſtens aus der Ritterſchaft beſtellet. Hiernächſt wurde l'art II. §. 2.
Item ſo aber Prälaten ꝛc. verſehen, wie
Churfürſten, Fürſten und Fürſten-mäßi-
ge, in Sachen wider ſie ſelbſt, auf eines
Klägers Geſuch, neune ſeiner Räthe an
ſeinem Hofe niederſetzen, ſolche aus dem
Adel und aus denen Gelehrten nehmen,
zu ſolcher Sache abſonderlich verpflichten,
und darüber in prima Inſtantia erkennen
laſſen ſollten, mit Vorbehalten des Re-
medii Appellationis an das Reichs-Cam-
                                                        merge-

Oberhand, und weil außer den Reichsgerichten, die Urthel auch bey den Ju-
riſtenfacultäten mit eingeholet wurden, ſo formirten ſie, die Römiſchen Rechtsgelehrten, nach und nach ex Jure Canonico & Civili Romano, mit Einmi-
ſchung einiger teutſchen Rechtsbräuche, den neuen Proceß, welcher denn auch
neue Klagen über die Juſtiz verurſachet, nachdem derſelbe gar zu lang, und
inſonderheit bey der Reichscammer, auch wohl zu 50 bis 100 Jahren und
drüber, dauernd wurde. Und wenn man gleich die Gerichtsproceſſe in den
mittelbaren Reichsländern nicht ſo gar weit hinaus dehnte, ſo iſt doch nicht
abzuläugnen, daß der aus den Römiſchen Rechten, und der Rechtsgelehrten
Gloſſen meiſtens zuſammengeſetzte modus procedendi allenthalben viel Verlängerung veranlaſſet, aus welchem Labyrinth man lange Zeit ſich nicht finden
können, auch an theils Orten ſich noch jetzo nicht gefunden hat *).

§. 6.

Im Churfürſtenthum Sachſen geſchahe durch weyland Churfürſt Auguſti
Conſtitutiones Electorales zuerſt, und hernach Anno 1622 durch die Proceß-
ordnung eine würkliche Verbeſſerung und Abkürzung des aus dem Römiſchen
Rechte hergeleiteten Proceſſes, welche ſich doch nicht viel weiter erſtrecket, als
in ſo ferne damit einige Diſſenſus und Controverſiæ Jctorum, als welche ſonſten den Gerichtsproceß verlängert hatten, abgethan waren.   Anderer Parti-
cularien zu geſchweigen, werden diejenigen, welche in derer Römiſchen Rechtsgelehrten vorige Proceßart, und dagegen in unſere neue Proceßordnung de
anno 1724 eine genaue Einſicht haben, dieſe letztere vor ein Hauptwerk der
Juſtizverbeſſerung erkennen müſſen, weil dadurch der vorige Proceſſus ordinarius um 2tel abgekürzet, und dennoch dabey denen Partheyen ein gnügliches
Gehör

mergerichte vor den gravirten Theil. Dahero war es von nun an bey Churfürſten
und Fürſten eine Nothwendigkeit, Römiſche Rechtsgelehrte zu Räthen an dero
Hof zu haben. Sonſten giebet die gänzliche Abweichung von dem alten Teutſchen
modo procedendi zu erkennen, daß zu
Abfaſſung der Cammer-Gerichtsordnung
Römiſche Rechtsgelehrte gebraucht, welches alles die Ordnung des Regiments
de anno 1500 und die folgenden Cammer-
Gerichtsordnungen, nebſt den Reichsab-
ſchieden mehr erläutern.

s) Viele Klagen über die Juſtiz, und
Conſilia ſatus findet man zuſammen ge-

tragen in Thomaſii Diſſertatione ſiſtente
emendationem adminiſtrationis juſtitiæ
neque facilem, neque impoſſibilem, valde
tamen difficilem eſſe, & caute ſuſcipien-
dam. Item in ejusd. Diſſert. de Protract.
Juſtitiæ per amicabilem compoſitionem
partium litigantium a judice tentandam.
Sonſt kann man hier auch Melchior Oſ-
ſens Teſtament mit Thomaſii Anmerkungen, des ungenannten Auctoris Diſcours
von Juſtizwerk, den Parthenium litigio-
ſium, und andere zu Rathe ziehen,
jedoch bloß zur Erkennung des Uebels,
maßen die conſilia dabey, entweder nicht
zulänglich ſeyn, oder gar nichts taugen.

Z

Gehör nicht abgeschnitten worden. Sonsten entfernen sich die meisten Scribenten bey ihrem Anrathen zu weit von der Mittelstraße, und gehen unter der Vorstellung, daß ein Beklagter niemals gnung zu hören, zu sehr in die Länge, oder unter der Einbildung, daß alle Weitläuftigkeit unnütze, zu viel in die Kürze, unter welchen doch derer letztern Consilia die schlechtesten, und gefährlichsten, weil dabey alles dem arbitrio judicis anheim gegeben werden müste, auch in viel Processen anders nicht, als per juramenta partium zum Ende zu gelangen wäre.

§. 7.

Eine überaus große Liebe und Neigung zur Kürze hat man nur unlängst in öffentlichen Blättern gelesen, da deren Auctor *) von einem Regenten der Kalmuckischen Tartarn, dem Donduc-Ombo, referiret: Die Unterthänigkeit derer, die ihm angehören, ist unumschränkt, er schlichtet ihre Streitigkeiten auf der Stelle, so bald sie vor ihm gebracht werden. Da sind keine Richter, wie in Europa, die zugleich Advocaten abgeben, keine partheyische und eigennützige Referenten, die die Sache verdrehen, wie in Europa geschiehet. Da braucht man nicht erst von dem untersten Schreiber an, bis zum höchsten Rathgeber sich Freunde zu machen, noch eine Sache die mit zwey Worten erörtert ist, wie in unserm Europa, auf 10 Termine verweisen zu lassen, bis man darüber stirbet und verdirbet. Da siehet man weder untergeschobene, noch ohne Vorbewust des Regenten verfaßte Befehle. Sein Gesetzbuch ist die natürliche Billigkeit ꝛc. Ob man nun wohl die von Europa angeführten Justizgebrechen nicht vertheydigen will, so hat doch obgedachter Auctor, mit einseitiger Betrachtung der Donduc-Ombischen Justiz-Administration, in denen Lobsprüchen sich ziemlich übereilet. Denn erwehnte Kalmuckische Tartarn werden in Mallets Beschreibung des ganzen Weltcreyßes II. Th. p. 39 und in dem allerneuesten Staat von Casan, Astracan, Georgien

---

9) Dieser Auctor war der Erlangische Zeitungsschreiber. Er hat in seinem Auszug der neuesten Weltgeschichte 1746 No. 95 pag. 443 von Neapel geschrieben: Sonst macht sich der neue Staatsminister durch seine gute Einrichtung täglich beliebter. Unter allen seinen Verordnungen aber gefällt uns keine besser, als diese, daß die Advocaten wenn sie einen angefangenen Proceß nicht gewinnen, auch nichts dafür von ihren Clienten bekommen sollen. Ein deutliches Kennzeichen, daß er die Justiz und was davon abhanget, nicht kennet. Warum rathet er nicht lieber, daß man Justizcollegia, Rathhäuser und Gerichtsstuben vielmehr gar zuschließe. Da wären die Processe auf einmal und besser ausgetilgt, doch mag ich die Folgen nicht sagen.

gien rc. de anno 1723 pag. 87 also abgemahlet: 1) Daß sie in Hütten und Gezelten von Filz wohnen, hin und her ziehen, 2) in Sommer halb, und die jungen Leute bald ganz nackend gehen, sonst aber Schaaf- oder andere Felle zu Kleidern, oder einen schlechten Rock ohne Hembde anhaben, 3) ihr Reichthum in Vieh, Fischen und Sclavenhandel bestehe, auch rohes Pferdefleisch und Milch ihre gröste Delicatesse sey, 4) sowohl sie im Lande weit und breit herum streiffen, oder sich des Stehlens und Raubens befleißigen.   Wenn ich demnach deren Justizadministration, und natürliches Gesetzbuch loben, und zum Exempel der Nachahmung anpreisen wollte, so dächte ich, es wäre eben so viel, als wenn ich die Justiz und das natürliche Gesetzbuch einer Spitzbuben- und Räuberbande lobete, weil ihr Chef unter ihnen keine Processe verhänget, sondern sie manchmal kurz richtet und abstrafet.   So weit vergehen sich manche, daß sie in puncto justitiæ absurda & vitiosa anrühmen, und es hat derjenige JCtus [10] so unrecht nicht gehabt, welcher von dem Justizübel gesagt: *Hoc malum ex eo genere est, quod prius sentire, quam cognoscere solemus.* Nemlich wir empfinden das Uebel, sehen es aber nicht ein, und können dasselbe nicht recht beurtheilen, oder wir urtheilen verkehrt, und geben wohl einem grössern Uebel den Vorzug.

§. 8.

Gesetzt, daß vorher gedachte Tartern, nebst denen in Parthenio ligitioso p. 13 angemerkten Aethiopiern und Indianern, weil sie keine Richter, noch Streitsachen haben, glückselig zu preisen wären, so könnte man es doch anders nicht dafür annehmen, als wenn man Armuth mit Vergnüglichkeit verbunden, eine moralische Glückseligkeit nennen wollte, weil Reichthümer und Vermögen Processe veranlassen, und zu Lastern und Sünde reitzen.

> - - *Feriatus, iners, sine curis,*
> *Vir bonus esse potest. Nec enim desiderat esse*
> *Dives. Solam animi requiem sectatur & optat.*

saget der berühmte Engelländische Poete, Alexander Pope [11], und es kann einer auf solche Weise ohne Reichthümer glücklich gepriesen werden.

§. 9.

Das gerühmte Glück der Tartarn, Aethiopier oder Indianer bestehet aber auch nicht einmal in einer moralischen Glückseligkeit, oder in einer mit

Z 2   sich

---

10) Siehe Peter Mullern in Dissert. de protractione Litis, Præm. pag. 6.

11) In commentatione de homine nach des Herrn D. Am-Ende Uebersetzung pag. 119.

sich selbst vergnügten Armuth, sondern sie sind aus Noth arm, nachdem sie theils einander selbst berauben, theils aber nach ihrer Lebensart keine Reichthümer erwerben können. Sie haben weder Vermögen noch Rechte, folglich kann auch, außer den Criminalfällen, über ihre Habseligkeiten und Rechte, kein Proceß entstehen, noch können sie einen Richter brauchen. In Europa aber siehet es ganz anders aus. Dieses ziehet noch aus den andern Welttheilen viel Reichthümer an sich, und die Europäer rufen aus dem Horatio:

O Cives, cives, quaerenda pecunia primum.

Die Europäischen Bedürfnisse erfordern mehr, und also hat man immer nicht genung, sondern es heißet mit dem Lucan, im IV. Buche

- - - O prodiga rerum
Luxuries, nunquam parvo contenta paratu.

Dahero sich in Europa die Leute, weil sie Eigenthums- und Erwerbungsrechte haben, bemühen, von, und durch einander Geld und Vermögen zu acquiriren, woraus denn mehr Nahrungsmittel, Habseligkeiten, Obligationes mutuæ, und also mehr causæ litis oder Gerichtsprocesse entspringen, als wo dergleichen Rechte und Beschäftigungen nicht sind. Wenn der Türkische Monarche einem einen Strick schickt, und ohne ihn zu vernehmen, oder zu hören, stranguliren, seine erworbene Habseligkeiten aber sub prætextu confiscationis wegnehmen läßt, in welchem Gesetzbuch heißt denn dieß die Justiz administriret? Im natürlichen kann es nicht seyn, weil dieses einem jeden das Seine bestimmt, und dergleichen Tyrannischen Mord und Rauberey verbiethet, wider solches Verboth aber kann der Türke ein neues Gesetzbuch mit Recht nicht machen [12]).

§. 10.

12) Ein Exempel der Türkischen Justiz hat man in denen Berlinischen Zeitungen vom Jahr 1749 im 33sten Stücke sub art. Constantinopel vom 25. Januar gelesen, es hat also gelautet: Herr Minutti aus einer alten und berühmten Venetianischen Familie und Obrister im Dienste der Republic ist allhier geköpft worden, weil er einen Janitscharen, welcher ihm grob begegnet, verwundet hat. Dieser Obriste war unter dem Gefolge der zween allerältesten Baylen oder Ambassadeurs von Venedig, welche in Constantinopel sind. Ihro Excellenzen gaben sich die äußerste Mühe, die Auslieferung dieses Officiers zu verhindern, und thaten deßwegen die nachdrücklichsten Vorstellungen. Sie verlangten, daß man die Sache gerichtl. untersuchen sollte, aber alle ihre Bemühungen waren vergebens. Die Janitscharen retteten sich zusammen, weswegen die Pforte die beyden Ambassadeurs nöthigte, den Herrn Minutti auszuliefern. Worauf man alsobald zur Execution schritt, welche gemeiniglich der Anfang der Türkischen Processe ist.

§. 10.

Der Eifer, den der Freyburgische Schweizer, Gottfried Warlef, in seinem Discursu de abbrevianda lite, wider die Proceßverzögerungen, Anno 1676 ausgeschüttet, dürfte wohl damals in manchem Stücke etwas Grund gehabt haben, aber seine Vorschläge und seine Schweizerexempel nutzen in Teutschland nichts. Denn wenn sich seine Schweizer, wie er in der Vorrede sich vernehmen läst, ihrer Hände Arbeit nähren, mit wenigen zufrieden seyn, niemand beleidigen, von Processen und Advocaten aber nichts, ja kaum, was Executio vor ein Ding sey, zu sagen wissen, so verstehet er vermuthlich diejenigen Schweizer, die in denen Geburgen, sogar ohne Brodt, und bloß von Milch und ihrem Schweizerkäse leben, mithin nichts, worüber es zu streiten setzet, im Vermögen haben. Ich gebe zu, daß solche Nation, da sie die Natur der Berge vor die Gefahr der Feinde schützet, und sonst sie ein mehrers nicht gebrauchet, bey vergnügten Herzen glückselig seyn könne. Von solcher Glückseligkeit aber weiß nur die Theologie und Moral, jedoch wo nicht Zwang und Gewohnheit mit antreiben, werden wir sie practicè zu erkennen kaum fähig seyn. Denn

Quo plus sunt potæ, plus sitiuntur aquæ,

und wir dürsten nur immer nach mehrern, geschweige, daß wir uns gerne mit nichts, oder mit Armuth sättigen sollten, und ich zweifle, ob nicht selbst viel Schweizer, die nichts haben, sich lieber Vermögen und Reichthümer wünschen möchten, wenn sie auch gleich damit Streitigkeiten oder Processe überkämen. Sunt bona mixta malis, und eines kann ohne das andere nicht seyn. Selbst Abraham und Loth, weil sie beyde viel Vieh hatten, wären bald mit Streitigkeiten an einander gerathen. Und so gehets heute zu Tage noch, ja es ist ärger, weil man einen friedfertigen Abraham und weichenden Loth nicht leicht, den Platz und Raum zum Weichen aber gar nicht mehr antrift. Indessen ist es genung, daß obgedachte Theologie und Sittenlehre, wenn sie auch gleich Armuth mit Vergnüglichkeit glücklich preiset, dennoch den Reichthum nicht, sondern nur dessen Mißbrauch verwirft. Dahero die bewährtesten Politici das Wohl eines Landes in Nahrungs- oder Erwerbungsmitteln, und im rechten Gebrauch des Erworbenen suchen. Es darf einen guten Politicum, ein Land mit Reichthümern, ohne des Nächsten Schaden, glücklich zu machen, nicht abschrecken, wenn er die harten Worte höret: Daß ein Reicher schwerlich in das Reich Gottes komme. Matth. XIX, v. 23. Er darf sich kein Gewissen machen, daß er mit Bearbeitung pro juste acquirendis divitiis, sich zugleich bearbeite, die Leute der Hölle zuzuführen. Denn Reichthum ist gut,

Z 3   wenn

wenn man ihn ohne Sünde brauchet, Syrach, XIII. 30, zu welchem Gebrauch der Politicus vor Erwerbungsmittel ſorget. Demnach iſt nicht der
Reichthum, ſondern derjenige, der ihn zur Sünde gebrauchet, an der Gefähr-
lichkeit ſelbſt Schuld; Der kluge Politicus aber ahmet in dieſem Stücke der
allweiſen Führung Gottes nach, welche denen Menſchen Reichthümer und
Ueberfluß zuwendet, jedoch zum rechten Gebrauch, und nicht zum Mißbrauch,
als bey welchen letztern die Menſchen deſto mehr Verantwortung auf ſich laden.

§. 11.

Wenn nun eine gute Policey mit Verſchaffung der Reichthümer, deren
Erwerbungsmitteln, und ſonſt mit Verfaſſungen, wie ſie ohne Sünde zu gebrauchen, ſich beſchäftiget, ſo ſorgt ſie auch für die beſte Juſtiz, welche ſeyn
kann, um einem jeden zu ſeinem Rechte zu verhelfen, und den Gebrauch der
Reichthümer, oder der Nahrungsmittel in den Schranken, wie ſie ohne Sünde
ſeyn, zu erhalten. Ein Theil der Menſchen erkennen ihre Geſetze nicht, oder
wenn ſie ſelbige erkennen, beobachten ſie doch dieſelben nicht, ſondern ſie ergreiffen die Mittel zu erwerben, ſie mögen gut oder oder böſe ſeyn, und daher
entſtehen, theils ex ignorantia, theils ex malitia partium, die Gerichtsproce-
ceſſe. Damit hat die Policey die Abſicht, dieſe Unwiſſenheit oder Bosheit
zu heben und auszurotten. Und alſo ſind die Gerichtsproceſſe an ſich etwas
gutes, diejenigen aber, welche ſie lieber ganz abgeſchaft wiſſen wollen, Patroni
ignorantiæ & malitiæ, und denken doch ihre Sache chriſtlich und gut gemacht
zu haben, als in welche Claſſe man beſonders den eifernden Schweizer War-
leſſen mit rechnen kann.

§. 12.

Sind etwa viele Proceſſe in einem Lande, ſo iſt es nicht ein Kennzeichen
eines Uebels, ſondern Merkmale der vielen Negotien, des Wohlſtandes, und
der guten Juſtiz-Adminiſtration. Von Großbritannien hat es ſchon lange
geheißen:

Gallia dat vites, nutrit Britannia lites,

und welches Reich in Europa beſitzet wohl mehr Reichthümer und politiſche
Glückſeligkeiten? Es iſt faſt erſtaunenswürdig, was Engelland nur bey den
jetzigen europäiſchen Welthändeln vor innerliche Kraft beweiſet. Freylich
brauchte man weder Richter noch Juſtiz, wo keine Streitigkeiten wären. Sie
ſind aber nach unſern heutigen Zuſtand unausbleiblich, und je mehr ſolcher
Streithändel entſtehen, deſtomehr macht ſich die Juſtiz durch die Beobachtung ihres Amts kenntlich, und zum allgemeinen Preiß eines Landes. Hätten
die Menſchen keine Krankheiten, ſo gebrauchten ſie auch keinen Medicum und
kei-

keine Cur. Alle Proceſſe in einem Lande aufheben, wäre eben ſo viel, als alle Medicos und Curen abſchaffen, und ſo würden nicht allein die Krankheiten bleiben, ſondern auch mehr um ſich greifen, und die Leute wegraffen. Die Wiedertäufer haben die Principia geheeget, keine Gerichtsproceſſe, keine Richter, und kein Privateigenthum zu toleriren, eine Secte die nicht gedultet worden. **11)** Dahero verwirft auch die beſte Policey die Conſilia zu gänzlicher Ausrottung derer Proceſſe, oder gewiſſer Proceß-Artickel. Was lieſet man zum Exempel nicht vor Klagen über die Remedia Juris wider beſchwerliche Urthel, nemlich Leuterungen und Appellationes? Da will ſie mancher, wie gedachter Schweizer Warleff, als Proceß-Verzögerungen, gänzlich abgeſchaft haben. Allein, ſind ſie nicht Hauptſtücke der beſten Juſtiz? und obgleich Mißbrauch mit unterläuft, ſo kann man doch ſolchen nicht ganz austilgen, man tilge denn zugleich alles gute mit aus. Wir haben aber ſelbſt die Lehre Chriſti, Matth. VIII, 29. vor uns, nach welcher der Haußvater das in dem guten Waitzen mit aufgegangene Unkraut ſeine Knechte nicht ausgäten ließ, damit ſie nicht zugleich den Waitzen ausrauften.

§. 13.

Defters gehet es mit dem Anrathen zu den Curen der Juſtiz-Krankheiten ſo zu, als wenn ein Medicus einen durchaus mit verderbten Geblüte behafteten Cörper keine Haupt- Herz- und Magen-Arzeneyen geben, ſondern nur etwa die Beine, unter dem Vorwand, daß dieſe an allem Unheil ſchuld wären, mit Schröpffen, Aderlaſſen, Pflaſtern oder andern Mitteln angreifen dürfte. Ich verſtehe durch ſolche Beine die geringſten Theilhaber der Juſtiz, die Advocaten, welche bey ſolcher Uhr nur das Gewichte oder die Triebfeder ſind, und deren Gang wohl in Bewegung bringen, den richtigen Lauf aber dem Perpendicul und Rädern überlaſſen müſſen. Auf gedachter Advocaten oder Procuratorn Gebrechen curiret man immer, und man hat manch-

---

11) Sleidan. Comment. de Statu Relig. Lib. 10: *Docens (Anabaptiſta) non licere Chriſtianis in foro contendere, non jusjurandum dicere, non habere quid proprium, ſed omnia debere omnibus eſſe communia.* Es haben auch wohl andere das Proceſſiren vor Gerichte gänzlich verworfen, maßen Hr. D. Löſcher in der ausführlichen Hiſtoria motuum zwiſchen den evangeliſch-Lutheriſchen und Reformirten Part. 1 edit. 2 cap. 4 §. 7 p. 136 von

einem Prediger zu Landau Joh. Badero aus ſeinen Schriften anzuzeigen gewußt, wie er gelehret, daß man alle diejenigen vom heil. Abendmahl abweiſen ſolle, welche um zeitliche Dinge vor dem weltlichen Gericht mit einander ſtritten. Er, Hr. D. Löſcher, aber hat von ihm geurtheilet, daß eine und andere Sache zu hoch getrieben, und gedachte Lehre zum Exempel angezogen, manchmal ein Exempel davon in denen öffentlichen Zeitungen zu lesen. Ob aber gleich die gerechten Absichten allemal zu preisen, wenn die Advocaten und Procuratores, welche offenbar ungerechten Sachen vorstehen, oder die Processe geflissentlich verzögern, mit Strafe bedrohet werden, so gelanget man doch damit zum Zwecke des Hauptwerks nicht. Denn es bleiben immer die Fragen, was sind offenbar ungerechte Sachen [14], und geflissentliche Verzögerungen? Jene sind nicht ehe gewiß, als bis das Definitiv-Urthel rechtskräftig; denn sodann erst macht res judicata aus weiß schwarz, und aus schwarz weiß, oder wird pro veritate gehalten, und dieses setzet uns erst in die Gewißheit. Der Gebrauch der beneficiorum Juris, welche nach dem Gundlingischen Ausspruch [15] die Protractiones litis seyn, können nicht geflissentliche Verzögerungen heißen, außer wenn man dabey weiter nichts, als den Aufenthalt der Sache suchet. Solcher Casus aber kommt daher sehr wenig vor, weil derjenige der sich der beneficiorum Juris gebrauchet, immer dabey um etwas anders mit bittet, oder äußerlich eine anscheinende Rechts- und Billigkeitsursache vor sich hat. Sonst ist auch so gar unbekannt nicht, daß Advocaten, wenn sie etwa eine statthafte Leuterung oder Appellation wider ein Urthel unterlassen, hernach von daher, die Schuld eines übeln Ausfalls über sich nehmen müssen, oder wohl gar von den Clienten mit Klagen und rechtlichen Anspruch bedrohet werden. In Betracht dessen befinden sie, die Advocaten, beynahe sich in einem Nothzwange, alle beneficia und remedia Juris anzuwenden, damit sie sich nur aller Verantwortung entschütten.

§. 15.

Wenn ich nun auf Vergang dessen allen, was ich bisher angeführet, die gleich Anfangs formirte Frage beantworten soll, so glaube ich Beyfall zu finden,

---

14) Ich erinnere mich, daß in den erstern Zeiten, seitdem ich hier Praxin exerciret, einmals ein Lohnkutscher zu mir kam, und einen neben sich wohnenden Menschen verklagt haben wollte, weil derselbe Mensch einen solchen Unfug im Hause gemacht, daß seine Frau drüber erschrocken und gestorben wäre. Dahero er selbige bezahlt haben wollte. Ich fande hierbey den Beweiß sehr ungewiß, und daher viel zu bedeuten, daß ich den Mann abwies. Nichts desto weniger, als ich nach Verfluß einer ziemlichen Zeit in das Judicium kam, wurde ich gewahr, daß

ein anderer Advocat die Sache übernommen hatte, und schon ein Volumen Acten darüber ergangen war. Wie es abgelaufen, habe mich weiter nicht bekümmert. Indeß ist es ein Beweiß, daß manchmal einem Advocato ungerecht scheinende Sachen, von einem andern anders angesehen, und auch von dem Richter selbst dergleichen nicht primo intuitu abgewiesen werden.

15) Vid. Gundlings Discurs über Henrici Cocceji Juris publici prudentiam pag. 703.

finden, wenn ich einen guten Theil der Klagen über die Justiz vor ungerecht erkenne, und, daß dergleichen, weil die Ursachen nicht in der Justiz liegen, niemals, so lange Menschen Menschen seyn, aufhören werden, noch selbige eine Justizverbesserung erfordern, behaupte [16]), übrigens aber, die Mittel der Justizverbesserung, und deren rechte Anwendung, ohne in neue Justizgebrechen zu verfallen, ausfündig zu machen, vor schwer halte.

§. 15.

Hier wollen wir etwas stille halten, und den Vorwurf prüfen, ob nicht die Advocaten diejenigen seyn, welche, mit Abläugnen der Wahrheiten, und mit dem Vortrag derer Unwahrheiten, eben alles so verdunkeln, und in Schwierigkeiten verwickeln. Um mit Unterschied hierauf zu antworten, so halte ich die Advocaten, wenn sie sich in Relationibus aliorum gründen, oder wenn sie auf einige mit Unwahrheiten vermischte Wahrheiten sich einlassen sollen, oder die Rechte der Entscheidung zweifelhaft seyn, vor unschuldig, einen solchen Advocaten aber, welcher bey Gewissens-Klagen, wenn einer Parth über wahre Facta den Eyd deferiret ist, seinen Principal zum abschwören reitzen, oder, da derselbe wider besseres Wissen darzu geneigt, hiervon nicht abmahnen wollte, vor böse und gewissenlos. Jedoch, wenn Gewissens-Klagen nicht auf simple Facta, sondern auf Auslegungen mit gerichtet, kann es Beklagtens Advocat nicht besser machen, als daß er die ins Gewissen geschobene Puncte negire, nach erfolgter Einlassung aber, weil er ohne Anhang litem contestiren, oder auf die Gewissenspuncte sich einlassen müssen, die Erklärung hinzu thue, oder gleichsam nachhole, in was vor Sensu er besagte

Gewis-

16) Wenn bey Partheyen von gemeinen Leuten eine rechtmäßig ihren Proceß verspielet, so kann man manchmal derselben die Klage, daß Gegentheil den Richter und seinen Advocaten bestochen, und er daher seine Sache verlohren habe, nicht ausreden. Manche lassen sich nicht beybringen, daß Richter und Advocaten an die Proceßordnung gebunden, sondern bey ihnen sind beyde, und besonders die Advocaten Schuld, daß der Proceß nicht auf einmal ausgemacht werde. Und zwar gehen sie dabey nicht einen Grad von ihrer Prätension ab. Da suchen Richter und Advocaten nur Sporteln, und sie machen mit einander die Sachen fein lang, damit sie dran haben. Sie sind Leyerer, und wollen nichts ausmachen. So und auf dergleichen Art lauten oft gemeine Klagen über die Justiz, und wenn auch unter zehenmal etwas davon wahr ist, so sind doch die meisten solcher Klagen untrichtig, als welche die Ignoranz zu ihrem Vater haben. Sonst sind unter den Advocaten, wie unter andern Leuten, böse und gute, es giebt auch viel liederliche Pfuscher, welche sich gegen den gemeinen Mann vor Advocaten ausgeben. Ich verstehe aber weder die bösen Advocaten, noch gedachte Pfuscher, wenn ich die gemeinen Klagen über die Justiz allhier verwerfe.

Xa

Gewissenspuncte negiret habe, und wie sich die Sache in facto simplici ver-
halte. Denn so räumet er die Wahrheit ein, und wenn hernach auf den Eyd
erkannt wird, kann sein Principal, salva conscientia, nach seiner Erklärung
schwören. So verfährt ein Advocat am sichersten, und doch daneben gewis-
senhaft in Puncten, die von Gegentheiln etwa captiös abgefasset. Das Mittel der Gewissensvertretung kann zwar zur gänzlichen Befreyung von der Eydes-
leistung helfen, aber es ist, in Ansehung, daß es nicht die Ausführung einiger
Exception zuläßt, sondern den Beweiß des Contrarii dessen, was in das Gewissen geschoben, requiriret, schwer auszuführen, und daher nicht leicht rathsam. Und wenn der Advocate siehet, daß seine Parthey mit gutem Gewissen
den Eyd nicht abschwören kann, er also bloß in der Absicht der Verzögerung
die Gewissens-Vertretung mit Beweiß ergreifen wollte, so handelt er darinn
wider Pflicht und Gewissen. Außerdem, wenn die in das Gewissen gestellten
Puncte wahr, der Theil aber, dem der Eyd deferiret, Exceptiones dargegen
hat, muß dessen Advocat gedachte Puncte affirmiren, und seine Exceptiones
durch Beweiß ausführen, es wäre denn, daß er der Eydes-Delation über
seine Facta Exceptionum sich ebenfalls gebrauchen wollte, dergleichen jedoch,
in Betrachtung der dabey besorglichen Gefahr, es möchte Gegentheil solche
abschwören, selten, und wenn man andere Beweißmittel hat, nicht geschiehet,
zumal derjenige, dem seine Exceptiones zu beweisen, auferlegt ist, sich in einzelnen Puncten der Eydes-Delation dabey mit gebrauchen kann, und also
beym Beweiß nicht alles auf besagte Gefahr ankommen lassen darf. In so
weit kann man noch nichts abnehmen, wo denen Advocaten etwas zur Last zu
legen wäre, es müste denn das seyn, daß der Advocat dessen, der den Eyd
deferiret, manchmal die Gewissenspuncte unrichtig abfasset, mithin die Wahrheit der Sache gleichsam verkappet, woran aber auch der Principal selbst mit
seiner Narratione facti schuld seyn kann. Allein, sonst ist es, obgleich nicht
in allen, dennoch in manchen Fällen, nicht ohne: Wenn Beklagtens Advocat die Wahrheiten der Klage, Klägers Advocat aber die Wahrheit der Exceptionen einräumete, könnte der Richter zur Hauptentscheidung gleich kommen, und in so ferne, als zu beyden Seiten die Wahrheiten verhalten werden,
sind sie, die Advocaten, freylich Ursache an der Verdunkelung, und Aufhaltung der Sache. Dieses ist der Hauptpunct, der die Advocaten bey manchem so verhaßt macht, weil man die Abläugnung derer ihnen bekannten Wahrheiten weiß, deren Rechtmäßigkeit aber nicht so deutlich wahrnimmt, und will
ich daher kürzlich anzeigen, woher sie manchmal füglich nicht anders handeln
können, und aus was vor Gründen sie solches zu thun berechtiget.

§. 16.

§. 16.

Alle Actiones negatoriæ, wo kein Beweiß des Eigenthums einschlägt, wenn der Kläger recht libelliret, mögen, weil der Beklagte bey Verlust der Gerechtsamen affirmative litem contestiren muß, zu dieser Controvers gar nicht gerechnet werden, oder wenigstens weiter nicht, als so weit ein Advocat dessen, der Gerechtsame oder Befugnisse zu haben prätendiret, dergleichen nicht beweisen kann, gleichwohl bloß zum Verschleif sich mit dem leeren Vorwand eines Befugnisses und mit vergeblichem Beweiß aufhält, welches letztere ich jedoch weder billige, noch vertheydige. Sonst aber gehöret meine Controvers, wie ferne beyder Theile Advocaten, wenn ihre Principale gegen einander Ansprüche haben, Wahrheiten abläugnen können, zu der Doctrin des Juris naturæ de Mendacio, falsiloquio, simulationibus & dissimulationibus, wovon Grotius, Pufendorf und andere Auctores Systematum Juris Naturæ gehandelt. Die richtigste Meynung hiervon ist wohl diese, daß simulationes und dissimulationes, in wie weit sie auf eigne Conservation ohne eines andern Læsion gerichtet, erlaubt, in wie weit aber eines andern Rechte dadurch verletzet werden, unrecht und verboten sind. Es kömmt also darauf an, ob und wie ferne der Advocaten Abläugnen, oder Zurückhalten der Wahrheiten, unter der Classe der simulationum & dissimulationum licitarum begriffen. Nun höre ich zwar den Einwurf, daß die Lügen in göttlicher heil. Schrift öfters verboten, Sprüchw. XIII, 5. Psalm V, 7. Coloss. III, 9. und der Apostel Paulus seine Epheser, IV, 25. wie sie die Lügen ablegen, und ein jeglicher mit seinem Nächsten die Wahrheit reden sollte, vermahnet, ja Christus gar Matth. XII. 36. Rechenschaft von einem jeglichen unnützen Worte, das die Menschen reden, gefordert. Wir können dabey nicht abrebig seyn, daß diese und andere dahin lautende Schriftstellen, schwere Gesetze enthalten, welche nicht allein denen Advocaten, sondern auch andern Menschen über ihre Handlungen ein Schrecken einjagen möchten. Ich glaube auch, daß dieselben alle Menschen treffen, die in Religionssachen, wider besseres Wissen und Gewissen, Lügen reden, oder welche sonst in civil-Negotiis ihre Actiones, mit Lug und Trug, zum Verderben oder Schaden anderer Menschen richten. Allein, man kann daher nicht behaupten, daß gedachtem Verbot alle simulationes und dissimulationes unterworfen. Der Prophet Jeremias Cap. XXXVIII, v. 27 verhielt des Königs Zedekiä Fürsten die Wahrheit, und sagte ihnen was anders vor. Und der weise Salomo 3. Kön. III, 24. redete nicht, was er im Herzen gedachte, da er in der Streitsache zweyer Huren ein Urthel fällete. Damit ich aber nicht länger bey solcherley andern

Exem-

Exempeln [17]), wo die Verhaltung der Wahrheiten, und die Simulationes oder Dissimulationes vor rechtmäßig zu achten, zu lange bleibe, so will ich mich vielmehr unserm Special-Puncte nähern, und da bestehet gegenwärtig die Simulation und Dissimulation, das Mendacium oder Dolus, so ferne die Wahrheit verläugnet oder verholen wird, in einem Actu negativo, wo noch zu fragen, wie weit man schuldig sey, einem andern die Wahrheit zu bekennen, oder wenn man eine Sache mit Unwahrheit beleget, in einem actu positivo, wobey immer ein Unterscheid zu machen, ob man etwa unwahre proposita vor wahr hält, oder ob man wissentlich und eines andern überzeugt, damit Gegentheiln zu hintergehen suchet, immaßen denn in denen Rechten nur ein Dolus malus, welcher calliditatem, fallaciam seu machinationem ad circumveniendum, atque decipiendum zur steten Begleiterin hat, verworfen ist, l. 1, de Dolo malo. Das heißet ein solcher dolus, welcher definiret wird, daß er sey *affectatio malitiosa, qua vel simulatur falsum, vel dissimulatur verum, alterius decipiendi gratia.*

§. 17.

Demnach thut, wo ein Kläger wahrhafte Facta zu seinem Anspruch vor sich, der Beklagte aber nichts zu excipiren hat, weder dieser letztere, noch sein Advocate recht, wenn sie die Facta der Klage nur darum negiren, damit der Kläger mit dem Beweiß beschweret, und etwa hintergangen, der Proceß aber aufgehalten werde, als welches wohl der Fall seyn mag, wo Carpzov in Jurisprud. forensi Part. I. Const. 1, Def. 20 und sonsten den Advocaten, der seinen Clienten zum negiren instruiret, vor strafbar gehalten. Wenn hingegen Kläger wahre Facta ad agendum, der Beklagte aber wahre Facta ad excipiendum hat, oder beyde wider einander mit zweifelhaften Auslegungen fechten, wo keiner dem andern, aus keiner andern Ursache, als aus Vorsicht, damit er nicht etwan zu viel an seinen Rechten verliere, etwas zugestehet, da verhält es sich ganz anders. Denn jeder befürchtet sich allhier, ob nicht der Richter bey Einräumung etwas wenigen, oder anscheinenden, weiter gehen, oder dasselbe zu weit extendiren möchte, und daher gebraucht jeder sich einer Vorsicht in Ansehung des Richters. Hiernächst befürchtet Beklagter oder sein Advocat sich bey Einräumung der Gegnerischen Klage, daß ihm Kläger oder sein Advocat an seinen Exceptionibus nichts dargegen zugestehen dürfte, als welcher sich auch leicht damit, daß er hierzu nicht vorgeladen, behelfen kann. Dahero wäre mit Einräumung der Klage der Proceß nicht abgekürzet, sondern, da bey Negirung besagter Klage Kläger sonsten den Beweiß, Beklagter

17) Als Abrahams 1 Mos. XX, 2. Sauls 1 Kön. X, 16. und andern.

klagter aber den Gegenbeweiß überkäme, ſo kehrte es ſich, im Fall des Einräu-
mens, nur um, und zöge ſich Beklagter wegen ſeiner Exceptionen das onus
probandi ʒu, dem Kläger aber würde der Gegenbeweiß vorbehalten. Alſo
müſte einmal, wie das andere, der Streithandel durch Beweiß und Gegenbeweiß durchgeſetʒet werden, und demnach ſiehet ſich Beklagter, oder deſſen Advocate, lieber vor, damit der Beweiß dem Kläger, und der Gegenbeweiß
ihm ʒufalle, folglich negiret er auch wohl wiſſentlich Wahrheiten der Klage,
oder welches eben das, hält ſein Geſtändnis ʒurücke. Der Kläger oder ſein
Advocate hingegen achtet vor die Schuldigkeit ſeiner Vorſicht, an Beklagtens
Exceptionen nichts ʒuʒugeſtehen, damit er nicht ſeinem Adverſario, der ihm
doch ſeine Klage abläugnet, mehr einräume, als er etwa ſelbſt beym Beweiß
der Klage ausführen möchte. Aus ſolchen Vorſichts- und Beſorgnisurſachen,
befinden ſich alſo beyderſeits Advocaten in einer Nothwendigkeit, einander
Wahrheiten ʒu verhalten oder abʒuläugnen, bis ſie durch Beweiß und Gegenbeweiß dargethan. Hieraus nun werden wir begreiffen müſſen, daß jeder
Advocat ex Edicto, quod quisque Juris in alterum ſtatuerit, ut ipſe eodem
Jure utatur, oder gleichſam ex Jure retorſionis der ſimulationum & diſſimu-
lationum ʒu ſeines Clienten Beſten berechtiget, ohne genau ʒu erkennen,
oder ʒu beſtimmen, wer eigentlich der Urheber eines ſolchen Juris iniqui, wenn
ich es ſo nennen ſoll, ſey. Denn keines getrauet ſich ʒuerſt mit der Sprache
eines Geſtändniſſes heraus ʒu gehen, und jeder ſetʒet ʒum voraus vor gewiß,
daß ihm ſein Gegner nichts oder nicht genung einräumet, maßen ſonſten beyde
Theile, wenn ſie einander reciprocirliche Schuldigkeiten ʒugeſtünden, leicht
einen Vergleich treffen könnten. In Betrachtung deſſen allen mag man die
Simulationes oder Diſſimulationes, nemlich die reciprocirliche Ʒurückhaltung
der Wahrheiten, oder deren Abläugnen, auch gleich pro dolo, mendacio,
falſiloquio, oder vor Vorſicht achten, ſo iſt es doch allemal ʒu beyden Seiten
einerley, und compenſiret alſo wenigſtens jeder Theil dolum cum dolo, mendacium cum mendacio, falſiloquium cum falſiloquio, oder Vorſicht mit Vorſicht, oder wie man auch das Ding ſonſt nennen möchte. Wenn demnach
jeder Advocat mit ſeinen ſimulationibus & diſſimulationibus, ſie heißen, wie
ſie wollen, ſeine Abſicht auf ſeines Principals Nutʒen, oder Abwendung des
Schadens richtet, hingegen aber nicht alterius decipiendi gratia verfähret,
noch alſo ſeines Nächſten Verletʒung ſuchet, maßen der Gebrauch ſeines Rechts
eines andern Verletʒung nicht heißen kann, ſo wird wohl dergleichen Beʒeigen
in Verhaltung der Wahrheiten ad ſimulationes & diſſimulationes illicitas mit
Beſtand nicht gerechnet werden können. Dieſes malum neceſſarium, wenn
es ja ein malum heißen muß, welches ohne Einführung eines größern Uebels

ſchwer-

schwerlich zu heben seyn dürfte, hat gleichwohl das vortrefliche Gute bey sich, daß die Justiz einer Sache durch Disputationes, oder durch Beweiß und Ge-genbeweiß besser hervor gebracht, und erläutert werden kann, als wenn man gleichsam das Kind mit dem Bade ausschütten, und allezeit die Facta gegen einander bekennen müste. Ein weiser Richter saget auf einseitiges Anführen: *audiatur et altera pars*, und die ordentlichen Klagen, die Litis Contestatio-nes negativæ, cum exceptionibus annexis, Beweise und Gegenbeweise sind nicht unnutzbar eingeführet. Sie sind Hauptstücke des Processes, womit zwar die Advocaten die Gerechtigkeit der Sachen einige Zeit verhüllen, bis sie denn nach näherer Untersuchung der Wahrheit gemäß dadurch besto deutlicher an das Licht kommt. Daher man auch um deswillen, oder in Gleichheit dessen, gedachtes Verhalten der Advocaten, um so viel weniger vor was Böses achten kann.

§. 18.

Mit diesen meinen unmaßgeblichen Beurtheilungen will ich jedoch leicht-sinnigen Advocaten, die das *Si fecisti, nega*, ohne Unterschied, ob beyde Theile gegen einander Ansprüche haben oder nicht, oder ob die Sache Inter-pretationen unterworfen oder nicht, und wohl bloß zum Aufenthalt, oder ex intentione decipiendi, practiciren, das Wort nicht geredet haben. Indessen ist nicht nur bey denen daher entstehenden, sondern überhaupt bey allen Klagen über die Justizgebrechen, die Einsicht zu deren Verbesserungsmitteln, ohne ein ärgeres Uebel einzuführen, so leichte nicht. Der Patiente erkennet wohl nicht einmal seine Krankheit an dem Orte, wo sie doch ist. Die Ursache, warum Lucretius lib. 3 verneinet, daß die Gemüthsaffecten nicht curiret werden könnten, äussern sich auch hier, nemlich:

Propterea, causas morbi quia non tenet æger,

und daher bleibet immer wohl eine rechtmäßige Klage über die Justiz noch übrig. Ich habe dennach gedacht, daß mein Vorhaben, verschiedene ganz irrige Rathschläge zu einer vermeynten Justizverbesserung zu prüfen, nicht ohne Nu-tzen seyn werde. Hauptsächlich muß derjenige, welcher würklich nützliche Rath-schläge ausfindig machen wollte, alles, was auf das arbitrium judicis gerich-tet, so viel immer möglich, verwerfen, und wenn er Proceßvorschriften zu machen hat, sich den schlimmsten Richter und boshaftesten Advocaten vor-stellen, dabey aber einen, wie den andern, in die Schranken seiner Verhal-tung setzen, und jemehr dieß geschiehet, desto besser und unpartheyischer wird die Justiz, an der wir uns in dieser Welt zu begnügen haben, maßen an einer gänzlichen Vollkommenheit derselben schlechterdings zu zweifeln ist, so lange, als man in den Ovidianischen Seculo ferreo Metamorphos. Lib. I. Fab. 5 leben muß.

X.

X.
Prüfung
verschiedener Irrthümer, welche bey Beurtheilung der Justizgebrechen, und bey Vorschlägen zu derselben Verbesserung begangen werden.

Einleitung,
welche bey der Ausgabe dieser Schrift vom Jahre 1756 zu einer Vorrede gedienet.

§. 1.

Ob ich wohl schon Anno 1749 in des hiesigen Buchhändlers Herrn Gerlachs Verlage unter dem Titul: Prüfungen verschiedener Vorschläge zur Verbesserung der Justiz, die ersten fünf dergleichen geprüfte Vorschläge im Drucke ausgehen lassen, und, wie in der damaligen Vorrede angezeiget, dieselben bis auf 24 zu vermehren gemeynt gewesen, worunter die 10 ersten verwerfliche, die andern aber annehmliche seyn sollen, so sind mir doch nach der Zeit einige Bedenklichkeiten vorgekommen, und mein Zweifel sowohl, als auch andere Arbeit, oder mit untergehabte Unpäßlichkeit, hat mich von der Continuation abgehalten, bis mir endlich ein Tractätgen de anno 1753 in die Hände gerathen, betittelt: Beweißgründe, daß in denen teutschen Landen eine Reformation der gegenwärtigen Justiz nicht allein unmöglich und unnöthig, sondern auch dem gemeinen Wesen vielmehr schädlich sey.

§. 2.

Gedachtes Tractätgen hat mich von des Auctoris guten Einsicht überzeuget, und seitdem mir vollends Anlaß gegeben, in einer solchen delicaten Materie lieber die Feder ruhen, als etwa nachtheilige Dinge aufsetzen zu lassen, bis endlich der Herr Verleger die Continuation erinnert, jedoch er sich meine Vorschläge gefallen lassen, das Buch mit den ersten 10 geprüften Consiliis zu beschliessen, und zu besserm Gebrauch ein Register anzuhängen. Demnach erscheinet das Büchelgen völlig, und zwar unter einer andern Rubrik, wie sie dem Vortrag
der

der Sachen gemäß. Sonsten was den Auctorem erwehntet Beweisgründe betrifft, hat derselbe sich nicht genennet, doch in dem Vorberichte sich so weit zu erkennen gegeben, daß er seine Gedanken unter dem Titel: Von der möglichen, nöthigen, und beständigen Verbesserung der Justiz, nach Inhalt der Königl. Preußischen Edicte, Anno 1746 in Halle in Druck gehen lassen.

§. 3.

Er behauptet aber hierbey, nachher mehr Gründe von der Unmöglich- Unnöthig- und Schädlichkeit gefunden zu haben, und zum ersten rechnet er Cap. 1. §. 2 die vielerley in Teutschland recipirten Rechte, §. 3. die Hindernisse, mit Abschaffung der alten Gesetze, ein neues accurates Rechtsbuch zu machen, §. 4. die Beschaffenheit der Gesetzgeber, §. 5. eines Regenten Machtsprüche, §. 6. das Unvermögen der dazu zu gebrauchenden Rechtsgelehrten, §. 7. den unzureichenden Beweggrund der Richter zu einer unpartheyischen Justizadministration, §. 8. den Mangel hinlänglicher Salarirung der Richter, und §. 9. noch einige Streitursachen.

Es ist nicht ohne, daß ich das meiste beyfällig beurtheilen muß. Allein ich setze dem Hauptpuncte der Unmöglichkeit noch hinzu, daß die Juris prudenz in Teutschland bereits auf den höchsten Gipfel gestiegen, dieselbe aber mit Abschaffung der alten Gesetze, und Verfertigung eines neuen Rechtsbuchs wiederum herunter gesetzet würde, mithin gedachte Abschaffung des alten, und Substituirung des neuen Rechtsbuchs keine Verbesserung oder Reformation des Justizwesens abgeben könnte, wenn man nemlich ein totum Corpus Juris oder die Materialjustiz darunter begreifen will. Denn sonsten bleibet es wohl wegen einzelner Vorfälle, eine Justizverbesserung, wenn Entscheidungen zweifelhafter Fälle und Dißensus JCtorum, wie e. g. in Chursachsen mit denen Landesconstitutionen und Decisionen geschehen, in ihre Grenzen gesetzet werden.

§. 4.

Es läßt sich auch wohl am füglichsten sagen, daß das Hauptwerk auf die Formaljustiz, welche die sogenannten Proceßordnungen oder die dahin einschlagenden Leges bestimmen, ankömmt.

Da finden sich nun in Teutschland schon solche Orte, wo auch diese bis zum höchsten Gipfel der Accuratesse, denen streitenden Partheyen das Recht zuzutheilen, schon gekommen, mithin daselbst die bereits vorhandenen Gesetze, es müssen denn nur noch einige Puncte mangelhaft seyn, keine weitere Reformation zulassen. Dahero an solchen Orten die Justiz per leges nicht verbessert werden kann, welches, weil mit Aenderung und Abschaffung der besten Gesetze

setze, die Justiz verschlimmert würde, die Unmöglichkeit der Reformation darthut.

Muß aber dennoch einer bey der guten Justizverfassung, über die langwierigkeit des Processes, oder daß er zu dem seinigen bis zur Execution ausgeklagten nicht gelangen kann, klagen, so ist die Frage, wer daran Schuld habe, ob die Gesetze oder Menschen wider die Gesetze? E. g. der Richter expediret nicht, wie in denen Gesetzen vorgeschrieben, oder der condemnirte Beklagte findet einen Canal, vermittelst dessen die acta zurücke gehalten oder gar bey Seite geleget werden. Die Sachen bleiben ohne Resolution liegen, und werden den Sollicitanten von Zeit zu Zeit leere Vertröstungen gegeben, oder es wird auch wohl ein gerechter, doch unglücklicher Theil mit seinen Vorstellungen nicht gehört. Die richterlichen Expeditiones sind lauter Arcana, und es muß der Parth nicht wissen, warum dieß oder jenes geschiehet. Es wird dem Victori, unter dem Prätext des intendirten Vergleichs, eines und das andere abgenöthiget, und meliret sich etwa sonst eine Hinderung darein. Alle bisher erzehlte und andere dergleichen Dinge erfordern keine Justiz-Reformation, sondern nur eine Oberhandhabung der Gesetze und der Justizverfassung, welche an sich gut ist, jedoch aber nicht gehalten wird. Gedachte Oberhandhabung dependiret von einer Obergewalt, und weil niemand dieselbe, wenn sie denen erwehnten Gebrechen unwissend oder sonst nachsiehet, reformiren kann, so hat der erwehnte Auctor die Unmöglichkeit der Justiz-Reformation auch deshalb desto eher behaupten können.

Darnach führet derselbe Cap. II. die Beweißgründe aus, daß die Justizverbesserung in Teutschland unnöthig sey. Er beantwortet die Ersparung derer Besoldungen der Gerichtspersonen, und der Proceßkosten, sowohl den Gebrauch derer Remediorum Juris, woher einige die Nothwendigkeit der Justiz-Reformation statuiren, mit guter Einsicht, und, da zu Gerichten oder Gerichtsprocessen Personen unentbehrlich sind, maßen eine Regierung des landes und der leute, ohne dieselben gar nicht bestehen kann, so führet er aus, was vor andere leute und Diener eher entbehret werden können, daferne eine Geldersparung die Absicht zur Justiz-Reformation, um dabey Gerichtspersonen abzuschaffen, Anlaß geben sollte. Ist aber gleich solche vorgebildete Ersparung der Kosten keine hinlängliche Ursache zu einer Justizveränderung, und kann auch wohl gar schädlich seyn, so kann man doch nicht abläugnen, wie nach Unterscheid der leute manchmal einer so viel als andere zwey oder mehr wegarbeiten kön-

nen,

nen, mithin, wenn man lauter arbeitsame und geschickte Subjecta heraus nehmen könnte, manches zu ersparen wäre.

§. 7.

Indessen aber erfordert doch dieses keine Justiz-Reformation, und eben so wenig lieget etwas an denen Proceßkosten. Mancher, der das seine sonst liederlich verthan, und dabey etwa muthwillige Processe gehabt, schiebet den Verlust seines Vermögens auf die Proceßkosten und entschuldiget sich darmit. Oder wenn sich etwa zwischen einem Rittergutsbesitzer und seinen Unterthanen ein Proceß entspinnet, ist, in Kürze zu erlangen, was er haben will, auf Seiten seiner oder seines Gerichtshalters ein gewöhnlicher Vorwand, wie sie die Unterthanen von der Kostbarkeit des Processes zu befreyen suchten, darmit sie, Steuern und Landesabgaben zu entrichten, nicht entkräftet würden, da doch Steuern und Landesprästationen wohl kaum den 20sten Pfennig oder weniger ausmachen, gegen dem, was sie dem Gerichtsherrn neuerlich prästiren sollen, deren Vermehrung denn, nicht aber die Proceßkosten die armen Leute entkräften. Seufzen sie nun nach der Rechtshülfe, so muß doch wohl besser seyn, dieselbe mit Aufwand der Proceßkosten zu erlangen, als wenn sie dieselben ersparen, und dagegen zwanzig und mehrmal so viel alljährlich entrichten müssen.

§. 8.

Warum die Verzögerung der Justiz, oder die Partheylichkeit der Richter keine Reformation anrathen, hat ermeldter Auctor d. Cap. II, §. 4 & 5 wohl ausgeführet, und man hat allhier im vorhergehenden 5ten §pho schon angezeiget, warum dergleichen zu einer Justiz-Reformation gar nicht gehöret, wie denn diese beyde Stücke noch viel ärger werden würden, wenn man die Proceßartickel abkürzen, und, wie solchenfalls unvermeidlich wäre, dem Arbitrio Judicis ein mehrers, als jetzo nachgelassen, gestatten wollte.

§. 9.

Nun kömmt des Auctoris Hauptpunct, da er Capit. III, den Schaden, welcher aus einer Reformation der Justiz erwachsen würde, ausgeführet hat. Es wäre zu weitläuftig, seine Beweißgründe hier zu inseriren, und verweise ich daher den geneigten Leser auf sein gemeldtes Tractätgen, will jedoch nur eines und das andere noch beyfügen. Ich habe schon in diesem Werkgen §. 36 der länge nach ausgeführet, daß es in Teutschland, wie Gundling behauptet, zu Kayser Friderici Barbarossæ Zeiten, und also, ehe die Just.verfassung aus den Römischen Rechten eingeführt, wie in Polen, gewesen, Teutschland aber durch die Abschaffung der alten teutschen Gerichtsverfassung

und

und Rechyirung der Römischen Rechtsgelahrheit ein so vorzügliches Wachsthum erlangt. Denn eines Theils haben wir darmit auch den geschwinden
Wechsel- und Executionsproceß überkommen, worunter jener dergestalt geschwinde gegangen, daß dabey der Schuldner gleich mit Personalarrest belegt,
bis er bezahlet, bey dem andern aber auf Recognition des Schuldbocuments
und darauf in rem judicatam ergangene Urthel dem Crebitori vermittelst würck-
licher Executionsvollstreckung gleich zu dem seinigen verholfen worden, welche
beyderley Processe die Negotia, Commercien und Landescredit, auch die com-
mercirende Leute immer vermehrt.

§. 10.

Hat auch bey dem letztern es noch etwas gebauert, ehe man rechtskräftige
Urthel erhalten können, so ist hingegen die res Judicata eine unbewegliche Stüze
der Justiz gewesen, und hat dem Crebitori, wenn er auch noch so geringe,
und der Debitor noch so groß gewesen, zu dem seinigen verholfen. Dieses
sind Dinge, welche Teutschland so in Credit und empor gebracht. Obgleich
die Processus ordinarii manchmal lange gewähret, so sind sie doch auch durch die
Beweise und Gegenbeweise desto genauer untersuchet und geprüfet worden,
woher die Definitivurthel desto stärker in denen Rechten gegründet werden können. Hat es nun geheißen Res judicata sey da, so hat sie auch zur Execution
gebracht werden müssen, welche Justizadministration einen großen Vorzug
hat vor der, wo geschwinde Urthel abgefasst werden, jedoch der siegende Theil
nichts als ein Pappier darüber in seine Hände bekommt, niemand aber ihm,
zumal, wenn der Schuldner großen Standes ist, zu etwas verhelfen kann.
Wogegen in Teutschland auf Abschaffung der alten Fehberechte und den Reichsfürsten gestattete Anlegung ihrer besondern Hofgerichte, seit Maximiliani I.
Zeiten oder de anno 1495 her, die Potestas dem Principi oder Magistratui su-
periori dergestalt privative anheim gefallen, daß sie auf rechtskräftige Urthel
die würckliche Hülfe leisten können. Da vermochte denn freylich der condemnirte Theil nicht zu sagen, als wenn er nicht gnüglich gehöret wäre, und so
wurde Recht und Gerechtigkeit in Teutschland gehandhabet, auch einem jeden,
ja dem geringen wider den größern geholfen, welches alles von denen JCtis
Romanis seinen Ursprung gehabt, nach und nach aber durch Proceßordnungen
und Landesgesetze immer mehr verbessert worden.

§. 11.

Hierinnen liegt der Grund von Teutschlands Wachsthume. Jemehr nun
dasselbe an Leuten und Vermögen zugenommen, desto mehr haben Processe entstehen, auch mehr Leute, die beym Justizwesen ihren Unterhalt gefunden, vorkommen

müssen. Es sind daher Universitäten und Rechtslehrer nöthig gewesen, welche Studenten nach ihren Wohnungen gezogen. Es haben Bücher- und an der Regenten Höfe Räthe und Collegia, welche die Rechte verstauben, ingleichen zu Vortragung und Vorstellungen der Sachen Procuratores, Advocaten und Consulenten seyn müssen. Dabey haben viel Leute ihren Unterhalt, von denenselben aber wiederum Bürger und Bauern den ihrigen, und manche Stadt ein besonders Aufkommen gefunden. Man kann es bey Städten gewahr werden, wo vorher eine Regierung oder Rechtscollegia gewesen, nach der Zeit aber dieselben abgehen, oder anders wohin verlegt werden. Was seufzet nicht da eine arme Bürgerschaft über deren Verlust? Es wird lauter Armuth. Alle Handwerksleute haben an ihrer Arbeit keinen solchen Verdienst mehr, und dem Landmann gehen seine in die Stadt gebrachten Victualien nicht mehr so ab.

Kurz: Alles kömmt herunter, weil die Justiztheilhaber sich an demselben Orte nicht mehr befinden, noch also Bürgern und Bauern zu Nahrungsmitteln Beytrag thun.

§. 12.

Man kann in solchem kleinen Spiegel das große beschauen, und betrachtet man gedachte zu Kayser Friderici I. gewesene, und wie schon erwehnet, in diesen Werkgen §. 36 beschriebene Gleichheit Teutschlands und Polens, und wie sehr jenes bey der Römischen Rechtsgelehrten Justizverfassung zugenommen, wie es aber gegen Teutschland in Polen bey der kurzen Proceßart aussiehet, so muß man den deutlichsten Beweiß erblicken, daß der erwehnte Auctor recht habe, und wenn er behauptet, daß die Justizreformation in Teutschland, nemlich mit Abschaffung der alten Rechte und Einführung eines neuen Rechtsbuchs, der Republik schädlich sey. Ist nicht in Europa an manchem Orte ein großer Mangel des Anbauens, weil es an Leuten von diverser Art und deren Unterhaltungsmitteln fehlet? E. g. Wir gedächten, da oder dort ist eine schöne fruchtbare Länderey, und wenn nur Landleute zum Anbau da wären, so wäre es schon gut. Aber wer sollte denn denselben Landleuten das Getrayde und Victualien, welches sie in Menge hätten, consumiren helfen, und ihnen was dafür geben? Müssen nicht an manchen Orten große Herren, die erbauten Früchte, selbst mit ihren Leuten aufzehren, weil sie daraus nichts lösen können? Was giebet es da nicht vor große Wüsteneyen, die immer öde und ohne Nutzung bleiben? Wäre es nicht besser vor solche Oerter, wenn sie Teutschlands ordentliche Proceßart hätten, und davon eine Menge Leute ernährten, welche zusammen die Landesfrüchte consumirten, maßen auch die Justiztheilhaber wiederum Handwerker und Professionsverwandte nöthig hätten, welche dem Landmanne sein Getreide oder Victualien abkauften?

§. 13.

§. 13.

Je mehr Volk in einem Lande Nahrungsmittel, durch Gewerbe unter einander, findet, destomehr wird es angebauet, und jemehr Volk Landesfrüchte consumiret, desto mehr kommen dieselben in einen Werth. Jemehr aber diese im Werthe steigen, desto mehr steiget auch der Werth der Güther und Ländereyen dergestalt, daß immer eines das andere zu einem bessern Aufkommen und Vermögen befördert.

§. 14.

Derjenige Policeyrath rathet in der That schlecht, welcher seine Absicht auf Verordnungen richtet, wie entbehrliche oder auch überflüßige Dinge in einem Lande nicht zu dulden wären. E. g. die Peruquen haben vor diesen lange entbehret werden können, und da zumal vor die Haare auch Geld mit außer Landes gehet, so schaffe man sie ab. Was nutzen die Spitzen, zumal vor die Brabanter manches Geld ausgegeben wird? Es nähren sich besonders hier in Dresden Leute von Puppen und Devisenmachen. Umwols Dresden nähret sich manche von Strohflechten zu denen Strohhüten. Sind diese nicht was überflüßiges, und könnte das Geld dafür nicht ersparet werden? Wer aber Peruquen, Spitzen, Puppen oder Devisen und Strohhüte kauft, muß Geld dazu haben. Wem würde also das Geld ersparet, als vermögenden Leuten, und bedürftigen, die sich davon nähren können, würde es entzogen. Nach meiner Einsicht in die Policey, wäre es gut, wenn sich tausenderley Nahrungsmittel erfinden ließen, welche Leuten Unterhalt verschaften, sie möchten gleich überflüßig und entbehrlich seyn, daferne sie nur nicht gottloß wären. Es ist nicht einmal allezeit gut, Sachen von immerwährender Dauer zu haben. Ist es wahr, daß einesmals einer das Arcanum besessen, Glaß, wie Leder zu machen, so muß man es vor gut ansehen, daß dasselbe unterdrücket worden. Denn sonst würde die Nahrung vom Glaßmachen schlecht seyn. Könnte man Töpfe und Gefäße unzerbrechlich machen, müsten die Töpfer und Gefäßmacher aufhören. Vor einiger Zeit kam mir eine unvergleichliche Peruque vor. Sie war in die Frisur so sauber gelegt, und so fein gepudert, daß ich sie bewunderte, und nach dem Peruquenmacher fragte, darauf aber zur Antwort bekam, daß sie von Drat wäre. Ich befand bey genaur Beschauung ungemein saubern Drat, und was als Puder dran hieng, mit befestiget. Was würden nicht da die Peruquenmacher, Puderleute, Beutler, Haarverkäufer und andere, die zu denen Peruquen etwas machen, vor Schaden gehabt haben, wenn gedachte Art der Dratperuquen aufgekommen und von der Obrigkeit nicht verboten worden wäre? Demnach kann ein guter Policeymeister die Justiz-Re-

Bb 3

formation

formation im ganzen zum Verderben so vieler Bücher, Buchführer, Buchbinder, Pappiermacher und Drucker, ingleichen so vieler Gelehrten, welche alle bey dem neuen Gesetzbuche nichts mehr nütze wären, als einen Nutzen der Republik, unmöglich anpreisen. Nicht zu gedenken, was ein Regente an Einkünften, als Stempelpappier, wo es eingeführt, Accisen und andern Abgaben verlieren müste, wenn so viele Leute, als unnütze, oder überflüßig, abgeschaft würden. Ich habe zu gedachten Auctoris Beweiß der Schädlichkeit der Justiz-Refor-mation, die er ziemlich wohl ausgeführt, dieses noch hinzuthun wollen, und im übrigen bey solchen und andern Umständen Bewegungs-Ursachen genug gefunden, mit meinem jetzigen Buche weiter nicht zu gehen, als ich nunmehro gegangen bin. Dresden, den 3. May 1756.

Confilium I.

Man schaffe unter Christen das ganze Land, und Leute verder-bende Proceßwesen ab, und führe dagegen eine Gemeinschaft des Vermögens und der Güther ein, worbey alle und jede in einem liebreichen, frommen und recht gottesfürchtigen Lebenswandel mit einander einher gehen können.

Prüfung.

§. 1.

Ein solches Confilium scheinet manchen, der sich vor andern fromm zu seyn bedünket, als etwas vortrefliches. Er meynet, alle Leute wären auf solche Weise gleich reich, und ständen aus Liebe einander bey, daß sie alle in gleicher Glückseligkeit lebten. Streiten und Proceßiren könnte doch, helffet es ferner wohl, Gott nicht gefallen. Es ist dem Mann eine Ehre, vom Hader bleiben, saget Salomon Sprüchw. 20. v. 3. Aber die gerne ha-dern, sind allzumal Narren. Und Sirach 28. v. 11 und 12 spricht: Laß ab vom Hader, so bleiben viel Sünden nach. Denn ein zorniger Mensch zündet Hader an, und der Gottlose verwirret gute Freunde, und verhetzet wider einander, die guten Friede haben. St. Paulus vermahnete Röm. 13. v. 13 seine Römer, erbaulich zu wandeln, nicht im Hader und Neide, und setzet anderswo Galat. 5. v. 19-21. Feindschaft, Hader, Neid, Zorn, Zank, Zwietracht und Haß unter die Werke des Fleisches.

§. 2.

§. 2.

Wenn nun ein frommgesinnter Mensch Feindschaft, Haber, Neid, Zorn, Zank, Zwietracht und Haß als Würkungen des Processirens ansiehet, sollte er sich nicht leicht ein Gewissen machen, mit seinem Nächsten zu processiren? Ich glaube es, und daher giebet es wohl Leute, welche alles processiren vor verdammlich ansehen.

§. 3.

Aber der Sache ein besseres Licht zu geben, wollen wir eine Digression machen, und etwas de origine mali, worüber immer viel disputirens ist, reden. Man giebet gemeiniglich zweyerley mala, nemlich mala physica & mala moralia vor. Jene werden von manchen ganz abgeläugnet, und heißet es: Non datur malum physicum, und es ist wahr, daß es ein malum physicum absolute & universaliter tale nicht giebet. Denn bald ist es ein malum particulare, und bald wird es ein bonum, oder es fließen doch daraus bona, in welchem Fall es pro bona causa zu achten. Doch wollen wir uns bey denen malis physicis nicht aufhalten, nachdem deren Untersuchung zu unserm Zweck nicht dienet, und wir überlassen daher alle Streitigkeiten darüber andern. Hingegen aber wollen wir die bona & mala moralia in genauere Erwegung ziehen, als welche mehr zu unserer Absicht einschlagen.

§. 4.

Sehen wir nun die Sache etwas genauer an, so finden wir, daß bona & mala moralia einerley Ursprung haben. Der Ehrgeiz, Wollust und Geldgeiz sind die drey Hauptquellen, woraus gutes und böses abfließet. Die Ambition, oder der Ehrgeiz erweckt bey den Menschen Arbeitsam- und Emsigkeit, Bestrebung nach Wissenschaft und Ehre, Sparsamkeit zu einem Splendeur, jedoch mit hierzu nöthigen Aufwand, so weit er auf Ausbreitung der Ehre gehet, Accuratesse, Nettig- und Reinlichkeit, Begierde nach wichtigen Beschäftigungen, Ernsthaftigkeit, Bestrafung anderer Leute Laster, Scharffsinnigkeit, Verwerfung des Aberglaubens, gute Disciplin, Verlangen, andere zu Diensten zu befördern, jedoch nur bis unter seinen Ehrenstuffen, gute Fertig- und Herzhaftigkeit, das Begehren accurater Dienste, jedoch auch mit richtiger Bezahlung des versprochenen Lohns, und sonst gute Belohnung in Sachen, die zur Ehre gereichen. Diese und andere dergleichen Tugenden kommen von dem Ehrgeiz her, und in Betrachtung dessen ist er was sehr gutes. Aber eben derselbe ist auch eine Gebährmutter vieler der abscheulichsten Laster, als des unnützen Grübelns in Religionssachen, des Verfalls in Unglauben, des Criticirens und Cenfirens aller andern Leute Hand-

Handlungen, der Mocquerie und Durchziehung anderer, des Hochmuths, der Herrschsucht, des Verschwendens zum eingebildeten Splendeur, Verach=tung und Unterdrückung der Leute seines gleichen, oder wenn er kann, derer, die über ihn stehn, strenger und harter Bezeugung gegen seinen Nächsten, des Jachzorns, Rachgierde, Unversöhnlichkeit, der Grausam= und Unbarm=herzigkeit, kühner Gewaltthätigkeit, der Strafbegierde und eines heftigen Verlangens, so viel möglich, alles in Furcht und Schrecken vor sich zu setzen, des Eigensinns, der Hartnäckigkeit, eines unvergnügten stetigen Bestrebens nach größern Beförderungen und allzuhohen Dingen, des Großsprechens und Pralens, des Rasens, oder allzugroßen Verzagens bey Unglücksfällen, strenger Bezüchtigung seiner Bedienten und Familie, des Ungehorsams, des Hasses und Neides, so weit andere prävaliren.

§. 5.

Aus der Passion der Wollust entspringen viel Tugenden, als guter Glaube beym Gottesdienst, Submission, Ehrerbietigkeit, Freundlichkeit, Verträglichkeit, Gütigkeit, leichte Stillung des Zorns, Weichherzigkeit und Mitleidigkeit, Erbarmung, Gelindigkeit, Erkänntlichkeit, und Geneig=heit zur Wiedervergeltung, Willfährigkeit, Activität, Erträglichkeit der Un=glücksfälle, leichte Tröstungen, Sanftmüthigkeit, Lustigkeit, Vergnüglich=keit, Treuherzigkeit, vertrauliche Freundschaft, gute Application und Geschicke, auch sinn= und erfindungsreich seyn, oder was sonst von denen gedachten Tugenden herkömmt, und damit verwandt ist. Allein aus eben solcher Quelle entstehet auch Aberglaube, Niederträchtigkeit, Schmeicheley, heuchlerische Liebkosung, Un=achtsamkeit, Leichtsinnigkeit, Nachsicht im Bösen, Freyheit, leichte Furcht, Blödigkeit, Erschrockenheit, Kleinmüthigkeit, Wankelmuth, Ueppigkeit und Lüsternheit, Geneigheit zu Liebeshändeln, Fressen und Saufen, Verschwen=dung mit wollüstigen Depensen, Commodität und Müßiggang, jedoch mit steter Beschäftigung im Fressen, Saufen oder Liebeshändeln, und der damit verknüpften Schlafsruhe, Uebermuth und Ruhmredigkeit im Glück, Unge=duld und Zaghaftigkeit im Unglück, Unbedachtsamkeit, Uebereilung, Trei=bung der Kurzweile und Narrenspossen, Frequenz lustiger Gesellschaften, Negligenz und Fahrläßigkeit, böse Erfindungen, und was sonst mehr Uebels daher entspringet.

§. 6.

Aus der Quelle des Geldgeizes, kommen verschiedene Tugenden, als ge=fliessene Religion, tiefes Nachsinnen, Enthaltung der Liebeshändel, Bedacht=samkeit, Mühsam= und Arbeitsamkeit zum Erwerben, Sparsamkeit, gute Haußhaltung und Critic in re litteraria. Hingegen aber entstehen auch davon noch)

noch mehr Laster, nämlich Scheinheiligkeit, Heucheley und Hochmuth in Re-
ligions- und Geldsachen, Verachtung und Durchziehung anderer, die nicht
geitzig seyn, Dienstbarkeit um Interesse, und darum auch wohl schändliche
Dienstfertigkeit, Grobheit, Unfreundlichkeit, Wiederwärtigkeit, Zorn, Boßheit, Rachgierde, Zänkerey, Vergnügen über anderer Leute Unglück, Unbilligkeit und scharfes Interesse, Tollkühnheit und desperates Unternehmen zum
Gewinnste, Halsstarrigkeit, Traurigkeit, Furcht zu verlieren, bey Vermögen Durst, Hunger und Kummer leiden, jedoch wenn es aus eines andern
Beutel gehet, desto mehr fressen und saufen, auch wohl schändlicher Weise
etwas verpartbieren, und mitnehmen, Kargheit, Gewinnsucht, Aufwand,
jedoch nur zum Wucher und Gewinnste. Undankbarkeit, Unerkenntlichkeit,
Undienstbaftigkeit, außer wenn es Interesse bringet, Langsamkeit und Zauder-
haftigkeit, Verzweiflung bey Verlust, verstocktes Wesen, Boßheit, tückische
Art, Lug und Trug, Hinterlist, Nachstellen, Argwohn, Abgunst, Haß und
Neid, Unsauberkeit, Verdrüßlichkeit und unruhiges Gemüthe, Indulgenz
zum Bösen, wenn es Geld bringet, Mißtrauen in sich selbst, und in seine
Familie, auch von dieser Vortheil suchen, oder wenigstens das nöthige zur
Kinderzucht zurücke zu halten, und was dergleichen mehr.

§. 7.

Wir begreifen also ganz wohl, wie Ehrgeitz, Wollust und Geldgeitz,
als die drey Hauptleidenschaften der Menschen, worunter dem Ehrgeiz das
Judicium und cholerische Temperament, der Wollust das Ingenium und sanguinische Temperament, und dem Geldgeiße die Memoria und melancholische
Temperament zugeeignet wird, alle Tugenden und Laster, oder bona & mala
moralia gebähren, folglich beyde einerley Mutter und Ursprung haben. Alle
Menschen haben von jeder solcher Passion etwas an sich, jedoch nicht in gleicher Maaße, und daher prävaliret bey einem diese, bey dem andern aber eine
andere, ja, die veränderten Menschenalter verändern, oder versetzen die prä-
valirenden Passiones. E. g. Das in der ersten Jugend gemeiniglich prädo-
minirende sanguinische Temperament, neigt sich mit fortsteigenden Jahren
immer mehr zum melancholischen, und wenn man es nur die obgedachten davon
angezeigten Tugenden ausüber. läßt, ist es schon gut, doch verfallen auch alte
Leute leicht in die davon abhangende Laster.

§. 8.

Demnach dürfte mich wohl unterstehen, zu behaupten, daß der Mensch
mit gedachten drey Hauptpassionen recht gut geschaffen, nur aber derselben

ungeziemender Gebrauch das böse, und also der Mensch selber Ursache daran
sey, oder daß das böse, nemlich die mala moralia von der Menschen Gebrauch
und Handlung herkommen, und er daher seiner eignen Verbesserung stets
nachzudenken habe. Es ist aber dabey schwer, sich selbst kennen zu lernen;
und ob ich gleich allhier keinen Moralprediger abgeben will, so will doch nur
mit wenigen auflösen, warum das Erkänntnis seiner selbst so schwer ist, und
wie man die Hinderung am besten heben möchte. Der eigentliche Grund davon ist die Eigenliebe. Ein jeder Mensch liebet sich selbst, und diejenigen,
die sich nach seiner Hauptpassion am besten accommodiren. Wir sollen und
müssen auch Eigenliebe haben, maßen hierauf die Pflichten gegen uns selbst
gebauet seyn. Wer gar keine Eigenliebe hätte, würde ein schlechter Mensch
und zu allen verzagt seyn. Er würde bey allen Handlungen ein Mißtrauen
in sich selbst setzen, als ob er gar nichts ausrichten könnte. Dahero müssen
wir die Eigenliebe nicht ganz verwerfen, sondern vielmehr, als ein munteres
Pferd betrachten, welches seine guten Dienste thut, jedoch aber einen Kapp-
zaum und Führer nöthig hat.

§. 9.

Die Eigenliebe in unbegränzter Freyheit raset und rennet, wie das bügel-
lose Pferd fort, durch dicke und dünne, über Berg und Thal, und mitten
unter die Laster hinein, ohne zu wissen, daß sie darinne stecke. Bey andern
Leuten erkennet sie, was Laster seyn, bey sich aber hält sie selbige vor Tugenden. Was ist zum Exempel das, wenn ein Geldsammler saget: es habe
ihm Gott ein schönes Vermögen gegeben, er habe es als ein Pfund erhalten,
womit er wuchern, und das er nicht verthun sollte, und wie mache er es, daß
künftig nach seinem Tode seine Kinder es nicht verthun könnten? Ein solcher
hält gewiß den Wucher vor keine Sünde, sondern vielmehr vor eine Tugend
der Sparsamkeit und guter Sorgfalt, dasjenige, was Gott ihm bescheret,
recht zu gebrauchen. Es heißet in der Schrift: Der Gottlose borget und bezahlet nicht; Sollte man aber keinen Schuldner finden, der seinen Credito-
ren vor unchristlich und gottlos hält, wenn er seine Schuld fordert und rechtlich suchet? Es prätendiret mancher wohl gar, der Creditor sey ihm mit mehrern zu helfen verbunden. Ich bezeuge es mit der Erfahrung, daß es Leute
giebet, die, wenn sie bey einem andern was zu fordern haben, und nur etwa
zum Vergleich etwas weniger remittiren sollen, auf den Debitoren heftig
schmäien, und dessen Borg, als ein gottloses Beginnen, herunter machen,
da doch, wenn irgends kurz darauf ihre Schulden aufwachen, sie von sich
ganz anders urtheilen, und sich über das Anbringen der Creditorum, als über
was

was ungerechtes und unbilliges, beklagen. Ein Richter erkennet die Laster
des Geitzes, des Zorns, Hasses und der Verfolgung in thesi ganz wohl. Aber
kann nicht bey ihm ein Geschenke, eine Erkenntlichkeit, und ein strenges und
nachtheiliges Verfahren, eine gerechte Ahndung oder sonst mit einem schönen
Nahmen genennet werden? Es wäre zu weitläuftig, mehrere Exempel anzuführen, und ich will nur kürzlich noch rathen: Wenn ein Mensch eine Handlung vor hat, so gehe er von sich ab, und stelle sich vor, wie er es ansehen
würde, wenn ein anderer Mensch solche Handlung thäte, und bedenke dabey,
daß es ihm die Eigenliebe wohl nicht recht erkennen lasse, und er dieselbe zurück halten müsse.

§. 10.

Demnach fällt es schwer, alle Tugenden und Laster bey sich recht zu unterscheiden, maßen auch wohl die frömmsten Leute in Irrthümer gerathen. Die
Wiedertäufer haben das Eingangs erwähnte Consilium geheget, und es hegen
es wohl manche Pietisten noch. Wenn dergleichen fromme Menschen nicht
Separatisten wären, sich zur allgemeinen Kirchenversammlung hielten, und
allda ihr Licht des Glaubens und Lebens vor den Leuten leuchten ließen, so
könnte man vor ihr Fromm-seyn Achtung haben. Wenn sie aber sich heraus-
laſſen, es wäre in unserer Kirche nur Aerger- und Hinderniß, indem bald
einer schliefe und schnarchte, bald ein anderer plauderte, und daher hielten sie
lieber ihre Andacht vor sich, ist das nicht die geistliche Hochmuthsstimme,
welche, wie der Pharisäer sich vernehmen läst: Ich danke dir Gott, daß
ich nicht bin, wie andere Leute, wie diese Nachbarn, welche theils in
der Kirche schlafen oder plaudern, theils aber solches Kirchenschlafen und
Plaudern vertragen? Aus solcher geistlichen Hochmuthsquelle, woraus die
Verachtung anderer Nebenchristen entspringet, wird das Fromm-seyn zu
einem Laster, zumal, wenn sich ein solcher Frommer alleine des Geistes Gottes rühmet, und seine Inspirationes oder Träumerey, der Ordnung der Kirche,
oder wohl gar dem geoffenbarten Worte vorziehet.

§. 11.

Wie ich nun schon oben die Quellen der Tugenden und Laster oder des
moralischen Guten und Bösen angezeiget: also wenn es möglich wäre, daß
man das Böse ganz ausrotten könnte und wollte, müste man die Quellen des
Bösen ausrotten, und da rottete man zugleich die Quellen des Guten mit aus,
welches aber um des Guten wegen, niemand billigen könnte. Es ist eine
Erde, worinnen der Waitzen und das Unkraut zugleich wächset, und es be-

scheinet beyde eine Sonne, welche beyder Wachsthum beförbert. Wollten wir nun gerne das ganze Wachsthum des Unkrauts ausgerottet wünschen, so müsten wir zugleich das Wegseyn der Erde und der Sonne wünschen, und die Erfüllung des Wunsches könnte nichts anders mit sich bringen, als daß wir auch keinen Waitzen und gute Früchte mehr bekommen könnten. Wenn aber nach der Lehre Christi Matth. VIII. v. 29 der Hausvater durch seine Knechte das in dem gutem Waitzen mit aufgegangene Unkraut nicht ausgäten lassen sollen, damit sie nicht zugleich den Waitzen ausrauften, so muß man in Nachahmung dessen, bey Ausgätung des Unkrauts der Laster, nicht ins Gelag hinein rasen, und um solches auszutilgen, den Waitzen der Tugenden mit verberben. Man muß den Wachsthum des Guten zu befördern, und des Bösen Unterdrückung suchen, aber um des Bösen willen, nicht alles drüber und drunter kehren, so, daß auch das Gute mit darbey zu Grunde gehen möge. In der Classe solcher Zerstörer der Ordnung oder des Guten und Bösen zugleich, rechne ich solche Leute, welche das Anfangs erwehnte Consilium geben, und auch den ehemaligen Prediger zu Landau, Johann. Baderum [1] darunter mit, als welcher gelehret, daß man alle diejenigen vom Heil. Abendmahl abweisen sollte, die um zeitliche Dinge vor dem weltlichen Gerichte stritten.

§. 12.

Solcher Leute Irrthum noch mehr darzuthun, kann ich nicht umhin, ihre Meynung noch in etwas auf die Probe zu stellen. Es ist eben nicht unrecht, wenn sie die Liebe gegen den Nächsten anpreisen. Solches ist gut, jedoch nur so weit, als ich dabey die mir und den Meinigen schuldige Liebe nicht verletze. In dem Gesetze Gottes Levit. 19. v. 18 und Matth. 22. v. 39 ist vorgeschrieben: Du sollt deinen Nächsten lieben, wie dich selbst. Nun muß man fragen, was bist du dir denn selbst vor Liebeswerke schuldig? Ich antworte: Alle, die zu Erhaltung deines Leibes, oder zu des Leibes Nothburft, und zu deiner Seelen Heil gereichen, und so weit diese keinen Abbruch leiden, bist du auch dergleichen deinem Nächsten schuldig. Wollte nun der Wahnwitz dein Vermögen in eine Communcasse mit thun, so übtest du die dir selbst schuldige Liebe nicht aus, noch liebtest du deinen Nächsten, wie dich selbst, sondern du entzögest dir alle schuldige Liebe, und liebtest deinen Nächsten mehr, als dich selbst, und würdest damit, ich weiß nicht, ob nicht eine größere Sünde

wieder

---

1) Siehe Herrn D. Löschers ausführliche Historiam motuum zwischen den Evangelisch-Lutherischen und Reformirten, Part. I. cap. 4 §. 9 p. 136 Edit. 2.

wieder dich und die Deinigen thun, als diese wäre, wenn du gegen deinen Nächsten gar kein Liebeswerk ausübtest. Denn wer die Seinen, sonderlich seine Hausgenossen nicht versorget, der hat den Glauben verleugnet und ist ärger, denn ein Heyde. 1 Timoth. 5. v. 8.

§. 13.

Auch da, wo Christus Matth. 5. v. 44 die Ausübung der Liebe gegen seine Feinde lehret, und damit auf die Vollkommenheit gehet, ist davon, daß man sein Vermögen zu anderer Unterhaltung hingeben sollte, nichts versehen, sondern es heißet nur: Liebet eure Feinde, segnet die euch fluchen, thut wohl denen, die euch hassen, bittet für die, so euch beleidigen und verfolgen. Es ist dieses ein schweres Gesetze, aber auch ein Gesetze der Vollkommenheit 2), und dennoch erfordert es nicht, sein Vermögen in eine Communcasse hinzugeben, damit daraus der Faule so gut, als der Arbeitsame ernähret werden könnte. Da auch jetzo Reiche und Arme seyn, wo jene diesen mit Unterhalt, diese aber jenen mit Diensten ihre Pflichten erweisen können, so würden bey aller Güther Gemeinschaft endlich alle verarmen, alle Pflichten gegen einander aufhören, und überhaupt ein elender Zustand werden. Ja, es ist gedachte Communio bonorum wider die offenbaren Instituta divina 3), und kann man dahero solche vor nichts anders, als vor ein pflichtvergessenes und sündliches Wesen erkennen, es mag sie die affectirte Frömmigkeit beschönigen, wie sie will.

§. 14.

Wenn nun jeder sein Erbtheil, sein Eigenthum und seine Ehre, auch das Recht, dieselben zu bewahren, hat, ja solche Bewahrung sowohl, als die rechtmäßige Erwerbung eines mehrern sich und den Seinigen selbst schuldig ist, so fragt sichs, kann denn ein jeder Mensch allezeit seine habenden Rechte richtig und accurat erkennen, und begehret niemand mehr, als ihm von Gott und Rechtswegen gebühret? Da fehlet es manchmal in beyden Stücken, und weil, wie wir oben angezeiget, die bona & mala moralia einerley Quelle und Ursprung haben, auch jedem Menschen die Selbst- oder Eigen-

Cc 3

liebe

---

2) Matth. 5. v. 48 und dahin zu gelangen, tritt derjenige auf die nächsten Stuffen, welcher des großen Theologi Meyers in seinen Frühstunden am Sonntage Judica p. 188 befindliche Predigt befolget.

3) Nicht nur in Ansehung der an die Kinder Israel geschehenen Austheilung des gelobten Landes, sondern auch in Erwegung des göttlichen Gesetzes, Num. 27. v. §. 11.

Hebe anhänget, siehet er gar bald was Böses vor gut, oder ein Unrecht vor ein Recht an, ja kömmt die Obermacht dazu, so bekümmert er sich wohl nicht einmal darum, ob sein Begehren rechtmäßig. Ein jeder Mensch rede mit seiner Erfahrung, ob in Sachen zwischen Herrn und Unterthanen, diese jenen über das Recht oder Unrecht befragen dürfen? Ist der Herr ein Ambitiosus, so erzürnet er sich wohl über die bloße Frage, und hält sich berechtiget, diejenigen abzustrafen, welche an seinem Rechte zweifeln wollen. Denn ein jeder Gerichtsherr hat in Ansehung seines Gerichtszwanges, und der versicherten Assistenz des Gerichtshalters eine Präpotenz vor seine Unterthanen. Man stelle sich demnach vor, der Gerichtsherr wolle das oder jenes thun lassen, und befiehlet seinem Verwalter, die Bauern dazu anzuheißen. Es geschiehet, und weil sie sonst niemals zu dergleichen Diensten vorgefordert worden, werden einige darüber stutzig, und einer kommt mit seinem Fuhrwerk, der andere aber bleibet außen, oder dieser und jener läßt sagen, sie wären solche Fuhren, als jetzo gefordert würden, nicht schuldig. Was? sagt der Herr oder auch wohl der Verwalter, der und der will die Dienste nicht thun? Solcher Ungehorsam muß bestraft werden. Darauf folgt die Rügung bey dem Gerichtshalter, und wird um Auflegung der Dienste und Bestrafung der Ungehorsamen gebeten. Der Gerichtshalter thut etwa allen Auflage oder gar Strafauflage zu Leistung der Dienste, und fordert gedachte ausgebliebene Unterthanen zur Vernehmung vor, vernimmt sie, holt ein Decisum oder Urthel ein. Hat denn hierbey der Gerichtsherr, Haus- oder Gerichtsverwalter die Frage gethan, ob die Unterthanen die Dienste schuldig? Daran hat keiner gedenken wollen, sondern sie haben sich gleich zum Voraus eingebildet, als ob sie ein unstreitiges Recht hätten, und wären die Unterthanen wegen ihres Ungehorsams straffällig, ja, wenn sie als einfältige Leute ihre Verantwortung nicht, wie es seyn sollte, zu thun gewust, kömmt auch wohl das condemnatorische Decisum oder Urthel darzu.

§. 15.

Kann es ferner nicht geschehen, daß eine Herrschaft, welche nach denen Pactis ungemeßne Dienste zum Rittergute zu fordern hat, solche Dienste anders wohin zu gebrauchen suchet, oder die Unterthanen, welche sonst nach der zum Rittergute nöthigen verrichteten Arbeit, einige Ruhe hätten, zu Leistung unnützer Dienste, als e. g. Steine auf einen Haufen, und von diesem Haufen wieder weg auf einen andern Haufen zu führen, und so fernet, anhalten läßt? Wollen es die Unterthanen nicht thun, heißen sie wohl ungehorsame, oder

man

man saget, die Herrschaft sey ungemeßner Dienstforderung befugt, und wenn sie die Dienste nicht thun wollen, müssen sie Geld dafür geben. Eben diese Erklärung zum Geldgeben ist die Hauptabsicht beym Auflegen unnützer Dienste. Wer erkennet da sein Recht oder Unrecht? Es kann auch eine solche Herrschaft, dem äußerlichen Ansehen nach, andächtig und gottesfürchtig seyn, und wenn die Bauern hierüber oder über andere dergleichen Puncte Streit erregen, kann nicht weniger wohl die Klage über die ungehorsamen Unterthanen vor den Geistlichen des Orts gebracht werden, welcher zum Gehorsam anrathet oder wohl gar davon prediget. Begehret der Geistliche oder Pastor loci etwas von seinen Kirchkindern, diese schlagen es aber ab, o, wie müssen manchmal die Kirchkinder bey ihrem Rechte unrecht haben, und kann es wohl vor eine große Gottlosigkeit ausgegeben werden, weil sie ihrem Pfarrer keine Liebesdienste erwiesen. Da heißen sie wohl grobes garstiges Volk, welches nur in das Gelag hinein lebet, und vor seinen Seelsorger keine Achtung hat. Jener Landpriester sagte zu seinem benachbarten Confrater: Herr Gevatter, seit dem die Advocaten so aufgekommen, haben wir alle unsere Rechte verlohren. Herr Gevatter, antwortete der andere, was haben wir denn vor Rechte gehabt, welche uns die Advocaten genommen? Herr Gevatter, nicht so weit, nicht so weit. So vernünftig und geschickt dieser geredet, so schlecht war jener in Erkennung der Rechte, weil er sein Begehren ohne Unterschied vor ein Recht, und wenn ein Advocat darwider diente, dieses vor unrecht angesehen. Wie mancher Unterthan oder Kirchkind hingegen bildet sich ein, es sey alles unrecht, was ihm sein Herr oder Pfarrer abfordert, und macht sich kein Gewissen daraus, eine und andere Bevortheilung zu suchen.

§. 16.

Auch wohl ein frommer Mensch kann von einem andern ex indebito oder ex causa data, causa non secuta was erhalten, und wenn sich gleich äußert, daß der Bezahler nichts schuldig gewesen, oder die Sache, warum es gegeben, nicht erfolget, wird doch wohl gedachter sonst fromme Mensch der Restitution sich verweigern, unter der Einbildung, er habe das gegebene einmal acquiriret, und lasse er es auf die Rechtfertigung ankommen. Es wird nicht nöthig seyn, andere und mehrere Negotia und Handlungen der Menschen anzuführen, wodurch man erweisen kann, daß auch wohl fromme ihre und ihres Nächsten Rechte nicht erkennen, oder auch wohl, aus einer mitwürkenden unerkannten bösen Natur nicht erkennen wollen, zu geschweigen, was vollends derjenige thut, der ohne Gottesfurcht auf lauter Betrug seines Nächsten dichtet, oder man kann auch noch

noch die mit rechnen, welche, wenn sie gleich einen Stephanum tödten, dennoch nicht wissen, was sie thun, oder die ihre heßlichsten Thaten vor was gutes ansehen.

§. 17.

Demnach sind es Unwissenheit, Irrthum, Eigenliebe, und Präsumtion von sich selbst, Unleidlichkeit, etwas anders zu glauben, als man gerne hat, Mangel der Einsicht, oder auch Bosheit, welche sich zu Menschen obbeschriener dreyerley Arten gesellen, oder nach Unterscheid erwehnter drey Hauptleidenschaften denenselben mehr oder weniger anhängen, und zwar eines oder das andere in größerer oder geringerer Maaße, auch wohl bey sonst frommen oder gelehrten Leuten. Dahero die Frage entstehet, wie hilft man aber nur gedachten übeln Dingen ab? Darauf antworte ich: Durch die Justizmittel oder Gerichtsprocesse, wo Partheyen selbst oder mit ihren Advocaten und Consulenten ihre Sachen gegen und wider einander vortragen, so denn aber der Richter, den gedachte Sachen nicht selbst angehen, darüber einen Ausspruch thut, wer recht oder unrecht habe, und was einer dem andern schuldig sey. Dahero sind Gerichtsprocesse diejenigen Mittel, wodurch der Leute Unwissenheit, Irrthum, Eigenliebe, Präsumtion von sich selbst, Unleidlichkeit etwas anderes zu glauben, als man gerne hat, Mangel der Einsicht, oder auch natürliche Bosheit gehoben und weggeschaft wird. Sie sind Mittel wider das Uebel des Unrechts, wie die Krankheiten, wider das im Körper vorhandne Werderbnis, oder wie die Peitze wider das wilde Fleisch. Richter und Advocaten sind dabey, wie Medici und Apothecker, und wenn gleich jene gute Dispositiones zur Cur machen, können doch etwa die letztern eine unrichtige Arzney aus Unverstand oder Unachtsamkeit ergreifen, oder aus Versehen Scheidewasser statt der gehörigen Tinctur geben, oder es können die Apothecker ächte Arzeneyen darreichen, es weiß sie aber der Medicus nicht recht zu gebrauchen, und curiret verkehrt, entweder aus Unwissenheit oder aus heimlichen Vorsatz. In solchen Fällen kann ein Patiente, mit dem es sonst ordentlicher Weise keine Gefahr hätte, dennoch dahin sterben, oder auf gleiche Weise das Recht und ein guter Proceß darüber durch Richter oder Advocaten verderbet werden, also daß der Justizbedürftige oder Justizpatient seine Gesundheit nicht erlangen, noch zu seinem Rechte kommen kann, sondern unterliegen muß.

§. 18.

Ich dächte man würde auf diese Art begreifen, daß die Gerichtsprocesse an sich kein Uebel, sondern ein Hülfsmittel wider das moralische Uebel, wo

das

das corpus mysticum eines Staats verderbte Theile hat, welche wegzuschaffen, oder zu verbessern seyn. Kann ich wohl mit guten Gewissen sagen, man solle lieber in dem Staatscörper das Uebel der eignen Gewalt und Ungerechtigkeit herrschen lassen, wie es wolle, weil die Rechtshülfe eben sowohl ungewiß, als die Hülfe der Medicorum und der Arzneyen bey Leibespatienten? Kann ich wohl diesem rathen, lieber sein Geld zu sparen, als mit Ungewißheit etwas auf Aerzte und Arzneyen zu wenden? Ich glaube nicht, daß jemand solche Fragen bejahen wird, und wenn vielleicht einer aus Frömmigkeit, sie mag nun redlich oder affectirt seyn, sich vernehmen läßt, ich will mir eher alles hinnehmen lassen, ehe ich deshalb einen Proceß führe, so fragt sichs, handelt dergleichen Mensch nicht wieder die Pflichten gegen sich selbst, und die seinen? Begehet er also nicht selbst hierwider eine Sünde? Die Antwort: ich will mich mit Welthändeln nicht beunruhigen, und lieber alles fahren lassen, ist mir nicht hinlänglich. Denn sowohl die Krankheit und deren Cur oder Wegbeitzung des wilden Fleisches schmerzhaft, und dem Patienten Erträglichkeit und Gedult, als eine Tugend, nebst dem Gebeth um göttlichen Segen anzupreisen ist, eben sowohl gereichet es einem guten Christen zur Tugend, wenn er das schmerzhafte Processiren mit Gedult erträget, in den Wegen der Rechte getrost fortgehet, Gottes Beystand um ein Gedeyen zur Gerechtigkeit anflehet, und den Ausgang in Gelassenheit ohne Personalhaß und Neid erwartet. Wer so wider einen andern um der Gerechtigkeit willen Proceß führet, kann fromm und ein guter Christe seyn, dessen Gedult bey der Langweiligkeit, oder wohl gar bey einem unglücklichen Ausgang geprüfet wird.

§. 19.

Ich halte demnach die Wiedertäufer, oder andere Separatisten, welche alle Processe verwerfen und verdammen, oder das Proceßwesen, nach dem Eingangs erwehnten Consilio abgeschaft haben wollen, in ihrer Lehre und Ideen für irrig, und trage mit ihnen Mitleiden, nebst dem Wunsche: Daß der gerechte Gott sie von ihren Irrwegen zu den Wegen der Gerechtigkeit leiten, ihnen die Schuldigkeit zur Bestrebung darnach, eingeben, sie die Beschwerlichkeiten dessen recht erkennen, und jeden Christen das zu erleidende Unrecht mit Gedult überwinden lassen wolle. Uebrigens ist gar fein, was von dieser Materie hinüber 4) vorgetragen, und ich hätte kein Bedenken gehabt, seine

guten

4) In den neuen Vorschlägen, wie nicht allein auf Universitäten die Rechtslehre, zu ihrem Zwecke einer unpartheyischen Justiz, besser gelehret, sondern auch bey Administration derselben annoch im Schwange gehende Mängel gehoben werden können, samt denen dazu dienenden universal-Principiis, welche Ao. 1746 zu Hannover ediret, §. 302. seq. p. 256. 269

guten Meditationes und Rationes mit einzurücken, wenn mich nicht die Weitläuftigkeit abgehalten, maßen ich ohnedem bey dieser Prüfung des erſten Conſilii ſo kurz nicht abbrechen können. Dahero ich den geneigten Leſer auf gedachten Autorem ſelbſt verweiſe, als welcher das ſuperſtitiöſe Abrathen vom Suchen der Juſtiz, oder vom proceſſiren, ſowohl der Einwürfe von Profanität
und Malignität des Juſtizweſens, von Verachtung der zeitlichen Güther und
des Mammons, von der Glückſeligkeit der Armen, und was ſonſt aus ſchein-
heiligen Urſachen zur Verdammung oder Verachtung des ganzen Juſtizweſens angeführet wird, ganz wohl beantwortet, und die Fehler eingebildeter
Frömmigkeit dißfalls bloß geſtellet hat.

Conſilium II.

Und wenn es auch zur Gemeinſchaft der Güther, und gänzlicher
Abſchaffung des verderblichen Proceßweſens nicht zu bringen,
ſo ſchaffe man wenigſtens das Jus civile & canonicum, als
die Wurzel des weitläuftigen diſputirens und proceſſirens ab.

Prüfung.

§. 20.

Dieſes Conſilium führten ehemals die Autores der Reformation d. Ao.
1441. [1] welche insgemein als ein vom Kayſer Friderico III. genehm
gehaltenes Werk, das jedoch nicht zu Stande kommen, angezogen wird. Aber
ich habe anderswo [6] angezeiget, warum ſie weder von dem Kayſer denen
Reichsſtänden vorgelegt, noch von denen Reichsſtädten projectiret ſeyn könne,
ſondern als einiger müßigen Köpfe Privat-Communicatum etwa zur Canzley
mit gekommen ſeyn müße. Indeſſen zeiget ſie ſattſam von Leuten, welche
obiges Conſilium gehabt, ehe noch das Jus canonicum & civile ſo, wie erſt
hernach erfolgt, in Teutſchland recipirt geweſen. Darinnen haben die Autores auf die Removirung aller Doctorum juris utriusque und ihrer verkehrten
lehre

---

[1] Goldaſtus hat ſie ediret, und ſie iſt
auch in Herrn Müllers Reichstags-
Theatro unter Friderico V. erſter Vorſtellung p. 57. ſeq. befindlich.

[6] Wie in meiner Gerichtsverfaſſung
der Teutſchen vom 9ten bis zum 14ten

Seculo Not. 5. p. 121. aus ſattſamen
Gründen erwieſen, daß ſie weder der
Kayſer den Reichsfürſten proponiret,
noch wie Goldaſtus gemeynt, ſie ein Project derer Reichsſtädte geweſen ſeyn kann.

Lehre, wie ſie ſelbige genennt, aus denen teutſchen Gerichten angeraſhen, gleich als wären ſie Verderber der Juſtiz, und hätten ſie es mit denen Rechten dahin gebracht, daß dazu kein Schlüßel und Glauben oder Ende mehr gefunden werden könnte. Sie, die Autores, wollten alſo lieber ihre alte teutſche Proceßart behalten, und verlangten gleich Anfangs Wiederſtand wider die Einführung der Römiſchen Rechte. Es fehlet aber auch noch jetz nicht an Leuten, welche den Grund und die feſte Wurzel des Juſtiz- und Proceß-Uebels in dem Jure civili & canonico Romano zu finden vermeynen, und dahin rechne ich auch mit den Autorem des ganz neu Ao. 1746. herausgekommenen Tractätgens, betittelt: Philoſophiſche Gedanken von Verbeſſerung des Juſtizweſens. Es wird demnach, da ich ſolches in Betrachtung gezogen, nicht uneben ſeyn, von deſſen Inhalt etwas zu erwehnen.

§. 21.

Der Autor hat gedachtes Werk in 4 Capitel, und deren jedes wieder in beſondere Abſchnitte abgetheilet. In dem erſten Capitel ſollen einige Eigenſchaften ſeiner Aufgabe bemerkt, im zweyten Capitel aber der Begrif vom Juſtizweſen auseinander geſezt ſeyn. Das dritte Capitel ſoll die Fehler des Juſtizweſens, und das vierdte die Mittel, wie das Juſtizweſen verbeſſert werden müſſe, anzeigen. Ich muß aber gleich geſtehen, daß ich nirgends in der Ausarbeitung einige Satisfaction gefunden. Denn in gedachtem erſten Capitel redet er viel von ſeiner Aufgabe, und deren Auflöſung, ehe er noch im 4ten Abſchn. S. 13. anzeiget, worinnen eigentlich beydes beſtehen ſoll. Endlich aber erklärt er ſich allhier, die Aufgabe zu entwickeln, wie das Juſtizweſen verbeſſert werden ſolle. Es wäre zu wünſchen, daß ſothane Entwickelung würklich geſchehen wäre, und ich bin mit ihm einig, wenn er pag. 11. ſaget: Es würde keine vergebliche Arbeit ſeyn, die er anwendete, dieſe Aufgabe in ihr völliges Licht zu ſetzen, und die ganze Sache gleichſam aufzudecken, damit der Grund eines ſo großen Verderbens, und ſo vieler Glückſeligkeiten ſichtbar werde. Allein, wenn ich ihm gleich zugeſtehe, daß nach ſeinem Anführen pag. 6. ſeine Aufgabe nicht erſt erfunden, ſondern vor Zeiten ſchon in Betrachtung gezogen worden, jedoch nach dem, was pag. 8. ſeq. vorgetragen, die Würklichmachung ſo oft mißlungen, ingleichen daß die Juſtiz fehlerhaft ſey, ſo muß ich doch, da ich es nicht finden können, andern überlaſſen, ob und wo er etwas zur Juſtizverbeſſerung gereichendes vorgebracht.

§. 22.

Er wirft andern Schriftſtellern gleicher Abſichten pag. 15. in fin. und pag. 16. vor, daß ſie die Sache aus einem ganz andern Geſichtspuncte

betrachtet, als aus welchen er sie angesehen, maſſen andere nur die Art und
Weiſe geändert wiſſen wollten, wie Juſtizſachen entschieden werden sollten,
und daher sich nur bey den Folgen aufhielten, deren Grund aber gänzlich un-
berührt ließen, jedoch er dagegen das ewige Geſetzbuch der Natur und der
Vorschriften des Verſtandes und der Vernunft vor die Quellen angenommen,
woraus er hätte schöpfen können.   Wenn er demnach pag. 44. 45. und
140. die Schuld des Juſtizverderbniſſes nicht auf die Richter und Partheyen,
oder der leztern Vorsprecher, ſondern auf die vorhandnen Geſetze leget, und
daferne auch Richter, Partheyen und Advocaten daran den meiſten Antheil
hätten, er dennoch die Rechte nicht außer alle Schuld laſſen wollen, weil sie
den Richtern, Partheyen und Vorsprechern so lange eine Schutzwehre geben
können, hinter welche sie solche Ungerechtigkeiten versteckt, und ungerochen
auszuüben, im Stande wären, so habe ich hieraus und aus dem andern
etwas dunkelscheinenden philosophischen Vortrage von dem Autore keine andere Meynung schließen können, als daß er alle unsere Rechte, wie wir sie
geſetzlich haben, mithin auch das Jus civile & canonicum romanum, ob er
es gleich in specie nicht benennet, vor die Grundursache des Juſtizübels
gehalten, und seine Verbeſſerungsmittel lediglich darauf gebauet, daß man
mit deſſen gänzlicher Abschaffung, aus dem Geſetzbuche der Natur, sowohl
als aus den Vorschriften des Verſtandes und der Vernunft ein neues kurzes
Geſetzbuch machen solle.

§. 23.

Seine Betrachtungen über den natürlichen Zuſtand der Menschen,
ihren Pflichten gegen sich ſelbſt und gegen andere, welche leztere die Geſell-
schaftspflichten heißen, laſſe ich wie er sie im andern Capitel pag. 19. seq. vorgetragen, dahin geſtellet ſeyn, kann jedoch dabey nicht einräumen, daß ſeine
natürlichen, und Geſellſchaftsgeſetze, als das pag. 37. von ihm genannte Bürgerliche Recht, ein Innbegrif des Juſtizweſens wäre.   Denn alle solche
Geſetze und Rechte können da, dennoch aber die Juſtiz weg, oder mangelhaft ſeyn, und dürfen wir Jus und Juſtitiam nicht unter einander mengen,
noch, wenn wir das Jus verbeſſern, auf eine Verbeſſerung des Juſtizweſens
folgern, wir müſten denn mit Hinübern [7] eine Material- und Formaljuſtiz
ſtatui-

---

7) In gedachten Tractat betitelt: Neue
Vorschläge, wie nicht allein auf Uni-
verſitäten die Rechtslehre zu ihrem
Zweck einer unpartheyischen Juſtiz
beſſer gelehret ꝛc. pag. 16. Ich verſtehe
durch die Materialjuſtiz eine gute Einrichtung der Geſetze oder der Lehrart darüber, aber dieſes gehöret eigentlich ad
jus, und es können die Rechte und die
beſte Lehrart derſelben da, die Juſtiz oder
deren Ausübung und Handhabung aber
doch weg, oder mangelhaft ſeyn, wie
mir

ren, und bey der leztern die Gesetze von der Art und Weise, wie das Recht gehandhabet werden soll, zu denen Rechten selbst zählen, auf welche aber der Autor, wie schon gedacht, seine Absicht nicht gerichtet, sintemal er lediglich die Natur- und Vernunftsgesetze zur Verbesserung der Rechte, oder allenfalls zur Hinüberischen Materialjustiz gebrauchen wollen, hingegen aber die Meynung derer, welche die Verbesserung der Art und Weise, wie Justizsachen zu entscheiden, vorgeschlagen, verworfen, als welches er auch pag. 48. gethan.

§. 24.

Der Autor hält pag. 190. und pag 141. davor, daß die Gesetze nicht vollkommen und unverbesserlich werden könnten, so lange nicht die Rechte ein Theil der Philosophie geworden wären. Was soll denn damit gemeynt seyn? Seitdem Hugo Grotius das Jus Naturæ in forma artis vorgetragen, sind ihm auch Juristen und Philosophi in Menge mit neuen Systematibus gefolget, und dieser Rechtsvortrag ist längst ein Theil der Philosophie gewesen. Es ist auch nicht zu leugnen, daß die Philosophie jedoch besonders die Kenntniß der

Db 3

logic

mir denn auch in Ansehung dessen, Ulpiani Definition, quod Justitia sit constans & perpetua voluntas, jus suum cuique tribuendi, oder andere Definitiones, wo habitus voluntatis, oder virtus moralis zum Genere definitionis gesetzt, bloß als ideal, und allzu abstract vorkömmt. Folget denn daher allezeit eine gute Justiz, wenn gedachte perpetua voluntas, habitus voluntatis, oder virtus moralis vorhanden seyn. Man kan dabey irren, sich übereilen, und præconceptus opiniones fassen, die man auch bey besserer Einsicht nicht ändert. Es kann den collegialischen Schlüssen die schlechteste Meynung per majora die Oberhand behalten, mithin daraus eine Klage über die schlechte Justiz folgen. Vielmehr dächte, die Justiz zu definiren wäre, quod sit executio juris, ad normam præscriptam facta, wenigstens ist, practisch zu reden, was anders nicht darunter zu verstehen. Allenfalls kömmt mir es besser vor, wenn Wesenbecius ad ff. de Just. & Jur. §. 10. Justitiam definiret, quod sit constans &

perpetua voluntas, jus suum cuique tribuens, und ob wohl Hahn sub voce tribuens, widerspricht, insonderheit anführend, wie die Justiz nicht allemal Actum, sondern auch nur Voluntatem anzeigte, gleich als ein Feldmesser, wenn er schon das Feld nicht messe, dennoch so genennet würde, so ist doch diese Hahnische Ration schlecht beschaffen. Denn ein Feldmesser mißt das Feld, wenn ihm der Casus vorkömmt, und also soll auch die Justitia, so oft die Vorfälle existiren, constans & perpetua voluntas, suum cuique tribuens, nicht aber bloß voluntas tribuendi in mente retenta seyn, quippe quæ nihil operatur. L. 7. C. de Condict. ob caus. Lauterbach hat sie auch als eine Virtutem definiret, quæ de honis externis suum cuique tribuit. Die Justiz muß actualem Præstationem leisten, und nicht eine stumme Puppe repräsentiren, außerdem heisset sie nicht Justitia, nicht Virtus, sondern Injustitia & Vitium, sie mag in mente beschaffen seyn, wie sie wolle.

Logic und in dem Jure naturæ dem Juriſten, er mag nun einen Richter, Ur-
theilsſprecher oder Advocaten vorſtellen, ein beſonderes Gewichte geben; aber
nach des Autoris Anführen gewinnet es das Anſehen, als ob die heutige Ju-
riſterey von der Philoſophie ganz entfernet wäre, da man doch viel große
Juriſten anführen könnte, die zugleich eben ſo große Philoſophen geweſen.
Will wohl jemand dieſes Hornen, Thomaſius, Böhmern, Heineccius,
Gundlingen, und dergleichen gelehrten Männern abſprechen.

§. 25.

Erwehnter Autor tadelt pag. 53. und 54. die Menge der Geſetze und pag.
80. und 81. daß über ſo viel Special-Handlungen ſo viel Geſetze vorhanden,
dahingegen er pag. 94. 122. und 141. vollkommen vernünftige, kurze, deutliche und klare Geſetze deſideriret, welche nach deſſen Meynung pag. 88. in
allgemeinen Ausſprüchen vorgetragen werden ſollen, damit nemlich die Entſcheidung der Special-Fälle nicht ſolche Weitläuftigkeit veranlaſſe. Es iſt
wahr, daß dieſer Punct ſcheinbar ſey, und es giebet Leute, welche um deswillen die Schwediſchen und Däniſchen Geſetze rühmen, weil deren nicht ſo
viel, noch dieſelben weitläuftig ſeyn. Aber mein lieber Freund, ſiehe es doch
auch auf der andern Seite an. Wird denn damit die Juſtiz gehandhabet?
Der Richter hat in ſolchen Fall das ganze Juſtizweſen in ſeinen Händen,
und kann das ſogenannte Recht, wegen der allzugroßen Generalität, zuſpre-
chen, wem er will. Kurze Geſetze und ein kurzes Juſtizverfahren iſt nichts
neues. Die geſchwinde Verurtheilung unſers Heylandes bey den Jüden, die
Leges duodecim tabularum bey den Römern, und die Geſetze der alten
Teutſchen, wie ſie vor Kayſer Maximiliani I. großen Reformationswerke der
Juſtiz geweſen, ſind Zeugniſſe davon. Aber die Römer haben bey ihren
Legibus duodecim tabularum ſo wenig beſtehen können, als die alten Teutſchen bey ihren kurzen Geſetzen, und der darauf gegründeten Juſtizverfaſſung,
nemlich ſo, daß dabey beyde Völker ein ſo großes Wachsthum erlanget hätten, maßen man die Folgen des Wachsthums bey den Römern der Erweiterung ihrer Geſetze, nachdem die kurzen Leges duodecim tabularum unzulänglich waren, bey den Teutſchen aber von der Annehmung und Einführung der Römiſchen Rechtsgelahrheit herleiten muß. *)

§. 26.

8) Mich dünket, daß diejenigen beſſer,
als unſer Philoſophus, reden, welche
ſagen, wie man die Geſetze erweitern,
und wenn über Caſus ſpeciales collegiali-
ſche Schlüſſe abgefaſſet werden, die Ausſprüche und deren rationes in formam legis bringen und publiciren ſolle. Dergleichen Sentiments hat der Abt von
St. Pierre in ſeinen Vorſchlägen und Mitteln, das Recht zu verbeſſern, und die
Proceſſe zu verringern, wie ſie der ehemalige Königl. Preußiſche General-Fis-
fcal

§. 26.

Indessen kann ich die Klage gedachten Autoris pag. 85. daß sich teutsche, nach Lateinischen Rechten, richten lassen müssen, vor unbillig nicht erkennen. Ja, es gehöret dazu ebenfalls, wenn e. g. ein Gerichtsherr ein altes etwa vor anderthalb hundert Jahren publicirtes teutsche Gesetze bey Menschen Gedenken nicht mehr in Observanz halten lassen, jedoch nunmehr, etwa bey einer Contravention, zu der Contravenienten Bestrafung darauf provociret. Als wenn nemlich in einer alten Ordnung bey Strafe geboten, wie viel Tischgäste ein Hochzeitvater setzen, und wenn sie Feyerabend machen sollen. Die Unterthanen haben vorher des Gerichtsherrn Bier genommen, und da hat ihnen kein Mensch was gesaget, wenn sie auch die halbe Welt zu Gaste gebeten, oder die ganze Nacht durch geschwermet hätten. Sie wissen daher nicht anders, als daß sie dessen befugt, es geschiehet aber, daß sie sich des Abnehmens des Herrschaftl. Bieres entbrechen, und da denkt der Pachter oder Verwalter, er wolle die Unterthanen schon dafür wieder kriegen, und demnach läßt er bey einer vorkommenden Hochzeit aufpassen, macht Rügen wieder die Setzung der zu vielen Tische und Sitzung über die Zeit. Es kömmt zum Urthel, worinnen Hochzeitvater und Gäste abgestraft werden, obgleich keine Spur zu finden, daß das vor anderthalb hundert Jahren publicirte Gesetz in Observanz gehalten, oder denen Unterthanen seitdem wieder wissend gemacht worden wäre. Ich kann dieses so wenig, als die Richtung nach lateinischen Gesetzen begreifen, wenn man die Rechte nicht auch zu einem Sprenkel oder Fallstrick gebrauchen will.

§. 27.

Ich räume also wohl ein, daß die Richtung eines Teutschen nach lateinischen Gesetzen, eine unbegreifliche Sache, und von eben der Beschaffenheit sey, als wenn Leute ein teutsches Gesetze auf hundert und mehr Jahren verborgen gehalten, jedoch dieselben darnach gerichtet werden. Aber um deswillen gehet meine Meynung dahin nicht, daß daher das ganze Jus civile & cano-

fcal Wagner in das Teutsche übersetzet, geführt. Der Uebersetzer hat ihn den Französischen Lycurgum genennet, und Exempel, wo solches geschehen, haben wir an den Chursächs. Constitutionen und Decisionen. Derjenige beweiset gewiß keine rechte Einsicht, welcher sagen wollte, es wäre besser, wenn wir die Constitutiones und Decisiones nicht, mithin nicht so viel Gesetze hätten. Vielmehr wäre zu wünschen, daß alle streitbare Special-Fälle in denen Gesetzen decidirt zu befinden wären, so dürften die Partheyen und deren Advocaten, wenn sich ein Casus ereignete, nicht erst durch einen Proceß die Frage erörtern, ob ihnen die Rechte beyfielen,

canonicum auszurotten wäre. Man muß es wohl genung seyn laffen, wenn einfältigen Leuten die göttlichen zehn Gebote nebst denen Lehren Christi Matth. VII. v. 12. Luc. X. 27. Alles das ihr wollet, daß euch die Leute thun sollen, das thut ihr ihnen, das ist das Gesetz und die Propheten. Item: Du solle Gott deinen Herrn lieben von ganzen Herzen, von ganzer Seele, von allen Kräften und von ganzen Gemüthe, und deinen Nächsten als dich selbst, eingeprägt werden. Ich glaube auch, es empfinde es jeder Mensch wohl, wenn er darwider und wider das ihm eingepflanzte Jus naturæ mißhandelt, aber gewiffe Strafen determiniren die Heil. Zehen Gebote, ingleichen das Jus naturæ so wenig, als gewiffe æstimationes der Pflichten, *) und demnach weiß jeder bey klaren Fällen das Unrecht, so er durch Mißhandlungen darwider thut, aber er weiß nicht, wie es zu bestrafen, oder was ihm eigentlich vor Satisfaction gebühre, folglich gebrauchen wir nicht das Recht aus denen weltlichen Gesetzen zu ler-nen, sondern nur die Determination der Strafen, und was einer dem andern in dem oder jenem Fall schuldig worden, erkennen wir erst aus Landesgesetzen, und wenn hier etwas mangelt aus denen recipirten lateinischen Legibus. Mithin gebrauchen wir diese leztern nur ad interpretandum, und zu desto ge-nauerer Abmessung, was sich bey dem oder jenem Fall gebühre. In solcher Betrachtung läfit sichs noch faffen, warum ein Mensch nach lateinischen Ge-setzen, die ihm weder jemals publiciret, noch in der Landessprache zu erkennen gegeben worden, gerichtet werden kann, weil das Recht oder Unrecht dieser und jener Handlung dem Menschen schon anderswo offenbaret, und es nur auf die Frage ankömmt, was an Strafe und Schuldigkeit darauf sich gezieme.

§. 28.

Wenn wir nun das ganze Jus civile & canonicum Romanum wegthäten, und bey denen kurzen und deutlichen Gesetzen des Decalogi, gedachter Lehre Christi, und bey dem jure Naturæ es bewenden ließen, oder uns mit Gesetzen von gleicher kurzer und generaler Art behelfen wollten, so müste es wohl eben-falls angehen, diejenigen aber, welche sich eines Anspruchs schuldig gemacht, oder welche einen Anspruch zu fordern hätten, würden auf dem Meere der Un-gewißheit herum schwimmen, und, wie ein Schiff dem Willen und der Di-rection des Steuermanns, also dieselben der Direction eines Richters, wel-cher

---

9) Von der Unzulänglichkeit des Juris naturæ Rechtsfachen zu entscheiden, siehe des Herrn Professor Manzels zu Rostock Ao. 1733 gehaltne Differtation, an, &   quatenus juri Rom. competat præorgativa præ veteri jure germ. in decidendis con-troverfiis judicialibus, §. 44. Not. a. p. 35.

cher die kurzen Geſetze nach ſeinen Gefallen und Leidenſchaften bald einſchrän-
ken, bald ausdehnen, und Gewinn oder Verluſt, wem er wollte, zuwenden
würde, überlaſſen ſeyn. Was konnte denn das Römiſche Volk mit ſeinen
kurzen Legibus duodecim Tabularum ausrichten? Würde es wohl mit unſern
kurzen Geſetzen anders gehen, als mit jenen, von denen Pomponius [10] ſaget,
daß darauf zu einer Nothwendigkeit worden, dieſelben zu interpretiren, und
ſub auctoritate prud=ntum in foro darüber zu diſputiren? Mit gänzlicher Abſchaffung des Juris civilis & canonici, und mit Gegen-Einführung eines kurzen Rechtsbuchs würden die Rechte und die Jurisprudenz, welche jetzo ihr
männliches Alter erlangt, wieder in die Kindheit zurücke geworfen, und müſten
wir erſt die kurzen leges nach vorfallenden Caſibus wiederum interpretiren,
und darüber diſceptiren, damit die allzukurzen und dunkeln Sätze genugſame
Erläuterung bekämen. Die Erfahrung lehret, daß mit neuen Geſetzen auch
gemeiniglich ein neues Interpretiren oder Diſputiren entſtehet, und wenn man
ſolches ganz verbiethen wollte, müſte man zugleich alles Vorſtellen der Partheyen verbiethen, welches mit einem juſtizmäßigen Gehör nicht überein
käme. Wenn es wahr, daß das Jus Naturæ das principium unicum juris
civilis ſey, wie beſonders Johann Gottl. de Hackemann [11] umſtändlich beygebracht, ſo müſte man dieſes lediglich vor eine Erläuterung des juris naturæ
anſehen, maßen dieſes bloß generalia lehret, und daher in applicatione auf
Specialfälle eine Determination gebrauchet. Dergleichen iſt im jure civili
& canonico geſchehen, und wenn auch, damit ich recht viel einräume, es
wahr iſt, daß die diſceptationes forenſes ex jure civili & canonico eine ſtarke
Veranlaſſung erlangt, ſo würde es doch mit deren Abſchaffung noch ärger [12],
und mit Ausrottung des Juris civilis & canonici rottete man auch alle gemeine
Juſtiz aus, alſo daß ein Richter ex interpretationibus vor eine Parth geneigt
oder ungeneigt ſeyn könnte, wie er wollte, und wie ihn etwa Zorn, Haß,
Neid, oder Eigennutz reitzeten. Ich verwerfe demnach dieſes Conſilium, und
wenigſtens, wenn mit Abſchaffung des Juris civilis & canonici die Juſtiz ge-
beſſert werden wollte, müſte man das gute daraus behalten, und nur das
übelſte und ſchädlichſte wegthun.

Conſilium

---

10) L. 2. ff. de origin. jur. §. 5.

11) In Commentatione de Jure naturæ
genuino, jurium reliquorum parente.

12). Gedachter Hackemann cit. Comment. Cap. III. §. 2. ſaget: Longe major
profecto in foro orietur diſſenſus, Sen-
tentiarumque diſcrepantia, niſi pleræque

fori negotia expreſſis hiſce in jure naturæ fundatis legibus eſſent definita. Eas-
que certe, ſi in genere ad juris naturæ
principia in foro obſervanda ſemper fieret
reſpectus, quilibet pro ſagaci ingenii ſui
modulo propriis aſſequeretur meditationibus.

E e

Confilium III.

Man kann ja die Rechte unserer alten teutschen Vorfahren, welche keine solchen weitläuftigen und geldfressende Proceße, wie wir, gehabt, sondern kurz de simplici & plano procediret, wieder hervorsuchen, und mit Wegräumung der heutigen juristischen Subtilitäten, der alten teutschen Treue und Redlichkeit, wo es hieße: Ein Wort ein Mann, ein Mann ein Wort, wie der Platz machen, oder man nehme doch ein Exempel an den Dänen und Schweden, wie glückselig solche Nationen seyn, daß sie keine langen Proceße, wie wir haben.

Prüfung.

§. 29.

Man kann nicht leugnen, daß es auch unter den heutigen Rechtsgelehrten Männer[1]) gegeben, welche mit Verwerfung der Justinianischen Rechte eine Sehnsucht nach den alten teutschen Rechten geäußert, und deren Verlust bedauert, auch, daß man sie, weil sie keine solche lange Proceße gehabt, sondern de simplici & plano verfahren, wieder haben möchte, gewünschet. Eine blinde Sehnsucht, die nicht weiß, was sie wünschet, eben wie wenn ein Patiente den guten Medicum, der die Krankheiten verstehet, verwirft, und dagegen einen Bauer-Doctor oder Medicastrum verlangt, weil dieser mit geschwinden Mitteln an die Hand gehet. Ein solcher Medicaster weiß zwar oft vor einen andern, der ordentlich curiret, die Schmerzen der Krankheit oder diese selbst zu stillen, sie wird aber nicht von Grund aus gehoben, sondern es bricht diese oder eine andere Krankheit gar geschwind desto ärger wieder hervor, und reibet den Patienten, der sonst noch lange leben können, ganz auf. Man muß es doch dem Patienten zu gute halten, wenn er auf solchen Irrwegen wandelt, maßen er sich nach geschwinden Trost und Hülfe sehnet, hingegen aber gar nicht weiß, wie schädlich und zu einem jählingen Tod beförderlich dergleichen Sehnsucht sey. Indessen, wenn ich schon manchem Patienten solcherley geschwinde Cur abrathen wollte, würde doch gedachte seine Sehnsucht nicht aufhören, weil er die geschwinde Hülfe wünschet,

[1]) Davon siehe Petri von Ludewig gelehrte Anzeige im 190sten Stück de a̅o̅. 1734 oder in Vol. 1. wie sie zusammen gedruckt, pag. 796,

schet, und gerne den Schmerz loß seyn will, dabey aber einseitig denkt, es
werde ihn das sonst darauf folgende größere Uebel nicht treffen. Lange
quälen ist der bittere Tod, sagt man insgemein, und hält damit eine
lange Quaal dem bittern Tode gleich. Eben so achtet mancher die lange
Quälung mit Proceß dem moralischen Tode, wormit eine gesunde Justiz ab-
stirbet, ebenfalls gleich, oder ziehet den leztern noch vor, wenn er saget, es
ist doch besser, einen Proceß kurz auszumachen, und ob auch schon darüber
seine Sache verlohren gienge, als sich so lange mit dem gottlosen procesiren
quälen. Allein, so redet nur der oder jener, und was würde nicht eben derselbe, wenn ihn der Verlust seiner Sache aus allzuvieler Abkürzung träfe,
vor ein Geschrey von der üblen Justiz machen? Dergleichen Leute haben zu
viel Ungeduld, und wenn einer seine Rede von seinem eigenen procesiren verstehet, will er, als Kläger, daß ihm gleich zu seiner Prätension verholffen
werden sollte, oder als Beklagter, daß der Kläger wider ihn sofort abgewiesen werden möchte, sonsten dürfte er nur gleich von seiner Prätension abstehen, oder die an ihn gemachte abzahlen; Oder führet er seine Beurtheilung
wegen anderer, die er so lange in Processen verwickelt siehet, so kann er leicht
sagen, lieber alles zu verliehren, als so lange zu procesiren. Denn er em-
pfindet nicht, was das sey, wenn man das seinige einbüßen soll, und da
läßt sichs leichter so raisonniren.

§. 30.

Wie kommt es aber, daß wohl manchmal eines Advocatens oder Consu-
lentens Cliente oder Principal, wenn er an einen andern Anspruch macht,
auf die Weitläuftigkeit und Aufhaltung der Justiz heftig erbittert ist, und
alles was ihm die Contrapart entgegen setzet, vor Chicanen ausgiebet; wenn
aber ein anderer wider ihn einen Anspruch formiret, und etwa im Processu
executivo bald wider ihn was ausrichtet, eben sowohl auf die Kürze schmäh-
let, und selbige mit dem Titel der Chicane beleget? Bey einem solchen sind
Richter und Advocaten allemal Chicaneurs und ihre Handlungen Chicanen.
Wenn er die Macht hätte, so müsten alle seine Ankläger gleich abgewiesen,
seine Beklagten aber sofort ohne Gehör condemniret seyn, und so ist es mit
der meisten Urtheil von der Kürze beschaffen, daß sie nur als Kläger solche
verlangen, als Beklagte aber verwerfen, oder wenn sie selbst das Proceß-Un-
glück nicht trift, anderer Klagen über die Langweiligkeit der Processe blindlings beypflichten, ohne zu wissen, warum oder woran es liege, und was zu
Handhabung der Justiz eigentlich erfordert werde. Kurz: Sie und auch
wohl darunter gelehrte Leute kennen das Justizübel nicht, und reden davon

gemeinig-

gemeiniglich, wie der Blinde von der Farbe. Insonderheit ist auch denen Gelehrten der alten Teutschen modus procedendi vor Gerichte oder deren Gerichts-Proceßart unbekannt gewesen [14]), aber ich habe sie in meiner Gerichtsverfassung der Teutschen, wie solche vom 8ten bis zum 14ten Seculo geübet worden, mühsam an den Tag zu bringen gesuchet. Demnach haben viele Gelehrte, welche die alte teutsche Proceßart wieder gewünschet, nicht gewust, was sie gewünschet, und wenn sie erwehnte meine alte Gerichtsverfassung gelesen, mögen sie mir wieder sagen, ob ihre Sehnsucht noch vorhanden, oder ob sie verschwunden sey? Sodenn frage ich sie, ob sie wieder verlangen, daß Verwundungen, Todtschläge [15]), oder andere Real-Injurien mit wenigen bestimmten Gelde bezahlet, und nach den vormaligen Rechten der Buße, Wette und Wehrgeldes, geschwind abgethan werden möchten? Ob sie sich sehnen, daß alle Contracte oder Hanblungen vor Gerichte geschehen müsten,

14) Solche Unwissenheit habe ich schon anderweit, nemlich in meinen editen Beyschriften von Bauern und Frohnen, und zwar in der Grunduntersuchung der Bauern und Frohnen, und was sie eigentlich bedeuten, pag. 26. Not. 3. und in dieser Sammlung oben p. 14. aus einiger Gelehrten Geständniß angezeiget. Vor weniger Zeit ist in den allerneuesten Jenaischen Nachrichten von juristischen Büchern Part. 44. bey der Recension des Altorfischen Herrn Professoris Heumanns edirten Opusculorum von der Teutschen Aestimation der Schwerdter geredet, und dabey angeführet: In den wichtigsten Verbrechen ward kein anderer Beweiß gefühet, als daß der Ankläger nebst sechs andern zu Gott und den heiligen auf ein Schwerd schwören muste, wie der Angeklagte die gerügte Mißethat würklich verübet habe. Hieraus erkennet man, daß die Herren Verfasser von dem alten Processe mit dem Schwören auf ein Schwerdt, die rechten Begriffe nicht gehabt. Denn es hat nur der Ankläger, daß der Angeklagte die gerügte Mißethat begangen, die andern sechs aber, daß sie glaubten, wie besag-

ter Ankläger recht geschworen, schwören dürfen, und das hieß das Uebersiebenen oder Ueberzeugen Selb-siebende, die sechs Mitschwörenden aber hiessen conjuratores, sacramentales, oder consacramentales, von denen ich in meiner Gerichtsverfassung der Teutschen von 8ten bis zum 14ten Seculo ein mehrers vorgetragen. Indessen ist diese Anmerkung ein neuer Beweiß der noch herrschenden Unwissenheit in dem modo procedendi der alten Teutschen.

15) Ich habe vor vielen Jahren ein altes Gerichtsbuch aus einem Dorfe des Amtes Rossen in meinen Händen gehabt, worinnen enthalten war, wie ein Todtschlag von dem Dorfrichter verglichen war. Nach der Zeit bedauerte ich, daß ich solchen Vergleich nicht extrahiret hatte, doch ist mir unlängst bey Gelegenheit eines Processes dergleichen von einem ganz andern Orte wieder in die Hände gekommen, wo ich einen gleichmäßigen Vorfall angetroffen, und habe ich diesen Vergleich über einen Todtschlag anjetzo in gegenwärtiger Sammlung VIII, p. 167 mit drucken lassen.

müsten, oder wenn sie außer Gerichte geschehen, der Beklagte zu Abschwörung der Klage ohne Unterscheid zuzulaffen wäre? Ob sie wünschen dem Zweykampfe oder der Ausforderung zum Duell, oder gar den schädlichen Fehden, die oftmals ganze Familien ausrotteten, annoch unterworfen zu seyn? Ob es beffer wäre, wenn sie ein gehäffiger oder eigennütiger Richter auf Anreitzung eines Feindes, oder ihr feindseliger Nachbar mit seinem Schwur und 6 Mitschwörenden, die nur ihren vorgegebenen Glauben, daß jener recht geschworen, bestärken dürfen, zu Delinquenten machen, und auf gedachte Weise dergestalt überzeugen könnte, daß sie das Leben ohne Wiederrede hergeben müßten, als wenn jetzo die Beschuldigung untersuchet und sie darwider mit ihrer Defension gehöret werden? Ferner, ob es beffer, wenn ein gravirter Delinquente ein glühendes Eisen tragen, oder über glühende Pflugschaare gehen, oder etwas mit entblößtem Arme aus einem wallenden Keffel langen, und wo er dabey unverletzt, damit seine Unschuld erweisen, oder woferne er verletzt, zum Tode verurtheilet werden müßte, als jetzo, da er nach Befinden, mehr oder weniger gradus torturæ auszustehen, und hierdurch seine Unschuld zu beweisen hat? Endlich, ob es beffer wäre, wenn man wider einen Gerichtsausspruch, er sey beschaffen, wie er wolle, nirgendshin, denn nur an die Schöppen nach Magdeburg sich berufen könnte, als da jetzo eine jede Provinz an ihren Landesfürsten einen Oberrichter hat, der anderweit über die Sachen cognosciren läßt? Antwortete jemand auf solche Fragen mit ja! weil dabey kein solcher weidläuftiger Proceß, als heute zu Tage üblich, statt gefunden, sondern die alten Teutschen de simplici & plano verfahren, so könnte ich nicht anders denken, als daß er entweder seiner Sinnen beraubet, oder ein Kopf seyn müßte, der nur auf die Beunruhigung anderer, und auf deren gewaltsame Unterdrückung seine Absicht hätte, und welcher vor eine rechte Justiz den größten Abscheu trüge.

§. 32.

Wir dürfen uns auch den Ruhm der alten Teutschen, daß sie beffer Treu und Glauben gehalten, als wir heute zu Tage, nicht in einen Irrwahn setzen laffen. Denn es ist ganz natürlich, daß Arme gegen und unter einander mitleidiger und hülfsbegieriger seyn, als Reiche, weil diese sich selbst zu helfen vermeynen, und eines Armen Hülfe bey einem Reichen in keine sonderliche Aestimation kommt, hingegen aber eines Armen Hülfe bey einem andern Armen noch vor etwas geschätzet wird, oder einer von dem andern bey befferm Glück sich wiederum Hülfsleistung verspricht. Dahero auch, dazumal die Hülfe unter ihnen nicht groß, sie einander auf bloße Worte ehe Treu und Glauben halten, als andere, wo Reichthümer erworben werden, und man

darnach

darnach begierig wird, maßen bey diesen auch wohl auf schriftliche oder mit Zeugen getrofne Handlungen nicht zu bauen, daß nicht Ausflüchte und Weitläuftigkeiten hergesuchet würden. Wenn der Schweizer, Gottfried Warlef in der Vorrede seines Ao. 1676 publicirten Discursus de *abbrevianda lite*, von seinen Landsleuten rühmet, daß sie durch die Gnade Gottes, und mit ihrer aufrichtigen Treu und Redlichkeit eines vollkommnen Friedens und Freyheit genößen, sich rechtmäßig von der Arbeit ihrer Hände nährten, und mit wenigen zufrieden wären, so trift dieses Lob ebenfalls arme Leute, und muß man wohl auf die Gedanken fallen, als ob man etwa die alte teutsche Treu und Redlichkeit von daher heraus zu streichen gehabt, weil wenigstens die meisten Teutschen in einer genügsamen Armuth gelebet. Wäre es also möglich, in continenti die alte Armuth wieder herzustellen, und die Leute ihrer jetzo gewohnten reichlichen Lebensart vergessend zu machen, würde auch die alte teutsche Treu und Redlichkeit wieder mit da seyn.

§. 33.

In so ferne, als der Kampf und die Fehderechte mit gegolten, will ich wohl einräumen, daß die Justizverfassung der alten Teutschen etwas zu Haltung guter Treu und Glaubens mit beygetragen haben kann, weil, wer an einen andern einen Anspruch hatte, sich deren bedienen konnte, welches der Schuldige befürchten muste. Woher wohl mancher lieber treu und redlich gehandelt, damit er nicht dazu Ursache und Anlaß gegeben, dahingegen es ein jeder jetzo mit denen Exceptionibus forensibus leichter ansehen, und mit seinem Gegentheil drüber disputiren kann. Es ist aber nicht rathsam, ein Uebel zu tilgen, wenn man weiß, daß daraus ein größeres Uebel entstehet. Ja, wollte jemand einwenden, man könnte ja nunmehr wohl die Kampf- und Fehderechte weglassen, und nur im übrigen den alten teutschen Proceß wieder einführen, so antworte ich darauf, daß man auf solche Weise die alte teutsche Treu und Redlichkeit nicht wiederum damit gewinnen würde, woferne man nicht zugleich die Leute und pretia rerum in den damaligen Stand setzen könnte. Und was ist denn daraus zu machen, wenn sich Lobredner von der alten teutschen Treu und Redlichkeit gefunden, wie gedachter Schweizer Warlef noch im vorigen Seculo von seiner Nation sich erzeiget?

§. 34.

Wenn Tacitus [16] von den alten Teutschen rühmet, daß bey ihnen gute Sitten mehr als anderwärts gute Gesetze gegolten, so muß man dabey auch

in

---

16) Germ. Cap. XIX. 6. Plusque ibi boni mores valent quam alibi bonæ leges.

in Betrachtung ziehen, wie er selbige sonst beschreibet, nämlich [17]) daß sie
sehr schlecht, harte und unter ihrem Viehe nackigt und schmutzig mit erzogen
worden, auch [18]) ihre Kleidung in einer Bedeckung mit Fellen bestanden,
und sie in übrigen Theilen des Leibes nackigt gegangen.   Eben dergleichen
Beschreibung wird von denen Kalmuckischen Tartern gemacht, und wenn sich
jetzo noch Leute finden [19]), die ihre Justiz comparative gegen die unsere heraus zu streichen sich kein Bedenken machen, was ist es denn Wunder, wenn
Tacitus die besagten gleich beschafnen alten Teutschen vor seine Römer gelobt;
und zwar darum, weil er bey ihnen nicht solche Laster und Processiren, als
bey seinen Landsleuten gesehen? Sie hatten nichts, worüber sie litigiren konnten, und daher entstunden auch nur etwa über Todtschläge oder über solche
Sachen, die wir jetzo Injurien nennen, Streitigkeiten.   Im ersten Fall
nahm [20]) sich der Händel die ganze Freundschaft des Ermordeten an, und
der Thäter muste derselben mit einer Anzahl Viehe genung thun, oder deren
gemeinschaftliche Verfolgung über sich ergehen lassen, im andern Fall aber [21])
wurde der Streit gleich mit dem Degen, wie wir heute zu Tage reden, ausgemacht, und hieraus ergiebet sich, daß sie wohl meistens die Fehde- und
Kampfrechte zum Gebrauch gehabt, und da wir hiermit denen großen Lobred-
nern der alten Teutschen Treu und Redlichkeit, die besonders ihre Gründe
ex Tacito, oder auch dessen Nachtretern hergeholet, geantwortet, so könnten
wir es dabey bewenden lassen, jedoch wollen wir nur noch etwas von
neueren Zeiten mitnehmen.

§. 35.

Nämlich ehe noch die große Justizreformation durch die Aufnehmung
der Römischen Rechtsgelahrheit unter dem Kayser Maximiliano I vorgenom-
worden, waren die heftigsten Klagen über die Justiz [22]). Wenn ich auch
noch etwas von der alten Teutschen Treu und Redlichkeit damaliger Zeiten
einräumen soll, so setze ich deren Grenzen nur unter die armen oder geringen
Leute.   Denn es ist ein gräulicher Anblick, wenn man betrachtet, was vor
Streit, Krieg, Befehden, Unruhe, Ueberfall und eigenmächtige Gewalt-
that,

---

17) Cap. XX.
18) Cap. XVII. Man sehe auch Cæsar.
de Bello gall VI. 21. §. Pellibus aut parvis
Rhenonum tegumentis utuntur, magna
corporis parte nuda.
19) Davon habe ich schon in der Vorrede zu meinen Vorschriften von Bauern
und Frohnen §. 7. oder in dieser Samml.

pag. 179. umständlich gehandelt, und daselbst das nöthige bewiesen.
20) Tacit. Germ. Cap. XXI.
21) Id Cap. XXII.
22) Siehe meine Vorrede zu den Vorschriften von Bauern und Frohnen p. 7.
oder in dieser Sammlung pag. 177.

that, mit und von Friderici II. Zeiten bis auf Maximilianum I. in Teutſchland
vorgefallen. Wir können uns gar nicht darein finden, wenn wir nicht erſt
die Fehderechte [21], und wie ſie ein Theil der damaligen Juſtiz mit geweſen,
genau erkennen lernen. Der berühmte Herr Canzler von Ludewig [22] nennet
dieſelben Zeiten Rechloß, und den Wunſch, daß Juſtinianus M. mit ſeinem
Córpore Juris aus unſerm Vaterlande wiederum auf ewig verwieſen werden
möchte, einen Eifer des Unverſtandes. So toll und thöricht die meiſten alten
Gerichtshandlungen geweſen, eben ſo tolle iſt die Begierde zur Wiedererlangung eines ſolchen Unweſens. Ich weiß auch nicht, warum man ſolche
Sache particulariter, und etwa dieſe oder jene proceſſirende Perſon betrachten
will. Wenn wir ein wenig in das Ganze einſehen, finden wir noch merkli-
chere Ueberzeugungen. Der große Polyhiſtor Gundling [23] ſaget: zu Friderici Barbaroſſæ Zeiten, war es in Teutſchland, wie in Polen, und ich glaube
nicht, daß es jemand zu widerlegen ſich unterſtehen wird, er wollte denn behaupten, daß es wegen der ſo ſehr im Schwange gehenden Kampf- und Fehderechte noch ärger und ſchlechter geweſen.

§. 36.

In Polen ſind Erzbiſchöfe, Biſchöfe, oder geiſtliche und weltliche Fürſten, Grafen und überhaupt der Adel, welche zuſammen kommen, und ihren
König wählen [26], und in Teutſchland war es auch ſo, daß die geiſtlichen
und weltlichen Fürſten, nebſt dem andern Adel zuſammen kamen, und über
ſich einen König oder Kayſer erwählten [27]. In Polen werden Reichstage
gehal-

---

21) Ich habe ſie in meiner Gerichtsverfaſſung der alten Teutſchen pag. 91. ſeq.
umſtändlich ausgeführet.

24) Siehe ſeine gelehrten Anzeigen
vom Jahr 1734. 19o. Stück, oder wie ſie
zuſammen gedruckt Vol. I. pag. 796.

25) Ich erinnere mich dieſes bey ihm
geleſen zu haben, ob ich gleich jetzo den
locum nicht weiß. Genung es iſt auch
der Wahrheit ganz gemäß.

26) Sie werden insgeſammt in die Se-
natores und Landboten, welche letztern
Abgeordnete der Provinzen ſeyn, gethei-
let, und von ihrer Königswahl handelt
Connor in Beſchreibung des Königreichs
Polen pag. 550. ſeq.

27) Die Hiſtorici melden beſonders von
der Wahl Lotharii II. Daß hierzu Fürſten,
Erzbiſchöfe, Biſchöfe, Aebte, Grafen
und andere Vornehme zuſammen kommen, und man daben auf 60000 Be-
wafnete gezehlet. Vid. Struvii Reichshiſtorie von Lothar. II. §. 2. pag. 166.
und als bey des folgenden Kayſers Conradi III. Wahl die Sachſen nicht geweſen, haben ſie dieſelbe, als wieder des
Reichs Herkommen, nicht agnoſciren
wollen, wie bey gedachten Autore pag.
275. zu leſen. Ja obwohl einige Scribenten, um den Urſprung der Churfürſten deſto älter zu machen, Friederici I.
Wahl nur einigen wenigen Churfürſten
zuſchreiben wollen, ſo erkennet doch der
Scheinde

gehalten, und darüber, was zu des Reichs Besten gereichet, communi consilio gehandelt, auch Gesetze beschlossen, welche Auctoritate Regia publiciret
werden, und hernach in allen Provinzen vim legum haben. In Teutschland
war es auch so, doch gelten hier auch Provinzialgesetze, und konnte zu des
Landes Besten, jeder Richter mit Einwilligung des Landvolks etwas neues
anordnen, und zwar geschahen hier Reichsschlüsse oder Gerichtssatzungen per
majora. In Polen ist nebst den Erzbischöffen, Bischöffen, Fürsten und
Grafen noch ein starker großer und geringer Adel, welcher beym Kriege die
Miliz abgiebet. In Teutschland war es auch so, und die Millitairdienste adel-
ten. In Polen werden die Großen und Adelichen unter einander uneins, und führen wider einander Privatkriege, wormit sie einander Land und Leute verderben, und wenn sie nur nichts feindseliges wider das Reich und den König vornehmen, läßt auch dieser die Versöhnung vermitteln. In Teutschland war es
eben so, ja noch weit ärger, weil allda die Befehdungen oder Bekriegungen
mit Ruinirung des Landes und der Leute, wenn man nur nichts wider das
Reich und den Kayser vornahm, in vollen Schwange giengen. In Polen
sind die Judicia terrestria, die Landgerichte, auch Judicia castrensia, Burg-
gerichte, wo gewisse Gerichtstermine bey vorkommenden Streithändeln, aber
keine Acten gehalten werden, nachdem vielmehr der Richter mit den Assessoren
beyder Partheyen Vorbringen und Einwenden aufnotiret, auch sofort daraus
ein Urthel, Decret oder Chartam abfasset, worein Klage, Antwort, Exceptiones und Gezeugnisse, auch zugleich entweder eine Entscheidung der Diffe-
renzien oder Anweisungen, was bey fernern Gerichtstermin jede Parthey zu
prästiren hat, gebracht werden, welche zusammen gefaßte Charta statt der
Acten dem Kläger ausgeantwortet wird. In Teutschland war es eben so **).
In Polen sind die Vadia, Wetten und Wehrgeld bey Todschlägen noch; In
Teutschland war es eben so ²⁹). In Polen werden criminaliter angeklagte
Selbsiebende oder durch das Uebersiebenen, da einer beschwöret, daß der
Angeklagte ein solcher Missethäter, als er beschuldiget worden, würklich sey,
und sechs andere beschwören, zu glauben, daß jener die Wahrheit gesagt,
überzeuget, und darauf capitaliter condemniret, wogegen aber keine Tortur
statt

Geheimde und Reichs-Hofrath, Herr
Heinrich von Bünau, der alles auf das
schärfste geprüfet, in Beschreibung des
Lebens und der Thaten Friderici I. pag. 9.
besagte Scribenten vor unächt, und erweiset vielmehr, daß der Fürsten, Städte und Abgeordneten erwehnet werden,

welche sich in großer Menge bey der
Wahl eingefunden.

28) Wie ich in meiner Gerichtsverfassung der Teutschen vom 8. bis zum 14.
Seculo pag. 43. seq. angemerket.

29) Davon siehe gedachte Gerichtsverfassung pag. 11. seq.

Ff

statt hat [10]). In Teutschland war es eben so [11]). In Polen haben die Magnaten oder Großen ihre erblichen Güther, sie vergrößern sich aber durch Erlangung der Aemter und derer damit verknüpften Wenwodschaften, Starosteyen, oder andern Güther, welche zwar mit ihrem Absterben wieder zurücke an die Crone fallen, jedoch auch andern wieder vergeben werden müssen. In Teutschland war es eben so, und es hatten die großen Fürsten und Dynasten ihre erblichen Güther und Ländereyen, oder Herrschaften, die Herzogthümer aber und die Grafschaften, oder wenn ich es nach jetzigen Begriffen geben sollte, die Heerführers- und Richterlichen Aemter sowohl über ihre erblichen Güther, als über andere Ländereyen und Districte, erlangten sie vom Kayser und dem Reiche, welche letztere mit ihrem Absterben zurücke fielen, oder auf das neue erlangt werden mußten. Polen und Litthauen ist zwar groß, und von Natur ein gesegnetes Land, dieweil aber die recht zusammen verbundene Subordination fehlet, und aus allzu großer Freyheit immer Unruhen und Verfolgungen unter einander entstehen, auch die Militair- und Justizverfassung dem nicht Einhalt thun kann, so wächset auch das Land nicht an, sondern bleibet armselig und unangebauet, mit vielen Wüsteneyen angefüllt. In Teutschland, welches der Größe nach, Polen ziemlich gleichet, war es eben so, und es waren die innerlichen Unruhen, Verwirrungen und Verwüstungen noch ärger. Die Reichsfürsten und Reichsstände waren zwar bey weiten nicht so groß, als heute zu Tage, doch war auch ihre Freyheit unbegrenzter, und dabey gieng des Adels Freyheit sehr weit, ja auch andere Privati konnten zusammen thun, sich Recht zu verschaffen, und so ruinirte eines das andere mit Ueberfall, Balgen und Schlagen. Es mangelte gleichfalls an einer rechten Subordination und Justiz auch Militairverfassung, welches den Anbau müster Oerter verhinderte, und es besaß Teutschland so wenig als Polen, Reichthümer, zumal damals die reichen Silberbergwerke sich noch nicht aufgethan hatten, und so müssen wir Teutschland in seiner Gestalt betrachten, wie es zu Friderici Barbarossæ Zeiten gewesen.

§. 37.

Wenn wir nun weiter gehen, und jetzo so viele und große, auch zum Theil so mächtige Churfürsten und Fürsten, ingleichen andere Reichsstände, und des übrigen Adels, nicht weniger des Bürger- und Bauerstandes dermaliges

---

30) Dergleichen Proceß oder Ueberführungen beschuldigter Ketzerey habe ich selbst schriftlich abgefasset gesehen.

31) Siehe besagte Gerichtsverfassung der Teutschen §. 59. p. 197.

maliges Wohlbefinden, allerseitige Ordnungen und Subordinationes, Gerechtig- und Schuldigkeiten, Anbau und Wachsthum, Kraft und Stärke des teutschen Körpers in Erwegung ziehen, so können wir uns der Frage nicht enthalten, woher doch so viele ausnehmende Glückseligkeiten in Teutschland nach Friderici Barbarossæ Zeiten, vor große, mittlere und unterste Einwohner gekommen? Darauf antworte ich nun ungescheuet: Von der von denen JCtis Romanis unter Maximiliano I angegebenen Grundlegung zur Handhabung eines jeden Rechten und Gerechtigkeiten, welche Grundlegung sie aus denen civil- und canonischen Rechten genommen, und nach und nach, mit Abschaffung der alten teutschen Blut und Gut verzehrenden Gerichts- oder Klagehändel, immer mehr erweitert, bis endlich alles zu einem solchen Wachsthum und Gedeyen gelangt. Ist gleich insonderheit die alte Freyheit des Adels und anderer Privatorum darüber zu Grunde gegangen, so ist es doch vor einen jeden weit besser, wenn er unter dem Schutz seines Herrn sicher und ruhig sitzen, und daferne er Rechtsstreit hat, ohne Besorgung eines feindlichen Ueberfalls, Recht und Gerechtigkeit behörigen Orts suchen und abwarten kann, als wenn ihn die alte Unsicherheit noch immer, wie der Schatten den Körper, begleitete, und wenn ihm gleich das Recht geschwinde zugetheilet würde, er dennoch erst durch Kampf oder Fehde zu dem Seinigen gelangen könnte, oder wenn es ihm auch durch eine Execution verschaft würde, er dennoch dem Unfug der Fehden unterworfen wäre.

§. 38.

Ich halte daher nicht dafür, daß jemand, er sey groß oder klein, Ursache habe, die alten JCtos Romanos, oder die civil- und canonischen Rechte zu verachten, oder darauf zu schmälen, noch deren gänzliche Vertilgung zu wünschen. Sie sind der geschwinden ungestümen so genannten Justiz entgegen getreten, und derselben Einhalt zu thun, haben sie sagen müssen, daß man über Gerichts- und Processsachen, nicht mit leichtsinnigkeit überhin gehen könne, wenn man anders eine genaue Justiz verlange. Das rechtliche Gehör müste zu beyden Seiten hinlänglich vorhergehen, ehe man einen entscheidenden Schluß fassete, und dahin seyn sie durch die Corpora Juris civilis & canonici und deren Glossen geleitet worden. Die alten teutschen Schöppen traten nicht gerne von dem Justiz-Schauplatz ab, und machten wohl manche Bewegung, aber im Anfange behielten die JCti Romani von der alten Processart noch etwas mit; suchten zum Theil auch wohl gar ihre Rechte, als solche, die sich mit den teutschen wohl vereinbaren ließen, vorzustellen, bis endlich nach und nach fast alles alte, was zu Gerichtshändeln gehörete, ausgerottet worden,

und

und ich will zugeben, daß mit dem Guten auch manches Uebel und besonders die Langweiligkeit der Proceße mit zu uns gekommen, aber es kann doch vergleichen neues Uebel mit denen alten, welche abgeschaft wurden, nicht in Vergleichung kommen, und eine richtige Vorstellung des Ganzen muß es beweisen. Nach Beschaffenheit der Zeiten und ihren vor sich gehabten Gesetzbüchern haben es die alten JCti Romani nicht anders oder besser machen können, es bleibet uns, ihren Nachfolgern, unverwehrt, es nach ihnen besser zu machen, wenn wir können, jedoch hält es nur so schwer, einzusehen, wo der Schade sitzet, und ob wir nicht mit Abschneidung diesen oder jenen Uebels eine hydram seciren, woraus mehr und wichtigere Uebel entstehen, mithin wir uns hernach, wenn wir eine andere Straße gewandelt, uns wohl selbst vorwerfen müßen:

Incidit in Scyllam cupiens vitare Charybdim.

§. 39.

Endlich kann uns auch der Dänen und Schweden Gerichtsverfaßung keine Verbeßerung an die Hand geben. Es ist nicht unbekannt, wie auf die Vermälung des Königs Haquini VI. in Norwegen mit Margarethen Woldemari III. Königs in Dännemark Prinzeßin Ao. 1396 und Ao. 1398 alle drey Nordische Kronen, Schweden, Dännemark und Norwegen vereiniget worden, welche Vereinigung unter 6 Königen und bis Christianus II. oder Christiernus Ao. 1520 das Stockholmer Blutbad angerichtet, bestanden, nach welcher Zeit aber sich Schweden abgerißen, und Gustavim I. Erichsohn anfangs zum Gouverneur und Ao. 1523 zum Könige, die Dänen aber in eben demselben Jahre mit Absetzung gedachtes Christierni, seines Vaters Bruder, Fridericum I. Herzogen zu Schleßwig und Hollstein zum Könige von Dännemark und Norwegen erwählet. Und ob gleich besagte Vereinigung anders nicht geschehen, als daß jedes Reich bey seiner Verfaßung und seinen Gesetzen gelaßen ¹²), gehen doch beyde bey der Justiz fast mit gleichen Schritten, und wann man Christophori III. Bavari Leges Provinciales de Anno 1442 ingleichen Gustavi Adolphi leges civiles de ao. 1618 und deßen Proceßus Judicialis Ordinationem, ferner Caroli XI. in deßen Minderjährigkeit publicirtes Edictum concernens Revisionem super justitiæ causis, de ao. 1662 wie sie Loccenius auf nur gedachten Königs Caroli XI. Befehl, und publica Auctoritate in die lateinische Sprache übersetzet, und Ao. 1672 durch den Druck bekannt

ge-

---

³⁰) Vid. Loccenii Historiæ Suecanæ pag. 121. & 160.

gemacht, betrachtet, ſo findet man zwar darinnen viel Gutes, jedoch beſonders die Delicta meiſtens gleich den alten teutſchen Wåhrgelde, auf Geld-Aeſtimationes geſetzet, ſonſt aber in Civilſachen denen Richtern faſt alles überlaſſen. Die Advocaten und Procuratores dabey zu gebrauchen, iſt zwar verſtattet, doch ſind ſie zu bloßen Vortrågen angewieſen, und dergeſtalt eingeſchrånkt, daß ſie niemand groß was helfen können. Man findet die Buße, Wette, und Wehrgeld der alten Teutſchen, obgleich in andern Terminis und Aeſtimation, darinnen, und ſonſt kömmt es auf das Arbitrium des Richters an, wie er die Civilſachen beurtheilen wolle. Dahin gehen nun zwar die Schwediſchen Geſetze, die Dåniſchen aber ſind eben ſo, wenn gleich etwa in dem oder jenem ein kleiner Unterſcheid ſeyn möchte. Indeſſen ſey auch dem, wie ihm wolle, ſo erwege man doch wieder das Ganze, und wenn man auch die Nordiſchen drey Königreiche gleich zuſammen nåme, ſo glaube ich doch, daß ſie wohl an der Größe, aber lange nicht an Kråften, Reichthümern und Gewerbe, Teutſchland die Waage halten können. Es kann niemanden auf Abwege führen, wenn er höret und lieſt, was unter Guſtavo Adolpho, Könige von Schweden, dieſem mit Tapferkeit und ausnehmender Klugheit zugleich begabten Helden, vor ſonderbare Thaten geſchehen. Teutſchlands Reichsſtånde, welche die vorige Religion reformiret, hatten Hülfe nöthig, und Guſtavus Adolphus ſtritte nicht wider, ſondern für dieſelben, und alſo war ihm Teutſchland, nach Unterſcheid der Zeiten, einen und andern Stand ausgenommen, in ſeinem Vorhaben mehr beförderlich, als hinderlich. Und dennoch bleibet es doch dabey, Teutſchland iſt in denen zuſammen geſetzten Kråften, welche ihren Grund in der Juſtizverfaſſung haben, denen drey Nordiſchen Kronen, überflüßig gewachſen, ja es iſt ſo weit gekommen, daß es in Teutſchland Fürſten giebet, mit deren einem nur Schweden oder Dånnemark anzubinden, ſich ein Bedenken machen dürfte. So hat die Röm. Rechtsgelahrheit und die von den JCtis Romanis unterſtützte Proceßart und Policey Teutſchland empor gebracht, nicht zu geſchweigen, daß auch allhier die Klage über die von ſelbiger entſtandene Weitlåuftigkeit der Proceſſe, alle und jede Proceſſe nicht trift, nachdem wir in Teutſchland den geſchwinden Executiv- und den Wechſelproceß haben, welche zum Beſten der Commercien ordentlicher Weiſe geſchwinde gehen, woferne nicht andere Hinderungen darzwiſchen treten, an welchen Hinderungen aber weder das Juſtinianiſche, noch andere Rechte Antheil haben, und daher nutzet das Eingangs erwehnte Conſilium ganz nichts.

Con-

Consilium IV.

Man lasse in Handel und Wandel nur Gerichtliche Contracte und
Obligationes gelten, damit man die daraus entstehenden Streithändel gleich entscheiden kann, oder contrahiret jemand außer Gerichte,
es mag bloß mündlich oder schriftlich geschehen, so lasse man den
Beklagten gleich zur Abschwörung seiner mündlichen Obligation,
oder zur endlichen Diffession der gegebenen Handschrift, und
wenn er seine Unterschrift nicht läugnen kann, zu Abschwörung der
Contentorum zu, oder rühret die Action ohne ausdrückliche
Verbindung, aus einem Erb-Rechte, oder aus Delictis privatis,
oder wo sonst einer ohne Specialhandlung obligat wird, her, so
lasse man es gleich auf den Eyd derjenigen Parthey, die in continenti summarisch und ohne Solennitäten das meiste vor sich
per testes oder durch Documenta beybringen kann, ankommen,
und entscheide alsofort die Sache ohne fernern Aufenthalt und
interlocut, auf Beweiß und Gegenbeweiß.

Prüfung.

§. 40.

Ich habe anderswo [11]) beygebracht, was maßen Herr Herzog Christian zu
Braunschweig-Lüneburg, erwählter Bischof zu Minden, durch ein Ao.
1618. publicirtes Landesgesetze verordnet, daß die Unterthanen um so viel
desto weniger nöthig hätten, kostbaren weitläuftigen Beweißthum
zu führen, und darauf ihr Vermögen zu wenden, auch die Zeit
darüber zu verlieren, daß, wenn und so oft sie mit einander innerhalb dessen Fürstenthümern und angehörigen Graf- und Herrschaften contrahirten, solches bey dem Amte der Voigtey- oder Stadtgerichte, darunter der Contract beschlossen und vollzogen wird, bey Pœn
der Annullation, oder Vernichtigung des Vertrags, unnachläßlich anmelden, solchen Contract in des Amts-Stadt- oder Gerichtsbuch
ein-

---

11) In meiner Ao. 1741 edirten Gerichteverfassung der alten Teutschen von
8ten bis zum 14ten Seculo §. 13. Not. 1.
p. 34. Und es befindet sich die angezogene Verordnung in dem Ao. 1700 in 4to
zusammen gedruckten Werke, betittelt:
Fürstl. Braunschweig-Lüneb. Zellischen
Theils Policeyordnung &c. p. 34.

einſchreiben laſſen ſollen. Die Rubric des XIten Capitels beſagten Landes-Geſetzes heißet: Wie die Proceſſe abzukürzen, zumahlen aber der Beweißthum zu maturiren, und zu facilitiren, alſo, daß die armen Leute mit den weitläuftigen koſtbaren Zeugenverhören, ſo viel immer möglich, verſchonet, und deren enthoben werden mögen. Und demnach iſt die Abkürzung der Proceſſe die Abſicht geweſen. Dieweil aber gedachter Herr Herzog in eben ſolchem Landesgeſetze [34] 29 Urſachen, warum die Unterthanen in ihrer Nahrung abnehmen, angeführt, jedoch darunter das Proceſſiren, oder die langen Proceſſe nicht mit gerechnet, ſo hat man dieſe eben nicht für ein ſolches Juſtizübel, welches das Land mit ruinirte, ſondern nur für eine Beſchwerung gehalten, zu deſſen Abhelfung und Erleichterung das vorgeſchriebene Mittel zu gebrauchen wäre. Ob in denen Braunſchweig-Lüneburgiſchen Landen noch darüber gehalten, und ob es durchgängig beobachtet wird, weiß ich nicht. Indeſſen iſt es wahr, daß man ſolches Mittel als eine Proceßverkürzung anſehen kann, es dürfte aber wohl nur in matten Ländern, wo es nicht viel Negotia giebet, und die Leute lieber mit ihrem häuslichen Nahrungsweſen vergnügt und in Einfalt zu leben wünſchen, applicabel ſeyn. Denn in Ländern, wo Negotia und Commercia ſtark getrieben werden, würde es die Quellen verſtopfen, und die Triebfedern ſtilleſtehend machen, wie ich am angezogenen Orte meiner Gerichtsverfaſſung der alten Teutſchen ſchon mit mehrern angeführt. Will auch jemand ſagen, es gienge ja wohl an, die gedachte Diſpoſition von der gerichtlichen Einſchreibung aller Handlungen in ſo weit anzunehmen, daß man außergerichtliche Handlungen nur nicht vor ungültig erklärte, ſondern etwa den Beklagten gleich zum Eyde, ſich der Klage zu entbrechen, zuließe, allermaßen ſich ein jeder Kläger es ſelbſt beyzumeſſen hätte, daß er nicht für die gerichtliche Einſchreibung des Handels und ſeinen nöthigen Beweißthum geſorget, ſo antworte ich darauf, wie auch dieſes, daß bey außergerichtlichen Negotiis auf Klägers Zeugen nicht geſehen worden, ſondern ſich ein Beklagter eines Anſpruchs aus ſolchen außergerichtlichen Handlungen vermittelſt Eydes befreyen können, nichts neues ſey. Es iſt ſchon, wie ich ſattſam [35] erwieſen, bey den alten Teutſchen Mode geweſen, dennoch aber mit abgeſchafft worden. Und ſollte man denn, um das Uebel des langen Proceſſes entlediget zu werden, viel lieber ein größeres Uebel einführen? Ich ſage, ein größeres Uebel, und verſtehe damit die Perjuria. Die practiſche Erfahrung lehret uns, daß ein Kläger, wenn er keinen Beweiß hat, und ſich der Eydes Delation bedienen muß, ſeinen Proceß

meiſtens

---

34) Im XXIſten Capitel l. c. p. 61. ſeqq.

35) In gedachter Gerichtsverfaſſung der alten Teutſchen, l. c.

meistens verlieret, und was ist es auch Wunder, wenn ein Beklagter seine Schuld, oder ein Kläger die Exception leicht abschwöret, da seinem Gewissen auch in denen Gebethbüchern [36] ein so sanftes Federküssen untergeleget wird, auf dem der Meyneidige, wenn er nur dergleichen Gebeth verrichtet, ruhig schlafen kann, er mag seinen Nächsten mit dem falschen Eyd um so viel gebracht haben, als er wolle. Weg demnach mit Consiliis, die ein geringeres Ungemach abthun, jedoch ein größeres Uebel in ihrem Busen hegen [37]).

§. 41.

Wir können also dem Vorschlage, nichts, als gerichtliche Documenta zum Beweiß gelten, bey außergerichtlichen Handlungen aber alles auf des Beklagten Schwur ankommen zu lassen, und damit, wo nicht alle, dennoch die meisten Processe kurz auszumachen, um so viel weniger beyfallen, da die ICti Romani statt dessen, etwas anderes gleichförmiges und zum Theil solche Proceßmittel, welche noch geschwinder und nachdrücklicher, als die vorigen gewesen, eingeführet.

36) In Cubachs Gebethbuch p. 747 ist ein Gebeth eines, der wegen eines falschen Eydes in seinem Gewissen beschweret, eingedruckt, dessen üble Beschaffenheit ich in meinen Beyschriften von Bauern und Frohnen, p. 150. mit mehrern gezeiget.

37) Ich habe in der Vorrede zu meinen Beyschriften von Bauern und Frohnen p. 50. und in dieser Sammlung p. 185. schon gesaget, daß die Einsicht zu denen Justiz-Verbesserungsmitteln, ohne ein ärgeres Uebel einzuführen, so leichte nicht sey, und in meiner Gerichtsverfassung der alten Teutschen §. 23. Not. 10. p. 64. seq. ist von mir satsam angezeiget, wie pessima Consuetudo des Kämpfens der alten Teutschen gesetzmäßig worden. Nach denen Quaestionibus ac monitis Juris peritorum in Leges Langobardicas beym Muratorio Rerum Italic. Scriptor. Tom. I. Part. 2. p. 163. hatte unter denen causis, wo die Partheyen kämpfen können, der Kampfproceß de charta falsa appellata statt, si voluerit ipse, qui appellavit falsam eam.

Nachher aber wurde von Guidone Augusto in seinen Legibus Cap. VI. bey gedachtem Muratorio p. 107. constituiret, wie einer eine producirte Chartam, die der andere vor falsch angegeben, mit Sacramentalibus und einem Eyde vor wahrhaftig behaupten könne. Was hat aber dieser Justiz-Verbesserungspunct zuwege gebracht? Eine Menge falscher Eyde, womit einer dem andern sein Guth, vermittelst einer falschen Charte und deren endlichen Bestärkung abgewonnen, worüber nachdem unter den Sächß. Kaysern heftige Klagen geführet wurden, welches denn Ottonem II. mit denen Proceribus Italiae, wie bey gedachtem Muratorio p. 169 zu lesen, veranlaßte, den Legen Guidonis wieder abzuschaffen, und denjenigen, der eine producirte Charte vor falsch angegeben, wenn ihm die Ausmachung der Sache durch den Kampf beliebet, dazu wieder zu admittiren. Ein klares Exempel, wo mit Abschaffung eines Justizübels, das dagegen eingeführte Mittel zu einem schlimmern Uebel ausgeschlagen gewesen.

führet. Das eine beſtehet in dem Proceſſu cambiali, wo der Kläger ſeinen verklagten Schuldner, gleich ohne vorher anzuberaumenden Termin, realiter vorladen laſſen, und ihm den verfallenen Wechſel zur Recognition vorlegen, auch, wenn er ſeine Unterſchrift in continenti endlich nicht diſſitiret, oder dieſelbe abſchwöret, im Perſonal-Arreſt halten kann, bis er ihn bezahlet. Dieſen geſchwinden und nachdrücklichen Proceß haben unſere Vorfahren, ehe die Röm-Rechtsgelahrheit bey ihnen aufgekommen, nicht gehabt, ſondern man hat ihn aus Italien mit, und dadurch die Commercien in Teutſchland vortreflich empor gebracht. Der andere von den ICtis Romanis aufgebrachte geſchwinde Proceß iſt der ſo genannte Executivus, wo der Kläger auch bey einem außergerichtlichen Documente einen Termin zur Recognition deſſelben anberaumen, und Beklagten dazu vorladen laſſen kann, dieſer aber entweder das von Klägern producirte Document recognoſciren, oder endlich diffitiren muß, und auf Erfolg des erſtern condemniret, und mit denen nicht gleich liquiden Exceptionibus in die Reconvention, oder zur beſondern Ausführung verwieſen, im andern Fall der endlichen Diſſeſſion aber von der Klage entbunden wird. War nun, wie ſchon angezeigt ³⁸), in alten Zeiten bey außergerichtlichen Handlungen eingeführt, daß der Beklagte die Klage geſtehen, oder läugnen und abſchwören muſte, und konnte der Kläger, wenn er auch gleich Zeugen hatte, das letztere nicht hindern, ſo ſind hingegen die ICti Romani darinnen weit ſorgfältiger geweſen, indem ſie des Klägers Willkühr überlaſſen, ob er, wenn er bey beſagtem Wechſel- und Executiv-Proceß den Beklagten zum Abſchwören ſeiner Hand geneigt befunden, von erwehntem geſchwinden Proceß mit Reſtitution der Unkoſten abſtehen, und den Proceſſum ordinarium, wo Beweiß und Gegenbeweiß per teſtes & Documenti oder auch nach Beſchaffenheit der Sache durch Ocular-Inſpection geführet wird, ergreiffen, oder ob er in cauſis ordinariis ſtatt des Beweiſes ſich der Eydes-Delation bedienen, mithin den Gewinſt der Sache darauf ankommen laſſen wolle. Es muß demnach dieſes wohl weit beſſer ſeyn, als der alte Proceß geweſen, maßen nach der letztern Einführung ein Kläger es eben ſo gut hat, als der Kläger alter Art, wenn er des Beklagten Abſchwörung der producirten Documente geſchehen laſſen will, noch weit beſſer aber als jener ſtehet, wenn er gedachtes Abſchwören zu hindern und damit den Verluſt ſeiner Sache zu vermeiden gedenket; nicht zu geſchweigen, daß, wenn ein Theil einen deferirten Eyd abſchwöret, es von des andern Parts Willen dependiret, mithin er den daraus folgenden Verluſt ſeiner eigenen Wahl des Beweiß.

---

38) In mehr gedachter Gerichtsverfaſ- iſt dieſes ex jure Alemannico und aus
ſung der Teutſchen §. 13. Not. 1. p. 31. dem Sächſ. Landrechte völlig erwieſen.

Gg

weißmittels zuschreiben muß, welche Wahl man bey dem alten Proceße nicht hatte. Wer vor einen todtkranken Menschen noch ein Mittel anzugeben weiß, muß wohl, wenn es gleich mit der Cur langweilig zugehet, vor denjenigen, der den Patienten ohne Anwendung eines Hülfsmittels, darmit er nur die bittern und widrigen Arzeneyen nicht einnehmen darf, lieber gleich hinsterben lassen will, noch den Vorzug haben, und kann man mit Recht nicht auf ihn schmälen, wenn er die Cur nicht kürzer eingerichtet. Er würde gleich zur Antwort geben, hätte man doch die Cur unterlassen, und, wenn es mehr beliebet, den Patienten lieber so hinsterben lassen können. Ein ehemaliger Kläger, dessen, wegen außergerichtlichen Handlungen, angestellte Klage der Beklagte ohne darwider habendes Mittel abschwören konnte, und ein nachheriger Kläger, dessen producirte Wechsel oder Documenta der Beklagte eydlich diffitiren kann, sind die Todtkranken. Sie liegen am Fieber, das der Beklagten Boßheit, durch falsche Eyde zu gewinnen, erreget, hart darnieder, und jener hat sichs gefallen lassen müssen, wie solches Fieber und des Beklagten Maliz mit ihm handthieren wollen, dergestalt, daß gar kein Mittel darwider übrig gewesen. Wenn aber die Kläger neuerer Zeiten von dem Röm. Rechtsgelehrten noch ein Hülfsmittel vorgeschrieben erhalten, sind die letztern, wenn gleich solches Hülfsmittel langweilig und viele Bitterkeiten mit sich führet, vor jenen besser dran, weil jene wider die Maliz eines Beklagten gar kein Hülfsmittel hatten.

§. 42.

Außer gedachten Executiv- und Wechsel-Proceß haben die ICti Romani noch einen sehr kurzen Proceß, nemlich das Possessorium summarissimum mit zu uns gebracht, bey dem wir uns jedoch allhier, weil wir noch wegen desselben und dessen Grenzen ein besonderes Consilium einschalten werden, jetzo nicht aufhalten wollen. Sonst aber dünkt mich den Einwurf zu hören: Ob gleich der Wechselproceß sehr geschwinde gehe, sey doch auch der andere Executivproceß noch lang, und daure wohl wegen der Vorladung des Beklagten zur Recognition, der deshalb anzusetzenden Termine, des erfolgten Verfahrens darüber, der Einholung eines Urthels und Zulassung einer Läuterung oder Appellation, auch wohl Vorbehalt der Reconvention, manchmal über 1. 2. oder mehr Jahre. Warum schafft man denn die vielen Umstände, das Recognosciren der Documenten, die Sächs. Fristen, und was sonst den Proceß aufhält, nicht ab, und läßt dagegen einen Beklagten auf eine kurze Frist vorfordern, und wenn er das producirte Document nicht ableugnen kann, warum hält man ihn nicht gleich zur Bezahlung der verschriebenen Schuld an? Darauf replicire ich aber, wie zwar nicht ohne, daß diß noch einigen Proceß und Verzögerung mache, allein wenn

wenn wir diefes Uebel ganz ausrotten wollten, würden aus deffen Ruinen gröf-
fere Uebel hervor wachfen.   Mancher Theil würde von der Uebereilung des Beklagten zu profitiren fuchen, oder der Beklagte um feine Exceptiones in continenti liquidas gebrache werden.   Dahero die ICti Romani die Sache vielmehr
nach einer folchen Wage abgemeffen, welche das Gleichgewichte böfer Partheyen
enthält, und ob fchon mancher dabey feine Jura zur Verzögerung misbrauchet,
fo können wir doch um beswillen nicht das Gute mit abfchaffen; wogegen aber
die Abfchaffung des Böfen anders nicht angienge, als daß zugleich das Gute
mit ausgetilget würde.   Bey gerichtlichen Documenten ift die Recognition des
Beklagten nicht nöthig, und alfo verftehen wir, was wir jetzo gefaget, von dem
Proceffu executivo, und von den Klagen aus Extrajudicial-Obligationibus oder
Obligationibus ftricti juris, und noch ein Executivproceß kömmt uns vor, der
über Contractus bilaterales entftehet.

§. 43.

Diefe find contractus bonæ fidei, wo beyde Contrahenten einander mutua
præftanda fchuldig, und da ift ganz natürlich, daß derjenige, der vom andern
die promiffa fordert, feines Orts auch das Verfprochene erfüllet haben müffe.
Kann er nun folches in continenti erweifen, fo wird auch der Beklagte auf
vorgegangene Recognition gleich condemniret, außerdem aber kömmt es darauf an, ob der Beklagte exceptionem non adimpleti contractus opponiret, als
in welchem Fall der Executivproceß gleichfam fufpendiret, und dem Kläger zu-
förderft der Beweis, dem Beklagten aber der Gegenbeweiß, wie er, der Kläger, den Contract erfüllet, nachgelaffen, und wann diefelben vollführet, ferner
nach dem Executivproceß fortgefahren wird.   Ob nun wohl andem, daß dergleichen Proceß von eben der Weitläuftigkeit und Dauer ift, als der Proceffus
ordinarius, mithin man fagen könnte, als wenn die ICti Romani dißfalls fo viel
als nichts gethan, und fie lieber die Klagen ex contractibus bilateralibus nur
gleich-ad Proceffum ordinarium verweifen mögen, fo haben fie doch damit ihre
Abficht auf die Proceßverkürzung in Regula bewiefen, und nur in exceptione,
wenn der Beklagte, erft die exceptionem non adimpleti contractus opponiret,
der Weitläuftigkeit Raum gelaffen.   Dem wäre freylich am beften zu begegnen,
wenn der Beklagte, der von dem Kläger das Implementum contractus wirklich
erhalten, wegen der nachher bloß zum Verfchleif opponirt befundenen Exception
des nicht erfüllten Contracts, dem Kläger vor die ihm ungerechter Weife
zugezogene Mühe, Auffenthalt und Zeitverluft, einige Strafe præftiren müfte,
von welcherley Strafen ich in einem abfonderlichen zu approbirenden Confilio
handeln werde.

§. 44.

§. 44.

Hier aber etwa die Opposition non adimpleti contractus oder in den andern caußis ordinariis, wie im Consilio angezogen, alles auf den Eyd einer Parthey ankommen zu laßen, wäre sehr gefährlich, und würde es unendliche Perjuria gebähren, ja was ich oben §. 40. davon gesaget, wiederhole ich auch hier, und was kann wohl vernünftiger seyn, als der JCtorum Romanorum Einrichtung, da sie einem Kläger in caußis ordinariis, wenn er seine Sache selbst in Gefahr setzen will, frey gegeben, dem Beklagten die Klage in das Gewißen zu schieben, und hierdurch sich selbst den Proceß zu verkürzen, oder, wenn er der Gefahr nicht trauet, lieber seine Sache durch Beweiß und Gegenbeweiß klar zu machen. Verlieret der Kläger bey der Eydesdelation, so hat er es seiner eigenen Wahl in Vorziehung des kürzern, jedoch mit großer Gefahr verknüpften Proceßes, zuzuschreiben, oder erwählet er um mehrerer Gewißheit willen, lieber den Processum ordinarium, als den Processum juratorium, so ist es wiederum sein eigner Wille, und schreyet er gleich über die Kosten und Langweiligkeit, so hat er doch solche Beschwerung willkührlich übernommen, sonst er den Weg zu Abthuung des Streits durch Eyde selbst ergreifen können. Bey Anwendung des erwehnten Consilii aber, würde einem jeden Kläger gedachte eigne Wahl oder Willkühr entzogen, und er müste es allezeit darauf ankommen laßen, wem der Richter nach seiner Willkühr auf ein tumultuarisches unordentliches Verfahren, den Eyd gestatten wollte, die Klage zu behaupten, oder abzuschwören. Wenn wir in den Schranken des Processus ordinarii, wie ihn die JCti Romani eingeführt, ordentlich fortgehen, ist gleichwohl oft der Richter über denen Beweisen und Gegenbeweisen so zweifelhaft, daß er die Sache nicht anders, als vermittelst eines dem Kläger auferlegten Juramenti suppletorii, oder dem Beklagten zuerkannten Civil-purgatorii zu entscheiden weiß, und geschiehet das, möchte man sagen, am grünen Holze, was will an den dürren werden? Was würde der Richter vor Grundwahrheit im tumultuarischen und ganz unordentlichen Verfahren finden? Unter den Partheyen würde die ungerechteste, wenn sie nur die geschwätzigste wäre, welche der bösen Sache eine gute Schminke anstreichen könnte, oben anstehen, die Gerechte aber, welche zwar das ächte Bild der Wahrheit darstellte, jedoch es mit zu vieler Einfalt, und in allzuunkenntlicher Gestalt thäte, sich untertreten laßen müßen, zumal, wenn aus einschlagenden Bewegungsursachen der Richter vor jene auch mehr, als vor diese, geneigt wäre. Denn anders gienge die kurze Abthuung einer Streitsache durch Eyde nicht an, als daß der Richter aus allen Schranken der Schuldigkeiten gelaßen, und ihm ein Arbitrium gestattet werden müste, welches leicht

als

als ein bügelloſes Pferd dahin ſchießen, und auf geringe Reißungen, die guten Sachen über den Haufen werfen würde. Es iſt demnach das ganze erwehnte Conſilium nichts nütze, und muß deſſen Handhabung als eine der
Juſtiz ſehr ſchädliche Sache, verabſcheuet werden, wenn man nicht das Böſe,
weil darzu leichter und geſchwinder, als zum Guten, zu gelangen, dieſen
vorziehen will.

Conſilium V.

Man ſetze lauter fromme und gelehrte Richter, welche Gott vor
Augen und im Herzen haben, und nach ihrem beſten Wiſſen
und Gewiſſen, die vorkommenden Streitſachen ohne Weitläuftigkeit ſofort entſcheiden und abthun [19]).

Prüfung.

§. 45.

Dieſes Conſilium könnte vor eine kräftige Replic auf die im vorigen §ph.
geſchehene Verwerfung des zur Proceßverkürzung angeprieſenen Arbitrii
Judicis angeſehen werden. Allein zu geſchweigen, daß nicht ſowohl Frömmigkeit und Gelehrſamkeit, als Anverwandſchaft, Dienſtleiſtungen oder Eigennutz, gemeiniglich zum Richteramt beförderlich ſeyn, mithin ſolches Conſilium zur Platoniſchen Republik, die man ſich nur in mente vorſtellen kann,
zu verweiſen iſt, ſoll es uns gleichwohl, wenn es auch möglich wäre, lauter
ſolche Richter zu haben, an Urſachen nicht fehlen, warum ſolches Conſilium
vor unzulänglich oder vor verwerflich zu achten. Die fromme Einfalt, welche
nur vor ſich hinſiehet, ſaget ſo: Wenn ein Richter die Rechte verſtünde, und
dabey fromm wäre, ſo würde er, wenn man ihm die Ausmachung der Sachen, ohne an die weitläuftigen Formalitäten gebunden zu ſeyn, überließe,
nach ſeinem Wiſſen und Gewiſſen gar bald ſeine Entſcheidungen thun, und
damit den Ausſchweifungen der Partheyen und Advocaten Ziel und Maaße
ſetzen, mithin einem jeden in aller Kürze zu ſeinem Rechte verhelfen. Das
klinget ſchön und vortreflich, würde aber nur in ſo weit einſchlagen, wenn
man

Gg 3

19) Wenn Melchior Oſſe in ſeinem
Teſtament Cap. XV. p. 445. weyland
Churfürſt Auguſto gerathen, die Juſtiz-
ämter nicht nach Gunſt, Freundſchaft,
Schwägerſchaft und andern Neigung
und Affecten vergeben zu laſſen, ſo rechnet Thomaſius ſothanes Conſilium ad
rempublicam Platonicam, und zwar mit
guten Grund, weil die Beobachtung gedachten Conſilii wohl unmöglich iſt.

man dasjenige, was dergleichen Richter ausspräche, vor recht erkennete. Allein weit gefehlet, daß er nichts thun, und nichts sprechen würde, als was
würklich recht wäre. Denn er könnte ja so wohl, als ein anderer, an Præ-
judiciis laboriren, und aus Irrthum das falsche vor wahr, und das wahre
vor falsch halten. Besonders aber ist gemeiniglich nichts harnäckigter, als
die mit Frömmigkeit vorgefaßten Meynungen. Es ist und bleibt wahr, was
der Autor einiger Anmerkungen über den Extract aus der Antwort des Streit
Mährischen Tropi in dem Tractat, die gegenwärtige Gestalt des Creutzreichs
Jesu Christi in seiner Unschuld, betitelt, und von dem Herrn Grafen von
Zinzendorf edirt, in Ansehung dessen Anhängern vorgetragen, nämlich [40]:
Die Erfahrung hat bisher zur Gnüge bezeuget, daß sie die Infallibilität aufs höchste treiben, und lieber läugnen und sich krümmen
schlangenmäßig, ehe sie offenbare böse Facta öffentlich davor erkennen wollten. Es ist erstaunlich, wie die meisten Menschen durch
die Eigenliebe verblendet werden! aber bey dieser Gemeinde ist dieses Uebel recht zu Hause. Hier wird die Herrnhutische Gemeinde und wer
derselben anhänget, gemeynet, welche doch besondre Frömmigkeit affectiret.

§. 46.

Wir müssen bey denen hier recommandirten frommen Richtern keine
Frömmigkeit nach der Wiedertäufer- und Erz-Pietisten Art erfordern, welche
alle Regiments- und Gerichtshandlungen oder Processe vor sündlich und verdammlich achten, allermaßen dergleichen Mensch gar kein Richterliches Amt
übernehmen kann. Aber wir wollen uns solche fromme Richter vorstellen, die
es nach unserer Orthodoxie würklich seyn, ihren Gottesdienst elfrig abwarten,
und sich gegen ihren Nächsten Pflichtmäßig zu verhalten, vorgesetzt haben.
Von dergleichen Richter nun ist die Frage, ob er ein vollkommer untadel-
hafter Richter sey, welcher die Justiz am besten verwaltet? Ich kann nicht
umhin, einen solchen Richter vor einen boßhaften den Vorzug einzuräumen,
aber der Vorzug erstreckt sich weiter nicht, als so weit Hinterlist, Betrug und
böse Tücke von jenem entfernet seyn, welche jedoch auch von diesen sich nicht
einmal allezeit ganz entfernet halten. Sonst hat auch der fromme Richter
in manchen Stücken mehr übles, als der böse, und manches mit diesem gemein. Ich will setzen, es sey einer hoch- oder tief-gelehrt, und recht fromm,
dabey aber prävaliret bey ihm der Ehrgeitz, kann ihm nicht die Gelehrsamkeit
eine

---

40) Siehe Bayreuther wöchentliche   schaften de ao. 1746, 38stes Stück pag.
Nachrichten aus dem Reiche der Wissen-   395.

eine eingebildete Infallibilität, und die Frömmigkeit ein allzu großes
Vertrauen auf ſich ſelbſt zuwege bringen, und zwar nach der Ambition und
Eigenliebe, alſo, daß er diejenigen, welche mit ſeinen Ausſprüchen, als den
eingebildeten allerweiſeſten Oraculis, und mit einem darauf gegründeten
Verfahren nicht zufrieden ſeyn wollen, gleich vor böſe achtet? Und wenn auch
ſchon der widerſprechende Theil die gerechteſte Sache von der Welt hat, ſo
iſt es doch wohl in ſeinem Sinn eine ſtrafbare Wiederſetzlichkeit, und muß
ſolcher Theil auf ſich nehmen, vor halsſtarrig und vor einen unruhigen Kopf,
der gerne ſtreitet, oder wenn er nur ein Litis-Conſorte iſt, vor einen Verhetzer und Aufwiegler ſich ausrufen zu laſſen. Er, der fromme Richter,
machet ſich kein Bedenken, ihn einen boßhaften Menſchen zu nennen; weil
er ſeiner als eines ſolchen gelehrten, und frommen Richters Infallibilität,
welche ſeine Eigenliebe unumſtößlich macht, etwas zu opponiren ſich unterfängt. Bekömmt etwa ein Advocatus einigemal Gelegenheit, in vorfallenden
Cauſis ſeinen Diſſenſum zu erkennen zu geben, hilf Himmel, was iſt diß bey
dem frommen Richter, der gerne alles geſchwinde ſchlichten wollte, vor ein
unartiger böſer Menſch, der nur Ungemach anrichtet, und dem gemeinen
Weſen böſe Exempel giebet? Ich ſage, böſe Exempel, denn andere ſpiegeln
ſich daran, ſich dem frommen Richter ebenfalls zu wiederſetzen. Was er
ſaget und handelt, das iſt der Gerechtigkeit gemäß, und ſein Eyfer entbrennt
über den böſen Advocaten, der ihm ſolche Hinderungen in den Weg leget.
Er kann ſich des Klagens über den elenden Zuſtand, daß wir ſolche Rabu-
liſten und böſe Advocaten haben, nicht enthalten. Alle, die ihm zuwider
ſeyn, ſind böſe. Denn er gehet keine andere Wege, als welche zur Gerechtigkeit führen, und ſuchet nur der Boßheit und Ungerechtigkeit Einhalt zu
thun. Er kann es nicht bergen, wie übel ſich der Advocat Sempronius bey
aller Gelegenheit aufführet, und er möchte nicht unrecht zu thun, wenn er
ſeine ſchändliche Aufführung bey aller Gelegenheit den Leuten entdecke. Kommt
ein ſolcher Advocatus mit einer neuen Sache, ſo ſuchet der irritirte ſonſt
fromme Richter es möglichſter maßen dahin einzuleiten, daß ſeine Parthey
nicht recht behalte, und nur dieſes, daß ſie ſich ad ſuperiorem wenden kann,
hält ihn zurücke, nicht gleich zuzufahren, ſondern etwa mit guter Manier
ihr das Recht aus den Händen zu winden. Denn wer die Obrigkeit nicht
ehret, iſt des Rechts in keinem Stücke werth, und wenn auch die Parthey
keine Schuld hat, ſo verdienet ſie doch nicht beſſer tractiret zu werden, weil
ſie ſich einen ſolchen odiöſen Advocaten erwählet, der den behörigen Reſpect gegen
den Richter nicht beobachtet. So iſt mancher fromme Richter geartet, und
zwar ein Frommer, der vermittelſt der Eigenliebe ſeine Gelehrſamkeit und

Fröm-

Frömmigkeit über alles erhebet, denjenigen aber für ungerecht erkennet, der solches nicht vor wahr annehmen will.

§. 47.

Prædominiret der Geldgeitz, so entstehen die Klagen, es werfe der Dienst nichts mehr ab, und könne man gar nicht mehr auskommen. So stelle man sich denn vor, als ob Cajus zu dergleichen Richters Ehefrau käme, sie aber zu ihrem Manne spräche: Mein Schatz, Cajus ist bey mir gewesen, und hat mir die Noth geklaget, die er wegen des Processes mit Sempronio hat, und bathe mich sehr, vor ihn ein gutes Wort einzulegen. Hilf doch dem armen Manne! Wir wollen uns ferner einbilden, als wenn der Richter darauf keine Attention haben wollte, seine Ehegenoßin aber versetzte: Cajus ist ein braver Mann, und wenn er nur gut aus seiner Sache kömmt, wird er schon erkenntlich seyn; Er brachte mir auch . . . . könnte ihr der Richter hier nicht leicht in die Rede fallen: Schweig! es ist nicht erlaubt Geschenke anzunehmen, ich mag davon nichts wissen; doch will ich sehen, ob dem guten Manne mit Recht zu helfen sey? Der Richter gebrauchet nach Beschaffenheit eine Fuhre, oder sonst etwas, läßt Cajum rufen, und befraget ihn, ob er es vor Bezahlung auf sich nehmen, oder das Bedürftige geben wolle? Dieser ist von Herzen gerne zu allen willig, jedoch nimmt der Richter diese Willfährigkeit anders nicht an, als gegen Bezahlung; und da muß nun wenig gefordert, oder des Richters Accord nur pro forma seyn. Ein anderer, der des Richters Bestrafung oder ein empfindliches Negotium zu befürchten, oder sonst des Richters Hülfe nöthig hat, gehet zu ihm, und biethet ihm Heu oder Haber zum Verkauf an, liefert es, und verschiebet die Angebung des Werths und Bezahlung immer fort. Sollte nicht auf solche Weise auch ein frommer, jedoch geitziger Richter präpariret werden können, auf dessen Seite zu treten, und ob er gleich sonst kein Recht vor sich hätte, daß er dennoch ihm zu helfen suche! Kann der Richter nicht, wenn sonst kein Rechtsgrund vorhanden, die vorgeschützte Billigkeit als einen Vorwand gebrauchen? Oder hätte Cajus etwas zu prästiren, kann nicht der Richter den Proceß aufhalten, und die Widerpart so mürbe machen, bis zum Beschluß nichts, oder etwa nur ein magerer Vergleich heraus kommt? Solche Widerpart hat Ursache, sich über des Richters Handlung zu beschweren, und da wird der Richter noch ihr Feind, welcher selbige wohl gar in verdrüßliche Negotia einwickelt, und bey dem allen vermeynet er ein frommer und gottesfürchtiger Richter zu seyn, wer aber solches nicht erkennen will, ist bey ihm ein Calumniante, oder ein des schuldigen Respects vergessener strafwürdiger Mensch, dem man es bey aller Gelegenheit gedenken müsse.

§. 48.

§. 48.

Hat aber bey dem frommen Richter die Paßion der Wolluſt die Oberhand, ſo iſt er wohl immer freundlich, jedoch tritt er am meiſten ſeinen Schmausbrüdern bey, wiewohl er auch leicht wieder wanket, und was er heute einem zu Gefallen macht, morgen dem andern zu Gefallen wieder umkehret. Oder er hat viel Phlegma, iſt faul und thut faſt gar nichts, als daß er ſich mit Pflegung ſeines Leibes beſchäftiget. Wenn er Streitigkeiten vornimmt, will er gerne allen beyden Partheyen zu Willen ſeyn, und tractiret ein zwey drey und mehrmal die Güte mit freundlichen Zureden immer fort, ohne daß etwas ausgemacht wird. Deſſen Bekleiſterung führet noch einen ſchönen Titel, nemlich er laſſe nicht gerne eine Sache zum weitläuftigen Proceß kommen, und verſuche lieber alle Mittel, demſelben abzuhelfen. Er nimmt es eben ſo gar übel nicht, wenn man ſich über ihn beſchweret, und bleibet deſſen ungeachtet freundlich, aber außer den leeren Worten erhält man immer nicht viel, und es bleibet gegen beyde Partheyen bey guten Vertröſtungen.

§. 49.

Sollten nicht ſo, wie bisher erzehlet, beſchaffne fromme und gelehrte Richter zu finden ſeyn? Wenn mir gleich jemand vorwerfen wollte, daß ſolche, die nach ihren Leidenſchaften ſo handelten, keine frommen Richter wären, ſo wird man doch auf dieſer Welt keine andere Frömmigkeit antreffen, als wo ſich die prædominirenden Leidenſchaften immer mit einmiſchen, ohne daß man diß aus Eigenliebe vor Fehler erkennet. Die Eigenliebe entſchuldiget alle Laſter bey ſich ſelbſt gar zu leichte. Die Eigenliebe eines ambitiöſen Richters achtet bey ſich die unbewegliche Infallibilität für eine Tugend der Beſtändigkeit und Standhaftigkeit, und das Laſter der Rache für einen gerechten Strafeifer. Des geldgeitzigen Richters Annehmung der Geſchenke iſt ihm etwas rechtes und billiges, welches er ganz wohl verdienet hat, und wenn jemand ſeine Erkenntlichkeit beweiſet, ſaget ihm die Eigenliebe an, es ſey wohl verwerflich, ſich durch Geld beſtechen und auf die Seite bringen zu laſſen, aber er habe das nicht gethan, ſondern ſey nur darum Cajo, der Geſchenke gebracht, beyfällig geweſen, weil er recht gehabt, und wenn nun Cajas die Tugend der Erkenntlichkeit ausüben will, ſey es doch nicht billig, dieſelbe zu verſchmähen. Man gehe zu weit mit gänzlicher Verbiethung des Geſchenkenehmens, und ob es wohl wegen des Mißbrauchs, weil ſonſt eine Parth, wenn ſie nicht erſt ſchmierete, nicht wohl fahren würde, bey dem Verboth bewenden mag, ſo ſey es doch gegenwärtig unſchuldig, und man müſſe nur um anderer Leute Schmähung und Läſterungen

Hh willen

willen, dergleichen Sachen mit Manier tractiren, das Geschenkenehmen der Frau überlassen, oder per indirectum durch wohlfeilen Kauf geschenkte Sachen, wo man entweder wenig dafür giebt, oder das Kaufgeld immer und ewig schuldig bleibet, den Vortheil annehmen. Wirft auch etwa hier das Gewissen der Eigenliebe ein: Siehe, Titius hat in seiner Sache, wo nicht besseres, doch eben so gutes Recht, und gleichwohl hilfst du ihm nicht so geschwinde; er mag laufen und sollicitiren, wie er will, so bleibet doch seine Sache immer zurück, so wird dennoch die Eigenliebe leicht die Oberhand behalten, und das Gewissen damit befriedigen, es sey Titius ein absurder Kerl, wolle nur mit seinem ungestümen Kopf durchfahren, und wann man ihm nicht gleich alles zu Gefallen thue, beschwere er sich unbilliger Weise über den Richter, und verunglimpfe ihn. Es sey also werth, daß man vielmehr seinen Starrkopf mit guter Münze bezahle, und ihm in seinem Processe, wenn man sich gleich anders stellet, dennoch bey aller Gelegenheit einen Kneiper beybringe, damit seine Bosheit inne werde, was das sey, einen Richter, dessen Amt in Ehren gehalten werden soll, so frevendlich anzugreifen. Hat Titius etwa über die Sportelmacherey Beschwerde geführet, so ist er ein undankbarer Mensch, der auch wohl verdienten Lohn abstreiten wolle. Und es wäre besser, wenn man gar die Freyheit hätte, Sporteln zu machen, so viel man wollte. Denn da würde nicht so viel Streitens und Processirens seyn, wenn es die Partheyen brav Geld kostete.

§. 50.

Die Unachtsamkeit, Wankelmuth, oder Gemächlichkeit des wollüstigen Richters, findet bey der Eigenliebe ebenfalls ganz leicht ihre Entschuldigung, und kann mit denen Tugenden der Willfährigkeit, Genügsamkeit und der Menagirung in Unkosten bemäntelt werden. Bey dergleichen faulen Richter büßet, seiner Meynung nach, die Parthey nichts ein, weil sie immittelst die Unkosten ersparet, und mit dem Verzug fügt es sich etwa, daß beyde Theile, ohne weitläuftigen Proceß, ein Abkommen treffen können. Ich will nicht behaupten, daß alle fromme und gelehrte Richter so beschaffen wären; nein! es kann sich wohl hier und dar ein Held der Tugenden, welcher die prædominirenden Leidenschaften überwindet, finden lassen. Aber ist es nicht leichter, daß die Rastrey gedachter Leidenschaften etwas davon auf einen Richter mit fortgeschleppet, welcher doch aber dabey, unter dem Schutz der Eigenliebe, und vermittelst ihrer Erklärung, ein frommer Mann zu seyn gedenket? Der Prophet Micha [41]) saget: Was der Fürst will, das spricht der Richter, daß

er

41) Cap. VII. v. 3.

er ihm wieder einen Dienſt thun ſoll, die Gewaltigen rathen nach ihren Muthwillen, Schaden zu thun, und drehens wie ſie wollen. Und wenn eben derſelbe gleich vorgeſetzet: Und meynen, ſie thun wohl daran, wenn ſie Böſes thun, ſo giebet es zu erkennen, daß der von dem Propheten beſchriebene Fürſt, Richter und die Gewaltigen ihre Fehler nicht erkennen, ſondern aus Eigenliebe das Böſe für was Gutes erklären. Konnte doch Iſabel [42]), um ihrem Gemahl Naboths Weinberg zu verſchaffen, und Nabothen unſchuldig tödten zu laſſen, ſcheinbar-gerechte Urſachen erfinden. Denn, ſagte ſie, Ahab regiere das Königreich, und da hieran viel gelegen, er aber ſich des Nabothiſchen Weinbergs halber grämet, mithin zu befürchten, daß er darüber gar erkranket und ſtirbet, ſo iſt es beſſer und gerechter, Nabothen umbringen zu laſſen, und Ahaben deſſen Weinberg zu ſeiner Tröſtung und Erhaltung zu verſchaffen. Es hat auch Ahab ſein und ſeiner Gemahlin Iſabel entſetzliches Laſter nicht erkannt, als bis der Prophet Elias auf Gottes Befehl ihm die Sache vorſtellete. Hat doch David das Laſter des Ehebruchs mit der Bathſeba, und Todtſchlags des Uriä für was beſonders ſündliches nicht geachtet, bis ihn der Prophet Nathan eines andern überzeuget, und zwar durch Vorhaltung eines fremden Exempels. Er hatte die Frau des Urias verführt und Ehebruch getrieben, auch ihn, der ſich als ein ausnehmend getreuer Unterthan und Diener erwieſen, damit der Ehebruch verborgen bleiben, und er das Weib nehmen konnte, todt ſchlagen laſſen, und dennoch biſſe ihn das Gewiſſen nicht. Als aber Nathan ihm nur erzehlete, wie ein reicher Mann, der ſehr viel Schafe und Rinder gehabt, bey Gelegenheit einer Gaſtirung, der Seinen geſchonet, und einem Manne, der nur ein einziges Schäfgen gehabt, ſolches weggenommen und geſchlachtet, o da ergrimmet er mit großem Zorn wider den Mann, und ſpricht ihm ohne Anſtand das Todesurtheil. Mit dieſem Exempel erſt überführet der Prophet Nathan ſein Gewiſſen, und macht es rege, daß er den Todſchlag Uriä, und Wegnehmung ſeiner Frauen, für Unrecht, und die Schwärze ſeiner begangenen Sünden erkennet [43]). David war ſonſt ein frommer Mann, ein Mann nach dem Herzen Gottes, und was könnte man darwider einwenden, wenn man ſolche fromme und Juſtizeifrige Männer, wie David geweſen, zu Richtern anpreiſen wollte? Sehen wir aber nicht, daß denſelben ſeine Eigenliebe überwältiget, ohne Herzensbeklemmung, die ſchändlichſte und ärgſte Sünde zu begehen? Ob wir nun gleich fromme Richter nicht verweſen, ſo taugt doch das hier angeführte Conſilium, daß die Entſcheidung der Proceßhändel eines frommen Richters arbitrio überlaſſen werden ſoll, gar nicht, die Juſtiz

Hh 2 zu

zu verbessern, sondern es muß dieser, wie der böse, in seine Verhaltungsschranken gesetzt seyn, und hierdurch im Zaum gehalten werden, daß er wider die Ausschweifungen, wozu ihn die menschlichen Leidenschaften und Eigenliebe reizen, zurücke gehalten werde.

Consilium VI.

Man schaffe die Advocaten ab, oder setze ihr Verhalten in enge Schranken, damit sie dem Richter nicht solche Einwürfe und Aufenthalt machen können, oder wenigstens schränke man die Advocaten auf eine gewisse Anzahl ein, um sie besser in Zaum zu halten, und nach Befinden strafen zu können.

Prüfung.

§. 51.

Auf die Frage, soll man die Advocaten ganz abschaffen, wird ein unbedachtsamer Justizeifer [44] antworten: Ja, man rotte sie mit Strumpf und Stiel

---

[44] Dergleichen beweisen nicht nur manche unter dem Pöbel, sondern man trift ihn auch bey manchen Gelehrten an, und besonders hat selbigen auch der Herr von Loen in seinem sichern Vorschlage zur Abstellung der Weitläuftigkeit der Rechtsprocesse bewiesen. Sonsten lassen sich seine moralischen und satyrischen Schriften sehr wohl und mit guter Approbation lesen. Allein mit seinen Reformationsvorschlägen in der Justiz und Religion, gehet er zu weit auf Extremitäten. Ratione reformationis Justitiæ finde ich bey ihm keine zulängliche Einsicht in die utilia & necessaria, sondern eine leichte Ueberhinsicht zur Geschwindigkeit, wenn gleich die Justiz darüber verlohren gehet. Indessen gestehe ich ganz gerne, daß ich wegen seiner moralischen Schriften eine große Aestimation vor denselben gehabt, welche aber durch seine ausschweifenden Religions- und Justiz-Reformationseifer etwas geschwächet werden; Wiewohl ich auch fast zweifeln muß, ob seine Vorschläge zur Religionsvereinigung ein Religionseifer zu nennen? Verachtet man doch eines Menschen Testament nicht, wenn es bestätiget ist, und thut auch nichts dazu, nach St. Pauli Ausspruch Gal. 3. v. 15. Und also kann man seine verlangte Abschaffung unsers heiligen Abendmals und was anders dafür hinzu zu thun, als eine Verachtung des neuen Testaments unsers Heylands Jesu Christi, nicht aber für einen Religionseifer ansehen. Nur besagter St. Paulus 1 Corinth. 11. v. 18. seq. als er erfahren, daß unter der Corinthischen Gemeine Spaltungen wären, vermahnete nur einige Mißbräuche bey Zusammenkünften abzustellen, wiederholte die Worte des Testaments, die Einsetzung desselben und setzet seinen übrigen Erinnerungen hinzu: Der Mensch aber prüfe

Stiel aus, denn diese sind es, welche die Proceße veranlaßen, und die Leute
dazu verhetzen, mithin den meisten Streit machen. Aber werden denn die
Advocaten von den Leuten, wenn sie ihre Rechte suchen oder behaupten müßen,
nicht selbst verlangt? Und was würde aus deren gänzlicher Abschaffung entstehen? Ein Stillestand der Justizverwaltung, die Oberhand des Unrechts,
die Willkühr des Richters, und die Unterdrückung der Armen, oder auch berer, welche contra potentiores oder locupletiores zu streiten haben. Wer begreifet, daß Bürger und Bauer die Rechte, wie wir sie haben, nicht verstehen, und unter hunderten wohl kaum einer von seiner Sache einen verständ-
lichen Vortrag machen kann, auch, daß die Partheyen an gewiße Proceßfor-
malitäten gebunden, und wenn sie solche nicht beobachten, von daher ihre gerechteste Sache verlieren können, der muß auch nothwendig begreifen, daß es
gar nicht angehet, alle Advocaten abzuschaffen, man habe denn zuvor nach
gedachten andern und dritten Consiliis unsere jetzige Rechte ganz abgeschaft,
und Rechte nach Art der alten Teutschen oder derer Dänen und Schweden
eingeführt. Es ist aber schon die Prüfung geschehen, warum solches nicht
rathsam, und dennoch würde auch, wenn man sich die große Veränderung
derer Rechte als thunlich vorstellete, die gänzliche Vertilgung der Advocaten
nicht rathsam seyn. Denn die alten Teutschen hatten zum Theil ihre
Vorsprecher, und in Dännemark und Schweden giebet es Advocaten, obgleich
nicht in so großer Menge, noch mit solchen Rechten begabet, noch bey so viel
Sachen als in Teutschland. Doch fallen daselbst auch Streitsachen vor, wo-
wohl Gerichts wegen Advocaten erfordert werden. Es gehöret der Wunsch,
daß doch gar keine Advocaten seyn möchten, zu vorherigen ersten Consilio
der Wiedertäufer, und solcher Leute, welche das ganze Proceßwesen, worinnen die Justizadministration bestehet, vor was gottloses achten, und alle
Regimentsverfaßung unter Christen, als böse, verwerfen.

§. 52.

Es taugt demnach die gänzliche Abschaffung der Advocaten nichts. Aber
ein anders ist, ihnen Schranken ihres Verhaltens zu setzen, und wenn e. g.
nicht jeder Schreiber oder Pfuscher, der etwa durch Uebung bey einem Practico ein Schreiben machen gelernet, sondern keine andern Subjecta, als die
ihre vorgeschriebene Specimina abgeleget, zur Advocatur gelaßen, und sonst

Hh 3 sie,

prüfe sich selbst, und also esse er von die-   fangen, das heil. Abendmahl abzuschaffen?
sem Brod, und trinke von diesem Kelche.   Weg demnach mit dergleichen Menschen
Wie will also jemand hierwider sich unter-   Weißheit, welche 1 Corinth. 1. beschrieben.

fie, die Advocaten, durch obrigkeitliche Verordnung auf den Weg, den sie
wandeln sollen, sowohl, wie sie bey Ausschweifungen zu bestrafen, angewiesen
werden, welches alles, als ein Theil guter Justiz zu betrachten ist. Ich sage
jedoch wohlbedächtig, als ein Theil. Denn wenn dieser Punct die ganze
Justizverbesserung ausmachte, so müste sie schon dergestalt ausgebessert seyn,
daß man gar nichts mehr zu desideriren hätte. Wie heftig gehet es nicht hier
und da über die Advocaten her, und hat man davon verschiedenes einige
Jahre her in denen öffentlichen Zeitungen gelesen. Es giebet unter denen
Advocaten, wie unter andern Leuten, Ertzbösewichter und Betrüger, zumal
unter denen von der schlechtesten Sorte. Und wenn nun Sempronius oder
der Pfuscher Cajus, der sich vor einen Advocaten ausgiebt, etwas gottloses
begehet, heißet es nicht: Solche Boßheit hat der Advocat Sempronius oder
Cajus, der Schreiber, gethan, sondern es heißet gemeiniglich: So machen
es die Advocaten, solche Leute sind sie. Dergleichen Unglück betrift jedoch
den Advocatenstand nicht allein. Es gehet denen Herren Geistlichen nicht
besser, und wenn unter zehen oder mehrern einer was ungebührliches gethan,
so wird zu dessen Erzehlung gleich hinzu gesetzet: So machen es die Geistlichen, so sind die Herren Geistlichen. Wenn demnach der Ausspruch: Sola-
men miseris socios habuisse malorum, seine Richtigkeit hat, kann sich eines
mit des andern Schicksal trösten, und in gedachten beyden Ständen, jeder
ins besondere, der sich des beschuldigten Lasters nicht theilhaftig gemacht hat,
die Thorheit der Menschen belachen, oder wenn er es in der Tugend höher
bringen kann, der lästernden Menschen Irrthümer mitleidig ansehen, ohne
sich deshalb in Kümmerniß zu setzen. Es ist nicht unbekannt, daß Verächter
der Geistlichen sich bey Anfechtungsstunden nach deren Tröstung gesehnet,
und Verspötter der Advocaten suchen dieselben wohl, wenn sie selbst in Processe gerathen. Bey einem solchen ist nunmehr der Advocat, der ihm dienet,
ein rechtschaffener Mann, wenn er gleich den Gegner wacker herumführet.
Nunmehr ist bey ihm dieß alles recht, was er vordem bey andern und bey
dem ganzen Proceßwesen getadelt. Je besser sein Advocat vor ihn die
Actiones und Exceptiones einfädeln kann, welches mancher sonst Chicanen-
machen heißt, desto besser ist er, und bekommt er den Titel der Redlichkeit und eines wackern Mannes; Die andern Advocaten aber, und besonders der, welcher dem Gegentheil dienet, desgleichen die Gerichtspersonen erhalten nunmehr die schlechten Titel der Chicanemacher, wofern es
nicht geschwind nach seinen Willen gehet. So verkehrt und irraisonabel
gehet es in der Welt mit zu.

§. 53.

Wenn ich indessen selbst gesaget, es sey die Setzung der Advocaten in Verhaltungsschranken ein Theil der Justizverbesserung, so ist doch damit allein, wenn man seine Absichten nicht weiter gehen lässet, der Sache wenig gerathen, ja man kann die Justiz damit statt der Verbesserung leicht verbösern oder schlimmer machen. Eben als wenn bey einer Saat zugleich Unkraut verschiedener Art aufgehet, und ich ließ nur die eine Art ausgäten, würde nicht da das andere Unkraut desto besser aufwachsen, und das aufgehende Getrayde verderben? Würde nicht die Austilgung des einen nur darzu dienen, daß das andere mehr um sich greifen und das Getrayde verzehren könnte? Also wird auch, wenn wir die Advocaten gar zu sehr einschränken, und vermeynen, damit alles recht gut gemacht zu haben, an dessen statt ein anders und größers Uebel entstehen, welches, wie ein Strom, die Justiz mit sich fortreißet. Solches bestehet in der überwiegenden Gewalt des Richters, wenn dem Advocaten, in Einschränkung dessen Handlungen, zu viel Einhalt gethan würde. Wir wollen uns aber dabey nicht länger aufhalten, sondern fügen gegenwärtig nur so viel hinzu, daß beyder, derer Richter und Advocaten Verhalten in genaue Wagschalen zu legen, und gegen einander richtig abzumessen ist, damit keiner von beyden zu weit ausschweifen, oder pro arbitrio handeln könne. Sonst und wenn die Uebermacht des Richters die Advocaten mit unterdrücken könnte, so müsten diese sich von jenem herumführen lassen, und nach dessen Pfeife, wie und wenn er es haben wollte, tanzen. Hierzu trüge gewissermaßen vieles mit bey, wenn auf numerum certum Advocatorum gesehen würde. Denn wer soll hierbey wählen? Der Richter siehet nicht auf Gelehrsamkeit, Geschicklichkeit und Tugend, sondern der schlechteste Advocate und gröste Ignorante ist oft der angenehmste, weil derselbe des Richters Verfahren nicht so leicht angreift, sondern sich alles besser gefallen läßt, als derjenige, welcher Wissenschaft besitzet, und des Richters Handlungen zu beurtheilen weiß.

§. 54.

Es haben sich nach denen Zeitungen Leute gefunden, welche sich nicht gescheuet, eines außer Teutschland in entfernten Reichen lebenden Ministers angegebene Verordnung, daß denen Advocaten, die eine Proceßsache nicht gewönnen, keine Unkosten passiret und bezahlet werden sollten, als was recht kluges und vernünftiges herauszustreichen. Ob solches in besagten entfernten Ländern nutzbar sey, bleibt dahin gestellet. Ein Beurtheiler aber, der es in Teutschland für ein gutes Mittel anpreißet, dürfte wohl unter die einfältigsten, denen eine rechte Einsicht gänzlich ermangelt, gerechnet werden. Er siehet nur
auf

auf dem Wege gleich vor sich hin, und hat darauf nicht Acht, wo Seitengräben aufgeworfen, oder ob er in eine Wildniß geführet wird. Was würde daraus erfolgen, als eine Verstopfung der Justiz und Vertilgung des Credits? Die Advocaten würden sagen, wenn nicht voraus bezahlet wird, so mache ich nichts, und die erwehnte Verordnung würde alle Advocaten gleichstimmig machen, da sonst, wenn einer nicht borgen will, der andere borget, welches denen armen Clienten oft zu großer Hülfe und Troste gereichet, oder wäre es schlechterdings verboten, sich voraus bezahlen zu lassen, würde der gute Advocate bey jeder Sache sich ein Bedenken machen, sie anzunehmen, weil er nicht wüste, ob er sie gewinnen würde. Und wollte man gleich sagen, es müste doch wohl ein Advocat, wenn er essen wollte, auch arbeiten, so könnte ich doch repliciren, wie er durch Annehmung der Procesße, wenn erst der Ausgang, ob er gewinnet oder verlieret, erwartet werden muß, seine Condition nicht verbesserte, indem er mit seiner Arbeit indessen nichts verdiente. Die Noth würde auch manchen Advocaten zu Ausübung böser Dinge zwingen, die er sonst nicht thäte, wenn er seinen täglichen Verdienst hätte. Der Einwurf, weil die Advocaten die Procesße machten, so wäre kein besser Mittel darwider, als wenn die Clienten denen Advocaten, die einen Proceß nicht gewönnen, keine Unkosten geben dürften, wird von mir also beantwortet, wie einestheils des Klägers Advocat, ob ein Proceß zu gewinnen sey, schwerlich ganz gewiß voraus sehen kann, und wenn er auch die klärsten Documenta oder Beweißthümer vor sich siehet, er dennoch nicht weiß, mit was vor Waffen der Beklagte zum Vorschein kömmt, anderntheils die Advocaten die Procesße nicht weiter, als ein Medicus den medicinischen und ein Chirurgus den chirurgischen Proceß machen. Wer wollte aber anrathen können, eine Verordnung zu thun, daß kein Medicus oder Chirurgus bezahlet werden dürfte, als welcher seine Patienten gesund machte, damit die Medici und Chirurgi nicht so viel Curen anfiengen. Sonsten wären wohl die Mittel wider die Procesße kürzer und ganz kurz zu fassen, wenn man in diesem Stücke die Principia der Wiedertäufer annähme, und gar keinen Proceß verstattete, oder doch dergleichen anders nicht zuließe, als wenn die Frage, ob er zu gestatten, dem Richter untergeben würde. Aber weiß denn ein solcher Urtheiler, was der Prætor Romanus gethan, wenn er actionem concediret, und was unsere heutigen Richter thun, da bey dem ersten Erkenntniß auf beyder Theile Verfahren zugleich erörtert wird, ob die Action statt habe oder nicht? Ja, dürfte man wohl einwenden, es wäre doch besser, wenn nicht so viel muthwillige Klagen angestellet, und die Leute so mit Proceß und Unkosten herumgetrieben würden. Allein kann man denn gleich sehen, welche Klage muthwillig sey oder nicht? Schade, daß man einen so weisen Mann, der mit

gedach.

gedachten Eyfer begabt, nicht gleich zum Richter gemacht. Wenigſtens, wenn Klagen wider ihn entſtünden, würde er ſolche für muthwillig halten, und wenn er gleich dabey unterläge, würde er doch ſeinen Sinn nicht ändern, ſondern dabey bleiben, daß ſeine Sache an ſich und vor ihn gerecht geweſen, nur aber die böſen Advocaten ſchuld wären, daß ſie verlohren gegangen, oder der Richter und die Advocaten ſich beſtechen laſſen. Solche Proceß-Ignoranten, und wenn auch der oder jener ſonſt noch ſo gelehrt wäre, thäten weit klüger, wenn ſie ſchwiegen, außerdem ſie mit ihrem Cenſiren ſich der klugen Einſicht lächerlich machen, und nur einen ſchlechten Verſtand und Wiſſenſchaft zu erkennen geben.

§. 55.

Manche denken, es wäre der Sache damit abgeholfen, wenn ein numerus Advocatorum geſetzet, alle Advocatengebühren in eine Commun-Caſſe gezogen, und dieſelben daraus beſoldet würden. Allein wie käme der geſchickte Advocate darzu, daß er ſich entweder dem Ignoranten, oder einem, der nicht ſo viel arbeiten könnte, gleichſetzen laſſen ſollte? Der Numerus certus macht es nicht aus, weil eben darzu lauter Leute von gleicher Geſchicklichkeit zu nehmen, nicht möglich. Ja es giebet unter denen Advocaten Leute, denen, wenn ſie auch Wiſſenſchaft und Gelehrſamkeit gehörigermaßen beſitzen, dennoch die Arbeit ſchwer fällt, aus welchen Urſachen ſie, als eingebildete Philoſophi, lieber mit wenigem vergnügt ſeyn, und dabey commode leben, als eben mit vieler Arbeit viel verdienen wollen. Andere hingegen haben eine Fertigkeit, daß ihnen keine Arbeit eben ſo ſauer ankömmt. Sie arbeiten, ohne es für eine Beſchwerlichkeit zu achten, zwey, drey bis viermal mehr weg, als ein anderer von gleicher Gelehrſamkeit und Wiſſenſchaft. Was würde aber daraus erfolgen, wenn man den faulen oder commoden Advocaten eben ſo gut, als den fleißigen und emſigen belohnte, oder dieſer ſehen müſte, daß dasjenige, was er verdiente, ihm nicht zu Theil würde? Sind Fleiß, Emſigkeit und gute Application, Tugenden, ſo würden hierdurch, wenn alle Advocaten gleich belohnet würden, Tugenden aller ihrer zeitlichen Vorzüge entſetzt, mithin würde auch darnach nicht mehr geſtrebet werden.

§. 56.

Auf den Einwurf, es müſten in ſolchem Falle die Judicia alle Proceßſachen unter die Advocatos numeri certi vertheilen, auch einen jeden zu behöriger Arbeit anhalten, verſetze ich, wie kein Judicium vermögend ſey, allen Advocaten einerley Kräfte und Begierde einzupflanzen, und ſo lange biß nicht

J i	möglich,

möglich, wäre alle Sorgfalt des Richters vergeblich. Würde nicht ein des commoden Lebens gewohnter, tausend Entschuldigungen erfinden, warum er seine Arbeit noch nicht fertigen können. Wenigstens würde ein bißgen pro forma eingenommene Artzeney ein medicinisches Attestat verschaffen, warum der Advocate, als ein Patiente, zu arbeiten nicht vermocht. Alle Dilationes würden hervor gesuchet werden, und wenn ja endlich der Ablauf der Fristen keine Verzögerung mehr gestattete, würden dergleichen commobe Advocaten die Arbeit etwa einem Stümper auftragen, es möchte dieselbe gerathen, wie sie wollte. Denn die schlechten würden eben so, wie die guten, und diese nicht besser, als jene bezahlt. Kommen wir auch auf den Punct, wer denn dem Clienten, wenn der Advocate etwas versehen, oder den Proceß sonst übel geführet, responsabel seyn sollte, so fände ich keinen andern rechtsgegründeten Ausspruch, als der Richter müste haften, weil dem Clienten nicht erlaubt gewesen, sich selbst einen Advocaten zu erwählen, sondern der Richter ihm selbigen gesetzt, und daher auch der Richter dessen Negligenz und Facta zu vertreten hätte. Außer dergleichen Obligation sehe ich nicht ab, wie man mit Recht einem andern einen Advocaten geben, und ihn an denselben binden könne. Sonsten mache man die Probe mit einer Gerichtsstube, wo e. g. 4 Schreiber oder Copisten seyn, unter denen zwey, und zwar jeder binnen 24 Stunden 16 bis 20 Bogen abcopiren können, zwey aber mit zitternden Händen schreiben, und jeder wohl kaum 2 bis 3 Bogen zu verfertigen vermag. So lange nun jeder seine gefertigten Copialien bezahlt bekömmt, werden binnen 24 Stunden 36 bis 46 Bogen gefertiget werden. Nunmehr aber verändere man solche Disposition, und schlage alle Copialien in eine Casse zusammen, um sie gleich durchzutheilen, so werden auch von Stund an, in besagten 24 Stunden, mehr nicht als 8 bis 12 Bogen gefertiget werden, und wenn der Richter auch diejenigen, die sonst mehr gemacht, zur Rede setzen wollte, so würden sie doch darauf antworten, wie sie so viel als die andern gemacht, oder es würde auch sonst an Ausflüchten, warum sie jetzo nicht mehr so viel, als vormals, fertig machen könnten, keinesweges fehlen. Eben so würde es mit denen Advocaten und ihrer Arbeit ergehen, wenn man ihren Verdienst in eine Casse zusammen schlagen, und selbigen gleich unter sie vertheilen wollte. Und demnach gebe ich dem erwehnten Consilio nicht Beyfall, auch besonders da nicht, wenn jemand rathen wollte, die Advocaten dahin einzuschränken, daß sie, wo es noch nicht ist, ad certum numerum adstringiret werden, ihren Verdienst in eine Commun-Casse thun, und von dem, was sie daraus empfangen, leben müsten.

Consi

Consilium VII.

Man mache aus Judiciis, die sonst nur zu gewissen Zeiten gehalten werden, immerfort währende, damit sie ohne Anstand beständig fortgehen, und Proceßsachen abthun.

Prüfung.

§. 57.

Es giebet in Teutschland Judicia, wo die dazu bestellten Gerichtspersonen beständig sitzen, und auf die einkommenden Schriften resolviren, oder Urthel einholen und publiciren, wodurch ich die immerfort währenden Judicia verstehe. Hiernächst aber giebet es auch andere, wo die dazu bestellten Gerichtspersonen nur zu gewissen Jahreszeiten auf 4. 6. 8 oder mehr Wochen, nachdem es die Menge der gangbaren Sachen erfordert, zusammen kommen, die gefertigten Sachen versprechen, hernach aber wieder aus einander gehen, bis ein anderer bestimmter Termin heran kömmt. Man darf aber nicht denken, daß ein Judicium solcher letztern Art außer gedachten Terminen stille stehet. Nein, sondern es ist dasselbe auch außer denen Terminen mit einem gewissen Directorio versehen, und alle Subalternen bleiben in ihrer beständigen Activität, also, daß, wenn Schriften einkommen, solche dem Directorio vorgetragen und die darauf gefaßten Resolutiones expediret, auch nach Beschaffenheit, Termine zum Verfahren anberaumet werden. Sothane Termine sind aber eben nicht an die Zeiten der zusammensitzenden Gerichtspersonen gebunden, sondern sie werden zum Theil vorher angesetzt, und da verfahren die Advocaten gegen einander, also, daß die Sache beym Zusammenkommen der Urthelsprecher zum Verspruch da liegen, und währenden Sessionen immer mehr andere Termine einfallen, welche vor aufgehobenem Gerichte abgesetzt, und mit versprochen werden müssen. Wenn wir nun sagen sollen, welche von beyden Arten derer Gerichte die beste sey, müssen wir beyder Arten gutes oder übels betrachten.

§. 58.

Beym Untergerichten, welche perpetuirlich seyn, setzet es diese Gebrechen, daß auf die einkommenden Schriften es bey des Richters Willkühr beruhet, wenn er darauf eine Resolution fassen wolle, und wenn sie nun gefasset, kömmt die Sache an einen Subalternen zur Ausfertigung, wo es wiederum auf dessen arbitrium ankömmt, ob sie heute, morgen, oder in etlichen Wochen oder Monaten ausgefertiget werde. Manchmal nimmt auch derjenige, der die Ausfertigung zu mundiren hat, wieder eine gute Zeit weg. Kömmt es endlich einmal mit geduldiger Erwartung, oder auf extrahirte Verordnungen des Oberrichters zum Termin, so nehmen sich nunmehr auch die Advocaten zum Verfahren Zeit, und besonders derjenige, dem an der Beschleunigung nicht gelegen, oder der Copiste hält die Advocaten auf. Ist jedoch nunmehr das Verfahren vollendet, so kömmt es wiederum auf des Richters Ausfertigung zu Einholung eines Urthels und auf die Verschickung der Acten nach rechtlichen Erkenntniß an, und gehet nun endlich die Sache fort, so beruhet es im arbitrio der Urthelsverfasser, ob sie selbige bald oder späte versprechen und remittiren wollen. Darauf folgen die gerichtlichen Ausfertigungen zu der Urthels-Publication, und wenn man diesen oder jenen Proceß ansiehet, so wird man finden, daß in einem Jahre, ja, auch wohl binnen weit mehr Zeit manchmal kaum ein Urthel heraus gekommen. So gehet es auch gemeiniglich bey Canzleyen, wo Urthel eingeholet werden. Das immerfort Dauern eines Judicii macht demnach eine schleunigere Justiz nicht aus, und überläßet zuviel dem arbitrio der concurrirenden Gerichtspersonen. Wo aber gewisse Jahrstermine sind, an denen alle vorhandene Sachen expediret und verurtheilet seyn müssen, da äußert sich mehrere Gewißheit vom geschwinden Lauf des Processes. Und wenn man nun das vorhergehende Consilium zur Justizverbesserung anzuwenden gedächte, hätte man sich wohl vorzusehen, und dabey solche Verfassung zu treffen, daß nicht sothane intendirte Verbesserung zu eben den Verzögerungen, deren wir jetzo von perpetuirlichen Untergerichten und manchen Canzleyen, wo die Urthel anderwärts eingeholet werden, gedacht, ausschlage, oder der Proceß, der sonst an gewisse Terminszeiten gebunden gewesen, durch die Auflassung solcher Fristen verlängert werde, außerdem, und wenn hierinnen keine Vorsehung getroffen wird, können wir erwehntem Consilio ohne Unterscheid nicht beytreten.

Consilium VIII.

Man hebe außer dem Appellations-Remedio, sonst alle Leuterungen und Oberleuterungen oder wo die Revisiones, Superrevisiones oder Restitutiones in integrum und andere dergleichen Rechtshülfs-Mittel eingeführt, diese insgesammt als Proceßverzögerungen auf. [45]

Prüfung.

45) Diesem Consilio ist der Herr von Loen in seinen Anno 1750 gedruckten freyen Gedanken zur Verbesserung der menschlichen Gesellschaft p. 88. völlig beygetreten, dergestalt, daß er auch daher alle Proceßordnungen, Gesetze und juristische

Prüfung.

§. 59.

Bey denen alten Teutschen waren ehe und bevor unter Kayser Maximiliano I.
die große Justizreformation vorgegangen, gedachte Remedia Juris nicht
bekannt. Sie hatten aber dafür das Blasphemare Sententiam, das Urthel-
schelten, womit sie die Streitsachen an den nächsten Richter und zuletzt an den
König, oder nach Unterscheid des Orts und eingeführter Gewohnheit, an den
Schöppenstuhl nach Magdeburg zogen. Wie solches geschehen, habe ich anderswo [46] umständlich angezeiget, es war auch manchmal und in mancher
Sache eine Parthey mit der Provocation an andere Schöppenstühle gewiesen [47].
Auf gedachte Justizreformation sind demnach die erwehnten Remedia wider
beschwerliche Urthel aufgekommen, und ob wohl nicht zu läugnen, daß sie,
wie Gundling gesagt [48], Proceßverzögerungen seyn, so sind sie es doch eben,
als die Verzögerungen der Curen bey ordentlichen Heilungsmitteln. Es gehet
zwar bey beyden langsamer zu, als wenn es gleich bey des Richters Ausspruch
verwenden müßte, oder ein Medicaster mit opiatis und andern geschwinden
Heilungsmitteln die Krankheit stillete. Aber so wenig eine solche übereilte
Cur, bey Krankheiten, Gesundheit des Körpers verschaft, eben so wenig
wird der Staatskörper durch gedachte Geschwindigkeit der vermeynten Justiz
mit Abschneidung der Hülfsmittel wider beschwerliche Urthel geheilet, allermaßen hiermit nicht die Krankheit des Unrechts gehoben, sondern vielmehr
dieselben zu heben, die rechte Justiz gehindert werden würde. Ich erinnere
mich selbst einen Proceß gehabt zu haben, worbey der Kläger sein Guth an
Beklagten verkauft und deshalb zu Erlangung der Kaufgelder geklagt hatte.

Ji 3　　　　　　　　　　　　　des

istische Bücher abgeschaft, statt dessen
allen aber nur ein kurzes Gesetze eingeführt haben wollen. Da er in erwehnten seinem sichern Vorschlage zu Abstellung der Weitläuftigkeit der Rechtsprocesse, so in besagten seinen freyen
Gedanken zur Verbesserung der menschlichen Gesellschaft andere Auflage Anno
750 eingedruckt pag. 80 des französischen Abts d. S. Pierre Meynung, daß
alle Specialfälle durch Gesetze zu entscheiden, impugniret, so beziehe mich
anwider auf die Prüfung des 2ten Consilii Not. 4. p. 210.

46) In meiner Gerichtsverfassung der
Teutschen vom 2ten bis zum 14ten Seculo
§. 41. 42. und 43. pag. 149. seq.

47) Wie e. g. der König in Böhmen
Johannes in dem Privilegio de dato den
20. April 1315 bey Herr Hornen in Friederico bellicoso pag. 384 die Ankläger,
in Verwundungs- oder Todtschlags-
fällen, bey der Stadt Pirna, mit dem Ur-
thelschelten an die Bürger und die Schöppen zu Leipzig gewiesen.

48) Im Discurs über Henr. Cocceji Juris publici prudentiam pag. 703.

Der Beklagte konnte exceptionan non adimpleti contractus, und daß Kläger das verkaufte Guth, weil verschiedene Stücken vor Laaß-Guth erkannt und dafür eingezogen worden waren, weder übergeben hätte, noch übergeben könnte, vorschützen. Nichts desto weniger aber war der Beklagte in erster Instanz, zumal daselbst der Proceß seiner Seits nicht mit genugsamer Behutsamkeit geführet war, in die Bezahlung der Kaufgelder völlig condemniret, welches Urthel auch auf seine Leuterung bestätiget worden war. In solchem Zustande kam die Sache zur Appellations-Instanz und unter meine Vorsorge vor den Beklagten. Aber auch hier fiel das erste Urthel anders nicht aus, als daß in erster Instanz wohl gesprochen und übel appelliret. Demnach waren nunmehr drey Sententiæ conformes, und weil der verklagte Bauer anders nicht bezahlen konnte, als wenn er erst durch Verkaufung seines Guths sich Geld verschafte, gleichwohl er des Klägers Guth, so wie es dieser verkauft hatte, auch wenn er das Kaufgeld, worein er condemniret war, bezahlte, dennoch nicht erhalten konnte, so war des Beklagten Ruin sehr nahe. Zumal auch meine wider das in der Appellations-Instanz gesprochene confirmatorische Urthel eingewandte Leuterung rejiciret wurde.

§. 60.

Was war nun hierbey zu thun? Ob es wohl, gestallten Sachen nach, das Ansehen hatte, als wenn der Beklagte nur muthwilligen Verschleif hervor suchte, so kam ich doch noch einmal mit meiner Vorstellung pro receptione leuterationis ein, erhielte auch darauf noch Termin zur Prosecution, und da wurde zwar eingewandter Leuterung ungeachtet, voriges Urthel wiederum confirmiret, es wurde aber zu allem Glücke die Erklärung, daß Beklagter die libellirten Kaufgelder anders nicht, als gegen Abtretung des verkauften Guths, Klägern zu bezahlen schuldig, hinzugethan. Darmit war dem Beklagten geholfen, jedoch erhielte er erst mit dem 4ten Urthel, was der besten Justiz gemäß war. Denn, weil der Kläger das verkaufte Guth nicht übergeben, noch gewähren konnte, durfte beklagter Käufer auch die Kaufgelder nicht bezahlen, maßen es denn unstreitig Rechtens ist, daß ein Käufer das versprochene Kaufgeld eher nicht, als bis ihm der Verkäufer die verkaufte Sache dafür ausantwortet, zu erlegen verbunden, woferne nicht mit klaren Worten und mit Begebung der Ausfluche des nicht erfüllten Contracts ein anders verabhandelt. Eben dergleichen habe ich wiederum vor wenig Jahren in einer Bierstreitsache gehabt, wo die Kläger, eine Dorfgemeinde, von der davon liegenden Stadt, aus ihren vorgeschützten jure prohibendi gehindert wurde, in kleinen Gefäßen, als in Kannen, Flaschen, oder Krugweise, zu ihrem Tischtrunk, und besonders

ders vor Wöchnerin und Kranke, Bier zu holen, wo sie wollten. Die Kläger hatten beym ersten Definitiv, beym Läuterungs- und beym ersten auf die Appellations-Justification gesprochenen Urthel den Proceß verlohren, und waren Beklagte von der Klage entbunden, auf die in der Appellations-Instanz eingewandte Läuterung aber, erlangten wir eine völlige Reformatoriam, doch compensatis expensis, welche also das vierte Urthel war, so drey vorhergehende Urthel änderte. Fragt man nun, wer ist aber Ursache, daß erst beym andern, dritten, oder, wie erwehnte Casus anzeigen, beym vierten Urthel recht eingesehen wird, und sind die Advocaten oder Urthelsverfasser Schuld daran? So antworte ich, es kann an beyden liegen, als da etwa ein Advocat den Proceß nicht so gut, als es seyn soll, geführet, oder wenn zum Exempel bey obgedachten ersten Fall der Kläger immer vorgiebet, er wolle Beklagten das verkaufte Guth übergeben, derselbe übernähme es aber nicht, und damit können die Urthelsverfasser wohl verleitet werden, daß sie des Klägers Sache pro justa causa halten, und den Beklagten verurtheilen, ohne des Klägers Implementi zu gedenken, weil sie, aus vorgefaßter Meynung, des Klägers Erklärung für ein wirkliches Implement annehmen.

§. 61.

Wer in Praxi Erfahrung hat, dem kann nicht unbekannt seyn, wie manchmal die Urthel aus Versehen, unrichtigen Auslegungen und Schlüssen, als fictionibus factorum, ex interpretatione extensiva, oder restrictiva, wo diese statt jener, oder jene statt dieser angenommen, aus Vorbildungen, da man wohl eines vor das andere ansiehet, und aus andern dergleichen Dingen gefolgert werden, und wie auch wohl vorgefaßte Opiniones eines oder des andern angemaßte Autorität, studium seu pruritus contradicendi, odium in unam aut alteram partem, und harter Eigenwille Urthel gebähren können **). Die

---

49) Wer in eine besondere Erwegung ziehet, was ich bereits bey der Prüfung des ersten Consilii §. 4. usque §. 9. ingleichen bey der Prüfung des 5ten Consilii §. 45. und was der Herr von Loen in gesammleten kleinen Schriften ersten Theils 2ter Auflage, bey seiner moralischen Abschilderung des Herrn von Zenkwitzens pag. 30. seq. sowohl von der Eigensinnigkeit pag. 88. seq. vorgetragen, wird aus dem Zusammenhange leicht den Schlüssel zu fatalen Urtheln finden können.

uen. Ein hartnäckiger Melancholicus bleibt bey seiner vorgefaßten Meynung, und wenn ich gleich ihm deren Unrichtigkeit, wie die Sonne vormahlen könnte. Ein hitziger Cholericus läßt seine Weißheit vor andern gerne sehen. Ein mit Wissenschaften begabter Sanguineus, ist Erfindungsreich, und kann eine Opposition nach der andern hervor bringen, giebet doch am ersten nach, wo er Raison findet. Nachdem nun eine Sache in den Vortrag dieses oder jenen Referentens kommt

Die Urthelsverfasser sind Menschen, wie andere, und können ebenfalls von menschlichen Affekten oder Paßionen mit hingerissen werden, wie andere Gerichtspersonen. Ja, die Erfahrung lehret, was manchmal der Richter zu Lenkung der Urthel thut, und wie er wohl ganz ungebührliche Dinge zu dem Ende ad Acta bringen lassen kann, worauf denn die Urthelsverfasser, welche sich einen starken Eindruck de præsumtione bonitatis pro judice machen, nachdem sie die Acten instruiret finden, sprechen. Wäre nun kein Remedium Juris wider beschwerliche Urthel, was könnte da nicht vollends der Richter ausüben, oder was vor unantastliches arbitrium hätten nicht die ersten Urthelssprecher? Es sind, also sehr unüberlegte Judicia, welche die erwehnten Remedia juris, damit der Proceß verkürzet würde, abgeschafft wissen wollen. Wir können demnach, und wenn gleich noch so viel Mißbrauch mit unterläuft, dem Eingangs gesetzten Consilio nicht beyfallen, weil mit Abschaffung der Remediorum juris wider beschwerliche Urthel, das Unglück weit größer, und die Justiz vielmehr verderbet würde, als wenn wir besagten Mißbrauch toleriren.

Consilium IX.

Man lasse unter andern zwischen denen Partheyen die Güte emsig pflegen, und dabey gute Protocolla halten, damit der Richter sich auch wohl seiner Autorität gebrauchen, und mit seinem decidiren durchfahren, mithin, wo nicht eine Klagsache ganz, dennoch dieselbe in manchen Puncten sogleich abthun kann.

Prüfung.

§. 62.

Man erzehlet von einem Herrschaftlichen Kutscher, daß er in denen alten Zeiten zu einem Amtmanne gemacht worden wäre, und wenn bey ihm Partheyen einen Proceß erhoben, er sogleich auf die erste Vorladung eine Karbatsche zur Hand genommen, und die Partheyen ausgekarbatschet hätte, bis sie sich verglichen, woher denn geschehen, daß er gleich alle Processe aus.
gemacht,

kommt, nach solchen Unterscheid werden die causæ & rationes vorgebracht, und defendiret, wiewohl auch manchmal der Referente mit den besten rationibus nicht obtiniret, ein anderes mal aber dessen schlechte rationes die Oberhand behalten.

Wer kann also vom Ausfall unrichtiger Urthel eine hinlängliche Raison geben? Niemand, diese Sache gehöret, wie andere, unter die menschlichen Unvollkommenheiten.

gemacht, und von ihm keine Streithändel vor eine höhere Inſtanz gekommen
wären. Es mag dieſe Relation wahr ſeyn oder nicht, ſo könnte doch wohl
ſeyn, daß in denen alten Zeiten ein Beamter etwa mit Prügeln drein geſchlagen hätte. Denn es hat viel närriſches Zeug gegeben. Aber das glaube ich
eben nicht, daß es ein Beamter bey Pflegung der Güte mit den Karbatſchen
ſo gehalten hätte, und wenigſtens gienge es jetzo nicht an, maßen ſich die
Partheyen über dergleichen Tractament gar bald höhern Orts beſchweren
würden, und zwar mit guten Rechte, nachdem niemand zu einem Vergleich
gezwungen werden kann. Es iſt demnach unnütze von dergleichen Zwange
viel Worte zu machen, allein Betrug und Hinterliſt können ſich bey Vergleichs-
Negotiis noch immer mit einmiſchen.

§. 63.

Es machen ſich manchmal die Richter eine große Ehre daraus, wenn ſie einen
Vergleich ſtiften, und damit einen Proceß beendigen oder Friedensmacher ſeyn
können. Es iſt auch dieſes in ſeiner rechten Maße ſehr gut, und beſſer oder chriſt-
licher, als wenn der Richter etwa ſeiner Sportuln wegen, die Güte hindert oder
ſchwer macht. Mich dünkt aber, es thut ein Richter und Advocat ſeiner Pflicht
am beſten eine Gnüge, wenn ſie denen Partheyen die Bedenklich- und Schwierigkeiten, welche ſich beym Proceſſe befinden, vorſtellen, zugleich aber auch ihnen
ihre jura, die ſie, dem Anſehen nach, vor ſich haben, eröfnen, und ihnen nur
ihre eigne Ueberlegung, was am beſten ſeyn möchte, anrathen. Ich habe die
Sachen zur Güte anders nicht tractiren können; ob ich aber ſchon denen Ver-
gleichs-Vorſchlägen niemals entgegen geweſen, ſo iſt dennoch manchmal, weil
ich auf meine Clienten nicht eingedrungen, die Vergleichs-Vorſchläge anzunehmen, oder etwa vorgeſehen, daß aus dem Protocoll nichts wider meine Clienten geſchloſſen werden können, wider mich ein Argwohn erreget worden; als wenn ich
dem Vergleiche hinderlich geweſen. Es giebet e. g. Streitſachen zwiſchen Unterthanen und einer in großen Anſehen ſtehenden Herrſchaft, und wenn nun etwa eine
Commiſſion zur Güte niedergeſetzet wird, kann der Richter leicht dahin verfallen, ſich durch Hebung des Streits Ehre und Gnade zu erwerben, und unter der
Vorſtellung, die Stiftung eines Vergleichs zwiſchen Obrigkeit und Unterthanen
ſey etwas gutes, der Unterthanen Gerechtigkeiten, ohne Gewiſſensſcrupel, zu
einem Opfer zu machen.

§. 64.

Es mag dergleichen Richter vor Hinterliſt und falſche Perſuaſoria gebrauchen, wie er will, wenn er nur vor die Herrſchaft einen vermeynten Vergleich
oder eine Anleitung zu einer Deciſion herausbringet, ſo erwirbt er ſich dabey
ſonderbare Verdienſte, und ſein fides judicialis iſt wider der Advocaten Au-

Kk   fechtung

fechtung ein ſo ſtarker Mann, welcher alles niederſchlägt, und den Advocaten der Unterthanen wohl noch darzu vor einen böſen Menſchen angiebet. Es können Unterthanen an einen Advocaten kommen, der zwar das ſeinige verſtehet, jedoch dabey furchtſam iſt, und daher, wo er reden ſollte, ſchweiget, maßen ihm das Reden gleich vor eine Wiederſtrebung der Güte angerechnet wird. Dahero hier das Reden, aber doch auch dabey Behutſamkeit nöthig iſt. Ich habe den Caſum ſelbſt gehabt, wo, ungeachtet von dem Richter über einen Streitpunct nur ein Vergleichs-Vorſchlag geſchahe, dennoch derſelbe in Beyſeyn der Unterthanen und meiner, als ihres Advocatens, regiſtriren ließ, als wenn der Punct vorgeſchlagener maßen verglichen wäre. Was war da zu thun? Hätte ich geſchwiegen, ſo wäre es in dieſem Puncte um der Unterthanen Recht gethan geweſen. Ich thate aber glimpfliche Erinnerung, wie ja der Punct noch nicht verglichen wäre, und da hieß es, ich möchte der Unterthanen Erklärung nur hernach thun, worauf ich nach vollführter Vergleichs-Regiſtratur ad Acta ſchreiben ließ, wie die Unterthanen erwehnten Punct in Bedenken nähmen, und ferner ihre Erklärung darauf thun wollten. Hiermit hatte ich, daß der Punct noch nicht verglichen, klar, und doch dabey den Richter nicht verdrüßlich gemacht, noch ihn zu Unwillen gereitzet.

§. 65.

Dergleichen gütliche Tractaten, womit manchmal Partheyen wider ihre Abſicht und unvermuthet um ihre Rechte gebracht werden können, kann ich als der Juſtiz gemäß, nicht erachten, und ſonſt haben über dieſe Materie der hieſige nunmehr verſtorbene Herr Hofrath Bennemann, und der berühmte JCtus zu Halle, der ehemalige Königl. Preuß. Geheimbde Rath Thomaſius [10] controvertiret, unter denen jener, daß mit Pflegung der Güte die Juſtiz und Beendigung der Proceſſe zu befördern wäre, dieſer letztere aber, ein daher manchmal entſtehendes Unrecht, und wie dadurch die Juſtiz verzögert würde, zu behaupten geſuchet. Wer alſo dieſe Materie pro und contra weitläuftiger haben will, findet genug hiervon bey gedachten beyden Controvertiſten. Ich aber verwerfe Eingangs erwehntes Conſilium, ſo viel des Richters Gebrauch ſeiner Autorität, und das Durchfahren mit dem Decidiren, auf die mündlichen Verhörs-Protocolla betrift, rathe vielmehr Advocaten, wenn es zum würk-

lichen

---

[10] Thomaſius hat eine Diſſertation de protractione juſtitiæ per amicabilem compoſitionem partium litigantium a judice tentandam, Bennemann aber über beſagte Diſputation, unvorgreifliche Gedanken Anno 1724. ediret, und wider gedachte Diſſertation geſchrieben. Darauf hat jener im Anfange ſeiner gemiſchten Händel Urſachen angeführt, warum er nicht geantwortet, welches den Herr Hofrath Bennemann zu einer Prüfung ſeiner Gründe bewogen, die er Anno 1726. durch den Druck bekannt gemacht.

lichen Vergleich nicht zu bringen, vorzusehen, daß nichts präjudicirliches vor ihre Parthey in das Verhörs-Protocoll kömmt, woraus ein wiedriges Decisum genommen werden könnte. Sonst aber ist die Art der ersten Vorladung zu Pflegung der Güte und in deren Entstehung zum rechtlichen Verfahren, am allerlöblichsten, weil eine dergleichen Pflegung der Güte den Proceß nicht verzögert, und doch manchmal ein Vergleich getroffen werden kann, nur müssen zu dem Ende hierbey beyden Partheyen wahrhaftige Vorstellungen geschehen, nicht aber ein oder der andere Theil durch Angebung unrichtiger Bewegungs-Ursachen darzu veranlasset werden.

Consilium X.

Man schaffe die Formalitäten, Curialien, und Stylistereyen, oder den sogenanten Schlendrian ab **).

Prüfung.

§. 66.

Hier frage ich billig voraus, was denn der sogenannte Schlendrian sey? Die alten JCti, als sie den Proceß aus Römischen Rechten, mit Bey-

Kf 2

behal-

51) Der Herr von Loen in besagten seinen freyen Gedanken, wo er seinen sichern Vorschlag zu Abstellung der Weitläuftigkeit der Rechtsproceße, mit eindrucken laßen, will pag. 75. den ganzen Schwarm der Juristen selbst, mit allen ihren Formalien und Beutelleerenden Gerichts-Ordnungen rc. abgeschaft haben. Ich gestehe, daß ich, als ich meine ersten 5 Consilia Anno 1749. drucken laßen, damals von seinen Sachen noch nichts gelesen gehabt, er müste denn, wie es wegen vieler Gleichheit mit seinen andern Schriften scheinet, von den philosophischen Gedanken von Verbesserung des Justizwesens, welche ich pag. 27. seq. in etwas mit geprüfet, Autor seyn. Dem sey aber, wie ihm wolle, so habe doch auch in den ersten 5 verwerflichen Consiliis denselben ziemlich mit getroffen. Dieser Mann ist zu bedauren, daß er die Greuzen seiner sonst lebhaften Moral und Satyre so sehr überschritten, und daher

die bey jeden sich erworbene Aestimation so sehr verringert hat, da er mit seiner Tadelsucht, auch das heiligste, unsere Religion nemlich, nicht verschonet, noch seine Satyre zu Bestrafung der Laster in Schranken gehalten hat. In Justizsachen greifet er ebenfalls nicht bloß das Uebel an, sondern will lieber alles gute mit ausrotten, und verdammt das Gute mit dem Bösen. Seine Rathschläge sind nicht anders beschaffen, als wenn ich sagen wollte: Man muß das Böse bis zu dessen Wurzel ausheben, und weil das Böse von den Menschen herkömmt, muß man die Menschen von Grund aus vertilgen. Er eifert wider die Justizverfassungen so blind, wie die Juden wider Stephanum, und so eifrig, daß er, wenn die Justiz, wie sie jetzo gehandhabet wird, nebst den Juristen gesteiniget werden sollte, wohl den ersten Stein mit auf sie werfen würde.

behaltung etwas weniges aus den alten teutschen Rechten zusammen setzen, schrieben gewisse zu beobachtende Formalien vor, wie besagte Rechte, und ihre Auslegungen, Anleitung dazu gaben. Es war dergleichen auch schon bey dem Processe der alten Teutschen, jedoch mit dem Unterscheide, daß bey diesem nicht so viel Subtilitäten, keine so ordentliche Klage, Einlassung darauf, Beweiß und Gegenbeweiß, als mit jenem eingeführet, nöthig waren, mithin auch dieser Proceß viel kürzer gewesen, als der neue. „Da nun eben die Proceß-Formalien der Schlendrian seyn, so dürfte mancher wohl leicht vor die Abschaffung des jetzo längern Schlendrians das Wort sprechen. Aber wie war denn also der alte Proceß oder Schlendrian? Wir haben ihn in unserer Gerichtsverfassung der Teutschen vom 8ten bis zum 14ten Seculo dargestellt. Das Possessorium summariissimum wegen prätendirter Befugnisse in Dienstsachen konnte keinen Proceß machen, weil dergleichen nicht statt hatte, sondern alles darauf ankam, ob der Verklagte des Klägers Knecht, oder ob er ein freygebohrner, oder freygelassner war, und da war vorgeschrieben, was ein Theil der andere vor Gezeugnisse von der Freundschaft oder sonst haben muste, die Knechtschaft oder Freyheit zu beweisen, welches gleich mit einem Gerichtstermin ausgemacht werden konnte, nachdem es kein Recht machte, wenn einer dem andern noch so lange Dienste geleistet.

§. 67.

Wenn einer wider den andern Real-Injurien ausübte, oder denselben gar todschlug, so war nach Beschaffenheit der That und Person, eine gewisse Buße und Wehrgeld vor den Verletzten oder vor dessen Anverwandte bestimmt, mithin brauchte man die Frage nicht auszumachen, was der Thäter verwirkt hätte, sondern er durfte nur, was diesfalls in den teutschen Rechten gesetzt, prästiren, und damit war der Streithandel aus. Die Frage, was der Thäter an Gerichtskosten zu bezahlen habe, war auch nicht nöthig, weil statt derselben etwas gewisses unter den Namen der Wette gegeben werden muste [¹²]. Hingegen fielen die andern heutiges Tages üblichen Strafen weg, und damit war die Sache vor Gerichte, durch einen Vergleich oder durch eine so genannte Chartam abgethan, als welche auch statt der ganzen Acten war. Waren über der Frage, ob der Beklagte der Thäter wäre, nicht genugsame Zeugnisse vorhanden, so konnte ihn der Kläger in gewissen Fällen zum Zweykampf ausfordern, auch konnten verschiedene Sachen mit dem Zweykampf abgethan werden. Bey vielen aber war vorgeschrieben, was der Kläger oder Beklagte zu beschwören hatte, und was er vor Sacramentales oder Mitschwörende, daß sie glaubten,

12) Weyland Churfürst Augustus, Glor-   Teutschen Injurien-Processe in der XLII.
würdigsten Andenkens, hat der alten   Landes-Constit. Part. IV. abrogiret.

zsaubten, wie jener recht geschworen, haben muste. Alle Gerichtsleute, oder zu einem gewissen Gerichtsort gehörige Einwohner, kamen an gewissen Gerichtstagen zusammen, und wenn da zwischen ein paar Leuthen was abgehandelt wurde, bezeugten es hernach die Gerichten und Gerichtsleute, welche zu dem Gerichts- oder Ding-Stuhl gehörten, womit auch ein Proceß hierüber gleich ausgemacht war. Konnte einer zur Execution der Rechtssprüche, oder sonst zu seinem Rechte nicht gelangen, stunde ihm der Weg zur Befehdung seines Gegners offen. Ob nun wohl der Proceß kurz gewesen, so hat doch alles rechtmäßige Verfahren und auch das Duelliren sowohl, als das Befehden seine gewisse Formalien gehabt, und ist dasselbe ebenfalls ein Schlendrian gewesen, wenn er gleich nicht so in die Weitläuftigkeiten gegangen, viewohl auch manchmal die Fehden insonderheit viel Unfug und Weitläuftigkeit verursachet, oder auch der schwächere wider den stärkern nichts ausrichten können.

§. 68.

Die JCti Romani haben das alte Unwesen mit und seit Maximiliani I. Zeiten, unter dessen Autorität, auf derer Reichsstände eignes Verlangen und Mitwürkung, aus erheblichen Bewegungs-Gründen abgeschafft. Sie konnten es aber nicht anders machen, als daß sie den Proceß accurater einrichteten, beyder Partheyen gnügliches Gehör feste setzen, und weil sie nicht Legislatores waren, die Formalitäten aus denen alten Gesetzen, oder denen darüber gemachten Glossen zogen. Es waren daher verschiedene weitläuftige Ausschweifungen und Dissensus doctorum entstanden. Diese suchten hernach Gesetzgeber durch Landesgesetze oder Proceßordnungen zu heben, also, daß nunmehro diese in einem jeden Lande die Vorschriften seyn, wie die Processe zu führen. Ob nun wohl Richter und Advocaten sich darnach achten müssen, so nennt man doch eben dieses den Schlendrian, und wer zu dessen Abschaffung anrathet, verstehet die Sache nicht, und weiß nicht, daß er hierdurch die Proceßordnungen, und Regulirung des Processirens abzuschaffen prätendire. Es sey auch der Proceß, wie er will, so kann er ohne alle Formalitäten, Curialien und Stylistereyen nicht seyn, und beweiset derjenige gewiß eine schwache Einsicht, welcher deren Abschaffung begehret, und doch zu keinen andern oder bessern Formalitäten, Curialien und Stylistereyen Anweisung thun kann. Das Consilium in seinem ganzen Begriffe betrachtet, nutzet also nichts, ob man gleich nicht abredig seyn will, daß an manchen Orten Teutschlands eines und das andre abgeschaft und verbessert werden könnte.

XI.

Zufällige Gedanken

über des Königl. Preußischen Herrn Geheimen Justiz-
Raths M. S. von Oskierka Versuch eines Entwurfs zur
endlichen Verbesserung des Justizwesens, gedruckt zu Bernburg 1756. in 4. als eine Fortsetzung der vorhergehenden
Prüfung verschiedener irriger Rathschläge zur Justizverbesserung.

Einleitung.

Das Justizwesen eines Landes, und dessen genaue Handhabung, ist die
Seele desselben, welche, je besser sie ist, desto kräftiger in ihren Körper wirket, und die Erhaltungs- und Nahrungsmittel, gleichsam als
das Blut im menschlichen Leibe, zu dauerhafter Gesundheit umtreibet, und in
gutem Zustande erhält. Da nun also dessen gute Beobachtung in einem Lande
ein so wichtiger Gegenstand ist, so haben sich immer Männer gefunden, welche
die Justizverwaltung in manchen deutschen Ländern vor mangelhaft angesehen,
einige Gebrechen derselben und gemeine Klagen darüber bemerkt, auch zur vermeynten Verbesserung ihre Consilia gegeben. Ich meines Orts habe in der
Vorrede meines Tractätgens de præsumtione libertatis naturalis in causis ruſticorum etc. de A. 1738. und in der zu meinen Beyschriften von Bauern und
Frohnen von An. 1744. insonderheit aber in der Prüfung verschiedner Rathschläge zur Verbesserung der Justiz von An. 1749. oder zu meinen nachher
An. 1756. edirten Irrthümern in Beurtheilung der Justizgebrechen, und bey
Vorschlägen zur Verbesserung, welche auch in gegenwärtige Sammlung mit
eingerückt zu befinden, von solcher Materie eines und das andere abgehandelt,
besonders aber bey den letztern verschiedne Irrthümer in Beurtheilung der
Justizgebrechen entdeckt, wobey ich es noch bewenden lassen. Da aber A. 1756
des Königl. Preuß. Geheimden Justizraths Hrn. M. J. v. Oskierka
neuer Versuch eines Entwurfs zur endlichen Verbesserung des Justizwesens, nach welchen möglich wäre, es dahin zu bringen, daß wenigstens bey hohen Justiz-Collegiis keine Ungerechtigkeiten begangen

gen werden könnten und ſollten, zu Bernburg die Preſſe verlaſſen, welche in den Göttingiſchen Anzeigen von gelehrten Sachen, im 17ten Stück 1757. vor eine Schrift, die beſondere Aufmerkſamkeit verdienet, erkläret worden, ſo habe mich nicht entbrechen mögen, ſolche mit Fleiß zu durchgehen, und meine unmaßgeblichen Betrachtungen darüber aufzuſetzen, auch dieſelben, als einen Zuſatz zu meinen obgedachten angezeigten Irrthümern herauszugeben.

In meiner Vorrede vom 3. May 1756. die ich ſchon erwehnten Irrthümern vorgeſetzet, habe ich beſonders meine Bewegungsurſachen angeführt, warum ich einem A. 1753. publicirten Tractätgen, betitelt: Beweißgründe, daß in denen teutſchen Landen eine Reformation der gegenwärtigen Juſtiz nicht allein unmöglich und unnöthig, ſondern auch dem gemeinen Weſen vielmehr ſchädlich ſey, Beyfall gegeben, und wenn gleich daher ſcheinen möchte, als ob ich dem Hrn. Geheimden Juſtizrath von Oſtierka gar nicht beyſtimmen könnte, ſo erkenne ich doch bey ihm eine gute Einſicht, finde aber einige Erinnerungen noch anzubringen. Da finde ich nun in der von dem Herrn Autore an den Königl. Preußiſchen Groß-Cantzler, auch würkl. Geheimen Staats- und Kriegs-Miniſter von Jariges, præmittirten Zuſchrift p. 7.

I. Das Conſilium, oder den Vorſchlag,

Daß zu gäntzlicher Aufhebung der Proceſſe zwiſchen den Gerichts-Obrigkeiten und ihren Unterthanen, oder zur Steuerung dergleichen Unweſens, (um mich ſeines Ausdrucks zu bedienen,) ohne Verletzung des Rechts und der Ungerechtigkeit, durch Commiſſarien in jedem Creyße, von einem jeden Landesherrſchaftlichen Amte und ſämmtlichen Ritterglithern, auch denen dazu gehörigen Dörfern beſondere Inſtrumente, nach Art derer Matriculn verfertiget werden möchten, darinnen die unſtreitigen Unterthanen-Dienſte und Abgaben, auch aller darinnen anſäßigen Handwerker, als derer Schmiede, Rademacher, Leineweber, Müller ꝛc. Præſtanda, nicht minder alle ihnen ſämmtlich, und jedem insbeſondere reſpective von denen Landesherren und von der Gerichts-Obrigkeit jedes Orts zugeſtandne Gerechtſame in Anſehung ihrer Höfe, der dazu gehörigen Hufen und Pertinentien verwilligten Huthungen, Holtzungen, Haltung gewiſſer Anzahl Schaf-Zug- und andern Viehes ꝛc. umſtändlich niedergeſchrieben werden ſollten.

§. 1.

§. 1.

Der Vor-
schlag,
Streitig-
keiten zwi-
schen Herr-
schaften u.
Untertha-
nen durch
Erbregi-
ster oder
Matrikul
vorzu-
bauen, und
darwider
keine
Rechtsbe-
helffe oder
Processe zu
gestatten,
scheinet
äußerlich
gut, ist
jedoch für
Untertha-
nen schädl.
und ver-
derblich, u.
warum?

Es ist nicht zu läugnen, daß dieser Vorschlag äußerlich ein gutes Ansehen hat. Allein würden nicht die Commissarien, als dem Landesherrn unterworfne Diener, bey denen Aemtern, auch sonst zur Recommendation beym Adel, besonders bey Rittergutsbesitzern, die große und mächtige Patrone wären, alle Mühe und Fleiß anwenden, die Herrschaftl. Gerechtigkeiten zu vermehren, der Unterthanen Gerechtsame aber desto mehr einzuschränken, oder sie unvermerkt, um eines oder das andere zu bringen? Ich habe schon bey meinen gezeigten Irrthümern in Beurtheilung der Justizgebrechen 2c. §. 62. und 63. aus der Erfahrung angezeiget, wie Commissarien bey Vergleichs-Tractaten für eine Herrschaft, der sie gerne zu Gefallen seyn wollen, Unterthanen hinterlistig um ihre Rechte bringen können, und wenn ihnen nicht mit Vorsicht von einem Defensore der Unterthanen Einhalt geschiehet, auch dergleichen suchen.

Haben gleich Commissarien, oder auch andere richterliche Personen, Unterthanen eines großen und vielgeltenden Herrns, mit Persuasionen, Drohungen oder hinterlistigen Beredungen, das Netz über den Kopf gezogen, so können sie doch, statt des verdienten Tadels, sich lauter Lobsprüche darüber erwerben. Kömmt eine solche richterliche Person selbst nicht vor den großen Herrn, so hat sie doch dergleichen von ihren Vorgesetzten oder Collegen zu gewarten. Ein dergleichen Richter oder Commissarius wird vor den redlichsten Mann ausgegeben, weil er kein Proceß-Liebhaber ist, und die Sachen der Unterthanen auf gute Manier schlichtet, auch deren Vortheil seinem eignen, den er bey Fortgang der Processe haben könnte, vorziehet, um nur arme bedrängte Leute zu conserviren. Was verdienet nicht, heißt es, eines solchen Mannes redliche Bemühung, Irrungen armer Unterthanen mit ihrer Herrschaft in Kürze zu entwickeln, und vor die erstern der letztern Gnade zu procuriren? So schön möchte es wohl klingen, und wenn auch der Commissarius noch so übel mit denen Unterthanen verfahren, und sie in Nachtheil und Unglück gestürzet.

§. 2.

Mehrere
Ausfüh-
rung der
Ursachen,
warum es
für schädl.
zu achten.

Es ist bekannt genung, daß die Justizverfassung, und deren Bearbeiter, keinen gar zu großen Rang einnehmen. Es gehen ihnen viele vor, an deren Gnade und Wohlwollen ihnen gelegen. Dahero auch gedachte größern Männer bey ihren Tractaten mit denen Unterthanen, so lange es nicht zu wirklichen Verfahren und darauf zu ertheilenden Rechtssprüchen kömmt, fast keinen Advocaten oder Consulenten nöthig haben, als nur pro forma, und damit, wenn von Seiten des Richters denen Unterthanen etwas abgedrungen, jemand da sey, der von Seiten der Herrschaft abschließet. Großen Herren sind auch solche

solche Dinge zu klein und zu geringschätzig, daß sie sich viel darum bekümmern
sollten. Sie haben etwa andere zu ihren Diensten, denen sie es überlassen,
die aber in Worten und Werken ihre Emsigkeit vor die Erweiterung derselben
vermeynten Gerechtigkeiten zu erkennen geben. Wir wollen den Fall setzen:
Cajus, ein großer Herr oder Minister, stehet im Begriff, in ein entferntes
Land zu reisen, und ordnet an, was er immittelst bey seiner Abwesenheit vor
Gebäude aufgeführet haben will, und da die Unterthanen die Baudienste schul-
dig, giebet ihm sein Wirthschaffts-Director, wie die
Unterthanen binnen der bestimmten Zeit, ohne ihrem äußersten Ruin, so viel
Baudienste nicht prästiren könnten. Caji Consiliarius in rebus domesticis,
Martius wird herbey gerufen, und thut ihm Cajus den Vortrag, wie er im
Begriffe stände, zu verreisen, und weil er immittelst dieses und jenes Gebäude
aufführen lassen wollte, so wäre die Frage, wie es mit den Baudiensten der
Unterthanen zu halten? Darauf versetzet Martius: Sie, die Unterthanen, sind
die Dienste schuldig. Allein Cajus repliciret: Das weis ich wohl, es hat mir
aber Sempronius gesagt, ich würde, wenn alles, was ich verlange, in der Zeit
meiner Abwesenheit gebauet, und die Baudienste von den Unterthanen dazu
erfordert werden sollten, meine Unterthanen, weil sie wegen der vielen Bau-
frohnen ihre eignen Aecker nicht bestellen könnten, darüber ruiniren, und das
mag ich doch auch von mir nicht gesaget haben, daß ich meine Unterthanen
ruinirte. Darauf erwiederte Martius: Die Unterthanen sind die Baudienste
schlechterdings schuldig, und dependiret es lediglich von Dero Gnade, wie weit
Dieselben ihnen eine Erleichterung gönnen wollen. Dabey bleibt es ohne zu
fragen oder zu untersuchen, zu welchen Gebäuden und was vor Baudienste die
Unterthanen schuldig. Cajus reiset fort, und die Unterthanen werden immittelst zu so viel Baudiensten angestrenget, daß sie darüber guten Theils ihre
eignen Felder ungebaut liegen lassen müssen, maßen ihnen die Erörterung der
Frage, zu welchen Gebäuden und zu was für Materialien die Unterthanen die
Dienste schuldig, nicht gestattet wird, und sie, die Unterthanen, ohne Unterscheid zu Diensten unter dem Namen der Baudienste angestrenget werden.

§. 3.

Gesetzt, es stehen im Erbregister auch unter der Rubrik der Baudienste, Mehrere
Baudienste zu Gärten und Teichen, und Cajus läßt große Gärten anlegen, Erläute-
die Unterthanen aber nicht nur bey Gebäuden desselben, sondern auch beym rung da-
Anbau des Gartenlandes und zu Erzeugung der Gewächse, als Gartenbaudiensten, von.
sowohl bey denen Teichen zu Ausschlämmung der Teiche anhalten, ob gleich vorher von dergleichen Diensten weder etwas gefordert, noch gethan werden
Ll   Das

Das Erbregister ist da, man dehnet es aber von Seiten der Herrschaft aus, und die Unterthanen können mit Klagen nichts favorables erlangen, zumal auch die Commissarien sich nach Caji Willen richten. Dahero ist ihrer Seits wenigstens quoad possessorium alles verlohren, bis Cajus gestorben, und hernach die Unterthanen durch Anstellung ordentlicher Klagen, mit Ausführung der Processe auf Beweise und Gegenbeweise, durch Urthel zu ihren Gerechtsamen wieder kommen. Was könnten also wohl in dergleichen Fall die vorgeschlagnen Commissarien zu Errichtung einer Matricul der Erbregisters helfen? Nichts und würde es nur über die Unterthanen hergehen. Wie viele Erbregister sind, nicht schon vorhanden, und dennoch entstehen immer über deren Auslegung Processe? Es scheinet zwar, ob habe der Herr Geheime Justizrath die heilsame Absicht, daß die Commissarien bey Errichtung der Matricul oder eines Erbregisters alles und jedes deutlich exprimiren sollten, damit der Weg zu einer Interpretation nicht zurücke bleibe. Diesen Zweck, und damit die vorkommenden Sachen gleich daraus entschieden werden könnten, zu erlangen, will derselbe alle Verjährung abgeschafft oder für ungültig erkläret haben. Allein, ob gleich das letztere, nemlich die Aufhebung der Verjährung wohl gut anscheinen möchte, so dürfte doch alles so deutlich in das Erbregister zu bringen, nicht möglich seyn, oder es würde denen Unterthanen vieles, wozu sie doch de jure nicht verbunden, aufgebürdet werden, welches wir mit einigen Instantien erweisen wollen.

§. 4.

Noch mehr davon und übler Rath von Abschaffung der Präskription. Würden nicht e. g. die Commissarien, wenn sie bey vorgedachten Fall, Caji Erbregister erläutern sollten, alle Caji Successori abgesprochene Dienste, die Cajus erzwungen, in ihre Erläuterung gebracht haben, wenn die bey Caji lebzeiten verordneten Commissarien schon dergleichen gethan haben? Daß in regula Unterthanen unter den Baudiensten, zu neuen Gebäuden, wo vorher keine Rittergutsgebäude gestanden, Dienste, item das Grundgraben, Schutt-Pflaster- Holz- und Steinfuhren zu Röhrwassern, zu Brunnen und zu Anzuchten zu leisten nicht schuldig seyn, ist in Chursachsen zu bewähren aus

Der Churfächß. 33. Decision de An. 1661. Consult. Sax. lib. I. qv. 70. Edit. Friderici Mindani p. 123. Bergeri Oecon. Juris lib. I. Tit. 2. Thes. 8. Not. 4. p. 52. Carpz. Part. II. Const. 52. Def. 4. Berlich Part. II. conclus. 65. No. 7.

Würden aber nicht die Commissarien alle diese und dergleichen Dienste zu denen Baudiensten ziehen, da ja solches schon jetzo, wo die Unterthanen zu keinen Urtheilen kommen, durch Vorschub eines Gerichtshalters geschiehet? Es ist manches.

manchesmal bey einem vorigen Gerichtsherrn seit 10 oder 20 Jahren eine
Neuerung eingeführt, und wenn man bey nunmehr darüber angehenden Streit
die Bauern befragt, warum sie dergleichen so einführen lassen, antworten sie:
Unser voriger Gerichtsherr war ein großer Herr, dem wir uns nicht widersetzen
konnten, oder: der vorige Gerichtsherr war ein guter Herr, der seinen Unterthanen sonst viel Wohlthaten erwiesen. Dahero diese die Dienste ihm wieder
zu liebe und zu Gefallen gethan, die jetzige Herrschaft aber verfähret mit uns
strenge und ganz anders.

In solchem Fall kann die Aufbürdung der neuerlichen Dienste, wenn der
Herr deren Verjährung nicht erweiset, durch Urthel noch abgeworfen werden.
Ja, ich will des Gerichtsherrn Posseß vel quasi auf etliche 30, 40 und mehr
Jahren her voraus setzen, man kann aber etwa, daß vor 10 oder 20 Jahren
schon darüber Proceß entstanden, oder sonst interruptionem præscriptionis von
Seiten der Unterthanen beybringen, so können dieselben auch da der Beschwerung erlediget werden. Würden aber nicht in dergleichen Fall Commissarien
alle Wege des Rechts verschränken, und die neuerlichen Dienste unter die
schuldigen setzen? Wo die Gerichtsherrschaft nur eine geringe und etwa 5 oder
10jährige Posseß hätte, würde dieselbe in Güte davon nicht abgehen, und die
Commissarien dergleichen als Schuldigkeiten mit in das Erbregister oder in
des vorigen Erläuterung bringen.

§. 5.

Was der Herr Geheimbde Justizrath von Oskierka in der Zuschrift p. 8. ꝛ*Von Hu-
von Huthungen, Holzungen, Haltung gewisser Anzahl Schaf. Zug. Küh. und *thungs-
andern Viehes vorgetragen, verstehe ich wegen des darauf angeführten Casus *und Trifft
von der Unterthanen ihrem Vieh. Die Herrschaften, welche Schäfereyen *sachen.*
haben, haben auch gemeiniglich Trifft und Huthung mit auf der Unterthanen
Feldern, manchmal bey einigen die Sommertrifft, bey andern aber die Winter-
trifft, und wenn sie schon mit neuerlicher Aufreißung liegender Trifften, durch
Ueberbauen, oder Ueberlassung eines Theils ihrer Grundstücken an einige Unterthanen, oder sonst ihre eignen Trifften schmälern, vermehren sie dennoch
zugleich das Schafvieh, verwechseln oder verändern Sommer- und Winter-
trifften, oder die gewöhnlichen Züge, lassen auch wohl einen Theil gegen ein
Trifftgeld frey, woraus Processe entstehen. Ich kann nicht läugnen, daß die
Trifft- und Huthungs-Processe die schwersten seyn, und in diesen Punkten mit
dem Klagen fortzukommen, nicht allemal möglich ist. Sind in einem Recesse
die herrschaftlichen Schafe auf eine gewisse Anzahl gesetzt, und man will Commißion zu deren Abzehlung ausbringen, halten es wohl die Bauern selbst für

vergeblich, weil man von Seiten der Herrschaft einen Theil des Schafviehes inmittelſt anders wohin, nach geendigter Commißion aber wieder herbey ſchaffen würde.

Hat die Herrschaft etliche Züge in der Woche durch Trifftgeld auskauſen laſſen, und wird in die Erſetzung ſolcher Züge condemniret, hat aber dazu nicht genug Feld, ſo muß das Schafvieh ſolche Tage über ſich knapp zuſammen halten, und wird, wenn es die andern Tage auf der Bauern Trifften kömmt, deſto gefräßiger. Iſt etwa an einem Orte das Hüthen des Schafviehes, wo die Kühe gegangen, folglich ein Nachhüthen ausgemacht, es trägt ſich aber zu, daß die Bauern an einem Stücke hüthen, wo in ein anderes anliegendes Gehölze von Sommerietten, in welches ſonſt zu der Zeit nicht gehüthet werden darf, ein und anderes Stück Vieh einläuft, und ſeinem Pferg fallen läßt, ſo merken die Herrschaft. Schäfer dieſes an, und ſind mit ihren Schafvieh gleich darhinder drein. So auch machen ſie es auf den Stoppelfeldern, und wenn gleich die Mandeln noch ſtehen, kommen ſie ſchon, ſo bald nur der Bauern Kühe darauf gehen, nicht aber erſt, wenn ſie darauf gegangen. Geſetzt, die Herrschaft hat die Trifft und Huthung nur zu offnen Zeiten, und kaum iſt zwiſchen derſelben und den Unterthanen ein Receß getroffen, daß die Herrschaft, ehe die Huth offen wird, über der Unterthanen Felder und Wieſen ihr Schafvieh nicht treiben und hüthen laſſen wolle, gehet doch ſolches Treiben und Hüthen fort, unter dem Vorwand, weil die Gemeinde zu ihren Braachen eine Rindviehtrebe hält, daß ſie nur darüber treiben laſſe, ſie ſich aber tranſigendo deſſen nicht begeben, da doch die Rindviehtrebe über die Felder gehet, und die Felder auch dieſe darauf liegende Trebe mit begriffen. Auf ſolche Weiſe befreyeten in einer gewiſſen Huthungsſache die Unterthanen ein getroffner Vergleich vom Proceſſe nicht, ſondern derſelbe gienge darauf erſt wieder vom neuen an, wobey doch die Herrschaft ſuccumbiret.

Indeſſen dürfte es wohl am beſten ſeyn, Unterthanen die Wege Rechtens in Huthungsſachen nicht zu verſchränken, hingegen aber, wie Rechtens, die ſervitutem paſcendi allezeit zu reſtringiren, und den Unterthanen die ihnen zukommende Haltung ihres Zug- Küh- und andern Viehes, wo es nicht eingeſchränkt, frey zu laſſen.

Es kann e. g. ein Bauer nach dem Einfall ſchlechter Zeiten auf ſeinem Guthe nicht viel ſonderbares Zug- und Rindvieh halten, es kömmt aber ein anderer darauf, und die Zeiten beſſern ſich, warum ſoll denn dieſem verwehret werden, mehr und beſſer Vieh zu halten, wodurch er wegen Erlangung mehrern Düngers ſein Guth auch beſſer anbauen kann? Dieſer Vortheil würde bey der Commißion zu Errichtung der vorgeſchlagenen Matricul, daferne ſie
gleich

zleich zur Zeit, da der armſellge Bauer auf ſeinem Guthe ſäße, gehalten
würde, verlohren gehen.

§. 6.

Bey dem von dem Herrn Geheimden Juſtizrath allegirten Caſu pag. 9. Beur-
eq. äußern ſich auch verſchiedene Bedenklichkeiten. Er ſaget bey des Caſi theilung
Ritterguthe N. N. wäre ein Buſch, welcher das Geheege genannt würde, eines vom
worauf keiner ſeiner Unterthanen mit ſeinem Vieh kommen dürfen, bis Ao. 1709 Herrn Ge-
nach dem kalten Winter zu Ende Aprilis vier Bauern, ihren Herrn, den heimden
Cajum, gebeten, ſich ihrer zu erbarmen, und ihnen zu erlauben, daß ſie in Juſti-
einem Geheege ihr Vieh weyden laſſen dürften, weil ſie kein Futter mehr geführten
hätten, noch auch irgendswo einiges vor Geld bekommen könnten, auf dem Caſus ſpe-
Felde aber noch kein Graß wüchſe. Allein woher iſt man gewiß, daß die cialis, und
Bauern vorher dahin nicht gehütet, noch hüten dürfen? Telles negativi ma- Wiederle-
hen nichts aus, und können ſie, die Bauern, nicht etwa nur einige Zeit der Mey-
daran verhindert worden ſeyn, hernach aber der Gerichtsherr von ſeinem Wie- nung.
erſpruch abgeſtanden haben? Oder gemeiniglich geben die Gerichtsherren
ihren Unterthanen nichts umſonſt umb haben nicht die Unterthanen Ao. 1709 etwas
dafür präſtiret? Die Bauern ſind nicht allezeit ſo ſorgſam, daß ſie ſich ſchwarz auf
weiß darüber geben ließen, oder wenn ſie nicht eine Gemeine-lade halten,
ſehen ihre Schriften bald verlohren, zumal wenn etwa ein Brand entſtanden.
Ein gewiſſer Gerichtsherr, als er ſein Guth überkommen, fande in denen
uralten Receſſen, wie die Unterthanen ſeine Ackerdienſte mit Pferden zu ver-
ichten hätten, und war nicht zufrieden, daß ſie jetzo Ochſen mit zuſpanneten.
Man befande aber auch, daß die Unterthanen jetzo mehr Ackertage, als damals verrichteten, und niemand wuſte, wo diß hergekommen, noch wenn
auter Pferde gehalten und geſpannet worden wären. Bey einem andern Ritterguthe führte der Gerichtsherr Beſchwerde, daß ihm ſeine Unterthanen keine
Baudienſte leiſten wollten. In Churſächſiſchen ſind die Unterthanen nach
denen landesgeſetzen in regula Baudienſte ſchuldig, und es ſahe mit der Unterthanen Weigerung ſehr mißlich aus. Doch zu großen Glücke fande unter
verſchiedenen Dorfſchaften noch eine Gemeinde ein etwa 100jähriges Document, woraus zu erſehen war, wie ehmals ein Gerichtsherr gegen Erlaſſung
der Baudienſte, die nur dann und wann vorfallen, auf alle Jahr etliche
Tage andere Erbdienſte ſtipuliret, und weil auch Reverſe zum Vorſchein kamen, vermöge deren die Herrſchaft in neuern Zeiten einige Baufuhren nur
zur Bethe erlange zu haben, und daß deren Leiſtung denen Unterthanen zu
einer Schuldigkeit gereichen ſollte, bekennet hatte, ſo kamen die Unterthanen

Ll 3 mit

mit genauer Noth davon. Ich sage mit genauer Noth, denn es wurde heftig
auf sie gedrungen, einige Baudienste zu bewilligen.

§. 7.

Die Herr-schaften gestatten ihren Un-terthanen nicht leicht etwas um sonst, und warum des Herrn Geh. Ju-stizraths Voraeben in seinem casu spe-ciali keinen Beyfall verdienet.

Auch will ich noch gedenken, wie es Orte giebet, wo die Gerichtsherren
armen Häuslern und Tagelöhnern, sowohl das Holen des bedürftigen Holzes
in ihren Gehölzen, als auch etwa vor ein Stückgen Vieh Graß auf ihren
Rändern oder abgelegenen Raseflecken gestattet, hingegen aber die Häusler
und Tagelöhner, auf Erfordern, um ein geringes und fast nur halbes Tagelohn arbeiten. Ist das geringe Tagelohn im Erbregister oder andere Urkunden
gekommen, so fängt der neue Gerichtsherr an, dergleichen Arbeit um geringen Tagelohn ferner zu begehren, denen Häuslern und Tagelöhnern aber
weiter keine Holzlese, noch Graßholen zu gestatten. Und so lehret die Erfahrung bey vielfältigen Gelegenheiten, wie die Gerichtsherrschaften ihren Unterthanen nichts zu schenken, sondern ihnen nur immer mehr anzusinnen pflegen,
woher ich vermuthe, daß der angezogene Churmärkische von Adel vor die Ge-
stattung der Mithutung in seinem Geheege wohl was bekommen haben wird,
zumal er dieselbe nicht allen, sondern nur 4 Bauern aus der Gemeinde gestattet. Es mag seyn, daß derselbe bald darauf gestorben, sein Sohn und
Successor aber, vom 13ten Jahre an, weggekommen und lange in Kriegs-
diensten abwesend, der immittelst gehaltene Verwalter aber ein Gevatter von
zweyen besagter vier Bauern gewesen. Die andern Bedienten, ja auch der
Neid der übrigen Nachbarn würden kein solches Stilleschweigen zugelassen
haben, wenn nicht besagte vier Bauern ein altes Recht gehabt oder ein neues
durch einen besondern Handel und ein Gegen-præstandum erlanget hätten.
S. 16. sind 8 abgehörte Zeugen angegeben, welche aber der vier Bauern Hüten in besagtem Geheege von alten und undenklichen Zeiten her bestärket. Dahero ich in der That nicht finden kann, warum die Bauern von dem Herrn
Geheimden Justizrath einer List zu beschuldigen, und der Gewinn ihrer Sache
vor ungerecht zu schelten gewesen. Wie denn der Herr Autor sein Urtheil von
dem unrechtmäßigen Gewinn der Bauern, auf das Geschwätze eines abgestor-
benen alten Mannes, der dem Rittergurhs-Besitzer die Umstände eröfnet
haben soll, lediglich gegründet, von demselben jedoch selbst zugestanden, daß
ihm einer der erwehnten 4 Bauern etwas zu Leide gethan hätte, woher er denn
aus Feindschaft etwas her geschwatzet haben mag. Demnach ist sehr zu zweifeln, daß solcher testis inimicus, unicus & singularis, wenn er auch unverhört
nicht weggestorben wäre, in dieser Sache hätte von einer Gültigkeit
seyn können.

§. 8.

§. 8.

Es wird mir der Herr Geheimde Justizrath nicht vor übel nehmen, wenn Derselbe ich in seiner Zuschrift sonsten noch eines und des andern zu erinnern finde. äußert ein Derselbe scheinet S. 18. mit den Bauern Mitleiden zu haben, als könnte und Mitleiden gegen die wollte er mit seinem Vorschlage der Matricul sie, die Bauern, von den Be- Bauern, weißkosten und vom Proceß befreyen, und gleichwohl sie gegen die Un- ist jedoch terdrückung ihrer Herrschaft verwahren. Allein weit gefehlet, daß eines aus mehr wi- dem andern, oder aus Errichtung der Matricul, die Verwahrung der Unter- der sie als ehanen gegen die Unterdrückung ihrer Herrschaft erfolgen würde, maßen viel- für die mehr eine Vermehrung der Schuldigkeiten und Unterdrückung daher, zumal, Herrschaf- wenn die Herrschaft übermächtig wäre, zu besorgen, und die Abschneidung ten gesin- der rechtlichen Wege nur der Unterthanen Präjudiz zu gewarten wäre. Ich net. begreife auch die Grundsätze nicht, nach welchen, wie der Herr Autor S. 19. gedenket, unzählige Fälle auf alle Arten derer zwischen denen Bauern und ihren Herrschaften möglichen Processe zu erfinden wären, wo die Bauern im Grunde unrecht, und die Herrschaft dagegen recht hätten, gleichwohl aber auch vor denen unpartheyischen und gerechtesten Richtern, die Bauern gewin- nen, und die Herrschaften verlieren müßten. Der Herr Autor scheinet mit dem Beysatze: des jetzigen fast bey allen Judiciis hergebrachten Fa- voris vor die Bauern, nicht einmal zu gedenken rc. den Lehrsätzen eini- ger neuern Autorn, welche zum Umsturz der Bauern-Gerechtigkeiten, deren Herleitung von den uralten Servis erdichtet, und von daher die in allen Gerichten herrschende Vermuthung der natürlichen Freyheit umkehren, oder vielmehr statt der Vermuthung vor die Bauern eine Vermuthung der Dienstbarkeit behaupten wollen, beyzupflichten. Allein den Ungrund solcher neu ersonnenen Lehre habe ich in meinem Tractat de Præsumtione pro libertate naturali in causis rusticorum, quatenus neque leges, neque pacta obstant, ferner in mei- nen Beyschriften von Bauern und Frohnen und in der ersten Abtheilung ge- genwärtiger Sammlung mit solchen historischen und gesetzlichen Beweisen an- gezeiget, daß kein Zweifel übrig bleibet, wie das Gebäude der neuen Lehre als grundloß gar wohl dadurch über den Haufen geworfen werden kann. Son- sten wollte ich wohl eher zehen und mehr anhängig gewesene Streitsachen anzeigen können, wo die Bauern Recht gehabt und doch aus Fatalität oder wegen Verschluß der rechtlichen Wege verlohren; ehe dagegen ein ein- ziger, wo die Bauern im Grunde Unrecht gehabt, und doch gewonnen hätten, vorgebracht werden kann. So viel mag genug seyn bey der dem Werke vor- gesetzten Zuschrift an den Königl. Preußischen Großkanzler, auch würklichen Geheimen Staats- und Kriegs-Minister von Jariges, zu bemerken, und nun

nun gehe ich zu dem Werke selbst fort, und da finde ich zur vermeynten Justizverbesserung S. 29. seq.

II. dieses Consilium.

Alle Advocaten in gleichen Stand der Ehre und gleiche Arbeit zu setzen, vermittelst dessen streitende Partheyen vor sich ihre Advocaten nicht wählen dürfen, sondern der Richter einer jeden Parthey einen zuordnen müste.

§. 9.

Noch weiter davon. Die Herren Verfasser der Göttingischen Anzeige von gelehrten Sachen haben bey ihrer Recension im 17. Stücke 1757. ganz wohl vor bedenklich geäußert, daß mit der Vollziehung erwehnten Consilii bey denen Rechtsconsulenten die Triebfeder zu Fleiß, Eifer und Geschicklichkeit, um sich vor andern hervor zu thun, niedergeschlagen werden möchte. Dahero sie auch dazu ihren Beyfall anders nicht gegeben, als wenn die andern Vorschläge des Herrn Geheimden Justizraths von Oßierka statt finden, nemlich daß ein jeder Advocate, der sich keiner Fehler und Nachläßigkeit schuldig mache, nach seiner Ancienneté zum Unterrichter, und weiter in die höchsten Justizcollegia, niemand aber und selbst die Adlichen nicht, wenn sie nicht vorher wenigstens drey Jahr, als Advocaten, practiciret, dazu befördert werden sollten.

Hiervon werde ich noch besonders in folgendem einen Vortrag machen, nur aber jetzo bey gedachtem Consilio zu bleiben, kann ich nicht umhin, annoch zu erinnern, wie auch Wissenschaft und Gelehrsamkeit nicht allezeit einen guten Advocaten ausmachen. Mir sind selbst Exempel bewust, da angehende Practici über ihre abgelegten Specimina pro admissione ad Praxin ihre schönsten Attestata, sie auch in der That gute Wissenschaft gehabt, und dennoch zum Proceßführen sich nicht geschicket, also, daß einer, der auch wohl ein Promotus gewesen, wenn ihm ein anderer Advocatus ein Stücke Arbeit gegeben, dieselbe ganz wohl gemacht, gleichwohl aber außerdem vor sich allein Processe nicht führen können, oder doch sehr schlecht geführt. Ein anderer Advocatus admissus, der auch immerfort dem Studiren mit allem Fleiß obgelegen, und gewiß das seinige gethan hatte, wurde, wenn er einen Proceß hatte, gar leicht durch ein unvermuthetes Obstaculum irre, daß er sich weiter nicht zu helfen wuste, und daher war es mit seinem Practiciren bald aus. Er suchte und erlangte daher Dienste, die er annahm, ob sie gleich nicht sonderlich waren.

Es

Es mangelt auch sonst gar nicht an vielen Exempeln, wo würkliche und mit vieler Juristischen Wissenschaft begabte Advocaten, vor sich Processe nicht, oder doch nicht wohl führen können, und daher wenig oder keinen Beyfall finden, Clienten zu erlangen. Dergleichen würden bey Beobachtung gedachten Consilii so gut, als die andern bessern Advocaten in des Richters Vertheilung kommen, oder wohl gar mit unter Vorzüge erhalten.

§. 10.

Andere haben etwa eigne Mittel und begehren nicht viel Arbeit. Noch andern, wenn sie auch noch so viel Rechtsgelehrsamkeit besitzen, kömmt dennoch die Arbeit schwer an, und begnügen sich daher lieber mit einem mäßigen Unterhalte, als daß sie viel Arbeit verlangen sollten. Die Advocaten sind demnach und wenn sie auch alle eine gleiche Gelehrsamkeit besäßen, dennoch in denen einem jeden von Gott verliehenen natürlichen Gaben und Neigungen einander nicht gleich, und es ist keinem Richter möglich, sie darinnen einander gleich zu machen. Woher dessen Vertheilung der Processe unter die Advocaten, weder vor die Advocaten selbst, noch vor die Clienten eine Gleichheit zum Grunde haben könnte.

Hierbey hat der Herr Geheimde Justizrath die Bestimmung vergessen, wer bey einer unrichtigen Führung des Processes, oder bey des Advocatens Versäumniß, dem Clienten zur Schadloßhaltung gehalten? Bey des Richters angemaßten Vertheilung müste doch derselbe vor des von ihm erwählten Advocatens Facta haften, nicht aber, wie der Herr Autor S. 39. gewollt, der versäumte Parth an den von ihm nicht erwählten Advocaten zu verweisen seyn, wiewohl dem Richter unbenommen, das verbüßte Verschulden des Advocatens von diesem wieder zu suchen. Doch muß man hierbey auch gar bald einsehen, daß der Richter die Parthey, welche sonst etwa einen Termin versäumte, wenn sie in des Richters Orte wohnte, herbey rufen lassen würde, um gedachter Verbüßung überhoben zu seyn. Nicht zu geschweigen, daß der Richter beyder Partheyen Oberadvocate mit seyn würde, um zu verhüten, daß kein Advocate sich etwas zu Schulden kommen ließe, weil er selbst dafür mit stehen müste.

Und wie einem jeden bekannt, daß der Richter manchmal bey Führung der Processe entweder selbst negligenter oder sonst etwa illegal verfähret, welches sonst der Advocate anzufechten hat: Also entstehet wohl noch die Frage, ob nicht der Richter bey seiner Wahl dergleichen Sachen dem schwächsten, oder demjenigen Advocaten, von dem er sich wegen anderer Connexion versprechen könnte, daß er sich des Richters Handlungen oder Fehler anzugreifen nicht

Mm   unter-

unterstehe, zutheilen würde? Ja, es dürfte wohl die Klage allgemein werden, daß kein Advocat einer Beschwerde wider den Richter sich unterfangen
dürfte, mithin derselbe wider alle seine Fehler und illegalen Handlungen einen
Freyschutz hätte, zumal wenn der Advocate nach des Herrn Autoris Vorschlägen die Hofnung hätte, selbst zu einem Richterlichen Amte befördert zu werden, worbey auf des Richters Recommendation viel mit ankäme, weil wegen
Ungleichheit der Zahl der Advocaten und der richterlichen Aemter und in Ansehung jene die letztern an Menge übertreffen, nicht alle Advocaten zu richterlichen Aemtern gelangen können. Uebrigens habe ich bey meinen edirten Irrthümern in Beurtheilung der Justizgebrechen Consil. VI. §. 54. & 55. und in
gegenwärtiger Sammlung, S. 223 von dieser Materie mit mehrern gehandelt, und stelle ich die allda schon geäußerten Bedenklichkeiten, nebst den gegenwärtigen, zu eines jeden Erwegung.

Sonsten giebet der Herr Geheimde Justizrath S. 40. seq.

das III. Consilium,

daß künftighin niemand zu einem Unterrichter, und hierauf zu einem
Rathe bey denen hohen Justiz-Collegiis angenommen werden
dürfte, welcher nicht schon 3 Jahr lang advociret hätte, auch
die von Adel nicht auszunehmen wären, sondern man ebenfalls
im Civilstande, so zu sagen, von unten auf dienen, und jeder
erst wenigstens auf drey Jahr das Advocatenamt verwalten
müste, hernach aber zum Unterrichter, sodenn zu einer Justiz-
Raths Bedienung, und endlich zu einer Justiz-Minister-Stelle
zu befördern wäre.

§. II.

Der Vor-
schlag zu
Gleich-
setzung der
Adlichen
und Bür-
gerlichen
zum Pra-
cticiren
und zur
Beförde-
rung

Ob ich wohl nicht glaube, daß dieser Vorschlag wegen der Gleichsetzung
des Adels mit denen Bürgerlichen-Gelehrten Ingreß finden wird, so
muß ich doch nicht nur des Herrn Geheimden Justizraths von Oskierka Unpar-
theylichkeit, da er selbst von Adel ist, sondern auch dessen gute Einsicht hierinne preisen. Er erkennt es vor ein Uebel, wenn Adliche oder andere aus vornehmen Familien abstammende Studenten sogleich, von denen Universitäten
weg, in Justizcollegia befördert werden. Es will ihm das bloße Auscul-
toriat, und Referendariat, welches als die Lehrschule vor dergleichen junge
Adliche Räthe anzusehen, nicht einmal gefallen, geschweige, daß er ihnen
bey ordentliche Sitz und Stimme zugestehen könnte.

Allein

Allein es kann gleichwohl geschehen, daß ein Minister bey einem Justiz-collegio Streitsachen selbst hat, oder anderer Männer Proceßsachen recom-mendiret, wie sie den Ausfall gerne haben möchten. Gesetzt nun, die Reso-lutiones oder Urthel fallen nicht nach dessen Wunsche aus, kann nicht da der junge Beysitzer, wenn er nicht ein votum mit hätte, aus Schmeicheley das Verlangen der recommendirten Parthey vor gerecht preisen, sich aber entschul-digen, daß er oder andere seines gleichen kein votum hätten, sonsten die Reso-lution anders ausgefallen seyn würde. Kann nicht dergleichen dem Directo-rio Collegii Verdruß verursachen, daß selbiges lieber solche Räthe zum votiren mit zuläßt, um der Vorwürfe überhoben zu seyn? Was folget aber ferner daraus? Gesetzt, ein anderer mehr gewiegter College will gerne eine Sache, nach seinem Willen, durchsetzen, kann er nicht derer jungen Räthe Stimmen sich versichern, und darmit die Uebereinstimmung der andern, welche Saniora, nach dem Maaße der Rechte, defendiren, sich verschaffen? Das heißet her-nach per majora geschlossen, und giebet zu erkennen, daß ein Theil auf der andern Seite gewesen, jedoch dieser in seiner Meynung überstimmet worden.

Justizäm-tern wird keinen Ju-greß fin-den.

§. 12.

Der Nutzen aber, welchen das gemeine Wesen daher, wenn nemlich die Adlichen Studenten nach absolvirten Studiis academicis, die bey der Justiz-Beförderung suchen wollten, zuförderst 3 Jahr die Praxin üben müßten, ziehen würde, könnte nicht geringe seyn, weil auch eine kurze Zeit der Advocatur die jungen Herren weit geschickter machen müste und würde, als das bey eini-gen Justizcollegiis eingeführte Auscultatoriat und Referendariat, wie unser Herr Autor S. 40. seq. saget und es mit vielen gegründeten Motiven weitläuf-tig ausführet. Hierauf haben auch die Herren Göttingischen Recensenten ihm mit vollkommener Ueberzeugung Beyfall gegeben, jedoch aber hinzu gesetzet, wie sie befürchteten, daß eben dieses seinen Vorschlag bey denenjenigen, die zu dessen Einführung etwas beytragen könnten, am wenigsten annehmlich machen würde. Dieses derer Herren Recensenten Bedenken dürfte wohl in seine Erfüllung gehen. Denn ob ich mich noch wohl erinnere, daß zwey Adliche Herren allhier practiciret, so thaten sie es doch nur aus Noth und aus Antrieb ihrer Dürftigkeit. Wo der eine hingekommen, weiß ich nicht, doch der andere verschafte sich die Legitimation zur Advocatur, und nach dessen Practi-ciren auf einige Jahre hin, wurde er in ein hohes Justizcollegium befördert, außer dem weiß ich keinen von Adel, der vor seiner Beförderung praxin juri-dicam geübet hätte, als welches ihnen viel zu geringe vor sie zu seyn dünket. Nun scheinet zwar der Vorschlag, daß der Richter die Proceßsachen unter

Der Nutzen des Vor-schlags, doch auch dessen Un-annehm-lichkeit, u. dahero, nicht zu er-wartender Beyfall.

die Advocaten vertheilen sollte; ihnen das Practiciren etwas annehmlicher zu machen, zumal sonst ein angehender Advocat, die ersten 3 Jahr seiner Praxis, keine sonderlichen Sachen überkömmt.

Allein besagte richterliche Vertheilung sehe ich weder vor gut, noch vor practicabel an. Woferne man auch vor gut halten wollte, wenn keiner von Adel eher zu einem Justizcollegio befördert würde, als wenn er zuförderst die zur Advocatur erforderlichen Specimina, welche bey uns nebst Haltung einer Disputation, in einer Actenrelation und der eydlichen Bestärkung der Selbstverfertigung, so wohl der Erlangung eines Attestats darüber, wo der Candidat vor tüchtig erkannt, hernach aber ferner in einer beym hohen Justizcollegio aufgegebenen Proberelation vorgelegter Acten bestehen, prästiret, und sich als Advocatus immatriculiren lassen, auch drey Jahr dergleichen gewesen, er möchte nun viel oder wenig oder gar nicht selbst in denen Judiciis erscheinen und Rechtshändel vortragen, so sind doch dergleichen Vorschläge dem Adel nicht annehmlich, noch werden sie jetziger Zeit Beyfall finden.

§. 13.

Von der großen Justizreformation unter Kaiser Maximiliano I. und Einführung der Röm. Rechtsgelahrheit, auch von den ersten Canzlern u. Räthen bey den Chur- und Fürstl. Häusern zu Sachsen.

Als unter dem Kayser Maximiliano I. die große Veränderung des Justizwesens im teutschen Reiche den Anfang genommen, da statt des Gerichtsgebrauchs der teutschen Rechte, die Fehden ganz aufgehoben, und nicht nur zu Einführung der Römischen Rechte die Ordnung der Römischen Königl. Majest. Cammergerichts de An. 1495. errichtet, auch darinnen §. 1. Part. I. wie zu Urtheilern 8 Rechtsgelehrte, welche damals in Iclis oder Doctoribus, oder Licentiatis Juris Romani bestunden, und 8 von Adel zu verordnen, versehen, sondern auch Churfürsten, Fürsten und Fürstenmäßigen, Part. II. §. 2. in Sachen wider sie selbst, neune seiner Räthe niederzusetzen, und solche aus denen von Adel und aus denen Gelehrten, das ist, aus denen Iclis Romanis zu nehmen, auferleget worden, *) waren schon die Universitäten, und zwar die Heydelbergische seit 1346. die Prager seit 1348. die Erfurther seit 1392. und die Leipziger seit 1409 her, Pflanzstädte der Römischen Rechtsgelahrheit ²) gewesen. Es lange nun in Teutschland die Streitsachen nach dem Sachsen- und Schwabenspiegel, oder andern Verordnungen und Privilegien, wie ich in meiner A. 1741 zu Leipzig edirten Gerichtsverfassung der Teutschen vom 8. bis zum 14ten Seculo aus-

---

1) Davon habe ich mit mehrern in der Vorrede zu meinen Beyschriften von Bauern und Frohnen de Ao. 1744. §. 5.

Not. 18. p. 13. gehandelt, S. in dieser Samml. IX. S. 215.

2) Davon siehe gedachte Vorrede §. 4. p. 10. seqq.

ausführlich angezeiget, abgethan wurden, hatten die Reichsfürſten dabey nichts
zu thun, als darauf, daß gedachten Geſetzen, Gerichtsgebrauch und Privile-
zien gemäß, verfahren wurde, eine Inſpection zu halten, und nach Befinden,
darauf eine Verfügung ergehen zu laſſen. Alſo hat Herzog Wilhelmus III.
Friderici Placidi Bruder in Thüringen, den Rath von Buttelſtädt, als er
deſſen ſchleunige Execution eines Mörders, der noch am Tage des begangenen
Mords gerichtet wurde, vernommen, An. 1470 zur Verantwortung vor ſich
ordern laſſen. Churfürſt Erneſlus und Herzog Albertus, Gebrüder, in gemeln-
chaftlicher Regierung erkannten, als im Jahr 1471 einige Schutzknechte eine Fehde
wider die Univerſität zu Leipzig angefangen, ſolche Fehde, wegen unterlaßner
Formalität, vor Unrecht, und verfügten die Arretirung derer Schutzknechte [1]).
Zu ſolcherley Inſpectionsverwaltung, ſowohl zu ihren Rechtshandlungen und
Hausaffairen, wo entweder einige Fehden beyzulegen waren, oder ein Fürſt
bey Auſtregalſachen zu handeln hatte, nicht weniger bey Ertheilung einiger
Privilegien, und dieſer oder anderer Urſachen halber auszufertigenden Charten
oder Urkunden hatten die Fürſten ihren Canzler und Räthe. Da vertraten
nun in den alten Zeiten Geiſtliche, als Prälaten, Pröbſte und Domherren
bey denen Stiftern, unter dem Prädicat der Notarien, Protonotarien, Ober-
ſchreiber, oder des Hofs offenbare Schreiber oder Scriptoren, die Stelle eines
Canzlers. Dergleichen werden von Sachſen, Meiſen und Thüringen in dem
5ten Theil Johann Gottlob Horns Handbibliothek von Sachſen p. 571. ſeqq.
von Henrico Illuſtri aber vom 13. Seculo an, diplomatiſch angeführet, und
darunter findet ſich unter dem Churfürſten Friderico Placido George Nebeldau,
Doctor in geiſtlichen Rechten, der An. 1428. zur Lehnsempfängniß an Kayſer
Sigismundum mit abgeſchicket, nach ihm aber Heinrich Leubing, Doctor in
Kayſerlichen und Licentiat in Geiſtl. Rechten, Domherr zu Meiſen, zu Canz-
ern beſtellt, worauf hernach dieſes Prädicat ferner fortgeführet worden, und
und nach erwehnten Doctori Leubing, George von Haugwitz, Domherr zu
Naumburg und Merſeburg, Johann Magdeburg, Dompropſt zu Naumburg,
ingleichen Johann Stadtſchreiber; unter Herzog Wilhelmi zu Weimar, Bruders des Churfürſtens Friderici Placidi, Regierung der Thüringiſchen Landes-
portion aber Gimbrecht Fabri, beyder Rechten Licenciat, ferner Johann Sig-
fried oder Sifart; bey Churfürſtens Ernſtens und Herzogs Alberti, Gebrüder
zemeinſamer Regierung Hans von Mergenthal, Johann Scheibe, I. U. Doctor
　　　　　　　　Mm 3　　　　　　　　　　　　und

[1]) Von dieſen Vorfällen kann in ge-　§. 37. Not. 4. p. 127. und §. 59. Not. 5.
dachter meiner Gerichtsverfaſſung der　p. 201. geleſen werden.
Teutſchen vom 8. bis zum 14ten Seculo

und Ordinarius der Juristenfakultät zu Leipzig, und Johann Siegfried, nach
der Landestheilung aber bey Herzog Alberto Johann Eckolt, I. U. Doctor,
Siegmund Pflug, I. U. Doctor, Domherr zu Magdeburg und Meisen,
Probst zu Hayn und Domprobst zu Meisen, auch Ordinarius zu Leipzig,
Canzler gewesen.

§. 14.

Ein meh-
reres davon
bis auf
Herrn
Herzog
Heinrichs
Regie-
rung.

Bey Churfürst Friedrich dem Weisen, und seinem Bruder, Johanne
Constante, waren Canzler nach gedachten Siegfried, Johann Schrenk von
Nozing, I. U. Doctor, oder Heinrich Schmidtbergk, I. U. Doctor, Dietrich
von Techwitz, I. U. Doctor, Gregorius Brück, sonst Heinse genannt, I. U.
Doctor, Christian Beyer, I. U. Doctor, welcher Ao. 1530. auf öffentlichen
Reichstage die Augspurgische Confeßion abgelesen, auch bey Churfürst Jo-
hann Friedrichen noch als Canzler gestanden, ferner bey demselben Churfürsten
Melchior Kling, I. U. Doctor, [4]) weiter Melchior von Ossie I. U. Doctor, der
hernach auf seine Dimißion bey Herzog Moritzen und Churfürst Augusto in
Diensten gestanden, und durch sein vom Thomasio edirtes Testament bekannt
ist. Nach ihm folget bey Churfürst Johann Friedrichen Jobst von Heyn oder
von der Heyde, der bey Mühlberg mit dem Churfürsten gefangen worden.
Hier ist nun in gedachtem von Johann Gottlieb Hornen edirten Verzeichniß
bey der Ernestinischen Linie, weil sie sich nachher in so viel Aeste vertheilet,
abgebrochen, und mit denen Canzlern in Albertinischer Linie fortgefahren worden, also, daß auf schon gedachten Doctor Siegmund Pflugen, bey Herzog
Georgen Niclas von Heynitz, I. U. D. Domherr, auch hernach Domprobst zu
Meisen, im Canzlerdienste gefolget. Weiter Kilian König I. U. Doctor, ge-
wesener Rathsherr zu Zwickau, der wegen seines edirten Processus judicarii
tum ex jure Cæsareo, tum Saxonico collecti bekannt. Nach ihm folgte Johann Kochel, Kuchel, Köchel oder Keuchel, I. U. Doctor, sodenn Simon
Pistoris I. U. Doctor und Ordinarius der Juristenfakultät zu Leipzig; weiter
Otto von Pack I. U. Doctor, der jedoch von einigen nur als Vice-Canzler angemerkt, sonst aber wegen der durch Erdichtung einer Bundsformul wider die
Protestanten gestifteten Unruhe berüchtiget ist.

§. 15.

---

4) Dieser in Jure civili Romano starke
Mann hat den Sachsenspiegel mit der
Glossa zu vereinigen gesuchet, doch den
Sachsenspiegel selbst nicht allenthalben

verstanden, wie in der Vorrede zu der
Gerichtsverfassung der Teutschen vom
8. bis zum 14ten Seculo p. 16. und 17.
mit mehrern angezeiget.

§. 15.

Bey Herzog Georgens Bruder, Herzog Heinrichen, als er bey geſodder-ter Regierung über die von ſeinem Vater, Herzog Alberto, ihm zugetheilten Aemter, ſeine Canzeley gehalten, ſind Canzler geweſen Ehrhard Melde, Wolfgang Stehlin oder Strehlin, I. U Doctor, und geweſener Profeſſor zu Wittenberg, George von Rothſchüß, der einen Proceſſum juris geſchrieben. Ferner Wenceslaus Naumann, I. U. Doctor. Unter Herzogs, hernach Churfürſtens Mauritii folgender Regierung wurde von ihm der bey Herzog Georgen im Canzleramte geſtandne Doctor und Ordinarius zu Leipzig, Simon Piſtoris, dazu wider vociret, und wenn es gleich nicht völlig ausgemacht, ob fernerhin Chriſtoph von Croſtwiß Türk genannt, I. U. Doctor, Mauritii Canzler oder nur Vice-Canzler geweſen, ſo folgt doch Ulrich Mordenſen, I. U. Doctor. Unter Bey Churfürſt Auguſti Regierung kömmt vor Doctor Kieſewetter, Haubold von Einſiedel auf Scharffenſtein, ingleichen bey Churfürſt Chriſtiani I. Regierung David Peifer, I. U. Doctor; Nicol Krell, I. U. Doctor, dem jener, weil er denen damals überhandgenommnen ſogenannten Cryptocalviniſten nicht Beypflichten wollen, weichen müſſen. Doch als Chriſtianus I. Ao. 1591 verſtorben, und Doct. Krell bey Chriſtiani II. Minderjährigkeit unter Vormundſchaft Herzogs Friderici Wilhelmi zu Altenburg Ao. 1592 in Arreſt gezogen wurde, kam erwehnter Doctor Peifer wiederum an die Canzlerſtelle. Wie Krell auf 10jähriges Gefängniß hingerichtet, iſt aus der Hiſtorie bekannt, und als Chriſtianus II nach erlangter Majorennität Ao. 1601 die Regierung ſelbſt angetreten, erhielte Bernhard von Pöllniß die Canzlerſtelle, jedoch wurde ihm Andreas Rauchbar, I. U. Doctor, als Vice-Canzler beygeſetzt, und weil hernach keine andern, als Adliche, die keine Dignitatem academicam geſuchet und erlangt, zum Canzleramte befördert, ſo hat nunmehro die Gleichheit des adlichen und bürgerlichen Standes, und daß bis dahin nicht ſowohl auf den Adel, als vielmehr auf die Gelehrſamkeit und Wiſſenſchaft ohne Unterſchied des adlichen und bürgerlichen Standes, und beſonders auf der Gelehrten Würde mit reflectiret worden, aufgehöret ⁵).

§. 16.

Ich gehe nunmehr fort, und frage, was dieſe Anzeigung der Chur- und Sächſ. Canzler bey dieſer Sache thun ſoll? Weil nemlich der Herr Geheime Juſtizrath Oskiertza eine Gleichheit unter den Adlichen und Bürgerlichen, und

[marginal notes right column:] Bis zum Ausgang des 16. Seculi, und wie bamals met-Etores Juris zum Canzleramte ge-langt, ohne Anſehen ob ſie Adlichen oder Bürgerlichen Standes gewe-ſen.

Mit Aus-gang des 16. Seculi und vom Anfange Gleichheit

---

5) Was ich bisher von der Reyhe der Sächſiſchen Canzler angegeben, iſt aus Johann Gottlieb Horns Hausbibliothek von Sachſen, und aus dem im 6ten Theil des 17ten No. 1. inſerirten Verzeichniß p. 971. ſeqq. hört die gezogen.

wie sich einer sowohl, als der andere durch Dienste, von unten auf, zu höhern Beförderungen würdig machen sollen, in Vorschlag gebracht, so wird daraus die Schwierigkeit, ja wohl gar die Unmöglichkeit seines Plans zu erkennen seyn. Die Göttingischen Herren Recensenten haben zwar dessen Gründe mit vollkommener Ueberzeugung gebilliget, sie haben aber zugleich ganz wohl befürchtet, daß sein Vorschlag bey denenjenigen, die zu dessen Einführung etwas beytragen könnten, sich am wenigsten annehmlich machen würde, und darmit verstehen sie sonder Zweifel den über die Bürgerlichen Gelehrten sich geschwungenen Adel. Sollte dieser wohl Vorschläge annehmen, welche ihn von seinen einmal in Possess habenden Prärogativen wieder herunter, und denen Bürgerlichen Gelehrten gleich setzte?

Als Ao. 1495. wie auch vorher erwehnet, zur Zeit der Maximilianischen Justiz-Reformation die JCti Romani die Gelehrten waren, wurden die adlichen Richter, die damals um die Römische Rechtsgelahrheit sich nicht eben bemühet; jedoch mehr Erfahrung in den alten Teutschen Rechten hatten, distinguiret, und wurde in der Kammer-Gerichtsordnung de Ao. 1495. §. 1. versehen, daß bey dem Gerichte 16 Urtheiler, halb von denen Rechtsgelehrten oder Promotis, halb aber aus der Ritterschaft gebohren seyn sollten. Es wurde auch Spho: wie Prälaten, Grafen, Freyherren und andere, Churfürsten, Fürsten und Fürstenmäßige zu Recht erfordern mögen zc. Verfügung getroffen, wie diese vor neunen ihrer Räthe, die aus dem Adel und aus den Gelehrten genommen worden, und ihrer Pflicht, so viel diese streitige Sache betrift, entlassen seyn sollten, des Rechts zu pflegen hätten, auch wie aus denen neun Räthen ein Richter zu wählen wäre.

Es war also von der Zeit an, da Churfürst Fridericus sapiens, und Herzog Albertus Animosus oder vor diesen in seiner Abwesenheit sein Sohn Herzog George regiereten, in den Teutschen Gerichtshöfen die Gleichheit der Gelehrten und Ritterbänke eingeführet. Denn obgleich schon vorher die Teutschen Fürsten zu ihren Reichs- und Domestic-Affairen Römischer Rechtsgelehrten oder Doctores I. U. gebrauchten, so blieben doch die Justizsachen in der alten Verfassung und in der Gewalt der alten Teutschen Richter und Schöppen, dahingegen bey der neuen Verfassung sich auch mehrere von Adel oder Ritter auf die Römische Rechtsgelahrheit legten, und die Doctorwürde suchten, bis schon gedachter maßen bey Besetzung der Canzlerstellen darauf nicht mehr gesehen worden. So viel muß man wohl einräumen, daß die Canzlerstelle besonders zum Splendeur des Fürsten mit gehöre, welchen die Adlichen besser, als die Bürgerlichen machen können, und daher möchte wohl der Vorzug jener nicht zu mißbilligen seyn. Außerdem aber stelle ich dahin, ob es nicht besser wäre,

wenn

der Adlich- und bürgerlichen auf, und suchen jene die acad. Doctorwürde welter nicht, erlangen auch ohne dieselbe vor dem Bürgerlichen einen Vorzug, woher des Herrn Geh. Justizraths Vorschlag zur Gleichheit des adlichen u. bürgerl. Standes keinen Ingreß finden kann.

wenn kein anderer Adlicher, als der durch genugsame Proben sich habilitirt, und besonders seine Erfahrung in Praxi dargethan, zum Justizwesen befördert würde. Ich läugne darmit nicht, daß wir heut zu Tage viele Adliche haben, die man ad doctiusinos rechnen kann; Aber bedenklich ist, daß aus angeführten Ursachen die Doctorwürde denen Adlichen verächtlich worden, und sie sich deren schämen, welches veranlasset, daß der wenig gelehrte so gut, als der gelehrte Edelmann, manchmal mit in die Höhe steiget, und in denen Justizcollegiis, wenn er gleich vor sich nicht viel zu decidiren weiß, dennoch einem andern leicht anhängen, und demselben mit seinem Beyfall leicht verstärken kann. Indessen was ich bisher von des Adels erlangten Uebergewichte an sich selbst, als auch wie der teutsche Adel nicht einmal die Doctorwürde, geschweige das Practiciren, oder geringe Justizämter in einer ihm gemäßen Aestimation hält, angeführet, dürfte gar leicht den Schluß an die Hand geben, daß mit des Herrn Geheimden Justizraths Osterka Vorschlag wohl unmöglich anzukommen seyn möchte, und wenn man ihn gleich noch so löblich anpreisen wollte.

§. 17.

So wenig aber auch dieser Vorschlag zu Gleichmachung der adlichen und bürgerlichen Gelehrten jenen annehmlich seyn wird, so führet er doch insonderheit darinnen ein solches Principium mit sich, welches zur Unterstützung und Handhabung des Rechtes und zu kräftigen Erhaltungs- und Verstärkungsmitteln eines Staats dienet.

Man weiß aus der Römischen Historie, daß der beförderte Anwachs der Bürger da die Römer auch überwundne benachbarte Völker dazu annahmen, der Eifer vor die Religion, und vor die Gerechtigkeits-Handhabung, die Grundsätze zu Erhaltung der Treue und des Glaubens, die Verehrung einer meigennützigen Genügsamkeit, da auch wohl arme, sonst tugendsame Männer zu den grösten Ehrenstellen und Ansehen gelangten, die vorzügliche, ie e vor das Vaterland, da es hieß: du ce est pro p tria mori, die strenge Sittenzucht, woben die Censores auch wohl Rathsherren wegen ungebührlichen Verhaltens aus der Rolle ausstrichen, und besonders die mit so viel Tugenden verknüpfte Tapferkeit nebst dem Eifer vor die Erhaltung der Freyheit des Volkes die Grundlegung zu der Gröse der Römischen Republik waren; Nichts aber machte sie dauerhafter, als da das Volk ihre Zunftmeister erwielte, welche als heilige Leute von niemanden angetastet werden durften, doch aber alle und jede, von Kleinen bis zum Grösten, auch so gar Dictatores, nach niedergelegten Amte, zur Rechenschaft vor das Volk, fordern, und die Eifer vor Beurtheilung des Volkes veranlassen konnten. Eben dieselben verschaften die Gerechtig-

Die bey den Römern behauptete Gleichheit der Senatern, Patricier und des Volks bey den Wäblen zu Ehrenämtern, dero letztern Erhaltung durch ihre Zunftmeister, u. der dauer hafte Beförderte Anwachs der Republik, auch

Nn   nicht

tigkeit und
andere Tu-
genden.

nicht nur die Erhaltung der gemeinen Bürger wider die mächtigen Patricier
und Senatorn, sondern auch die Gleichheit unter ihnen, daß das Volk nebst
denen Patriciern zu denen höchsten Ehrenämtern durch die Wahl mit gelangen
konnte, mithin, wenn sich einige vom Volke durch besondere Tapferkeit und
Tugenden hervor gethan, solche andern wohl vorgezogen wurden.   Jedoch
was kann die bey denen Römern eingeführt gewesene Gleichheit des Adel- und
Bürgerstandes zu Erlangung der Ehren- nnd Justizämter oder dergleichen von
vorigen Zeiten in Teutschland heute zu Tage helfen? die Zeiten haben sich gar
zu sehr geändert, also würde auch dieser Vorschlag jetzo nicht angenommen werden.

§. 18.

Entwurf
wider des
Herrn Ge-
heimten
Justiz-
raths Vor-
schlag we-
gen Beför-
derung der
Advocaten
zu Justiz-
ämter, und
dessen Be-
antwor-
tung.

Ich nehme auch noch sonst verschiedene Bedenklichkeiten hierbey wahr.
Wenn gedachter Herr Autor pag. 23. die Frage, warum an denen Gerichtshöfen so ofte wider die Handhabung der Gerechtigkeit gehandelt würde, dahin
beantwortet, daß theils die Advocaten, andern und mehrern theils aber die
Richter selbst Schuld wären, so muß ich zwar dieses vor eine gute Einsicht
erkennen, zugleich aber kömmt ein solcher Widerspruch hervor, welcher die
Justiz-Verbesserung durch Beförderung der Advocaten zum Richteramte
wieder vernichtet.   Denn lieget die Schuld der Justizgebrechen an Advocaten
und Richter, so verbleibet jener, wenn er auch zum Richteramte befördert
würde, noch immer in der Schuld, und könnte er, als Richter, weil er in diesem Officio mehr Gewalt bekommt, es nur noch ärger machen.   Ja, wenn
der Herr Geheimde Justizrath die Schuld der Justizgebrechen, an einem Orte
denen Advocaten und Richtern zugleich beymißt, wie kann er die Beförderung
der Advocaten zu Justizämtern vor ein Mittel zur endlichen Verbesserung des
Justizwesens, nach welchem möglich wäre, es dahin zu bringen, daß wenigstens bey hohen Justiz-Collegiis keine Ungerechtigkeit begangen werden könnte,
ansehen? Die Oberrichterlichen Personen sind Menschen, wie die Unterrichter,
und natürlicher Weise haben alle gleiche Leidenschaften, doch mit dem merklichen Unterscheid, daß eine Oberrichterliche Person in obhabender Gewalt,
zu Ausschweifungen mehr anwenden kann, als der Unterrichter. Demnach
scheinet mir dieser Vorschlag nicht hinlänglich zu seyn, das Justizübel zu heben,
sondern, ob wohl die Advocaten daran Theil nehmen, und Ursacher des Justizübels mit seyn können, so ist doch deren Schuldigkeit halber schon allenthalben, rechtliche Vorsehung getroffen, und wenn sie sich derselben nicht gemäß
verhalten, so lieget es am Richter, wenn er selbigen zu viele Nachsicht giebet,
weil er etwa selbst denen richterlichen Vorschriften nicht nachgehet, und sich

ju

zu viel Freyheit heraus nimmt.   Dahero ich vielmehr ein anderes Consilium
gebe, und zwar

IVtes Consilium.

Man lerne zufoderst die Justizgebrechen besser und genauer erkennen.

§. 19.

Die Gebrechen, welche dem Advocaten beygemessen werden, sind gar Justiz-
nicht zu heben, wenn der Richter das Seinige thut. Aber ganz anders siehet Gebrechen
es mit dem Richter aus.   Dieser kann sich einer mehrern Freyheit anmaßen, kommen
und es können die hauptsächlichen Justizgebrechen eigentlich von demselben her- mehr von
kommen.   Theils sind sie dem Ober- und Unterrichter gemein, theils aber Richtern,
entstehen sie von einem.   Man darf nur Höns Betrugs-Lexicon, unter den als Advo-
Worten: Richter, Referenten und Registratores, nachschlagen, so findet caten her.
man schon eine Menge der Justiz-Gebrechen. Doch will ich noch einiger in
specie gedenken, als 1) wenn e. g. Titius seiner Schuldsache wider Cajum bis Einige
zur Execution ausgeklaget, da es aber auf die Execution ankommt, Cajus Special-
den Weg findet, daß die Acten weg und viele Jahre nicht wieder zum Vor- Justiz-Ge-
schein kommen, oder Cajus neue Verordnung zu Pflegung der Güte ausbrin- brechen.
get, damit er Zeit und wo nicht seine ganze Schuld, dennoch deren Verrin-
gerung, gewinne, maßen Titius, als des Processirens satt und überdrüßig,
bey so viel continuirlichen Hinderungen lieber quid pro quo annimmt, um
nur einmal heraus zu kommen. 2) Wenn z. E. Cajus, der Titio vieles schuldig ist, und immittelst in dem objecto litis & executionis sitzet, dasselbe immerfort zu nutzen; von Seiten des Judicii in seinen Verzögerungen mit Ertheilung einer Dilation nach der andern unterstützet, oder 3) wenn von Seiten des
Judicii die Vermehrung der Processe und der Sporteln gesucht wird, als da
etwa in einer Sache Beweiß und Gegenbeweiß oder Productio & Reproductio
Documentorum vorgekommen, sonst aber auch etwa ein und anderer Nebenpunct, als irgends die Legitimatio ad Causam oder reassumtio litis oder ein
anderer beyläufiger Nebenpunct mit einschläge, und darüber mit verfahren
worden.   Alles dieses gehöret zwar in ein Urtheil zusammen, das Judicium
oder der Acten-Director aber befindet es vor Sportelreicher, und zur Verwir-
rung, folglich auch zur Verlängerung des Processes vor dienlicher, wenn er
über ein jedes Verfahren ein absonderliches Urthel einholet. Oder es führet
e. g. Titius einen Proceß wider Cajum einen Rittergutsbesitzer ad vindica-
tionem allodialium. Ehe dieser geendiget wird, stirbt Cajus und Sempro-

nius kommt als Succeſſor ſingularis oder als Mitbelehnter dazu. Titius, wenn ſchon Sempronius des Beklagten Stelle übernehmen, und litem reaſſumiren muß, läßt doch Caji Erben, weil ſie de fructibus perceptis oder gegen cauſirter Schäden und Unkoſten auf die Beſitzungszeit haften müſſen, nicht ex lite. Wenn nun Caji Erben und Sempronius in die Abtretung der ausgeklagten Allodial-Stücke, ſowohl in Erſtattung derer Nutzungen oder Schäden und Unkoſten condemniret ſind, und Titius dieſe reſtituenda liquidiret, ſo werden daraus verſchiedene beſondere Proceſſe gemacht. Vorher ſind dem verzögernden Theil Dilationes geſtattet, und zum Verfahren iſt wiederum Nachſicht gegeben worden, woher auf die langweiligen Verzögerungen nunmehr wieder Inrotulations-Termine erſt anberaumet werden, worauf endlich in ſolchen und andern dergleichen Vorfällen ſtatt eines, 2 oder mehr eingeholte Urthel zum Vorſchein kommen, worbey eine gewaltige Menge Sporteln erleget, und wenn ſonſt bey einem einzigen gravirlichen Urthel nur eine einzige Leuterung oder Appellation nöthig geweſen, deren nunmehr 2 oder mehrere eingewendet werden müſſen. So weit nun des Titii Advocate zu ſolchen Händeln nicht Anlaß gegeben, hat lediglich das Judicium ſchuld, wobey beſonders zu beklagen, daß daraus eine Menge Acten und große Verwirrungen entſtehen, auch wohl immer Abſchriften von einem Volumine zum andern eingetragen oder vidimiret werden, um deſto mehr Sporteln zu machen.

§. 20.

Mehrere dergleichen Caſus und Fälle der Juſtiz-Gebrechen.

Ferner können 4) Juſtizgebrechen daraus entſtehen, wenn beſonders bey Ober-Gerichtsbarkeiten der Grund oder Urſache der Reſolutionen verheimlichet und gleichſam Arcana daraus gemacht werden, da man nicht weiß, noch erfähret, warum man mit denen oder jenen Sachen abgewieſen wird. Desgleichen 5) haben zwar Ober- und Unterrichter zu Faſſung der Reſolutionen oder Geſtattung derer Partheyen Verfahren ihre geſetzliche Vorſchrift. Wie aber, wenn keiner ſich daran bindet, und demjenigen Theil, der die Verzögerung ſuchet, immer nachgeſehen wird, hernach aber endlich zur Vermehrung der Sporteln wiederum erſt unnöthige Inrotulations-Termine anberaumet werden? Außer der Sportelbeläſtigung entſtehet hieraus und aus dem, was ich ſchon angeführt, eine Unendlichkeit derer Proceſſe, welches für die Partheyen noch etwas weit ſchlimmres iſt. Es kann auch 6) geſchehen, daß manchesmal ein Nebenpunkt vorkömmt, als da ein Beklagter mit Tode abgeht, zwiſchen deſſen Erben und dem Succeſſore in Feudo aber ein Streit entſtehet, da denn der Richter die Hauptſache liegen, und nur über gedachten Streit erkennen läßt. Ferner 7) iſt zu merken, wie inſonderheit Gerichtsherren wider ihre Unterthanen, zu

neuer-

neuerlichen Befchwerden oder Dienften, gar leicht eine poffeffionem momentaneam, und manchmal faft, ehe die gefammten Unterthanen es recht inne
werden, vor fich erlangen, und da müffen diefelben fich bequemen, ihre Rechte
im Petitorio nach Befchaffenheit per actionem negatoriam aut conf floriam
auszuführen. Da giebet man fich nun auf Herrfchaftlicher Seiten gemeiniglich
alle Mühe, die Syndicats-Errichtungen zu hindern, oder die errichteten anzufechten. Sie, die Unterthanen, empfinden alfo dabey viel Befchwerlichkeiten,
aber wie fiehet es vollends mit der Juftiz aus, wenn Ober-Gerichtsperfonen in
Fällen, wo die Unterthanen in der Poff. ls vel quafi fich noch befinden, darauf
nicht attendiren, fondern diefelben, deffen ungeachtet, zu demjenigen, was die
Herrfchaft zu prätendiren anfängt, aus Menagement, befonderer Connexion
oder Gefälligkeit durch Verordnung fogleich anhalten läßt, bis fie, die Unterthanen, ein anders ordentlich ausgeführet? Es kann auch diefes wohl den
Schein bekommen, als ob deshalb weitläuftigen Proceß zu geftatten bedenklich,
da doch, wenn der Richter der Poffeß nachgegangen, der Proceß viel eher un-
erblieben wäre, weil die Herrfchaft gar wohl wiffen können, daß fie im Petitorio nichts ausrichte. Dahingegen wenn die Unterthanen fo fort zu etwas,
das fie vorher nicht præft ret, de facto angehalten werden, oder der Richter
ihnen, was fie an Herrfchaftlichen præftandis, als e. g Lohn oder Lieferung
und dergleichen wohl von undenklichen Jahren her genoffen, auf einmal ent-
ziehet oder fchmählert, fo entftehet daher eine Nothwendigkeit des Petitorien-
proceffes auf Seiten der Unterthanen, die ihre Rechte fich nicht fo arbitraire be-
nehmen laffen können. Und wenn nun auf den ordentlichen ausgeführten Proceß die Herrfchaft in die Enthaltung der geklagten Befchwerden oder fonft con-
venienter, und etwa dabey in Erftattung der Schäden condemniret wird, fo ift
zwar hierunter die endliche Juftiz zu preifen, dabey aber doch nicht zu loben,
daß Ober-Gerichtsperfonen auf folche Weife einen weitläuftigen Proceß und
muthwillige Koften veranlaffet, woher diefes unter die Juftizgebrechen haupt-
fächlich mit zu rechnen. Ferner muß eben ein Juftizgebrechen feyn 8) wenn
eine Gerichtsperfon einer Parthey Schriften ungeftraft wegparthieret, um der
andern defto beffer zu helfen; oder 9) wenn der Oberrichter auf Landesgefetze
recht attendiret, fondern feinen Willen vorziehet, und der Unterthanen Advocaten, der 100 und mehrjährige Gerechtfamen vertheidiget, deshalb wohl noch
zu beftrafet. Noch halte ich 10) vor ein Juftizgebrechen, da etwa eine richterliche Perfon, die etwas vermag, fehr verfchuldet ift, und daher immer Geld
borgen brauchet. Da kann denn eine reiche ftreitende Parthey ihm Geld
ihnen, und dadurch ihn dahin bringen, daß auch wohl die gerechtefte Sache
der armen Parthey darüber verlohren gehet, und dem reichen Geldleyher mit Unrecht

Nn 3   zuge-

zugewendet wird. Denn zu allen Sachen können rationes dubitandi et deci-
dendi gemacht werden, und nach dem man sie umkehret, hat man auch das
Urthel. Es kann mancher oberrichterlicher Beysitzer, was er gerne haben will,
stark defendiren, und andere zu beyfälligen Votis zu bewegen suchen, daß etwas
per majora beschlossen wird, welches nicht allezeit das beste oder das gerechteste ist.
Bey bloßen Verordnungen bekömmt man vollends gar keine rationes, sondern
es heißet in dem Fall: stat pro ratione voluntas, und wer diesen voluntatem
impugniret, kömmt in das schwarze Register, oder wird, so gerecht auch die
Ursachen seyn, wohl gar noch darzu gestrafet. Aus solchen und andern dergleichen Umständen muß man die Justizgebrechen erst erkennen lernen, und
was sind hierwider für Mittel zu ergreifen?

V. Consilium.

Man ergreife hierwider solche Mittel, welche zu Abhelfung des Uebels
brauchbar und nützlich seyn.

§. 21.

D. Hoens vorge-
schlagene
Mittel in
seinem Be-
trugs-Le-
xico helfen
den Justiz-
Gebrechen
nicht ab.

Hoen in seinem Betrugs-lexico hat bey den Richtern, Registratorn und
Canzellisten zu Mitteln vorgeschlagen, 1) Pflichtvergeßne Männer erst
mit Gelde zu bestrafen, hernach aber auf wiederholte Verbrechen sie ihrer Dienste
zu entsetzen; 2) zu richterlichen Stellen nur solche, welche gottesfürchtig und
dem Geitze feind sind, zu erwählen; auch 3) diesen solche Gerichts- und Proceß-
ordnung, wodurch ihnen alle Gelegenheit zu Verlänger- und Verzögerung derer
Rechtssachen abgeschnitten, vorzuschreiben, und 4) soviel die Registratores betrift, niemanden hierzu anzunehmen, von dessen unermüdeten Fleiß, Geschicklichkeit, Studiis und Bereitwilligkeit, jedermann aufrichtig zu dienen, man
nicht versichert sey, hingegen aber diejenigen, welche nur auf Interesse sehen,
oder nach Brode schreiben, abzuweisen und zu removiren. Allein, alle diese
vorgeschlagene Mittel sind theils nicht hinlänglich, theils aber gar nicht practicabel. Ich habe dergleichen auch schon anderswo *) in Ansehung, daß fromme
und gelehrte Richter, welche Gott vor Augen und in Herzen haben, und nach
ihren besten Wissen und Gewissen, die vorkommenden Streitsachen, ohne
Weitläuftigkeit, sofort entscheiden und abthun, zu setzen, ausführlich angezeiget.
Was sind denn aber vor andere convenable Hülfsmittel zu ergreifen? Mancher wird bald antworten: es könne ja der Landesfürst, oder die Regentschaft,
wie

---

6) In den von mir angezeigten Irrthümern in Beurtheilung der Justizgebrechen Consil. V. pag. 81. seqq. und oben in
dieser Samml. p. 234.

wie die Geſetze und Rechte genau zu beobachten, nachdrückliche Verordnung
thun. Allein dergleichen Verordnungen ſind immer vorhanden, und es bleiben
doch wohl die Klagen über die Juſtiz, wie ſie geweſen. Der Grund davon
lieget in der angemaßten Willkühr der Ober-Gerichtsperſonen, und dieſen gebühret auch Nachſicht vor die Subalternen oder die Unterrichter. Wie leicht
iſt nicht die Entſchuldigung: Es gäbe der Sachen zu viel, und man könne
nicht herum kommen: Es können wohl Subalternen über manches von ihren
Vorgeſetzten einen Verweiß erhalten; dieſe geben aber dagegen den beſchwerten
Theil, wenn er ſolicitiret, dergleichen wiederum. Uebrigens bleibet es immer,
wie es geweſen, und treibt man es, wie zuvor, oder macht es wohl gar ärger,
daß der ſich beſchwerende Theil davon endlich nichts anders, als Verdruß, oder
bey anderer Gelegenheit leicht eine Beſtrafung zu gewarten hat. Kurz, es iſt
alles umſonſt, wenn man keine Mittel ausfindig macht, wie beſonders Ober-
Gerichtsperſonen zu ihrer Schuldigkeit auf eine kräftige Weiſe anzuhalten,
woraus denn die Anhaltung des Unterrichters hernach von ſelbſt folget.

§. 22.

Denn es hat die Erfahrung aller Zeiten gelehret, wie nöthig es ſey, Richter, ſie mögen ſo groß ſeyn als ſie wollen, in ihren Schranken zu halten? Muß aber die
nicht ein jeder zugeſtehen, daß ein Richter, je größer und freyer er iſt, deſto
mehr nach ſeiner Willkühr, mit Verletzung des Rechts und der Gerechtigkeit,
handeln kann? Hieraus, und wenn er weder die Geſetze noch Rechte beobachtet,
ſondern in einzeln Fällen ſeinen Willen nach ſeiner Geneigkeit vorſchreibet, und
diejenigen, welche ſolchen nicht blindlings annehmen wollen, vor ſtrafbar erkennet, oder der Oberrichter auch dem Unterrichter, weil er ſelbſt es nicht beſſer
nacht, zu viel nachſiehet, können eben die hauptſächlichſten Juſtizgebrechen
entſtehen. Es irren demnach alle, welche nur eine Veränderung der Geſetze,
eren Abkürzung, und beſonders die Verbeſſerung der Abvocaten vorſchlagen,
nd hierinnen die Hebung der Juſtizgebrechen ſuchen. Sie tappen im Finſtern,
nd es kann alles nichts helfen, wo inſonderheit niemand auf die oberrichterli-
hen Perſonen Acht hat, wie dieſe die Rechte und Geſetze beobachten. Die
Geſetze und Gerichtsverfaſſung können immer einerley ſeyn, und nach denenſel-
en von einem Richter die Juſtiz genau gehandhabet, von einem andern aber
as Recht gebeuget werden, wie inſonderheit die alte Römiſche Geſchichte Bey-
piele zu beyden Seiten zur Gnüge aufweiſet.

Der Prophet Micha 7,3. ſpricht: Was der Fürſt will, das ſpricht
er Richter, daß er ihm wieder einen Dienſt thun ſoll. Die Gewal-
igen rathen nach ihren Muthwillen, Schaden zu thun, und drehens
wie

(Marginalien:) Warum die Oberrichterl. Ge-wait noch Inſpecto-res noch-ben Exem-pein der Röm. Tr1-bune des Volks oder der Spar-taniſchen Ephoren zu ſetzen.

wie sie wollen. Dergleichen kann existiren, wenn arme oder geringe Leute mit großen oder übermächtigen Gegnern, für welche auch wohl Ober-Gerichts-personen Respect haben, oder denen sie wohl sonst aus Anverwandschaft, oder anderer Ursachen halber, gerne helfen wollen, Proceß führen müssen. Es kann in solchen Fällen geschehen, daß, wenn gleich unter den Ober-Gerichtspersonen sich noch Patrioten finden, die gerne die Gerechtigkeit handhaben möchten, dennoch andere die größere und ansehnlichste Parthey, auch wohl bey dem ungerechtesten Begehren, ver-heidigen, und einem solchen Vertheidiger die meisten Stimmen beyfallen, die übrigen Patrioten aber, da sie überstimmt, ob sie gleich des schwächern Theils sind und deren Grund wohl einsehen, lieber schweigen, oder doch den Spruch nach den meisten Stimmen, so widerrechtlich er auch ist, geschehen lassen müssen. Ist dergleichen einmal erfolgt, so kann sich das Ober-Judicum die Abgehung davon wohl gar zur Schande rechnen, und es helfen auch wohl vorherige Patrioten, ob sie gleich eine bessere Einsicht gehabt, nunmehr selbst zur Behauptung des einmal gefaßten ungerechten Schlusses, daß demnach den schwächern Theil nichts übrig bleibet, als die Klage über die Justiz. Ich halte demnach dafür, es sey zu einer wahren Justiz-Verbesserung in Teutschland kein anderes Mittel, als daß an Orten, wo der Regente die Partheyen nicht selbst höret, noch der obern Gerichts-Personen Handlungen in eine genaue Obacht, noch sie bey begebenden Fällen in scharfe Zucht nimmt, Männer nach dem Beyspiel der Römischen Zunftmeister oder der Spartanischen Ephoren gesetzet werden müsten.

§. 23.

Was die verordneten Ober-Inspectores zu thun hätten zur Justiz-Verbesserung. Es verstehet sich von sich selbst, daß sie dergleichen Männer seyn müsten, welche der Sache gewachsen wären. An dieselben wären alle Partheyen, wenn sie über hohe und niedere Judicia Beschwerden hätten, zu weisen. Diese müsten berechtiget seyn, die der Sache halber ergangenen Acten an sich zu fordern, und ob denen Rechten, denen Proceßordnungen und Gesetzen gemäß, procediret wäre, zu examiniren. Fänden sie Fehler in ungeziemender Verlängerung, oder unnützer Ausschweifung, zur Vermehrung der Sporteln, wie etwa §pho 19. No. 3. und §pho 20. No. 4. 5. 6. & 7. angemerkt, so müsten sie gleich diejenigen, welche unnütze Weitläuftigkeiten und Sportel-Vermehrung gemacht, zum Ersatz und gewisser Strafe anhalten.

Es können manchmal insonderheit bey Obergerichten auch wohl die Subalternen daran Schuld seyn, die Vorgesetzten und Directores aber nur zu viel Nachsicht geben, welches sie doch ebenfalls nicht ganz außer Schuld setzte. Dahero sie ebenfalls zu besserer Obacht mit Nachdruck anzuweisen wären, und wenn

wenn gleichwohl sich hierauf niemand besserte, wäre mit der Cassation der schuldig befundenen zu verfahren. Dieses betrift aber noch den geringsten Punct,
und was wäre hauptsächlich zu thun, wenn die obersten Justiz-Inspectores
ein oder das andere Justiz-Gebrechen, wie sie vorher §pho 19. & 20. angge-
geben, befänden? Hierauf will ich specifice antworten.

§. 24.

Ueberhaupt mögen in Teutschland die richterlichen Personen so groß seyn,
als sie wollen, so sind sie doch denen alten Römischen Burgermeistern, Prä-
torn und Rathsherren nicht gleich, und wie die Tribunen alle zur Verantwortung ziehen konnten: also müsten auch alle Justiz-Personen, groß und klein,
der Verantwortung der Ober-Inspectorn Erfordern unterworfen seyn,
und wenn auch derer Obergerichten Handlungen gegen Partheyen arcana bleiben sollten, dürften sie es doch gegen die Ober-Inspectores nicht seyn, sondern
diese wären befugt, auf geschehene Decidirungen der Sachen, welche Personen dazu ihre vota gegeben, und welche dissentiret, genaue Anzeigung zu fordern, und da wären nun diejenigen, welche die Ungerechtigkeit verschuldet,
zur Verantwortung zu ziehen. Nach dem Schwäbischen Landrecht Cap. 108.
§. 3. hat der Schöppe, der ein schadhaftes Urthel gesprochen, wenn es ge-
scholten, und widerrechtlich befunden worden, schwören müssen, daß er nichts
bessers gewust, und dieses beziehet sich nur auf zweifelhafte Fälle, wo die geschehene Beurtheilung nach besten Wissen und Gewissen, auszumachen gewesen. Es hat den Schöppen keine Amtspflicht davon liberiren können, maßen,
wenn er den auferlegten Eyd nicht leisten wollen, er mit Abschlagung der Hand
bestrafet worden, weil er, als ein in Eydspflicht gestandner ein unrechtes Urthel gesprochen. In einiger Gleichheit dessen, wenn die Ober-Justiz-In-
pectores fänden, daß die Gerichtspersonen, welche eine ungeziemende oder
wohl offenbar wider die Gesetze laufende Resolution und Entscheidung gegeben,
anders nicht von Ansprüchen befreyet blieben, als wenn sie vermittelst Eydes
erhalten müsten, wie sie ihre Entscheidungs-Vota aus keiner andern Ursache
gegeben, als weil sie das Recht nicht besser verstanden, und gewust, hingegen aber dabey weder auf Respect, Furcht, und Hofnung einer Vergel-
tung gegen einen Theil, noch auf Freund- oder Feindschaft gesehen; So
würde dieses einzige manche Leichtsinnigkeit, nach welcher an die geleistete
Amtspflicht sonst nicht gedacht, noch dieselbe genau beobachtet wird, heben,
und wenn auch einer ganz gewissenloß wäre, dennoch eine gewisse Furcht und
Scham erwecken, daß er sich vor scheinbar unrechten Resolutionen oder Sprü-
chen hütete. Würde aber einer dergleichen abgeforderten Eyd nicht leisten, so
wäre

Ferner
von deren
Verrich-
tungen u.
Pflichten
hierbey.

wäre zwar demjenigen Theil, der aus der unrechtmäßigen Entscheidung einen Vortheil erhalten, das daher erlangte jus quæsitum zu laffen, die auf das Unrecht concludirenden Membra aber, so weit sie besagten Eyd nicht leisteten, wären und zwar jeder insolidum zum Erfatz des Schadens und deffen, was sonst der schuldige Parth zu präftiren verbunden gewesen, anzuweisen, oder daferne sie nicht solvendo wären, wäre ihre Entscheidungs-Resolution zu caffiren, und dem leidenden Theil wider den andern Parth zu dem seinigen zu verhelfen.

Auf solche Weise käme die Rechtshülfe, welche sonst nur wider die Advocaten geordnet, mit der Hülfe wider den Richter, in eine Gleichheit. Hätte, wie §pho 19. No. 1. annotiret, jemand die Execution auf rem judicatam gehindert, oder ad N. 2. & §pho sequente ad n. 4. eine Gerichtsperson, dem debitori in fraudem creditorum geholfen, so wären die Richter an des Schuldners Statt, zum Erfatz der Schuld und des Schadens anzuhalten.

§. 25.

Noch von Abstellung angegebener Justizgebrechen. Was ferner das bey Unterthanen §pho 20. No. 7. angezeigte Unrecht anbelanget, solches ist in denen Rechten gar zu klar und ausgemacht, und wäre daher die Oberrichterliche Entscheidung oder der widerrechtliche Ausspruch gleich zu caffiren, die Parthey aber, welche in der Poffeß vel quasi gewesen, so lange, bis der Gegentheil in petitorio ein anders ausgeführt, dabey zu schützen. Wären immittelst die Unterthanen wider ihre habende Poffeß vel quasi, de facto zu etwas gezwungen worden, so wären zu deffen Erfatz nicht der lucrirende Parth, sondern die Richterlichen Personen die dem Parth das lucrum widerrechtlich zugewendet, anzuhalten, maßen es vor ganz billig anzusehen, daß einer, der dem andern ex bene placito was zuwendet, es von dem Seinigen präftiren, nicht aber einem andern wegnehmen sollte.

Wenn nach dem Gebrechen §. 20. No. 8. ein muthwilliger Verparthierer der Schriften sich fände, so könnte dergleichen Auctoris Größe ihn nicht vertheidigen, sondern er meritirte gleich die Caffation oder Remotion ab officio, und sonst wäre dafür zu erkennen, daß der Theil, deffen Schriften zum Favreur des andern Theils verparthieret, die Sache gewonnen, und hingegen der Verparthierer durch seine Handlung, dem geneigten Parth mit Unrecht zugewendet hätte. Dahero weil bekannt, quod delicta teneant suum auctorem, wäre gedachte delinquirende Gerichtsperson, nebst erwehnter Caffation, auch den Erfatz aller Schäden schuldig, jedoch der lucrirende Theil, daferne der caffirte Verparthierer nicht solvendo wäre, ebenfalls gehalten. Ad N. 9. §phi 20. dürfte kein beffer Mittel seyn als die Caffation der Resolutionen oder daß diejenigen

jenigen Gerichtsperſonen, welche daran Theil genommen, ſtatt der Parthey, der die Sache ſo widerrechtlich zugetheilet, den Proceß übernehmen, und ihn mit der andern, welche ihre Gerechtſame zu Recht darthun will, ausführen müſte, und wenn ſie verlieren, das Intereſſe zu präſtiren gehalten.

Endlich ad N. 10. Sphi 20. wäre mit Nachdruck und bey Remotion ab officio zu verbieten, daß eine Gerichtsperſon, bey deren Judicio eines Parths Streitſache anhängig, einen ſtreitenden Theil zum Geldborgen nicht gebrauchen, und noch vielweniger von ihm Geld entlehnen dürfte, unter der Verwarnung, daß ſolches vor eine Beſtechung angenommen werden ſollte. Geſchähe aber ſolches dennoch, ſo wäre die Richterliche Perſon und der Geldleihende oder Geldſchaffende Parth, als ein beſtochner Richter und als ein corrumpirer anzuſehen, wenigſtens, wenn die Ephori oder Ober-Juſtiz-Inſpectores bey ihrer Unterſuchung befänden, daß die Geldborgende Gerichtsperſon der Sache vor den Geldſchaffer ſich ſtark angenommen, und mit Procurirung beyfälliger Stimmen dieſelbe, da ſie vorher vor den andern Theil gut geſtanden, umgekehret.

§. 26.

An denen bisher gedachten Juſtizgebrechen und deren vorgeſchlagenen Verbeſſerung will ich es genung ſeyn laſſen, und nur noch einige Einwürfe beantworten. Als erſtlich könnte jemand einwerfen und fragen, wie oder an welchen Orten denn ſolche Juſtizgebrechen ſich fänden, und ob nicht die Verordnung Ephoren, Auffeher oder General-Fiſcale, oder wie man ſie nennen möchte, zu ſetzen, vergeblich wäre, alſo, daß beſagte Auffeher und Ober-Juſtiz-Inſpectores nichts zu thun fänden? Darauf antworte ich, wie ich eben keinen Ort benennen kann, noch jemanden deſſen beſchuldigen will. Ein jeder, der Erfahrung in ſolchen Sachen hat, wird wiſſen, daß die zum Exempel angeführten Juſtizgebrechen, nirgends ungewöhnlich, und wohl kein Land zu finden ſeyn wird, wo dergleichen gar nicht exiſtirte, jedoch einige mehr da, andere dort vorzufallen pflegen. So viel iſt aber doch gewiß, daß der Vorſchlag allemal zu einer Vorbauung dienlich, daß ſich von erwehnten oder andern Juſtizgebrechen nichts ſo leichte einſchleichen würde.

Denen Arragoniern wird ein gewiſſes Privilegium zugeſchrieben, welches ſie das Geſetze der Manifeſtation nennen, und darinnen beſtehet, daß in verurtheilter Parth, gegen Niederlegung 500 Rthlr. in caſum ſuccumbentiæ, en Richter wegen ſeines Ausſpruchs verklagen, und wenn, daß er übel geſprochen, befunden wird, obgleich beſagtes Urthel der Execution unterworfen bleibt, denſelben Richter doch ſelbſt abſtrafen kann. Woher man denn verſichern will, daß die Richter allemal mit Furcht und Zittern das Urthel ſprächen

Margin note: Beantwortung des Einwurfs, daß die angeführten Juſtizmängel nicht exiſtirten, alſo die vorgeſchlagenen Obern Juſtiz-Inſpectores ohne Nutzen ſeyn würden.

chen

chen, indem ſie in Gefahr wären, es möchte ſolches wider ſie ſelbſt ergehen, und ſie um Hab und Guth, ja Leib und Leben bringen, welches leicht geſchehen könnte, und ſollte es gleich bey ihnen aus dem geringſten Verſehen oder nicht genugſamen Verſtand der Sache herrühren. Wir erkennen hieraus, daß die Furcht, Ehre und Reputation, oder auch Vermögen zu verlieren, und beſtraft zu werden, am meiſten beyträgt, den Richter zu einer gleich durchgehenden oder zur beſten Juſtiz-Adminiſtration zu bringen. Was vor Gebrechen auch einem frommen und gelehrten Richter anhängen können, und wie er nicht ganz befreyet, ungerecht wider den oder jenen zu verfahren, habe ich ſonſten [7] umſtändlich angezeiget, und es iſt gewiß, daß endliche Amtsverpflichtungen nicht hinlänglich ſeyn, ſondern die Furcht vor Strafe ingleichen vor Verluſt der Ehre und Reputation mehr effectuiren müſſen.

§. 27.

Einwurf, daß auch Ober-Inſpectores nicht alle- zeit einſe- hen könn- ten, ob Richterli- che Aus- ſprüche wider- rechtlich werden, nemlich ſeyn.

Ferner könnte mir zum andern jemand einwerfen und ſagen, wie auch Ober-Juſtizinſpectores meiſtentheils nicht vermögend wären, genugſam einzuſehen, ob richterliche Ausſprüche widerrechtlich wären, weil dabey vieles auf verſchiedene Interpretationes ankäme, und wenn der Richter nur etwa eine oder die andere Auslegung, oder den Beyfall einiger Ictorum vor ſich hätte, man ihm hierunter nichts zur Laſt legen könnte. Es iſt wahr, dieſes dürfte wohl ob dem Richter ratione meritorum ſeu materialium cauſarum meiſtens eine Entſchuldigung an die Hand geben. Allein außerdem, daß die Juſtizgebrechen zum Theil Formalia Proceſſus, die in Geſetzen vorgeſchrieben, betreffen, könnte auch denen Richtern eine allgemeine Regel in meritis cauſarum vorgeſchrieben werden, nemlich

Conſilium VI.

Man verordne, daß bey allen menſchlichen Handlungen die Vermuthung angenommen werde, vor das, was dem erſten Stand der natürlichen Gleichheit der Menſchen am nächſten kommt, in ſo weit nicht eine Abänderung davon durch Geſetze oder durch Einwilligung in Verträgen dargethan und erweißlich iſt.

§. 28.

Allgemeiner Regul

Dieſe einzige Regel erſchöpft faſt alle Gegenſtände der Auslegungskunſt, und man hat nicht nöthig, in die abſcheuliche Wuſt, welche Vincentius Placcius

---

7) Bey der Prüfung des Vten Conſilii in meinem Tractat von Irrthümern in Beurtheilung der Juſtizgebrechen pag. 81. ſeqq. in dieſer Samml. X. p. 254.

Placcius de interpretatione et explicatione legum zusammen getragen, sich einzulassen. Sie hebet allen Streit, ob und wie weit Interpretatio restrictiva
oder extensiva statt findet. Sie entscheidet in Kürze, daß z. E. eine Herrschaft
von ihren Unterthanen mehr nicht prätendiren kann, als was ihr per leges oder
per pacta, wohin ich auch die Verjährung als ein pactum tacitum rechne, klar
und deutlich gegeben, versprochen oder nachgelassen worden. Leget ein neues
Gesetze gegen das vorige mehr Onera auf, können dieselben auf non expressa
nicht extendiret werden. Also auch, wo ein neues Erbregister gegen das vorige
zum Vorschein kömmt, welches gegen das vorige mehr præstanda enthält.
Ferner auch, wo auf ein Verbiethen neue Strafe gesetzet. Nicht weniger
findet in besagter Regul die Interpretation contra venditorem, locatorem seu
stipulatorem, oder wer die Contracte vorgeschrieben, statt, wenn er mutationem status prioris zu des andern Theils Beschwerden, nicht deutlich oder ex-
pressiv angegeben. Eben so ist es mit andern Contracten beschaffen, wo einer
zu etwas obligiret wird, das nur expresse in der Obligation begriffen. Wenn
auch status jurium prior abgeändert, greifet keine Auslegung weiter Platz, als
so weit die Abänderung klar. Ferner können Privilegia weiter nicht gehen,
als so weit sie eines andern Rechten unschädlich, mithin dürfen sie contra tertium nicht extendiret werden, contra concedentem aber kömmt es in dubio auf
dessen Erklärung an, wie weit er dasselbe wider sich erstrecket haben wolle.
Es saget Grotius *) favorabilia sunt, quae æqualitatem in se habent et quae
communem spectant utilitatem, odiosa autem, quae partem alteram tantum,
aut plus altera onerant, quae poenam in se continent, et quae actus faciunt
irritos, et quae de prioribus immutant.

Diesem pflichtet auch Puffendorff *) bey, und da favorabilia in denen
Rechten pro odiosis den Vorzug haben, so ist obgedachte Regel auch hierauf
gegründet, und wenn zu deren Beobachtung der Richter obligiret wird, so lassen
sich seine Handlungen oder Aussprüche leicht darnach beurtheilen, ob sie rechtmäßig oder widerrechtlich seyn.

Hierbey lasse ich es mit meinen Erinnerungen zur Justizverbesserung bewenden, wormit ich aber von des Hrn. Geheimden Justizraths von Ostierka
einen weit abgegangen. Ich bitte mir von Ihm oder auch von andern, welche
zur Justizverbesserung ihre Vorschläge gethan, ex libertate sentiendi, dazu
eren Vergünstigung aus, besorge jedoch, daß, wie die Herren Göttinglischen Recensenten von erwähnten Herrn Geheimden Justizraths von Ostierka Vorschlägen
eurtheilet: also auch die meinigen nicht annehmlich seyn dürften, und daher
ist

Do 3

Marginal note (right side): oder zu be- urtheilen ob ein Richterli- cher Aus- spruch vor wider- rechtlich zu halten oder nicht,

*) de Jure B. & P. Lib. II. C. 16. §. 10.   9) de officio hominis & civis C. XVII. §. 9.

ist es überhaupt nicht rathsam, von dieser Materie viel zu schreiben. Denn wenn der Schade nicht da geheilet wird, wo er wirklich sitzet, so bleibet alles unheilbar, und bleibe ich bey dem, was ich in der Vorrede zu meinen Irrthümern in Beurtheilung der Justizgebrechen vom 3ten May 1756. in dieser Sammlung pag. 223. geäußert, da ich nemlich dem Autori des Tractätgens, betittelt: Beweißgründe, daß in denen teutschen Landen eine Reformation der gegenwärtigen Justiz nicht allein unmöglich und unnöthig, sondern auch dem gemeinen Wesen vielmehr schädlich sey, beygetreten, wovon ich auch nicht abgehe, es wäre denn, daß die Sache an dem Orte, den ich jetzo gezeiget, angegriffen würde.

§. 29.

Beschluß und ob es besser, die Urthel bey auswärtigen Dicasteriis einzuholen, oder auswärtige Räthe zu Versprechung der Streitsachen in gewißen Jahrszeiten zu erfordern. Zum Beschluß will nur noch eines erinnern. Es sind bekanntermaßen in Teutschland Ober-Judicia, welche die Urthel bey Rechtsgelehrten auf Universitäten einholen. Dieses trägt manchmal auch viel zu Verzögerungen bey, und es wäre wohl besser, wenn des Jahrs etwa zwey Termine zur Versprechung aller gangbaren Sachen gehalten; und wenn z. E. vier Rechtsgelehrte zu Räthen angenommen wären, und jeden Termin wechselsweise deren zwey ad locum judicii erfordert würden. Diese mit einigen in loco judicii sich immer befindenden Räthen könnten alle Sachen versprechen, worauf die zwey fremden wieder nach Hause giengen, und folgenden Termin die zwey andern an deren Stelle erfordert würden. Auf solche Weise müsten die Partheyen jedes Jahr in einer Sache zwey Urthel bekommen, da sie jetzo, wenn es sehr wohl gehet, des Jahres kaum eines, oder auch wohl in anderthalben Jahren und länger nicht mehr erlangen. Warum ich aber vier auswärtige Räthe zum Wechsel vorschlage, geschiehet darum, damit, wenn wider ein Urthel Leuterung eingewendet wird, beym Versprechen auf die Leuterungs-Prosecution ein paar andere Urthelsprecher zugegen seyn. Der Einwurf, daß dergleichen neue Kosten machte, dürfte damit wohl leicht zu heben seyn, daß entweder ein mehreres zur Sportel-Casse gezogen, und die fremden Räthe damit besoldet, oder weil dieses dem ganzen Lande nutzte, dazu von den Unterthanen eine Steuer gefordert würde. Hiermit will ich meine Beurtheilung geschlossen haben.

XII.

XII.
Anhang.
De interpretatione juris et facti.

Was würde derjenige, welcher noch viel de Interpretatione juris, et facti schreiben wollte, anders thun, als schon oft gesagte Sachen wiederholen. Muß nicht einem, der, was Vincentius Placcius ICtus Hamburgensis in seinem Ao. 1693. ebirten, hernach aber Ao. 1726. wiederaufgelegten Buche de Interpretatione et Explicatione legum, et adjectis opusculis novem juridicis vorgetragen vor die Hand nimmt, eine Abneigung ankommen, solche seine weitläuftige Ausführung nur durchzulesen, geschweige artem interpretandi daraus zu erlernen? Ich will damit nur so viel behaupten, wie es unnöthig und überflüßig, anderweit diese Materie weitläuftig abzuhandeln. Hingegen aber ist die Frage, ob man dieselbe nicht, so weit sie ein Juriste gebrauchet, in die Kürze und in wenig Regeln bringen könne. Und dieses zu versuchen, soll jetzo meine Absicht gerichtet seyn.

Billig kommt her von dem alten Worte Bilithlich, dieses aber von licht, leicht, indem das vormalige Bi vor das heutige Be vorgesetzet, und die Sylbe lich, angehänget, in neuern Zeiten aber billig zusammengekürzt vor bilithlich gebrauchet worden, welches also in der Grundbedeutung so viel, als leichtlich oder thunlich heißet, vid. Schilt. Thesaur. Antiqu. Teuton. Tom. III. p. 112. et 546. Man hat es lateinisch per aequum gegeben, folglich ist dasjenige thunlich oder billig, was auf das aequum oder partes aequales gerichtet ist, und was man auch sonst eine Rechtsgleichheit oder Rechtsgleichgewichte nennen könnte. Was damit übereinkömmt, heißet in denen Rechten ein favorabile, was aber davon abweichet, und eine ungleiche Abmessung des Rechts macht, oder einen vor dem andern mehr beschweret, ein odiosum. Denn favorabilia, sagt Grotius de I. B. et P. Lib. II. Cap. 16. §. 10. ea sunt, quae aequalitatem in se habent, et quae communem spectant utilitatem, odiosa autem, quae partem alteram tantum, aut plus altera onerant, quae poenam in se continent et quae actus faciunt irritos et quae de prioribus immutant. Diesem pflichtet auch Puffendorff de officio hominis et civis Cap. XVII. §. 9. bey. Wann nun in Praxi ein neues Gesetze oder Vertrag, und dabey der Fall vorkommt,
wie

wie die Auslegung zu machen sey, so hat man statum jurium priorem et posteriorem seu mutatum zu unterscheiden. Denn es zweifelt niemand daran, daß alle Menschen von Natur ein gleiches Recht gehabt, in statu adventitio civili aber sie durch Gesetze oder Verträge, worunter auch verjährte Facta begriffen werden können, davon abgekommen, und also iß durchgängig status jurium aequalium naturalis statu civili prior, wobey man denn sein Augenmerk darauf zu richten hat, wie weit einer a priori, inter omnes aequali, abgegangen, oder wenn wir auch dieses wissen, und es würde eine neuere Mutatio per legem aut per pactum vel factum zu behaupten gesuchet, so wäre aus dieser letztern der status jurium civilis posterior erwachsen. Dieses vorausgesetzt, wollen wir nun folgende practische Interpretations-Regeln bestimmen:

I. Man vermuthe und behaupte allezeit statum jurium inter omnes aequalium naturalem vel civilem priorem, so lange und so weit nicht durch neue Gesetze und Verträge oder facta status posterior oder eine Abänderung des erstern status deutlich erwiesen werden kann.

Diese Regel greifet sehr weit um sich, und entscheidet viel Specialia, als z. E. wenn durch Gesetze ein onus auferlegt gewesen, und durch ein neues Gesetze mehr oder eine härtere Bestrafung, als zuvor, auferleget wird. Ferner, wenn ein altes und neues Erbregister zum Vorschein kömmt, wo man aus dem letztern die Auslegung auf mehr Beschwerungen machen will, als in den alten zu befinden gewesen. Desgleichen wenn auf ein Verbrechen eine neue Strafe gesetzet wird, und in andern dergleichen Fällen. Ja, aus dieser Regel fließen bey Streitigkeiten wegen der Dienste und Schuldigkeiten derer Bauern und Gerichtsunterthanen deren Actiones negatoriae. Sie fasset in sich die Vermuthung vor die natürliche Billigkeit, Gleichheit oder Freyheit, oder pro alio favorabili, item pro emtore, conductore et promissore contra venditorem, locatorem et stipulatorem. Denn so weit diese drey letztern die vorher benannten Käufer, Pachter oder Promissorem nicht mit ausdrücklichen Worten sich verbindlich gemacht, in so weit bleiben sie in dem ersteren Stande der Freyheit, und heißet es: daß jene mit diesen deutlicher reden sollen, wenn sie die von ihnen etwa aus verbis ambiguis gezognen Argumente der Verbindlichkeit zum Grunde ihrer Anforderungen setzen. Oder wenn auch bey denen beyden, nemlich bey Verkäufern und Käufern, oder Verpachtern und Pachtern eine Concurrenz, oder derer Käufer und Pachter Vorschreibung derer Bedingungen des Contracts sich äußerte, mithin wer deutlicher reden sollen, so gewiß nicht auszumachen wäre, kann es doch bey vorheriger Interpretations-Regul verbleiben, und eine zweifelhafte Auslegung dahin, wie sie dem statui aequa-

litatis

litatis naturalis, oder dem statui civili priori am nächsten kömmt, geleitet werden. Ferner wollen wir zu einer Regel beyfügen:

II. Wenn status jurium prior pro parte mutiret worden, darf der ICtus nicht auf mutationem totius schließen, oder welches einerley ist, in conclusione a particulari ad universale non valet consequentia.

Es scheinet zwar diese Regul unter der vorigen begriffen zu seyn, und dürfte auch wohl leicht der Einwurf gemacht werden, als ob sie daher unnöthig sey, weil man keinen Juristen finden möchte, der sie in Zweifel zöge, oder gar darwider, als wider eine so ausgemachte Sache handelte. Allein die Praxis beweiset ein anders und widerleget es, wenn man denen Juristen eine allgemeine Beobachtung dieser Regel, die doch sonst in Thesi durchgängig vor recht erkannt wird, zueignen wollte, z. E. es kömmt ein untergeschobenes von Herrschaftlicher Seiten allein verfertigtes Erbregister zum Vorschein, und nach der Zeit wird in einem Recesse nur ein kurzer Extract davon, oder eine gedachtem Erbregister gleichlautende Stelle eingerückt, so hat man wohl den Fall gehabt, daß man daher ab agnitione partis ad agnitionem totius und auf die Gültigkeit des ganzen Erbregisters hat schließen wollen, welches aber sowohl wider obige Regel als auch wider Recht und Billigkeit ist. Es heißet sonst: Tantum præscriptum, quantum possessum; und sind die Possessiones strictæ interpretationis. Allein nicht selten und besonders in possessorio summarissimo überschreitet mancher Jurist besagte Regel, und dehnet die auf einen gewissen Ort bescheinigte Posseß der Dienste auch weiter auf eine von einem andern Orte geforderte; jedoch unbescheinigte Posseß aus, ex causa homogeneorum, wie in Wernhers Observ. 368. Part. VI. Tom. II pag. 54. ein Exempel zu finden. Homogenea dicuntur, quæ sunt ejusdem generis & naturæ, sagt Micrelius in seinem Lexico philosophico. Allein es müssen doch wohl, wenn von einem auf das andere geschlossen werden will, dieselben in toto complexu ejusdem generis & naturæ, nicht aber pro parte divers oder in so weit heterogenea seyn. Also hat der von dem Herrn Reichs-Hofrath von Wernher selbst in gedachter Observation allegirte Herr Reichs-Hofrath von Berger in Oecon. Jur. Lib. II. Tit. IV. Thes XLIX. pag. 489. in apprehensione hereditatis mit apprehendirte greges ovium nur, si sint uno in loco, pro homogeneis, si autem in diversis existant, pro heterogeneis, und daß daher apprehensa grege unius loci, grex alius loci, etsi ambæ ad hereditatem pertineant, vor mit apprehendirt nicht zu achten, erkannt. In Gleichheit dessen könnte die Wernhersche Observation nicht richtig geurtheilet haben, allwo in denen rationibus der Casus vorgetragen, wo die Unterthanen beym Ritter-

guthe

guthe Ottendorf zu einem Teiche, der unterste Teich genannt, bescheinigter maßen Dienste gethan, und obwohl, da Dienste zu einem andern Teiche, der Schaafteich genannt, gefordert, wegen des letztern nichts erwiesen gewesen, dennoch die Unterthanen quoad possessorium in die Dienstleistung condemniret worden, weil der Schaafteich ein pertinenz und homogeneum beym Rittergutbe Ottendorf gewesen wäre. Sind denn aber beyde Teiche in tota homogenea gewesen? Als zum Rittergutbe gehörige Teiche waren sie vergleichen, aber als befrohnte Teiche waren sie es nicht, maßen der damals in lite schwebende Schaafteich nie befrohnet worden, und also als eine Piscina heterogenea gegen den andern Teich, wozu einige geleistete Fuhren bescheiniget worden, anzusehen gewesen. Und es stehet dahin, ob die streitenden Pärtheyen dabey sich berühiget, und wenigstens hat solches Erkenntniß im reservirten Petitorio nichts beyfälliges bewürken können.

III. Privilegia, Concessiones und Beneficia Principis, so weit sie andern Leuten nachtheilig seyn, müssen strictissime erkläret werden, sonst aber, wenn sie Titulo oneroso erlangt, jedoch andern unschädlich seyn, ist in einer zweifelhaften Sache die Auslegung contra concedentem zu machen, oder da sie ex mera gratia concedentis oder auch wohl revocabiliter erlangt, bependiret die Interpretation in dubio a domino concedente.

Verschiedene JCti pflegen mit Javoleno in L. 3. ff. de Const. Princip. zu behaupten, Beneficium Imperatoris, quod a divina indulgentia proficiscitur, quam plenissime interpretari debere. Worwider aber worbey aber in Disputatione de Interpretatione Beneficiorum Principis ad L. 3. de Const. Princ. sub Præsidio Thomasii anno 1701. a Daniel Küstero habita, jener in den vorgesetzten Literis ad Respondentem, dieser aber in ipsa Disputatione vieles zu erinnern gefunden, welche man hierbey, wenn es beliebet, nachsehen mag. Mir ist es voritzo hinlänglich gewesen, daß ich, um bey aller möglichsten Kürze zu bleiben, es bey obigen 3 Regeln bewenden lasse, womit, wie ich glaube, ein Juriste in practischen Vorfällen schon auskommen kann.

Leben des Autoris.

Nachdem der Herr Verfasser derer in dieser Sammlung enthaltenen Schriften noch vor dem völligen Abdruck mit Tode abgegangen so hoffet man, daß es dem Leser nicht unangenehm seyn werde, dessen Lebenslauf allhier beygefügt zu finden.

Johann Leonhard Hauschild war gebohren den 3. Nov. 1694 zu Bornshayn, einem 2 Stunden von Altenburg gelegenem Dorfe, allwo sein Vater, Salomon Friedrich Hauschild, Pfarrer desselbigen Orts war. Da seine Eltern bey einer zahlreichen Familie, einem nicht sehr einträglichen Amte, und noch dazu durch Brand und sonst erlittenen Unglücksfällen, nicht im Stande waren ihn gehörig zu unterstützen, so mußte er sich sowohl auf der Schule zu Altenburg als auf der Universität zu Leipzig kümmerlich behelfen, konnte auch zumal an dem letzten Orte von der Unterweisung derer academischen Lehrer, da er von Mitteln entblößet war, wenig sich zu Nutze machen, dem er doch hernachmals, da er solches durch unermüdeten eignen Fleiß ersetzte, hinwiederum manchen Vortheil zuschrieb, der ihm dadurch zugewachsen sey, weil er sonst auch, wie meistens zu geschehen pflege, sich auf Vorurtheile des Ansehens gestützet, und bey denen Sätzen seiner Lehrer sich beruhiget, nicht aber selbst die Quellen der mittlern Zeiten so emsig durchstudiret haben würde, wodurch er von manchen

Jr-

Irthümern derer Theoreticker immer mehrere Ueberzeugung erhalten, wie er solches in seinen unten anzuführenden Schriften, besonders in der Lehre von der Dienstbarkeit oder Freyheit der Bauern, hernachmals bewiesen. Als ihm im Jahr 1719 sein Vater mit Tode abgegangen war, und er nun gar nicht länger sich forthelfen konnte, so begab er sich wieder nach Hause, von da aber 1721 nach Dresden, allwo er, nach vorher zu Wittenberg bey der Juristischen Facultät, und bey der Chursächsischen Landesregierung zu Dresden abgelegten gewöhnlichen Proben, unter die Zahl der Advocaten aufgenommen ward, und von da an zu practiciren anfieng, jedoch Anfangs andern berühmten Rechtsconsulenten, und besonders dem damaligen starken Practico, Herrn D. Paul Christian Schrötern mit Arbeit assistirte. Weil nun seine Praxis sich bis 1726 ansehnlich vermehrte, beschloß er dabey zu bleiben, und erwarb in bemeldeten Jahre zu Erfurt sich die Doctorwürde, verheyrathete sich auch bald darauf mit Jgfr. Johannen Christianen Gottschalchin, der jüngsten Tochter Tobias Gottschalchs, Kaufmanns zu Pirna, mit welcher er bis 1764 im Ehestand gelebt.

Er ward bey seiner Praxi von verschiedenen vornehmen und hohen Herrschaften als Consulente gebraucht, auch insonderheit von des ehemaligen Königl. Pohln. und Churfürstl. Sächs. gewesenen Ministers und General-Feldmarschalls Herrn Grafens von Flemming, nachgelassener Wittwe, nachmaliger vermählten Fürstin Wisniowiecka und zuletzt Gräfin Sapieha geb. Prinzeßin Radzivill, wegen ihrer verschiedenen in Sachsen habenden

Rechts,

Rechts, und Erbschafts-Angelegenheiten, zum General-Gevollmächtigten bestellet, wobey ihm aber das erst widrig scheinende Schicksal begegnete, daß er auf falsches Angeben boshafter Mittelspersonen, sogar ohne seiner Fürstl. Principalin Wissen und Willen, im Jahr 1740 in eine beschwerliche Rechtfertigung gerieth, jedoch das ihm damit angethane Unrecht dergestalt darthun konnte, daß er davor völlige Entschädigung und alle mögliche Satisfaction erhielt, worauf er auch hernach diese Vollmacht wieder übernommen, und bis an sein Ende behalten hat.

Als nach Kayser Carls des VI. Hintritt das Reichs-Vicariat an Churfachsen gekommen war, so erhielt er den Auftrag, die Weymarschen und Bayreuthischen Reichsangelegenheiten zu besorgen, und zu dem Ende von Ernst August Herzog zu Sachsen Weymar das Decret als Rath mit Besoldung, von dem Marggraf Friedrich zu Bayreuth aber, die Bestallung als Hofrath; jedoch da er überhaupt auf dergleichen Sachen seine Ehre nicht gründete, so enthielte er sich um desto leichter aus politischen Ursachen, innerhalb Dresden, diesen Character zu führen.

Ob er nun wohl auch in seiner Praxi viel Vornehmen und Reichen bedienet war, so dienete er doch hauptsächlich lieber dem niedrigen Bauernstande. Auch der ärmste Landmann, wenn er eine gute Sache hatte, fand eine ofne Zuflucht bey ihm. Es werden wenig Districte im ganzen Lande seyn, aus denen er nicht irgend einmal ganzen Gemeinden in Dienststreitigkeiten wider ihre Gerichts-

　herr-

herrschaften bedient gewesen. Er behauptete dieses als einen Grundsatz, daß man allezeit mit ruhigerm Gewissen gedrückten Leuten
dienen könnte, als Unterdrückern. Er untersuchte, ob er die Sache
vor gerecht ansahe, und wenn dieses war, so wieß er niemand von
sich, der Gegentheil mochte auch so mächtig und reich seyn als er
wollte. Bey solchen Grundsätzen nun konnte es freylich nicht allemal
ohne Verdrüßlichkeit abgehen. Allein, unerschrocken und vorsich-
tig, ließ er sich davon nichts abwendig machen. Eben dieses
aber gab ihm auch die Gelegenheit, derer Bauern Gerechtsame auf
das genaueste zu untersuchen, und solche in Schriften in öffentlichen
Druck vorzutragen.

Ueberhaupt sind seine gedruckten Werke folgende:

1) Disp. inaug. de jure protimiseos et retractus circa servitia
et operas liberorum subditorum in Elect. Saxon. dominis competente, sub praesidio D. Tob. Jac. Reinhart.
Erford. 1726.

2) Die hohe Bluts-Anverwandschaft des Chursächsischen
Hauses mit dem höchsten Kayserl. und Erzherzogl.
Hause Oesterreich, sowohl mit einigen andern hohen
Königlichen Häusern in 10 genealogischen Tabellen,
und besonders in denen 2 letztern dessen Abstammung
nach männlicher und weiblicher Linie aus dem Königl.
Pohln. Piastischen und Jagellonischen Geschlecht mit
einer

einer und andern dienlichrn Erleuterung gezeigt, 1734. in fol. Der Anlaß hierzu war, weil bey der Wahl des letztver= storbenen Königs von Polen, unter der Hand ein Auffatz com= municiret ward, nach welchem dessen Abstammung aus besagten Polnischen Geschlechtern nach 16 Linien angegeben, nach die= ser Untersuchung aber solche nach 30 Linien gezeiget worden.

3) Opusculum hist. juridicum, praesumtionem pro libertate naturali in causis rusticorum, quatenus neque leges ne= que pacta obstant, ab impugnationibus Estorianis, ex omni jure, antiquitatibus et documentis perspicuis vin= dicans, Dresd. 1738. 8vo.

4) Gerichtsverfassung der Teutschen, wie solche vom 8. bis zum 14ten Seculo üblich gewesen, aus alten Gesetzen, Formuln und Urkunden dargestellt, Leipz. 1741. 4. bey Langenh. Dieses Werk ist verschiedentlich mit besondern Beyfall recensirt worden, als z. B. in denen Götting. gel. Anz. vom Jahr 1741 im 97. St. pag. 839, in den Leipz. gel. Zeit. auf das Jahr 1742, n. XXXVI. pag. 327, in den Jenaischen allerneuesten Nachrichten von Juristischen Schriften, XVII St. pag. 47. in Jenichens Supplem. ad Bibliothecam Juridicam Lipenü pag. 336, in Stollens Anleitung zur Juristischen Gelahrheit, im VIIten Capitel §. XXII. pag. 520. und anderwerts.

5) Obgedachtes sein Opusculum N. 3. erhielt zwar auch mannigfaltigen Beyfall, und besonders ward es in der Nouvelle Bibliotheque, die vom Armand de la Chapelle herrühret, und zwar im Decbr. 1738. umständlich und vortheilhaft recensirt, allein im 8. Stück derer zu Wittenberg herausgekommenen Act. JCtorum pag. 723. seqq. ward es in einigen Stücken, besonders die vorgehabte Prüfung der Leyserschen Meynung anlangend, gar sehr angefochten. Dieses veranlaßte ihm seine Beyschriften von Bauern und Frohnen zu Dreßden, 1744. in 8vo. an das Licht zu geben, worinnen enthalten I) Grunduntersuchung der Bauern und Frohnen, und was sie eigentlich bedeuten, II) Antwort auf die Recension in den neuen Actis JCtorum zu Wittenberg, III) Prüfung der von Estorn 1742 herausgegebenen Schrift de praesumtione contra rusticos in causis operarum und IV) Gewissensbedenken über die Frohnen.

6) Hatte er sich vorgesetzt, eine Prüfung verschiedener Vorschläge zur Verbesserung der Justiz, und darunter 10 verwerfliche und 10 annehmliche zu ediren, es sind auch zu Dreßden 1749. 8vo im Gerlachischen Verlag die 5 ersten von denen verwerflichen mit gedachter Prüfung herausgekommen. Er hat auch solche hernach wieder neu auflegen lassen, und noch die letzten 5 verwerfliche dazu gebracht, unter dem veränderten Titel: **Irrthümer in Beurtheilung der Justizgebrechen, und bey Vorschlägen zu deren Verbesserung, Dreßden bey Gerlach**

Gerlach 1756. 8vo. In der Vorrede dazu hat er zugleich
die Ursachen angezeigt, warum er von seinem erst geäußerten Vorsaß, noch 10 andere und zwar annehmliche Consilia
beyzufügen, wieder abgegangen ist. Jedoch hat er in der
zuletzt zu benennenden Sammlung seiner Schriften und zwar
im XIten Stück noch etwas davon geliefert.

7) Außerdem hat er nicht nur mit dem ehemaligen Oßnabrückischen
Rector, Strodtmann, über die Bedeutung des Wortes,
Seneschall, und andere Puncte, Streitschriften, doch mit
aller Mäßigung gewechselt, welche mit in die Hamburger gelehrten Zeitungen eingedruckt sind. Auch ist er ein Mitar-
beiter gewesen an verschiedenen Deductionen, welche das
Herzogl. Haus Sachsen-Weimar wegen des Amtes Fisch-
bach, und andere Reichsangelegenheiten betreffend, im Druck
hat ausgehen lassen. Nicht weniger hat er im Jahr 1768.
eine Rechtliche Deduction derer Gerechtsamen des Fürstl.
Hauses Radziwill wider die Herren Grafen von Einsiedel,
wegen der Erbfolge in den Gräfl. Flemmingischen Nachlaß,
auf ausdrückliches Verlangen seiner Fürstl. Principale
drucken lassen.

8) Endlich hat er noch zuletzt gegenwärtige Sammlung seiner
juristischen Abhandlungen veranstaltet, und von oberwehn-
ten seinen Schriften die unter N. 5. und 6. angeführten, mit
einrücken, zugleich aber noch verschiedene ungedruckte Ausar-

beiträgen in solcher zum erstenmal in öffentlichen Druck ausgehen lassen, wovon die vorgesetzte Vorrede nähere Nachricht
giebet, von welcher Sammlung er aber die öffentliche Ausgabe nicht erlebet hat, maßen er den 2. Dec. 1770. nach einer
7 Wochen, jedoch ohne alle Schmerzen gedauerten Krankheit,
an einer allmäligen gänzlichen Abnahme der Kräfte im 77ten
Jahre seines Alters Todes verblichen ist, und 2 Söhne nebst
einer verheyratheten Tochter, von beyden auch Enkel nach sich
verlassen hat.

22 JY CO

Register

Register.

Register.

Herren,

Corrigenda.

S. 46 in der 8. Z. statt Sachsen ließ Sachen. S. 90 in der 12. Z. statt Gundebrandi l. Gundebandi. S. 102 Z. 16 statt nach l. noch. S. 103 Z. 4. statt und l. daß sie. Z. 24 statt auch gedachten l. auf gedachtem.

www.ingramcontent.com/pod-product-compliance
Lightning Source LLC
Chambersburg PA
CBHW021217270326
41929CB00010B/1173